D1237255

LÉVESQUE René

Portrait d'un homme seul

Du même auteur

Les armes à faim, poèmes, Éditions de l'Autorité, 1955.

Le ciel fermé, poèmes, Les Éditions de l'Hexagone, 1956.

Les tisserands du pouvoir, roman, Les Éditions Québec|Amérique, 1988.

LÉVESQUE René

Portrait d'un homme seul

Claude Fournier

Données de catalogage avant publication (Canada)

Fournier, Claude

René Lévesque: portrait d'un homme seul

1. Lévesque, René, 1922-1987 - Romans. 2. Premiers ministres - Québec (Province) - Romans. 3. Québec (Province) - Politique et gouvernement - 1976-1985 - Romans. I. Titre.

PS8511.0866R46 1993 C843'.54
C93-097147-7
PS9511.0866R46 1993
PQ3919.2.F68R46 1993

Dépôt légal: 4e trimestre 1993
Bibliothèque nationale du Québec

ISBN 2-7619-1153-9

Adjointe à l'éditeur: Rachel Fontaine
Coordonnatrice de l'édition: Linda Nantel
Révision:
Nicole Raymond et Rachel Fontaine
Conception graphique de la couverture:
Nancy Desrosiers
Photo: Canapress
Infographie: Johanne Lemay

DISTRIBUTEURS EXCLUSIFS:

- Pour le Canada et les États-Unis:
  LES MESSAGERIES ADP*
  955, rue Amherst, Montréal H2L 3K4
  Tél.: (514) 523-1182
  Télécopieur: (514) 939-0406
  * Filiale de Sogides ltée
- Pour la Belgique et le Luxembourg:
  PRESSES DE BELGIQUE S.A.
  Boulevard de l'Europe 117
  B-1301 Wavre
  Tél.: (10) 41-59-66
  (10) 41-78-50
  Télécopieur: (10) 41-20-24
- Pour la Suisse:
  TRANSAT S.A.
  Route des Jeunes, 4 Ter
  C.P. 125
  1211 Genève 26
  Tél.: (41-22) 342-77-40
  Télécopieur: (41-22) 343-46-46
- Pour la France et les autres pays:
  INTER FORUM
  Immeuble ORSUD, 3-5,
  avenue Galliéni, 94251 Gentilly Cédex
  Tél.: (1) 47.40.66.07
  Télécopieur: (1) 47.40.63.66
  Commandes:
  Tél.: (16) 38.32.71.00
  Télécopieur: (16) 38.32.71.28
  Télex: 780372

Un bon portrait m'apparaît toujours comme une biographie dramatisée.

Charles Baudelaire

Il serait impensable que je ne souligne pas la collaboration précieuse et l'intelligent travail de recherche d'une femme qui m'est très chère, Marie-José Raymond, producteur de cinéma et historienne.

Claude Fournier

Avertissement

L'objet de ce récit est de décrire, le plus sincèrement possible, l'homme qu'a été René Lévesque, avec ses forces et ses faiblesses, et de démontrer l'importance qu'il a eue dans l'histoire politique québécoise de cette dernière partie du siècle.

Ce portrait s'est esquissé à partir de ma connaissance personnelle de l'homme et je l'ai enrichi par une minutieuse recherche bibliographique et au moyen d'un nombre considérable d'entrevues.

Un peu comme un peintre, j'ai usé de ma liberté d'artiste pour réaliser cette chronique biographique et c'est à dessein que je l'appelle un «portrait». Car même si les faits rapportés y sont exacts, je n'ai pas hésité à taire ou à changer les noms de certaines personnes, à court-circuiter des événements ou à laisser dans l'ombre des individus qui me paraissaient secondaires.

Ce livre est un témoignage écrit en hommage à un homme que nous avons mythifié très vite après sa disparition, comme si nous nous reprochions de l'avoir abandonné au cours de son combat. Tôt ou tard cependant, ce combat reprendra et René Lévesque en restera l'inspirateur.

1

– Comme la semaine dernière, les cheveux?

En posant la question avec un fort accent anglais, la maquilleuse prend l'unique touffe de cheveux, démesurément longue, qui en tout et pour tout sert encore de chevelure à René Lévesque et la lui étale avec soin sur le crâne.

– Parler de mes cheveux au pluriel, vous êtes généreuse!

La maquilleuse sourit, effleure doucement de son ventre la main de Lévesque posée sur le bras du fauteuil. Depuis qu'il est entré dans la salle de maquillage, ils n'ont pas cessé d'échanger des signes comme ceux-là, mais ils sont assez discrets pour échapper au jeune journaliste de *Vrai* venu interviewer la plus grande vedette de l'heure à la télévision.

– Vous avez ce qu'il vous faut, vous n'allez pas écrire un roman sur moi...

René Lévesque est beaucoup plus charmant et volubile que s'y attendait le journaliste, mais son ton s'est durci soudainement. «L'émission commence dans quelques minutes, ce doit être le trac», se dit le reporter.

– J'achève. J'aurais besoin de la date et du lieu de votre naissance.

– Je suis né à New Carlisle, le 24 août 1922. Lévesque sourit. En fait, il est né à Campbellton, mais c'est un accident de parcours! Il n'y avait pas d'hôpital à New Carlisle et sa mère a dû se rendre au Nouveau-Brunswick. Heureusement d'ailleurs, car aussitôt après sa naissance il a fait une jaunisse carabinée qui l'aurait sans doute emporté s'il n'avait pas reçu immédiatement les soins requis. C'est ce qui lui donne encore aujourd'hui ce teint un peu jaune que Jennifer a du mal à rosir pour la télévision.

– Une dernière question...

– Dépêchez-vous, dans deux minutes j'entre en studio.

– Est-ce vrai que vous avez l'intention de quitter l'émission d'affaires publiques la plus populaire de la télévision pour vous présenter aux élections provinciales?

Lévesque hésite... Jennifer lui pince narquoisement le lobe de l'oreille pendant que de l'autre main elle estompe le fond de teint à petits coups de houppette. Il aurait une envie folle d'être seul avec elle! Tout est si simple avec cette fille qui a immigré d'Angleterre au démarrage de la télévision et qui parle maintenant le français avec un accent très séduisant. Le Four Winds, l'immeuble où elle demeure, est juché sur un promontoire rocheux, à l'écart de Côte-des-Neiges. Le portier est discret et, en face, c'est le cimetière! Surtout, Jennifer n'exigera jamais rien, il le sent. Qu'il arrête chez elle quand le cœur lui en dit, c'est tout.

– Écoutez! La campagne électorale est déjà commencée. Est-ce que je monterais dans un train en marche?

Le régisseur entre en trombe, suivi de la scripte. Il n'a pas le temps d'ouvrir la bouche, Lévesque a sauté du fauteuil, a serré la main du journaliste et est en route pour le studio. Ce sont eux maintenant qui courent derrière lui, la scripte lui faisant part de quelques petits changements effectués par le réalisateur depuis la dernière répétition. Ils ont finalement obtenu les chiffres: les parieurs continuent de favoriser l'Union nationale contre les libéraux de Jean Lesage. Le graphiste a eu le temps de dessiner la courbe comparative de l'évolution de la popularité des deux partis...

– Vous n'avez pas changé l'ordre des photos, j'espère!

– Non, dit la scripte, ce graphique arrive plus tard pendant le commentaire qui termine l'item sur les élections. Vous ne vous occupez de rien, la caméra est sur vous en gros plan, on l'insérera au moment opportun.

La grève de Radio-Canada a pris fin il y a un peu plus d'un an, en mars 1959. Le rôle de René Lévesque a été si déterminant que la société d'État, pour le punir, a retiré de sa programmation *Point de mire*, l'émission d'affaires publiques dont il était la vedette. Maintenant, il doit partager l'antenne avec Gérard Pelletier et Judith Jasmin. Mais le public continue à ne jurer que par lui.

Les caméras bougent tout autour de lui pendant que le régisseur gesticule les consignes du réalisateur, mais Lévesque garde les yeux rivés sur le spectateur invisible qui le reçoit chez lui. Son regard, obéissant à une force d'attraction mystérieuse, se soude instinctivement à l'objectif de la caméra dont le voyant rouge est allumé.

– Après seulement une semaine de campagne, commente Lévesque, on peut se demander si l'Union nationale pourra surmonter le sort qui s'acharne sur elle. Ce parti un peu usé qui domine le Québec depuis presque vingt ans semble avoir perdu, avec la mort de M. Duplessis, toute son inspiration... si vous me permettez d'appeler «inspiration» le patronage, la corruption et l'obscurantisme dont a hérité son successeur, M. Paul Sauvé. Triste héritage auquel il n'aura lui-même survécu que quelques mois.

Dans sa chambre de l'hôtel Windsor, en manches de chemise, la cravate défaite, le nouveau chef du Parti libéral du Québec, Jean Lesage, essaie, tout en restant dans son fauteuil, de tirer vers lui une chaise sur laquelle il aimerait bien poser les pieds pour continuer plus à son aise de regarder la télévision. Il a réussi à toucher un des barreaux de la chaise avec le bout de sa chaussure, mais dans sa précipitation il la fait culbuter. Ayant flairé la catastrophe, Me Lavoie rattrape la chaise juste avant qu'elle décapite une bouteille de whisky à peine entamée. Leur seule bouteille! Celle qu'ils ont arrachée de vive lutte à l'intransigeance du service aux chambres de l'hôtel.

– Commander au verre! Baptême, c'est pour le futur Premier ministre du Québec! avait fini par crier au téléphone Me Lavoie. Vous ne pensez pas qu'il va vous appeler chaque fois qu'il a envie d'une goutte de scotch!

Futur Premier ministre! Lesage ne doute pas un instant que ses chances de le devenir doubleraient s'il pouvait attirer un candidat aussi populaire que René Lévesque.

– Tu ne penses pas encore à lui? demande Lavoie.

– Je lui ai dit qu'il avait jusqu'à minuit pour donner sa réponse.

– Tu rêves! Regarde où est-ce qu'il est ton Lévesque, dit Lavoie, en pointant le téléviseur du doigt.

Dans son décor, Lévesque vient s'asseoir nonchalamment sur le rebord d'un pupitre et allume une cigarette. La caméra s'approche en travelling alors qu'il exhale une grosse volute de fumée et demande en fixant intensément l'objectif:

– Qu'est-ce qu'il nous propose, Monsieur Lesage?

Dans sa suite d'hôtel, Jean Lesage tressaille comme s'il se sentait interpellé.

– Eh bien! poursuit Lévesque, pour la première fois depuis longtemps, ce ne sont plus des formules creuses, ni des slogans vides, mais un vrai programme, des engagements écrits. Le chef libéral va même jusqu'à proposer un contrôle de l'État sur l'économie afin de protéger la démocratie contre le pourrissement intérieur. Espérons que ce ne sont pas là des paroles en l'air!

C'est avec une grimace de regret que Lesage se rend compte que la partie de l'émission consacrée aux élections provinciales est terminée. Lévesque est déjà au Moyen-Orient.

Me Lavoie appuie sur le bouton du téléviseur. Jean Lesage soupire.

– Ça nous aurait fait un bon candidat! Avec la télévision, tout le monde le connaît.

– Moi, mon Jean, je n'ai pas de regrets. Depuis que la rumeur a couru qu'il pourrait être candidat, je les ai vues les réactions dans le monde de la finance. Avec ses petites sorties nationalistes dans le *Star* et la *Gazette* pendant la grève de Radio-Canada, je peux te dire que ce gars-là ne s'est pas fait d'amis sur la rue Saint-Jacques. C'est là que je vais chercher l'argent de la caisse!

– Il faut aller chercher des votes aussi. Avec lui, ça faisait la différence, on prenait le pouvoir.

– Jean, aurais-tu envie de lui devoir ça?

– Raynald, regarde ce que je te dois! Tout ce qu'on a en caisse! Si on a la moindre chance de battre l'Union nationale, c'est à cause des munitions que tu es allé chercher toi-même, piastre par piastre! Pourtant, je ne suis pas inquiet, ça ne m'empêche pas de dormir.

– Jean, tu dors tranquille parce qu'on est couché ensemble, dans le même lit, comme deux frères. Maintenant, imagine que Lévesque est sous la couverture et demande-toi si tu ne seras pas obligé de toujours garder au moins un œil ouvert.

Même à Me Raynald Lavoie, son ami et grand argentier du parti, Lesage n'a pas envie de dire que s'il a quitté le Parlement fédéral pour prendre la tête des libéraux du Québec c'est pour devenir Premier ministre tout de suite. À cette élection-ci! Il n'a pas remplacé Georges-Émile Lapalme pour devenir comme lui. Cent fois garder l'œil ouvert avec Lévesque plutôt que de pourrir, épave éventrée et vide, sur les rivages de l'opposition.

Avant la grève, à Radio-Canada, les artistes arrivaient à éviter les quémandeurs d'autographes en sortant par la porte qui donne sur une ruelle, rue Mackay. On pouvait aussi se glisser rapidement par la porte, du côté de la rue Bishop. Il n'y avait là que le trop-plein de la meute qui bouchait la sortie principale, boulevard Dorchester, jusqu'à la clôture des émissions. Mais depuis les trois mois de grève, cette porte centrale est la seule qui soit ouverte après les heures régulières de bureau.

Une vingtaine de personnes, des adolescentes pour la plupart, agitent déjà leurs carnets ouverts en apercevant Lévesque dans le hall. Personne ne sait vraiment qui il est, mais on adore le personnage qu'il incarne à la télévision: un journaliste pas guindé qui n'emploie jamais de mots compliqués et qui a l'art d'expliquer clairement des situations que même les hommes d'État ne semblent pas toujours comprendre.

La réceptionniste lui fait signe: il a deux messages. Il les prend: les deux sont de Judith Jasmin. Il hésite... il y a un téléphone derrière l'enclos de la réceptionniste. Plus tard!

Il est près de minuit quand il entre à l'hôtel Windsor. Il téléphone à la chambre de Jean Lesage avec la ferme intention de ne pas laisser sonner plus de deux coups au cas où il dormirait déjà. Au premier coup, le chef du Parti libéral décroche. S'il dormait, c'était avec le téléphone sous l'oreiller!

L'accueil ne saurait être plus chaleureux. Lesage, les yeux un peu globuleux comme s'il avait pleuré du whisky, attend dans l'embrasure de la porte de sa chambre. Il a remis sa veste et sa cravate, recoiffé ses cheveux. Cet homme a tout de même le port d'un homme d'État, pense tout de suite Lévesque. On est loin de Duplessis, le roué.

– Les ouvriers de la onzième heure, dit, en tendant la main, Lesage dont tout le visage s'éclaire d'un sourire.

Il n'y a pas grand-chose dans cette chambre qui pourrait symboliser le début de l'ère nouvelle promise par le nouveau chef du Parti libéral. Certainement pas les tentures de velours élimé ni le couvre-lit de cretonne fleurie, ni les dessus de meubles incrustés d'empreintes de verres et labourés sur les rebords par les mégots qu'on y a laissés brûler.

– C'est modeste, ne peut s'empêcher de faire remarquer Jean Lesage, mais que voulez-vous! Jusqu'au 22 juin, on est toujours dans l'Opposition.

Lévesque jette un regard, hausse les épaules. Il ne voit pas bien ce que cette chambre a de plus ou moins modeste qu'une autre. Elle ressemble à toutes celles qu'il a connues et qui lui ont toujours paru en tous points semblables, tant il est indifférent à ces choses.

Il refuse le whisky que lui offre son hôte.

– Vous n'auriez pas du café?

– Je peux en faire monter. Je peux même commander du champagne si vous m'apportez la bonne nouvelle que j'attends.

– Jean Marchand m'a appelé, dit Lévesque en s'asseyant.

Lesage ne peut cacher son agacement. Est-ce que ce damné Marchand aurait convaincu Lévesque de l'imiter et de ne pas se lancer en politique?

– Il m'a appelé aussi. La Confédération des travailleurs catholiques n'a pas vraiment de relève à la présidence. Il ne voit pas comment il pourrait la laisser. Sinon, il se sent confortable avec notre plate-forme électorale. Vous?

– C'est à vous que je devrais poser la question, dit Lévesque avec un soupçon d'ironie dans le sourire. Vous avez promis de remettre de l'ordre dans les affaires du Québec, vous avez promis la gratuité scolaire, la création d'un conseil d'orientation économique... Êtes-vous toujours confortable avec ces promesses-là? Le chef du gouvernement, ce sera vous!

– Si je suis entouré comme il faut, on devrait y arriver!

Pour échapper au regard décapant de son visiteur, Lesage se verse un whisky et l'avale d'un trait, comme pour faire passer la pilule de ce programme ambitieux qui lui reste toujours un peu de travers dans la gorge.

– Ce n'est pas tout neuf, tout neuf, Monsieur Lesage, mais on pourrait reprendre à notre compte l'idée de la nationalisation de l'électricité.

J'espère qu'il va à la pêche, s'inquiète intérieurement Lesage, et qu'il n'a pas l'intention d'en faire une condition *sine qua non* de sa candidature.

– Écoutez, Monsieur Lévesque, on promet d'assurer à l'Hydro-Québec la propriété de toutes les ressources hydrauliques qui ne sont pas déjà concédées. C'est un pas de géant. Il vaut mieux prendre le pouvoir avec un programme «modéré» que de pourrir dans l'opposition avec des idées révolutionnaires. Quand je faisais mon droit, un vieux dicton britannique de plaideurs m'avait beaucoup frappé: *Let good enough be good!* Notre plate-forme n'est pas idéale, mais dans les circonstances du Québec, elle est *good enough.*

Tandis que Lévesque réfléchit, Lesage croit entendre sa femme lui répéter: «J'espère que tu ne vas pas te mettre à genoux devant Lévesque. C'est rien qu'une vedette de la télévision, sans métier et sans diplôme universitaire.»

– J'embarque, dit justement la vedette, sur un ton on ne peut plus déterminé.

Épanoui, Lesage lui tend la main:

– René, *welcome aboard!*

Lévesque file vers le nord, rue Drummond. Au moment de tourner à droite, sur McGregor, il se souvient des deux messages de Judith Jasmin. Il traverse l'intersection et se gare une cinquantaine de mètres plus loin. Il y a encore de la lumière chez elle, au dernier étage de l'immeuble, une calamité moderne de briques qui fait face à la verdure du mont Royal.

– J'ai eu des nouvelles de l'organisation de Kennedy, on pourrait le voir à Boston, la semaine prochaine. On continuerait ensuite à Washington pour interviewer Nixon. Comme ça, on pourrait brosser un portrait parallèle des deux candidats à la présidence.

Pieds nus, en robe de nuit, Judith Jasmin raconte ses démarches. Elle est fébrile comme un enfant qui construit un château de cartes. Elle ouvre les portes pliantes de la cuisinette.

– Tu es sûr, René, que tu ne veux rien? J'ai de la blanquette de veau...

Il hoche la tête.

– Un verre de vin avec du fromage?

– Si tu en prends.

Elle met deux pointes de livarot crémeux dans une assiette, avec du pain, verse deux grands verres de vin et apporte cela sur un plateau en s'asseyant par terre à ses pieds.

– Ça se mange? demande Lévesque en reniflant l'odeur énergique du livarot.

– C'est mon fromage préféré. C'est la première fois qu'ils en ont depuis un an, chez *Dionne*.

Il allait répondre, mais elle lui pousse entre les dents un bouchon de fromage et de pain.

– Veux-tu qu'on fasse les interviews ensemble, René, ou si on se sépare les candidats? Penses-y! Entre Boston et Washington, il va y avoir deux jours de flottement, Sylvestre va en profiter pour tourner du matériel d'illustration et j'ai pensé que nous pourrions aller à Cape Cod. J'ai réservé au même endroit où je t'avais invité, il y a quatre ans.

Il ne répond pas.

– À moins que tu préfères aller à New York!

– Ni l'un ni l'autre, je ne pourrai pas!

Elle lève la tête vers lui. Elle a déjà les larmes aux yeux.

– Tu m'avais dit qu'en principe...

– Oui. En principe, je devais faire ces reportages avec toi... Mais j'arrive de chez Lesage. Je me présente.

Elle lui entoure les jambes avec ses bras, presse sa tête contre sa cuisse.

– J'ai cru que tu étais froissé...

– Pas du tout! J'ai l'habitude que tu prennes les décisions à ma place.

– Du moins, j'essaie! Parce que tu vois, ça n'a jamais trop bien marché...

En effet! Leur liaison a commencé à s'effilocher, il y a quatre ans, parce que Judith avait proposé qu'il laisse sa femme et ses deux enfants pour venir habiter avec elle... Mais quand il lui a annoncé que sa femme était enceinte pour la troisième fois, elle a bien été forcée de comprendre que s'il hésitait tant à laisser ses fils, Pierre et Claude, il n'abandonnerait pas trois enfants! Et puis rien ne l'horripilait plus, lui, que cette espèce de manipulation dont pouvait facilement user cette femme intelligente et... libre. Comme par exemple de décider qu'ils iraient en amoureux à Cape Cod alors qu'ils n'étaient plus ensemble depuis trois ans et qu'elle-même avait eu avec un autre une aventure qui avait mis le point final à leur relation.

– Tu sais bien que c'est fini, lui dit-il en l'attirant vers lui.

– Oui, je sais. Mais en riant, elle lui mord l'oreille, le cou, retire habilement sa cravate, défait les boutons de sa chemise...

– Va-t-en, mon trognon... sinon tu vas t'endormir pour de bon et tu ne pourras plus te lever.

Il regarde sa montre: quatre heures! Il s'assied au bord du lit, repêche ses vêtements d'une main, de l'autre, allume une cigarette.

«Il n'y aura jamais eu grand-chose de très romantique avec lui, pense-t-elle. Et le peu qui existait est complètement disparu.» Au moment de partir, il l'embrasse rapidement sur le front. Elle le retient par la manche.

– René, tu sais... J'ai l'impression qu'on est devenu comme frère et sœur.

– Pas tout à fait, quand même!

Louise Lévesque dessert la table du petit déjeuner. Les deux garçons viennent de partir pour l'école. La petite Suzanne joue dans le jardin. À la radio, on annonce que René Lévesque, selon toute vraisemblance, sera candidat libéral dans Laurier, un comté de l'est de

Montréal. Quand son mari apparaît enfin et réclame les journaux, Louise Lévesque ne peut s'empêcher en les lui présentant de signaler que les journalistes viennent de passer à côté du scoop de la journée.

– Quel scoop?

– Tu entres en politique, dit-elle sèchement.

– C'est déjà sorti, ça!

– À la radio! On aurait pu s'en parler avant.

– Ça s'est fait vite, j'ai vu M. Lesage hier soir. Qu'est-ce que j'aurais dû dire?... Laissez-moi en parler à ma femme?

– René, ça fait un an que tu lorgnes du côté de la politique.

– Donc, ce n'est pas une surprise!

– Tu veux que je te dise, René! Tu claques la porte de la télévision juste au moment où tu commences à être payé comme tu le mérites et, surtout, à avoir les coudées franches!

– Les coudées franches! Radio-Canada n'a jamais eu une émission plus populaire que *Point de mire*, ça ne les a pas empêchés de me l'enlever pour me taper sur les doigts. Et puis le comble, de me coller avec Pelletier!

– C'est un de tes amis, Gérard!

– Ça ne l'empêche pas d'être ennuyeux à la télévision!

– Je ne comprends pas, murmure-t-elle, avec ce ton qu'elle prend chaque fois qu'elle se retient d'exploser.

– Tu ne comprends pas quoi? demande-t-il.

– Comment on va se débrouiller!

– De toute façon, si je suis élu, c'est réglé. Sinon, je retournerai au journalisme et on se débrouillera comme on a toujours fait.

– Tu vas te mouiller en politique et tu crois que Radio-Canada te reprendra?

– Louise! Radio-Canada, ce n'est pas la fin du monde!

Harassé par cette discussion trop matinale pour lui — il n'est pas encore dix heures — Lévesque se sert le reste du café et ajoute en guise de conclusion:

– Toi, les enfants, vous n'avez jamais crevé de faim, bon Dieu!

Côté argent, il ne fait pas d'extravagances. Il ne dépense pas pour lui-même. Ses costumes sont si râpés que s'il décide de s'en défaire, elle n'ose même pas les refiler aux Frères des Pauvres. Il est insensible aux belles voitures et ne boit pour ainsi dire pas. C'est un amateur de cinéma et de lecture, mais encore là, il affectionne les éditions de poche... Il joue beaucoup aux cartes, presque toujours au *blackjack*, mais il gagne plus souvent qu'il ne perd. À certains égards, Louise ne peut donc rien lui reprocher... Mais quand elle évalue l'espèce de partenariat affectif envisagé lorsqu'ils ont décidé de s'épouser en 1947, le bilan est plutôt affligeant. Trop souvent, elle a l'impression de ramasser les miettes qui tombent de la table.

– Si tu penses que je vais aller parader sur les estrades avec les trois enfants pour montrer quelle famille modèle et «libérale» on est, tu te trompes!

– Non, réplique-t-il, et comme je ne me présente pas dans notre comté, tu ne seras pas non plus obligée de voter contre moi.

– Tu vois, dit-elle en retrouvant le sourire, j'aurais plutôt été portée à voter pour toi. Je sais que tu vas être plus doué comme député que comme mari...

2

Plaza Saint-Hubert! Chaque fois que dans ses émissions Lévesque sent le besoin d'avoir l'opinion de l'homme de la rue, c'est là qu'il suggère d'aller. Comme si le *vox populi* ne poussait que sur cette rue marchande du nord-est de la ville, royaume du store vertical et du prêt-à-porter bon marché.

La «Plaza», c'est le cœur du comté que le Parti libéral a choisi pour son candidat vedette. Le comté de Laurier, peuplé de citoyens moyens et de familles de descendance italienne. C'est donc à la porte d'une étude légale de la Plaza que va frapper le candidat, en quête de gens de confiance pour l'aider dans sa conquête d'un siège au Parlement de Québec.

Me Jean-Roch Boivin se cale dans son fauteuil à bascule. Avec sa chevelure épaisse et prématurément grise, on pourrait le prendre pour un hibou, ce que ne démentiraient pas son regard perçant et toutes ces onomatopées qui lui sortent du bec, en guise de paroles.

– Ouais... finit par répondre Me Boivin, travailler pour vous... Ouais...

Un silence trouble suit. Parce qu'il y a malentendu! Boivin a l'impression d'avoir donné sa réponse tandis que Lévesque, lui, en attend une! Il reformule donc sa question autrement, mais elle veut toujours dire la même chose: il a besoin d'un homme de confiance, Boivin accepterait-il d'être cette personne?

– Je suis jeune militant, moi, dans le Parti libéral, explique l'avocat. Je ne suis pas un vieux de la vieille. J'arrive du Lac-Saint-Jean, je ne connais pas beaucoup de monde. Vous voyez, je viens d'ouvrir ce bureau avec un collègue. Vous seriez peut-être mieux avec quelqu'un qui a de l'expérience.

– Depuis le temps que l'Union nationale est là, surenchérit Lévesque, s'il faut qu'on prenne le pouvoir, les libéraux, ceux qui ont de l'expérience, comme vous dites, sont tellement affamés, ils vont tous vouloir sauter dans l'auge en même temps.

– Vous croyez à ça, vous, Monsieur Lévesque, un parti honnête?

– Pas vous?

– Je suppose que c'est possible, mais il va falloir changer les mentalités.

– C'est pour ça que j'ai besoin de gens nouveaux, Monsieur Boivin. Je ne veux plus des vieux bonzes qui regardent du côté du pouvoir en se frottant les mains. Est-ce que je peux compter sur vous?

– Ça veut dire que ma femme va rester collée à la maison avec les enfants plus souvent qu'autrement... Mais je dirais que ça peut s'arranger.

Lévesque n'en doute pas un instant, lui non plus. Surtout que ce Boivin n'a pas l'air de quelqu'un dont la femme pourrait contrecarrer les projets.

– C'est évident, je suis tenté... dit Boivin.

Lévesque se rend compte tout de suite qu'il n'arrachera jamais d'engagement plus ferme que celui-là et qu'il doit tout de suite passer aux choses concrètes:

– Je ne sais pas ce que vous en pensez, mais comme je ne suis pas du comté, j'avais envie de visiter systématiquement chaque foyer.

– Le porte-à-porte, ça marche pour la visite du curé, ça devrait marcher pour un futur député, dit Boivin.

Et il imagine déjà des réunions de cuisine genre *Tupperware*. Les gens qui invitent la parenté, les voisins, pour que le candidat déballe sa batterie d'idées devant eux, plutôt que de frapper à chaque porte.

– Vous sauveriez du temps.

Dans l'heure suivante, toute la stratégie de la campagne est élaborée par deux hommes qui se comprennent déjà mieux que s'ils se connaissaient.

Début de juin 1960. Les centaines d'enseignes au néon de la rue Saint-Hubert bariolent de couleurs violentes le ciel où languissent encore les lueurs du soleil qui vient de disparaître. Une voiture de la Sûreté provinciale s'arrête devant le comité central de l'Union nationale du comté de Laurier, rue Saint-Hubert. Un officier en uniforme kaki en descend, accompagné de Rosaire Labbé, un des principaux organisateurs d'Arsène Gagné, l'adversaire de Lévesque. Labbé a un choc. On a eu l'impudence de placarder la publicité du candidat libéral sur la façade de leur comité.

– Tabarnak, tu parles des effrontés!

Les deux hommes arrachent l'une après l'autre les grandes affiches à l'effigie de leur adversaire. Mais, malédiction! ils retirent en même temps celles de leur candidat. Labbé est scandalisé. Pour lui qui a déjà organisé le vol de boîtes de scrutin dans des secteurs où il savait son candidat perdu, qui a falsifié des listes électorales, qui y a fait inscrire les noms de gens décédés depuis des années, cette violation du territoire de leur comité apparaît comme le pire des crimes, une sorte de désacralisation qui ne doit pas rester impunie.

Quand il entre enfin au comité, les ongles incrustés de colle et de papier, sa rage atteint son paroxysme: le personnel est écrasé devant le téléviseur où un journaliste analyse la situation des partis et de leurs principaux candidats. Le commentateur affirme que, dans Montréal-Laurier, René Lévesque détient une légère avance sur le porte-étendard de l'Union nationale.

– Y a pas moyen, hostie, de les empêcher de répandre ces mensonges-là, crie Labbé. Notre Gagné va passer comme une balle!

Tous les travailleurs du comité ne demandent pas mieux que de le croire...

– Ils sont complètement *off* avec leurs prédictions, dit Labbé en faisant signe à un petit homme à lunettes de le suivre dans son bureau.

– Pas si *off* que ça, dit le notaire Bégin, le petit homme à lunettes. Je viens de faire le tour du comté et c'est serré en pas pour rire.

– Je suis d'accord avec toi, Bégin, mais le vent va tourner. Puis, s'adressant au policier qui les a suivis:

– Montre-lui ce que t'as.

Le policier sort une enveloppe de sa serviette, l'ouvre, lance des photos sur la table. Il jette un regard de satisfaction à Labbé. Les deux hommes attendent la réaction du notaire qui examine les photos une à une sans comprendre.

– Tu sais ce que c'est? demande Labbé.

– Je ne suis pas aveugle, je vois bien que c'est des photos!

– Mais pas de n'importe qui! Essaie de deviner!

Le notaire les examine de nouveau. Ce sont des photos d'une jeune femme avec un enfant. Il n'a aucune idée de qui il s'agit. Il n'a jamais vu cette blonde aux yeux bleus, pas très jolie à son avis. Sur une des photos, on la voit avec un bébé dans une poussette; sur l'autre, l'enfant est dans ses bras; sur la troisième, elle s'amuse avec lui dans un parc ou un jardin.

L'air de triomphe qui illumine le visage des deux hommes est certainement une indication de l'importance de ces photos. Mais le notaire n'arrive pas à deviner ce qu'elles ont d'extraordinaire.

– Ça! annonce Rosaire Labbé avec le sourire d'un conquérant de l'Everest, c'est une des maîtresses de Lévesque avec l'enfant qu'elle vient d'avoir de lui. Il insiste tellement sur les mots «une des» qu'on a l'impression qu'il est prêt à sortir de sa poche une seconde série de photos montrant d'autres maîtresses!

Il ajoute ensuite certains détails croustillants sur celle qu'il appelle la «fille-mère». Entre autres que son frère est un haut fonctionnaire du gouvernement fédéral et une personnalité en vue dans le milieu montréalais.

– Le jour où ça sort dans les journaux, dit triomphalement Labbé, Lévesque est aussi mort que si on venait de le tirer au douze.

– Es-tu sûr de ton coup, Rosaire? demande le notaire.

– Christ! J'ai le nom de la fille, son adresse, l'âge du petit et l'endroit où il est né. La police collabore avec nous à cent pour cent, ajoute-t-il en jetant un regard reconnaissant à l'officier qui l'accompagne.

Tandis qu'un frisson d'excitation lui secoue le corps, le petit notaire essuie ses mains moites sur son pantalon et reprend les photos. Il contemple avec révérence ce qu'il croit être la solution finale et définitive au problème Lévesque!

– Rosaire, il faut que tu ailles à l'organisation centrale avec ça! C'est eux autres qui vont décider quand et comment faire exploser la bombe.

– C'est justement ce que je faisais, explique Rosaire Labbé, mais je voulais te mettre au courant pour que tu arrêtes de te faire du mauvais sang à propos de notre candidat. Arsène va mourir député de Laurier! À côté de lui, Lévesque n'aura été qu'une étoile filante dans notre beau firmament politique.

Le petit notaire Bégin aussi bien que Rosaire Labbé vont dormir plus tranquilles ce soir, sachant que leur monde ne risque pas de basculer brutalement après vingt-cinq ans de stabilité. L'un et l'autre sont des maillons importants dans l'organisation unioniste du comté de Laurier. Après tout, ils sont chargés de signaler au député les citoyens méritoires qu'il peut récompenser en laissant pleuvoir sur eux la manne gouvernementale. Bégin reçoit les suppliques à son bureau de notaire, ce qui lui assure un afflux constant de clients potentiels. Labbé, lui, est vendeur d'assurance-vie, et la clientèle qu'il sollicite trouve toujours difficile de ne pas l'encourager, sachant qu'il peut ouvrir ou fermer le robinet des faveurs.

Tandis qu'il file vers le comité central avec cette bombe à retardement dans la poche, Labbé ne peut s'empêcher de penser à l'ironie de la situation. Depuis le début de la campagne, le parti a tout mis en œuvre pour saboter la campagne de Lévesque: on l'a accusé d'être un gauchiste, un fanatique de l'URSS, on a exhumé une photo de lui avec Khrouchtchev alors qu'il assistait en tant que journaliste à une rencontre du chef d'État soviétique avec le Premier ministre canadien, Lester B. Pearson. Rien à faire, la popularité du candidat vedette des libéraux ne cesse de croître. Il est plus en demande dans les assemblées que son propre chef. Et finalement c'est lui, Rosaire Labbé, obscur organisateur de comté, qui apporte de quoi faire sauter la carrière politique de Lévesque: trois photos! De la pure dynamite.

Depuis deux jours, Lévesque s'est remis à sillonner son comté, qu'il a été forcé d'abandonner depuis qu'on le réclame pour prendre la parole aux quatre coins de la province.

– Même si les libéraux prennent le pouvoir, lui a dit Me Boivin un soir qu'ils se sont retrouvés ensemble dans un restaurant italien du boulevard Saint-Laurent, vous ne serez pas plus avancé si vous perdez l'élection dans votre comté. Ce ne sont pas les candidats qui vous demandent d'aller leur donner un coup de main qui vont vous refiler leur siège.

D'autant que parmi ces candidats, il y en a plusieurs, surtout les militants de souche, qui n'apprécient pas de voir avec quelle rapidité ce blanc-bec de Lévesque s'est hissé aux plus hauts échelons. Quand il ne fraye pas avec Jean Lesage, le chef, il est avec son prédécesseur, Georges-Émile Lapalme, qui jouit toujours d'une grande influence dans le parti. Sans Lapalme, le Parti libéral aurait sans doute rendu les armes tant Maurice Duplessis avait réussi le noyautage de la province. Du cardinal au curé de village, en passant par les maires et la police, il les possédait tous.

Heureusement, la forteresse de l'Union nationale s'effrite et les coups de pic de Lévesque y sont pour quelque chose.

Mais ce soir, plutôt que d'engranger les votes sur le plan national, le candidat s'est plié aux recommandations de Me Boivin. Il frappe aux portes dans sa circonscription.

Son garde du corps et chauffeur, Johnny Rougeau, un lutteur qui s'est pris d'affection pour lui, l'a conduit dans un coin où la victoire est loin d'être acquise. À la dernière élection, tous les électeurs de cette rue, des Italiens, ont voté pour l'Union nationale. Il faut donc faire germer la semence sur de la pierre!

C'est à cela que Lévesque s'emploie. La cuisine de la maison est bondée de gens venus moins pour entendre le message libéral que pour avoir l'occasion de serrer la main de l'ex-vedette de la télévision. Il hérite même d'une écharpe fraîchement tricotée mais qui ne convient pas du tout à la saison.

– C'est ma fille, dit la dame de la maison, quand elle a su que tu venais, elle t'a fait... *come si dice... una sciarpa.*

Lévesque essaie d'échapper à ce foulard rouge, blanc et vert en laine synthétique que la tricoteuse a fabriqué en un temps record, puisque la famille a été prévenue à midi qu'il serait là en soirée! Mais c'est impensable...

La mamma enchaîne, les yeux plissés par un sourire narquois:

– Ça ne veut pas dire qu'on va voter pour toi! Il faut que tu te défendes un peu.

Après une bonne demi-heure à exposer le programme du parti, le seul vote qui lui paraît assuré c'est celui de la jeune fille qui a tricoté le foulard. À l'insu de la *famiglia*, elle n'a pas arrêté de lui faire les yeux doux. En sortant de la maison, Lévesque s'étonne de trouver Jean-Roch Boivin sur le pas de la porte. Monsieur Lesage veut voir Lévesque de toute urgence au quartier général du parti. Qu'importe l'heure!

Lesage est plus rubicond que s'il venait de se tremper la tête dans le jus de framboise. Et il est visiblement embarrassé d'avoir à traiter de cette histoire d'«enfant illégitime» devant quelqu'un qu'il ne connaît pas. Quand il a su qu'il allait être question d'un problème pouvant affecter son élection, Lévesque a insisté pour que Me Boivin assiste à la rencontre.

– C'est une belle cochonnerie, dit Lesage, mais si nos adversaires décident de sortir ça dans les journaux, il faut être capable de riposter, et rapidement! Ils ont même des photos de votre supposée... petite amie.

– Riposter! Qu'est-ce que vous voulez qu'on dise?

– Il faut démentir. On ne peut pas les laisser vous salir avec des bobards comme ça.

– Monsieur Lesage, si vous préférez, je peux me retirer de la course.

– Il n'est pas question de cela. Par chance, on a été mis au courant à temps, on va prendre les moyens qu'il faut.

– Quels moyens? demande Lévesque. S'ils décident d'étaler ma vie privée au grand jour, qu'est-ce qu'on peut faire?

Le visage du chef libéral se vide brusquement de tout son sang. Tétanisé, il laisse échapper un «Baptême!» qui est tout à la fois: une plainte déchirante, un cri de détresse et un aveu d'impuissance. On dirait que Lesage ne finira jamais de hocher la tête ni de passer la main dans ses cheveux blonds ondulés, impeccablement coiffés. Quand il reprend l'usage de la parole, c'est pour exprimer un regret absurde:

– Ce serait *Joe Blow* dans Saint-Glinglin, je ne verrais pas de conséquences pour le parti, mais vous! Notre candidat vedette!

– Bien oui, dit Lévesque impatient, c'est moi! Qu'est-ce que vous voulez! Je vous offre de me retirer, je ne peux rien ajouter de plus.

– Monsieur Lévesque, on est à deux semaines des élections, on va l'expliquer comment, votre départ? Je peux bien vous mettre en veilleuse d'ici la fin de la campagne, mais ne pensez pas que nos adversaires vont vous laisser la paix! Ils vont sauter sur vous comme des requins qui ont flairé du sang.

– Pardon, Monsieur Lesage, demande Jean-Roch Boivin resté à l'écart jusque-là, par qui avez-vous été prévenu de cette histoire?

– C'est un dénommé Larouche du comité central de l'Union nationale qui l'a révélée à notre directeur de campagne.

– Léo Larouche?

– Vous le connaissez? dit Lesage.

– Ouais... je pense.

Le lac Baskatong ne lui a jamais paru si loin. Après une dizaine de coups de téléphone pour trouver le numéro personnel de Léo Larouche, Jean-Roch Boivin a fini par joindre son épouse en visite chez sa mère au Lac-Saint-Jean. Il a dû lui raconter qu'il était un ami d'enfance de son mari, qu'il souhaitait le voir le plus tôt possible au sujet d'une affaire urgente, presque une question de vie ou de mort; même après cette explication, c'est de justesse que Mme Larouche a accepté de lui révéler où était son mari. Ce dernier, afin d'affronter plus sereinement la dernière phase de la campagne électorale, avait décidé de disparaître pour trois ou quatre jours à son camp de pêche du lac Baskatong.

Boivin s'est aussitôt mis en route et pendant onze heures il a roulé.

Depuis Mont-Laurier, il n'y a plus que des épinettes, des deux côtés de la mauvaise route. D'interminables palissades d'épinettes où ondulent des colonies de moustiques. Boivin a espéré une montée d'adrénaline avec la fin de la nuit mais, au contraire, ses paupières s'alourdissent à mesure que le ciel s'éclaire. Il décide de s'arrêter quelques instants au bord de la route et de fermer les yeux. Il éteint le moteur, incline le dossier de son siège et machinalement descend à demi la vitre de sa portière. Un faire-part n'aurait pas eu meilleur effet! Trente secondes plus tard, des centaines de moustiques (on dirait des millions!) se sont invités dans la voiture. Ils se jettent avec voracité sur Boivin que sa torpeur empêche de réagir prestement.

Dardé, piqué, grugé, l'avocat bondit hors de l'auto. Il les écrase à grands coups sur la tête et dans le visage, puis vite défait sa ceinture pour déloger les brûlots qui se sont malicieusement infiltrés dans ses vêtements.

Sa bataille terminée, il reprend le volant et file, toutes fenêtres ouvertes, aussi vite que le permet la route graveleuse, dans l'espoir que le courant d'air aspirera les derniers assaillants hors de la voiture. Quelques kilomètres plus loin, les moustiques ont disparu mais la poussière qui s'est engouffrée dans la voiture est si dense que Boivin a l'impression d'être assis dans le sac d'un puissant aspirateur. Il éclate de rire et, plutôt que de s'arrêter pour remonter les vitres, il décide de continuer dans ce tourbillon sablonneux qui lui pique les yeux, le fouette au visage, mais réussit au moins à le garder éveillé!

La station-service Irving. La route de chantier qu'il doit prendre est à cent mètres plus loin. Il freine en catastrophe et en profite pour faire le plein.

– Désespoir! s'écrie la dame de la station-service en apercevant Boivin, vous en avez mangé! Vous avez l'air d'un beigne dans le sucre en poudre.

– Ouais... un beau beignet.

– Il y a un petit balai en dedans, à droite de la porte, pour vous dépoussiérer!

– Si vous aviez un café?

– On ne fait pas restaurant, mais j'ai de l'«instant», je peux vous en préparer un.

Dans les cinq minutes que passe Boivin en tête à tête avec Viviane Blondin, il apprend que le *Maxwell House* instantané – c'est ce qu'ils boivent – est meilleur que le «vrai» café de percolateur... Du même souffle, Viviane lui apprend que son mari qui travaillait au chemin de fer de l'Iron Ore à Schefferville s'est sauvé aux États-Unis avec une Indienne de Maliotenam... que le Québec va réélire un gouvernement de l'Union nationale parce que ce sont les seuls qui croient en Dieu, et que... oui! M. Larouche a bien son camp au bout du chemin de chantier qui prend à droite, passé la station-service.

– Vous ne pouvez pas vous tromper. Vous continuez à peu près dix milles et là, vous allez voir, le chemin tourne à droite, carré! Mais vous, vous tournez à gauche et c'est juste là! Allez pas trop vite, c'est un peu défoncé à ce temps-ci de l'année.

Un peu défoncé! Nulle part ailleurs que dans le nord du Québec pourrait-on continuer d'appeler «chemin» un tel assemblage de fondrières, de troncs d'arbre jetés sur les torrents en guise de ponceaux, ou de couloirs ouverts à la dynamite à même des escarpements rocheux. Il faudrait un ami d'enfance avec un cœur de granit, pense Boivin, pour ne pas être ému par des retrouvailles faites dans des conditions aussi périlleuses.

Son étonnement d'être parvenu sain et sauf jusqu'à cette bifurcation, à dix milles de profondeur en forêt, est encore plus grand lorsque ayant tourné à gauche il se retrouve nez à nez avec une vieille Jeep militaire, sans doute le seul véhicule convenant à cette équipée. C'est un renseignement dont il aurait été plus redevable à Mme Blondin que ses observations sur le *Maxwell House*!

À midi, Léo Larouche saute de son canot d'alu et le tire délicatement sur le rivage graveleux du lac. Une chaudière pleine de truites à la main, il emprunte le sentier qui mène à son camp puis s'arrête, stupéfait. Une voiture zébrée d'éclaboussures boueuses est garée là et son conducteur s'est assoupi derrière le volant. Avant de reconnaître Boivin, Larouche a déjà commencé à tempêter contre cet individu qui a le culot de venir le relancer ainsi au fin fond du Baskatong. Mais lui! Un ami d'enfance qu'il n'a pas vu depuis au moins dix ans. Et qui n'a jamais été un fâcheux. Qu'est-ce qui peut bien l'amener là?

– Tu travailles pour René Lévesque! s'exclame Larouche avec surprise en ne quittant pas des yeux les truites qui reviennent dans un poêlon de fonte dont seul le fond échappe encore à une lèpre rougeâtre.

– Ouais... c'est ça, je travaille pour M. Lévesque, répète Boivin. Dans le gobelet qu'il a dans la main, Léo a versé une espèce de tord-boyaux de saveur indéterminée, distillé par un bouilleur du coin.

– Je savais que ça te démangeait toi aussi la politique, Jean-Roch, mais à mon avis, tu n'as pas choisi le bon parti... ni le bon candidat...

– Chacun sa religion!

– Qu'est-ce que tu fais pour Lévesque?

– Je fais ce que je peux, tout ce que je peux!

– Je vois pourquoi tu as passé la nuit à conduire, mon Jean-Roch. Ce n'est pas pour taquiner le poisson, mais plutôt pour le noyer!

Les quatre truites sont fort appétissantes. Boivin choisit de commencer à manger au lieu de répliquer. Il y a dans la chair rose et délicate de ces truites du nord un goût très fin et presque imperceptible de conifères, comme si la chair du poisson tirait son parfum directement des forêts qui entourent les lacs.

– Je ne connais rien de meilleur au monde, dit Boivin.

– Si c'était à refaire, mon Jean-Roch, je deviendrais guide de pêche. Tu te rends compte! Passer une vie tranquille ici à manger de la truite, loin des cochonneries de la politique.

– C'est précisément des cochonneries de la politique que j'aimerais t'entretenir, Léo.

– Je sais, dit Larouche sur un ton grave, tu es venu me parler de cette histoire à propos de Lévesque. Écoute, les libéraux commencent tout juste à reprendre du poil de la bête. C'est ton Lévesque qui fait toute la différence. Par chance, on est tombé sur ce qu'il nous faut pour faire dérailler sa campagne. Mets-toi à ma place, Jean-Roch! Pourquoi est-ce que je te ferais cette faveur? Seulement parce qu'on a été à la petite école ensemble?

Boivin hoche la tête et rétorque le plus sérieusement du monde:

– Fais-le par patriotisme!

Larouche éclate de rire...

– Je suppose que c'est par patriotisme que Lévesque fait des petits à la grandeur de la province!

– N'exagérons pas, dit Boivin, c'est un cas isolé...

– Isolé parce que c'est la seule fille dont nous avons les photos...

Boivin réagit vivement à l'insinuation de Larouche qui se sent obligé de tempérer un peu...

– C'était une blague!

– Eh bien! je ne fais pas de blague, moi, Léo. C'est vraiment par patriotisme que je te demande de ne pas sortir cette histoire-là. C'est un petit pays, le Québec, les vrais hommes politiques ne sont pas nombreux. Lévesque en est un! Si on le tue avec une connerie comme ça, c'est au Québec tout entier qu'on fait du tort.

– Veux-tu un autre coup de bibine? demande Larouche. La bouteille achève, finissons-la... S'il fallait que ça tombe dans des estomacs fragiles, on pourrait être accusé d'homicide.

Boivin tend son gobelet et dit:

– Rappelle-toi ce que Duplessis, ton ancien chef, a fait quand la liaison de la femme de Daniel Johnson avec l'annonceur de Radio-Canada allait être exposée au grand jour. C'était déjà rendu dans les salles de nouvelles des journaux et de la radio.

– Je sais, dit Larouche, Duplessis a téléphoné lui-même partout pour étouffer l'affaire.

– Tu vois, dit Boivin, Duplessis avait considéré qu'il était légitime de tordre des bras pour sauvegarder l'avenir politique de Johnson.

– Minute, fait remarquer Larouche, Duplessis rendait service à son propre parti.

– Toi, Léo, en donnant l'ordre de taire cette histoire, c'est au Québec que tu rends service.

– Ça vous arrangerait passablement vous aussi...

Larouche se lève de table. Il a subitement l'air aussi maussade qu'un enfant à qui on vient de retirer son jouet préféré:

– Je voudrais bien savoir quel enfant de chienne t'a dit que j'étais au Baskatong. J'espère que ce n'est pas ma femme!

– Écoute, Léo! Tout ce que j'essaie, moi, c'est de protéger M. Lévesque, pas le Parti libéral. De toute façon, si l'Union nationale gagne, c'est que vous n'aurez pas eu besoin d'un scandale comme ça; et si vous perdez, tu seras peut-être bien content de m'avoir rendu service.

Ce n'est pas avant Mont-Laurier, sur la route du retour, que Jean-Roch Boivin déniche un téléphone public assez «privé» pour faire part à M. Lesage du résultat de sa rencontre avec Léo Larouche. Debout dans un couloir du Château Mont-Laurier, entre la cuisine et la salle à manger, il attend que le chef libéral vienne en ligne. Deux pâtés chinois lui passent sous le nez, laissant traîner derrière eux leur appétissant fumet.

«Il commence déjà à faire brun, se dit Boivin, je devrais peut-être coucher ici (et manger un bon pâté chinois) plutôt que de conduire jusqu'aux petites heures.» D'autant que l'alcool servi par Larouche lui a creusé un gouffre brûlant dans l'estomac et a dangereusement empâté ses réflexes.

À sa résidence de Québec, Jean Lesage n'en croit pas ses oreilles. Larouche a donné sa parole: l'histoire de Lévesque ne sortira pas et il enjoindra lui-même les organisateurs de Laurier de ne pas l'ébruiter aux journaux, même dans leur comté.

– Il n'y a pas de danger qu'ils nous arrivent avec ça, à deux ou trois jours du vote? s'inquiète Lesage.

– Larouche va personnellement me rendre les trois photos!

– Je ne sais pas comment vous avez réussi ce coup-là, Monsieur Boivin, mais c'est formidable. Je vous félicite. Avez-vous appelé René Lévesque?

– Monsieur Lesage! Je commence à le connaître, M. Lévesque. C'est un homme fier. S'il apprend que j'ai fait des démarches auprès de quelqu'un, il pourrait mal réagir. Vous devriez lui téléphoner, vous! Lui dire que vous avez réfléchi et pris la décision de courir le risque que ça ne sorte pas... que c'est sa vie privée... une affaire personnelle.

– C'est une bonne idée, Monsieur Boivin, une excellente idée!

Boivin retire sa veste, défait sa ceinture et se laisse tomber sur le lit qu'il n'a même pas pris la peine de défaire. Il ne pourrait faire un pas de plus! À la salle à manger, la serveuse, en entendant son léger accent du Lac-Saint-Jean, lui a proposé une «vraie» tourtière du Lac au lieu du pâté chinois. «Notre chef est originaire de Desbiens, lui a-t-elle dit, et il la fait magnifiquement.»

Magnifiquement! Du lièvre, du chevreuil et de la perdrix finement détaillés avec des pommes de terre en dés, le tout relevé d'herbes fraîches et enveloppé dans une croûte de pâte dorée et croustillante préparée avec du gras de porc. Un monument gastronomique de quinze centimètres d'épaisseur! Et chapeau aux braconniers du coin!

3

Jour d'élections.

La crème des travailleurs de l'organisation libérale du comté de Laurier s'active au quartier général, rue Saint-Hubert, non loin de Jean-Talon. Ceux qui sont là ne sont pas les fanatiques habituels du parti, mais les fanatiques de Lévesque. En six semaines, même s'il a été souvent absent du comté, il les a conquis. Il a réussi le tour de force de vouvoyer chacun d'entre eux, y compris les plus jeunes, sans paraître distant. Il n'a jamais rien confié de personnel à aucun, même si chacun a l'impression de le connaître intimement. Ils disent tous «Monsieur Lévesque» en s'adressant à lui, et «René» en parlant de lui!

La salle principale a été transformée en véritable central téléphonique. Des réceptionnistes bénévoles reçoivent par centaines les appels de gens qui demandent à être conduits à leurs bureaux de scrutin respectifs. Comme on a toutes les raisons de croire que ces personnes voteront pour Lévesque, des chauffeurs les amènent voter et les raccompagnent ensuite chez elles. On en profite pour leur expliquer le joli subterfuge dont est victime leur candidat. En effet, deux René Lévesque sont inscrits sur le bulletin de vote; le «vrai» dont la profession est indiquée comme «journaliste» et le «faux», un homonyme soudoyé par l'Union nationale, dont la profession serait «artiste» et qu'on ne connaît ni d'Ève ni d'Adam.

Dans un bureau attenant, René Lévesque et Johnny Rougeau terminent une pizza. Le lutteur a beaucoup surpris ses collègues de sport en se rangeant du côté des libéraux. En effet, depuis plusieurs années, les plus grandes vedettes de l'arène ont toujours penché du côté de l'Union nationale. Mais c'est de Lévesque que Rougeau s'est entiché, bien plus que de son parti. Il a été séduit par sa franchise et son honnêteté, attendri aussi par sa petite taille, son apparence de fragilité.

– Dites donc, Monsieur Lévesque, je vous regarde, c'est pas en écrivant que vous vous êtes développé cette paire d'avant-bras...

En riant, Lévesque plante son coude droit sur la table et invite le lutteur à tirer au poignet. Sa main est littéralement engloutie dans celle de Rougeau qui se referme comme un étau. Lévesque raidit le poignet et attend l'inévitable...

– Allez-y! Ne vous sentez pas obligé de me ménager!

Quelques instants plus tard, une bénévole entre en annonçant qu'une bande de voyous menace de saccager un des bureaux de vote. Mais l'urgence du moment pour le lutteur, c'est de renverser son adversaire dont le visage est cramoisi, mais dont le poignet résiste toujours.

– Monsieur Rougeau, insiste la bénévole, c'est un endroit où on est sûr d'avoir une majorité.

Le lutteur concentre toute son énergie dans un ultime effort pour vaincre la résistance opiniâtre de Lévesque dont le bras vient de s'incliner de quelques centimètres. Mais le poignet ne casse toujours pas. Abasourdi, il relâche son emprise.

– Vous avez la poigne solide!

– À droite seulement... dit Lévesque à bout de souffle. Je ne vaux rien à gauche, contrairement à ce que pensent mes adversaires!

– C'est sur la rue Dante, dit la bénévole à Rougeau qui se précipite dehors.

– Attendez-moi, lui crie Lévesque.

– Voyons! C'est pas pour vous ces histoires-là...

– C'est mon comté... dit Lévesque. Et puis, on ne sait jamais, vous pourriez avoir besoin d'un homme fort.

Rue Dante, juste en face du bureau de scrutin, un petit groupe de matamores traînent à la devanture d'un café italien. L'arrivée de la voiture de Rougeau avec son passager ne passe pas inaperçue.

– De la visite! crie un des fiers-à-bras à un type d'une quarantaine d'années qui semble être leur chef.

Lévesque veut descendre de la voiture. Rougeau le retient par la manche.

Le chef, à qui l'un des acolytes vient de lancer un bâton de baseball qu'il a su adroitement attraper d'une seule main, avance de quelques pas vers les arrivants puis, s'adressant à Lévesque:

– Moi, je sortirais pas de mon char, à moins que t'aies envie de faire une petite *game* de baseball.

Le lutteur essaie de retenir Lévesque, mais ce dernier a déjà ouvert la portière de la voiture.

– T'as la tête dure, dit le chef.

Très ennuyé, Rougeau décide de rester dans la voiture pour le moment afin de ne pas risquer d'envenimer la situation davantage.

«S'ils ne sont pas trop trop bêtes, se dit Lévesque en marchant lentement vers le chef pour l'affronter, ils vont rester tranquilles... Voler des boîtes de scrutin, détruire un bureau, peut-être! Mais attaquer un candidat, on est plus civilisé que ça, même dans la petite pègre.»

– Les gars, dit Lévesque calmement, le cassage de gueules, c'est fini les jours d'élections. On a dépassé ça, c'est de l'histoire ancienne.

Du trottoir, un blanc-bec crie au lutteur:

– Johnny! t'es trop pissou pour sortir.

Lévesque se tourne vers Rougeau et le supplie d'un geste de rester dans la voiture. Puis, s'avançant vers le chef qui s'est arrêté, il dit:

– Je ne sais pas ce que vous voulez faire avec vos bébelles, mais il y a le parc Jarry là-bas. On peut aller faire une partie si vous voulez, ce serait plus intelligent que d'essayer d'empêcher les gens de voter... Plus démocratique aussi!

Et avisant le bâton de baseball que l'homme a dans la main, il ajoute:

– Vous allez être obligé de me passer de l'équipement, moi je ne m'attendais pas à une partie de balle, je n'ai rien apporté.

Lévesque sort son paquet de Belvédère, en tire une cigarette et en offre une à son interlocuteur qui refuse, de plus en plus décontenancé. Il allume et attend, debout au milieu de la rue, la réaction de son vis-à-vis. Ce dernier se tourne vers son groupe, quêtant une inspiration. Il les trouve aussi désorientés que lui.

Son regard revient vers Lévesque qui lui sourit plutôt placidement. Le matamore choisit de tourner les talons et bientôt c'est tout le bataillon qui bat en retraite dans deux grosses Chrysler dont on a trafiqué les plaques d'immatriculation. Si maladroitement d'ailleurs que Lévesque ne peut retenir un sourire.

– Ils vont peut-être s'essayer ailleurs, dit Lévesque en remontant dans l'auto, mais ici on devrait avoir la paix jusqu'à la fin de la journée. Puis, se rendant compte que ses mains tremblent légèrement, il les cache au fond des poches de son veston, après avoir lancé sa cigarette par la fenêtre. Il se tourne vers Rougeau et dit simplement:

– Allons-y!

Cet animal-là, pense le lutteur en démarrant la voiture, il a quand même dû se sentir petit...

Les bureaux de vote sont fermés depuis environ une heure. L'élection s'annonce comme une des plus serrées depuis vingt ans. Au quartier général de René Lévesque, la situation n'est pas trop encourageante et une certaine inquiétude se lit sur les visages. Arsène Gagné, son adversaire, est en tête depuis le début du dépouillement des bulletins. Il mène par peu, mais il mène. Il fallait s'y attendre, les voix que recueille le «faux» Lévesque sont justement ce qu'il aurait fallu au «vrai» pour s'assurer une petite majorité. L'ignoble tactique des adversaires risque donc de porter fruit.

Dans le bureau où Lévesque s'est retiré avec Jean-Roch Boivin et le lutteur Rougeau, on entendrait les mouches voler si ce n'était du ramdam dans la pièce d'à côté où une dizaine de téléphones sonnent sans arrêt pour annoncer les résultats. Les téléphonistes communiquent l'information à une jeune fille qui inscrit les chiffres à la craie sur un tableau noir. Avec seulement six bureaux à venir, le candidat tire toujours de l'arrière par une vingtaine de votes.

Intérieurement, Lévesque est déçu. Il pensait tout de même avoir l'élection dans la poche.

Un bénévole fait irruption dans le bureau:

– Monsieur Lévesque, vous n'entendez pas le téléphone?

– On n'entend rien que ça, des téléphones! dit Boivin sèchement.

– Madame Lévesque, sur la ligne quatre.

– Félicitations, claironne Louise Lévesque au téléphone. La télévision annonce ta victoire.

– On n'a pas les mêmes sources d'information, j'ai tiré de la patte toute la soirée.

– Radio-Canada parle d'une centaine de voix de majorité.

– Tant mieux, mais c'est pas les chiffres qu'on a ici.

Tout à coup, dans la pièce d'à côté, c'est l'explosion. Des cris, des exclamations de joie, des applaudissements. On vient annoncer à Lévesque qu'il mène maintenant par trois voix avec encore deux bureaux à venir. Me Boivin bondit de son siège, serre la main du candidat.

– On l'a!

– Trois voix, Monsieur Boivin, trois voix, ce n'est rien, dit Lévesque avec pessimisme.

– D'après mes notes, Monsieur Lévesque, les deux bureaux à venir sont dans des quartiers sûrs.

En effet, quelques minutes plus tard, les derniers résultats font grimper sa majorité à cent vingt-neuf voix. Et c'est le délire au quartier général. Le seul qui reste calme, c'est Lévesque! Cent vingt-neuf personnes qu'il ne connaît pas viennent de changer le cours de son existence.

Ces inconnus ont déterminé qu'il quittera le journalisme qu'il affectionne tant pour aller vers un métier où il n'y a pas beaucoup de gens qu'il admire. Même Lester B. Pearson, qu'il a côtoyé pendant son voyage en URSS, ne lui a pas laissé une impression indélébile. Duplessis, n'en parlons pas! Non, le seul qui susciterait peut-être son admiration, c'est Roosevelt, l'ancien président américain.

Mais je n'en suis pas encore là, pense-t-il, en se laissant conduire par Rougeau au studio de Radio-Canada où on le réclame pour une entrevue. Je suis un petit député libéral dans un gouvernement dirigé par Jean Lesage, un homme pas trop bête, un tantinet vaniteux, dont l'ambition est tisonnée avec diligence par sa femme Corinne.

À la télévision, il apprend que son parti a fait élire cinquante et un députés contre quarante-trois pour l'Union nationale, au cours du scrutin le plus serré de toute l'histoire du Québec. Antonio Barrette, ancien ministre du Travail dans le gouvernement Duplessis, n'a pas réussi à conserver le pouvoir que son parti détenait sans interruption depuis seize ans. C'est vraiment la fin d'une époque.

– Je crois, explique Lévesque aux téléspectateurs, que malgré toutes les pressions, toutes les forces effrayantes du vieux régime de l'Union nationale, il y avait chez nous assez d'honnêtes gens qui en avaient assez.

– Maintenant que vous êtes au pouvoir, qu'est-ce que vous comptez changer, Monsieur Lévesque?

– La première chose qu'il faut changer, et tout de suite, c'est cette espèce de pourrissement des pratiques électorales. Écoutez, raconte-t-il, j'ai vu des officiers de la Police provinciale diriger eux-mêmes des bandits qui entraient à six dans les bureaux de vote pour bourrer les boîtes. Enfin! on a gagné quand même!

– Les libéraux ont promis un ministère de la Culture, est-ce que vous avez l'impression que vous hériterez de ce portefeuille? Après tout, vous lisez beaucoup et on dit que vous êtes grand amateur de cinéma!

– Justement, dit Lévesque avec une pointe d'ironie, c'est pour ça que je reconnais tout de suite que vous êtes en train de vous faire du cinéma... Écoutez, j'ai été élu député à ma première tentative, c'est déjà pas mal... Un ministère! Vous imaginez bien qu'il y a plusieurs des élus d'aujourd'hui qui ont beaucoup plus d'états de service que moi dans le parti et qui sont politiquement plus méritants.

Garé devant le 5562 de la rue Woodbury, une résidence de pierres grises, typique de ce quartier d'Outremont, Johnny Rougeau attend «son» ministre en lisant *La Presse* où on peut voir en première page la photo des membres du cabinet formé par Lesage. Les ministres prêteront serment aujourd'hui.

– Veux-tu me dire, René, ce que tu as pensé... Accepter le ministère des Ressources hydrauliques et des Travaux publics? lui demande sa femme qui le prévient que le chauffeur l'attend à la porte.

– Je lui avais dit huit heures et demie, dit Lévesque en achevant de se raser.

– À huit heures et demie, il était là!

– Quelle heure est-il? demande Lévesque.

– Il passe neuf heures.

– Merde! Tu aurais pu me le dire!

– Tu ne pouvais pas choisir un secteur que tu connaissais mieux?

– L'eau, l'électricité, les routes, Louise... tout le monde connaît ça! Moi autant que les autres!

Elle lui tend une chemise tandis qu'il essaie de régler la disposition cruciale de ses quelques cheveux. Partant d'une raie tracée juste au-dessus de l'oreille gauche, chaque cheveu est appelé à accomplir seul le travail de toute une mèche. Il est allongé avec soin sur le crâne jusqu'à l'autre oreille et fusionné avec le duvet périphérique. Il faut du temps pour réaliser ce trompe-l'œil mais il y tient!

– Je suis en retard, mais je prendrais quand même un café... Fais patienter Rougeau.

– Il est là depuis une heure, s'il n'est pas parti c'est qu'il va t'attendre, dit Louise en riant.

Mais quand elle le voit entrer dans la cuisine et qu'elle aperçoit son veston sport et son pantalon de flanelle grise défraîchie, elle éclate.

– Tu n'as pas l'intention d'aller à Québec habillé comme ça!

– Qu'est-ce qu'il y a? demande Lévesque en avalant son café.

– Tu ne t'es pas vu, tu as l'air de la chienne à Jacques!

– Qu'est-ce que je suis supposé porter?

– René! C'est l'assermentation! Tout le monde va être en smoking.

– Christ! je t'ai dit hier soir que je ne m'habillerais pas en maître d'hôtel.

– Fais-moi plaisir, apporte ton costume bleu. Il fait un peu plus ministre!

– Je le garde pour des funérailles.

– Laisse-moi au moins aller te chercher une cravate.

– J'en ai une ici!

Il montre la vieille mallette dans laquelle il a entassé pêle-mêle quelques bouquins, des vêtements de rechange et certains dossiers de son ministère qu'il s'est fait remettre hier, même s'il n'était pas encore officiellement en fonction.

– Tu vas être beau au journal télévisé, à côté de tous les autres en smoking!

– Personne ne m'a jamais vu en smoking à la télévision, ils ne me reconnaîtraient pas.

En apercevant Lévesque, Rougeau se précipite pour ouvrir la portière de l'auto et prendre ses bagages. Rien! La vieille mallette de cuir!

– Laissez, laissez! dit Lévesque. Il jette le porte-documents sur la banquette arrière, enlève son veston et s'assied en avant à côté de Rougeau.

– Ouf! ça fait du bien respirer un peu d'air!

– C'est vrai, le temps est lourd, dit Rougeau.

Mais c'est plutôt à l'atmosphère de la maison que pense Lévesque en se calant confortablement sur le siège de la voiture qui file le long de la Côte Sainte-Catherine, en route vers Québec.

4

Soit! Lévesque est ministre d'un gouvernement qui doit pour des raisons historiques siéger à Québec, mais il n'a pas l'intention de s'incruster dans une ville qu'il n'aime pas. Bon! le site est pittoresque, mais c'est tout. Pour le reste, c'est un village.

Il a loué une chambre au vieil hôtel Clarendon, à deux pas du parlement et de son bureau, et repéré quelques restaurants dans les alentours: un monde exigu qui lui convient.

Heureusement, ce monde prend des proportions gigantesques chaque fois qu'il se plonge dans les dossiers des Ressources hydrauliques.

– Monsieur le ministre, Manicouagan sera le plus grand barrage à voûtes multiples au monde, explique le fonctionnaire d'Hydro-Québec qui pilote Lévesque à travers les plans et les devis de ce rêve de mille trois cents mégawatts.

– Il faudrait un jour rejoindre la Gaspésie avec un câble sous le Saint-Laurent, dit Lévesque avec enthousiasme. La Gaspésie, c'est ma région.

– Si vous me permettez, Monsieur Lévesque, il y en a un depuis six ans.

– Je ne suis pas encore familier avec tout, s'excuse le ministre.

– Ce n'est pas votre métier!... Le vrai malheur, Monsieur le ministre, c'est que les grands travaux d'hydro-électricité ne profitent pas au Québec comme ils le devraient. Si les Québécois construisaient eux-mêmes les grands barrages au lieu de les faire exécuter par d'autres, tout le monde y gagnerait.

Une secrétaire entre pour les prévenir que les représentants de la Shawinigan Water and Power attendent dans l'antichambre.

– J'en ai encore pour cinq minutes, dit Lévesque. Offrez-leur un café.

Se tournant vers le fonctionnaire, il murmure:

– Les gros bonnets de la Shawinigan, tous des bandits!

C'est viscéral, chaque fois qu'il rencontre de puissants hommes d'affaires, Lévesque voit des exploiteurs. Et si par surcroît ils sont anglophones, sa réaction est encore plus vive. Pour lui, ce sont tous des «John-Hall-Kelly», le riche avocat qui avait convaincu son père Dominique de partir de Québec pour s'établir à New Carlisle et s'associer avec lui. Une association qui tourna vite à l'aigre. Son père abattait tout le travail de l'étude légale tandis que Kelly brassait des affaires... Des affaires d'or dont son associé ne profitait jamais.

Mais ce «bandit», ce «pilleur de Gaspésie» comme Lévesque se plaît à l'appeler, c'était aussi son parrain. Un lien spirituel qui ne l'avait jamais enthousiasmé!

Soudainement mis en confiance par l'attitude de son ministre, le fonctionnaire sort de sa poche la copie d'une lettre d'intention envoyée par Hydro-Québec à une compagnie de Boston, juste avant les élections. Le document, qui ne fait mention d'aucun appel d'offres, assure à la société américaine le contrat de construction d'un barrage sur l'Outaouais à condition qu'elle contribue généreusement à la caisse de l'Union nationale.

– Pouvez-vous me laisser cela? demande Lévesque.

Le fonctionnaire tourne la lettre compromettante dans ses mains, hésite.

– Monsieur Lévesque, j'ai fait une copie de cette lettre quand j'ai senti le vent tourner pendant la campagne électorale, mais sincèrement je ne voyais pas ce que j'en ferais. Ni à qui je la donnerais en espérant que les choses changent.

– Vous préférez la garder?

– Non, Monsieur le ministre, je préfère espérer que les choses vont changer.

On ne fait pas plus arrogant que des représentants de grosse société qui arrivent, tirés à quatre épingles, chez un nouveau ministre avec l'intention bien arrêtée de se le mettre en poche. Les trois hommes que Lévesque a devant lui sont d'excellents prototypes du genre. Mais on voit au regard d'intelligence qu'ils échangent qu'il n'a pas (dans leur esprit du moins) la prestance d'un ministre. Ils ont toujours eu affaire à des hommes en complet, jamais à un petit qui fait crotté et empeste la cigarette.

D'ailleurs, en lui serrant la main, chacun appuie ironiquement sur le «Mister Minister»...

– *Gentlemen,* dit Lévesque, *I won't beat around the bush. Your time is precious, so is mine*[1].

Parfaitement, pensent à l'unisson (et en anglais) les trois visiteurs, ne perdons pas notre temps.

– *Your company is paying rent on the Saint-Maurice river*[2].

– *That's correct...* dit celui qui semble leur porte-parole, *Shawinigan is paying...* Et il invite du regard son collègue à sortir les chiffres qu'il a dans ses dossiers[3].

– *What you're paying,* enchaîne Lévesque, *doesn't matter to me or the province. The rent hasn't changed in over fifty years. I'm sure your customers are not getting the same bills they were, fifty years ago*[4].

– *Of course not, Mister Minister. The cost of producing electricity is continually increasing, but water comes from up there*[5]...

Il jette un regard attendri vers le ciel et ajoute:

– *And the good Lord has been kind enough to provide it free*[6].

– *Praise the Lord... Curse the minister!* dit Lévesque. *We're no longer going to give our water away. Every power company will be assessed new rates reflecting the new reality*[7].

Encore un peu et les représentants de la Shawinigan Water and Power se pinceraient pour s'assurer qu'ils ne rêvent pas. Ils ont devant eux en chair et en vêtements fripés, le «communiste» dénoncé par l'Union nationale. Et comble de malheur, il a été nommé là où il peut être le plus nuisible. Si encore on l'avait mis à la culture!

– *There'll be no new reality,* dit avec fermeté le représentant de la Shawinigan. *Any rent increase will be passed on directly to the consumers*[8].

– *No, it won't, goddammit!* réplique Lévesque. *You make enough profits, you swallow it! And I mean all of it*[9]*!*

– *We make our decisions, Mister Minister. We're running those companies*[10].

Pour bien marquer le coup, l'homme d'affaires se lève en invitant ses deux collègues à sortir avec lui.

– *Not for very long!* dit Lévesque sur un ton menaçant[11].

L'homme se retourne brusquement comme quelqu'un qui s'attend à ce qu'on lui tire dans le dos. Et il jette à Lévesque le regard méprisant que méritent ceux qui sont prêts à une telle lâcheté.

– *Mister Minister, I'd have expected you'd be smarter than to revive the old threats of expropriation. One bit of advice... Before you take over power companies, you'd better think twice. Make damn sure you have people who can manage them*[12]*!*

Piqué au vif, Lévesque se lève et d'un coup de poing fracasse la plaque de verre qui recouvre son pupitre. Il leur crie:

– *Sonofabitch, we can run them as well as you*[13]*!*

– *Yes, I'm sure you'll do very well,* ironise l'Anglo-Saxon. Il salue d'un petit coup sec de la tête et se dit en voyant Lévesque debout derrière son bureau, le visage cramoisi, la houppe retroussée sur le crâne: quel minable roquet[14]!

Lévesque ne peut s'empêcher de sourire en regardant les éclats de verre sur son bureau. Il revoit ce pêcheur de Paspébiac qui avait lancé son cageot de poisson contre la vitrine de la *Robin, Jones & Whitman* parce qu'on lui en offrait deux sous. Hélas, il n'y avait pas d'autre endroit où écouler la pêche! L'homme avait dû se résigner à payer pour la vitrine du magasin général et sans l'intervention de Me Lévesque, son père, il aurait sans doute aussi été condamné à payer une amende pour méfait public.

Plutôt que de s'enrager et de casser les vitres de la *Robin*, son père avait conseillé au pêcheur d'essayer de convaincre ses collègues de former une coopérative pour mieux vendre leur poisson. Eh bien! ce bouledogue s'était attaqué à l'os et vingt ans plus tard la coopérative de Paspébiac avait déclassé la *Robin*.

En dépit de la chaleur tropicale de ce soir d'août, l'homme qui arrive chez René Lévesque, rue Woodbury, porte un élégant trois-pièces de flanelle anthracite à fines rayures perle. Son col est empesé, lui aussi d'ailleurs! Plus britannique que lui, on ne fait pas, même à Londres! Et pourtant c'est un Québécois pure laine!

– Monsieur Parizeau? demande Lévesque en ouvrant la porte.

Le visiteur lui tend cérémonieusement la main:

– Oui, Monsieur Lévesque... Jacques Parizeau!

– Je viens de vous parler au téléphone, vous avez couru!

– Absolument pas, dit Parizeau, j'habite à quatre rues d'ici.

Pas étonnant que son col suinte, pense Lévesque en l'invitant à entrer. Il est habillé pour siéger à la Chambre des Lords alors que je crève avec mon polo et mes bermudas.

– Très heureux de vous connaître, dit Parizeau avec un sourire des plus polis. Mais il n'en reste pas moins stupéfait de voir le ministre dans ce qui lui semble être au mieux une tenue de plage.

– On m'a dit que vous étiez économiste, Monsieur Parizeau.

– J'enseigne l'économie à l'École des Hautes Études.

Comme Lévesque a l'impression de s'adresser au chancelier de l'Échiquier lui-même, comment pourrait-il avoir le moindre doute sur le résultat du travail qu'il s'apprête à lui commander? Il prend un volumineux document sur le guéridon du hall d'entrée...

– C'est le bébé! Regardez ça! J'aimerais savoir combien ça nous coûterait de nationaliser les compagnies d'électricité.

– Vous me donnez combien de temps pour passer à travers cette «petite chose»? demande Parizeau. C'est dit en plaisantant, évidemment, ou «tongue in cheek» comme on dirait à Oxford.

– Je ne sais pas, le temps que vous voudrez!

– Vous vous êtes sûrement fixé un délai, Monsieur Lévesque!

– Disons quatre ou cinq jours!

Puis, comme il a peur de le coincer, Lévesque ajoute:

– Aux Hautes Études commerciales, vous trouverez bien quelqu'un pour vous donner un coup de main.

Cela a été exprimé gentiment mais avec une sorte d'intransigeance autoritaire et, l'espace d'une seconde, Parizeau a eu l'impression d'avoir devant lui un petit commandant de l'Empire britannique aux colonies. Ton ferme, polo, bermudas, la même farine, quoi! Il aura enlevé son casque colonial, le temps de le recevoir!

– Ne vous inquiétez pas, Monsieur Lévesque, je saurai bien me débrouiller.

Le grand argentier des libéraux, Me Lavoie – les naseaux fumants, le havane à la bouche comme une baïonnette – pique à travers l'antichambre du bureau du Premier ministre, M. Lesage, sans la moindre intention de demander à la réceptionniste la permission d'entrer.

– Maître Lavoie, Maître Lavoie!

– Je sais qu'il est là!

– Oui, mais j'ai un message pour vous...

– De qui?

– Monsieur Kostner, de Boston... Il n'a pas arrêté d'ap...

Lavoie est déjà dans le bureau du Premier ministre. Il ne saura jamais que ce Kostner a téléphoné une dizaine de fois depuis le matin ou plutôt il ne tient pas à le savoir.

– Raynald, tu ne m'arrives pas avec des problèmes de trésorerie, j'espère!

Le Premier ministre est si rayonnant, il a l'air si heureux, si satisfait que Me Lavoie a un moment d'hésitation avant de déballer son sac. Allons! il est trésorier du parti... c'est son devoir.

– Non, pas des problèmes immédiats, dit-il, mais qui ne vont pas tarder si ton maudit Lévesque n'arrête pas de se comporter comme un enfant d'école.

– Bon, qu'est-ce qu'il a fait encore?

Les possibilités ne manquent pas! Aux réunions du cabinet, Lévesque se pointe toujours en retard, et encore quand il daigne y assister! Les travaux parlementaires, il les méprise; il ne va en Chambre que pour défendre ses propres dossiers. Pourtant, il ne rate pas une occasion de paraître à la télévision, ne refuse pas une invitation à parler en public. La «vedette» du Parti libéral commence à indisposer sérieusement ses collègues ministres.

– C'est au sujet du contracteur de Boston, dit Me Lavoie, celui qui doit avoir le contrat du barrage de Beauharnois. C'est mon client, ce gars-là. Qu'est-ce que vous attendez pour signer le contrat? Surtout maintenant que Lévesque est allé s'ouvrir la trappe au conseil des ministres pour bloquer l'affaire.

– Comment ça se fait que l'information coule comme ça? demande Lesage, indigné.

– Une chance! Avec tous les ministres qui ont le mors aux dents. On va trop vite, Jean, trop vite! On a gagné une élection mais on n'a pas eu le mandat de faire une révolution. Ça va nous jouer un mauvais tour! Fais-moi plaisir, Jean, commence avec le plus dangereux! Mets Lévesque au pas!

– Je ne comprends pas ton histoire de barrage, Raynald! Lévesque prétend que la société de Boston a versé un gros montant à l'Union nationale avant les élections pour obtenir le contrat. Est-ce qu'on va encourager ceux qui ont contribué à la caisse de nos adversaires?

Pauvre Lavoie! Les bras lui en tombent! Comment le Premier ministre peut-il être aussi zozo?

– Jean, arrive en ville! La société de mon client nous a craché le même montant qu'à l'Union nationale. Des gros sous! Je peux te montrer les chiffres. Et c'est pas des petites entreprises... On joue avec des géants américains, mon Jean, on ne peut pas se permettre de leur faire faux bond pour des niaiseries d'apprenti-ministre.

– J'aurais préféré, dit Lesage, que Lévesque n'ébruite pas cette histoire-là au conseil des ministres. Je vais essayer de lui parler.

– Comment ça, «essayer»? Baptême, Jean! C'est toi qui mènes ou c'est Lévesque?

Raynald a beau être un ami intime, il y va fort. Il voit se dresser les plumes de la dignité offensée du Premier ministre et baisse un peu le ton:

– Avec Lévesque, je t'avais prévenu, tu te préparais de mauvais lendemains. Ça commence!

– Je m'en occupe, conclut sèchement Lesage.

Me Lavoie s'aperçoit qu'il l'a piqué au vif. Même un ton plus conciliant ne suffirait pas.

– L'automne arrive. Tu sais ce qui te ferait du bien, mon Jean? On devrait monter à l'orignal. Trois jours tranquilles dans le bois, pas de femmes!

Trois jours sans sa Corinne! Lesage retrouve déjà le sourire.

– Jean, dit ensuite Me Lavoie, le visage empreint d'une cordialité sincère, ça nous a pris seize ans à prendre le pouvoir, il ne faudrait pas qu'il nous glisse entre les mains à cause d'une tête folle, d'un petit gauchiste!

La seule chose qui intéresse Lévesque dans son fameux ministère des Travaux publics, c'est la possibilité d'y faire de l'ordre. Après vingt ans d'Union nationale, alors que chaque bout de route, chaque bâtiment a servi de récompense politique, ce n'est plus un ministère, mais les écuries d'Augias! Une fois nettoyé cependant, une fois mis en place un système à toute épreuve d'appels d'offres, le ministère des Travaux publics, c'est l'affaire d'un cantonnier, pas d'un ministre ambitieux en train de se forger une mission.

Le modeste portefeuille des Ressources hydrauliques, c'est autre chose. Il y en a de l'eau blanche au Québec. Il y a de quoi faire!

Mais Lévesque a besoin d'aide. Parizeau, le gandin, ne lui suffit plus, il lui faut un économiste à temps plein. Il fauche Michel Bélanger au ministre fédéral des Finances.

Bélanger, c'est un ancien de Laval dont son professeur, le père Georges-Henri Lévesque, de la Faculté des sciences sociales, dit le plus grand bien. En bon élève, l'économiste a tout de suite une idée de génie! Il propose à René Lévesque de fondre le ministère des Ressources hydrauliques avec celui des Mines.

– On aurait dû y penser avant, s'extasie Lévesque.

– Mines, Ressources hydrauliques, explique Bélanger, on va mettre tout ça dans un grand ministère: les Ressources naturelles. Et on va faire en sorte que les Canadiens français tirent enfin profit de l'exploitation de leurs richesses.

– Qu'en pense M. Parizeau? demande Lévesque.

– Il est parfaitement d'accord, mais il est un peu inquiet... on risque de piétiner des juridictions fédérales.

– Tant pis! dit Lévesque. Il est sérieusement temps de commencer à utiliser l'État pour nous sortir de notre situation d'asservissement. Il faut convoquer une conférence de presse et annoncer un programme qui va rendre les Québécois propriétaires de leur province...

– On n'est peut-être pas obligé de parler d'asservissement, fait remarquer prudemment le jeune Bélanger.

Lévesque s'enflamme.

– Ne mâchons pas nos mots non plus! Il faut apprendre aux Québécois à se servir de l'État. Les gouvernements précédents ont toujours fait de l'État un épouvantail pour faire trembler les gens devant leur ombre!

Même en prenant des gants blancs pour faire part des ambitions qu'il nourrit pour le Québec, Lévesque met rapidement le feu aux poudres. Le premier à s'enflammer, évidemment, c'est un de ses collègues du cabinet, Paul Earl. Lévesque veut avaler son ministère!

Earl s'amène dans le bureau du Premier ministre, flanqué de deux alliés, des ministres qui ont du galon: Georges-Émile Lapalme et Bona Arsenault. Ce dernier vole tout de suite à la défense de l'outragé:

– Mon ami Paul est très inquiet, dit-il à Lesage, il lit les journaux lui aussi. Si son ministère des Mines est fusionné à celui de Lévesque, il aimerait bien savoir qui va être ministre... À moins que tu entrevoies quelque chose de bicéphale...

– Bona, le projet de fusion, je suis comme toi, je viens de l'apprendre.

– On en apprend plus à lire les journaux qu'aux réunions du cabinet, fait remarquer Lapalme.

– Georges-Émile, s'il te plaît, ne tourne pas le fer dans la plaie.

– Lévesque! c'est le seul qui arrive au conseil des ministres quand il veut, se plaint encore le ministre Arsenault. Midi, la semaine passée! On achevait. Du moment qu'une quarantaine de mémères l'invitent quelque part, lui, il est prêt à laisser la Chambre en pleine session, surtout s'il y a une caméra de télévision quelque part.

– *He gets more press than all of us together*, dit le ministre anglais[15].

– C'est sa façon de réfléchir, surenchérit Lapalme, il fait ça tout haut, et surtout devant les journalistes.

– Ouais... mais ce qui nous préoccupe, c'est le cas de notre ami Earl, reprend Arsenault.

– C'est simple, dit Lesage d'un ton agacé, on va lui trouver une autre place...

Le téléphone sonne. La secrétaire du Premier ministre se confond en excuses, mais elle a en ligne le président de la Shawinigan

Water & Power, Mr Fuller. Il est agrippé. Il ne sera pas satisfait tant qu'il ne saura pas exactement quand il pourra lui parler.

– Qu'il garde la ligne, répond Lesage, je le prends dans deux minutes.

Tandis que leur chef parle à la secrétaire, Bona se penche vers Lapalme et lui chuchote à l'oreille:

– Courageux comme un âne qui recule, il préfère créer un autre ministère plutôt que de faire entendre raison à Lévesque.

– J'ai un appel urgent, dit le Premier ministre à ses visiteurs, mais ne vous inquiétez pas, je m'occupe de votre affaire.

– Jean, c'est «ton» affaire aussi, dit Lapalme. On ne peut pas gouverner sans solidarité ministérielle, ce n'est pas moi qui va te l'apprendre.

Arsenault, lui, est plus catégorique:

– C'est pas compliqué, c'est Lévesque ou nous autres!

– Je viens de vous dire que je prenais l'affaire en main!

Les trois ministres sortent et le Premier ministre donne le crachoir à ce Mr Fuller qui l'attend au téléphone. Un autre qui a pris feu! Mr Fuller a lu des déclarations de René Lévesque à l'effet que le gouvernement s'apprêtait à exhumer ce vieux dossier de la nationalisation de l'électricité. Il croit rêver!

– *Is this the Soviet Union?* demande Mr Fuller en colère. Et il se met à morigéner le Premier ministre comme un écolier qui n'a pas fait ses devoirs[16].

– *Let me... let me interrupt you Mister Fuller, I'm Premier of this province and I can assure you we have no intention of nationalizing power companies. Is that clear*[17]*?*

Mais Mr Fuller l'interrompt à son tour pour exprimer sa stupéfaction. Il a pourtant bien lu la plate-forme libérale. Nulle part n'y est-il fait mention de nationaliser des sociétés. Dans aucun secteur.

– *You're absolutely right*, dit le Premier ministre, *nothing of the sort! So I don't think you should worry... We will not nationalize power companies. You have my word*[18]*!*

Il raccroche et demande à la secrétaire de convoquer son ministre de la Jeunesse, Paul Gérin-Lajoie. Un autre qui lui donne du fil à retordre; rien de comparable à Lévesque, bien sûr!

Camouflé dans son ministère, Lajoie a toutes les responsabilités reliées à l'éducation dans la province. Il aimerait donc aussi avoir le titre! Ministre de l'Éducation, c'est plus sérieux que ministre de la Jeunesse.

– Tant que je serai Premier ministre, lui dit Lesage en tapant sur la table, il n'y aura jamais de ministère de l'Éducation. On a déjà assez de gens sur le dos, on ne va pas ajouter le clergé enseignant!

Docile, Lajoie hoche la tête, mettant bien en évidence la raie minutieuse qui sépare sa chevelure en deux parties strictement égales. De chaque côté de son front, deux guiches calamistrées et symétriques elles aussi viennent presque rejoindre les sourcils. Dommage! pense Lesage en observant celui à qui il rogne ainsi les ailes: avec son onction de curé, Gérin-Lajoie conviendrait si bien à cette période de transition vers l'enseignement laïque.

– Qu'est-ce que je fais pour descendre la pelle? demande Lévesque, installé comme un conquérant sur le siège d'un gigantesque bulldozer.

– C'est le petit bras qui est juste là, à ta droite, dit le conducteur habituel de l'engin en sautant d'un bond sur la chenille pour lui indiquer l'endroit. Par en avant, ça descend; vers toi, ça monte.

– Regarde-moi bien niveler ça... dit le ministre.

– Monsieur Lévesque, lui crie un assistant, nous sommes en retard.

Lévesque fait le sourd et embraie en marche arrière afin de prendre son élan pour foncer contre une saillie pierreuse. Il renvoie l'engin, pleins gaz vers l'avant, et au dernier moment, baisse la pelle qui bute avec violence contre le monticule, raclant la pierre et faisant jaillir un bouquet de flammèches. Il triomphe!

La cinquantaine d'ouvriers qui ont observé la scène applaudissent à tout casser. On se croirait au beau milieu de passagers italiens à l'atterrissage de leur avion.

– Vous êtes payés pour vous amuser avec ces bébelles-là! s'écrie Lévesque.

– Pas assez! répond le chœur d'ouvriers d'Hydro-Québec.

Au péril de sa vie, le fonctionnaire chargé de l'horaire du ministre va quasiment se jeter devant le bulldozer.

– Écoutez, vous allez quand même être obligés de finir la job. Moi, j'ai rendez-vous avec mon boss...

Puis, en riant, il ajoute avant de les quitter:

– Si jamais j'ai des idées à bulldozer au cabinet, je sais où sont les machines.

– Appelle-nous, mon René, on va y aller.

– Sans blague, leur lance Lévesque, je vais avoir besoin de votre aide! Les mines, les forêts, l'électricité, c'est trop important pour notre développement économique. Il faut rapatrier tout ça, c'est notre héritage.

Le ton de Jean Lesage est d'autant plus corrosif que Lévesque l'a fait patienter une bonne demi-heure. Bien calé dans le fauteuil d'un salon particulier du Club de Réforme, sirotant son verre de Johnny Walker Black Label, le Premier ministre n'a pas vraiment souffert du retard, mais c'est pour le principe...

– Il va falloir que vous appreniez à vous discipliner!

Hurler de rire! C'est la première idée qui traverse l'esprit de Lévesque en entendant ces semonces qui lui rappellent les pions du petit séminaire de Gaspé. Il se retient. Cela risquerait de ne pas arranger les choses.

– Vos retards agacent tout le monde, reprend Lesage, mais le vrai problème c'est votre notion de solidarité ministérielle. Avant de claironner vos politiques aux quatre coins de la province, comme vous le faites, commencez donc par vous assurer de l'appui de vos collègues du cabinet. Au cas où vous l'auriez oublié, il y en a seize! C'est ça la solidarité ministérielle. Essayez donc d'en faire une règle!

– Je n'ai qu'une règle, Monsieur Lesage, c'est de ne jamais dire le contraire de ce que je pense.

– Alors, taisez-vous!

– Je pensais que c'était terminé, l'époque de Maurice Duplessis, dit sèchement Lévesque.

– Il y a une chose qui ne changera jamais, Monsieur Lévesque. C'est le Premier ministre qui mène, et si ça ne vous convient pas, il y a des alternatives...

– Démissionner? dit Lévesque.

Pour éviter de répondre, Lesage se lève et sonne le garçon à qui il commande un double whisky.

– Vous, est-ce que je vous commande quelque chose? demande-t-il à Lévesque.

Ce dernier hoche la tête, avale ce qui reste de café froid dans sa tasse. L'atmosphère n'est pas assez conviviale pour qu'il traîne là encore longtemps.

Lesage revient s'asseoir.

– Je pense, Monsieur le Premier ministre, que le gouvernement doit avoir le courage de prendre des décisions dans l'intérêt des Québécois, même si ça en dérange quelques-uns...

– Qu'est-ce que vous voulez dire?

– Que si vous n'avez pas ce courage-là, vous devriez au moins avoir celui de me mettre à la porte vous-même. Je ne démissionnerai pas.

– Si vous voulez rester ministre, baptême! vous allez arrêter de vous comporter comme une petite *prima donna* de télévision.

D'un geste brusque, Lévesque empoigne d'une main les basques du veston de Lesage et, le tenant solidement, l'attire vers lui en renversant les verres. Il le soulève presque de son fauteuil.

– La petite *prima donna* a envie de faire partie d'un vrai gouvernement, pas d'un régime de foireux, dirigé par un lâche!

Lesage est pourpre de rage; les veines de ses tempes vont éclater.

Personne n'a jamais osé lever la main sur lui.

Cet avorton qui l'agrippe, il n'en ferait qu'une bouchée s'il le voulait. Il a une fois et demie sa taille. Lesage fait un effort surhumain pour se détendre, pour n'avoir pas l'air de résister.

Lévesque desserre lentement son emprise.

Les deux hommes restent longtemps immobiles à se regarder. Des chiens de faïence!

Lesage fait le bilan de son association avec son ténor. Il ne peut pas le larguer maintenant. Sa voix est encore trop puissante et trop écoutée. Les électeurs ne comprendraient pas. Mais c'est lui qui fait la mise en scène, c'est lui le patron, il peut attendre son heure!

Lévesque a presque envie de s'excuser de son mouvement d'humeur, mais pour tout dire son geste est loin d'avoir dépassé sa pensée. Au contraire! Il a carrément failli flanquer sa main à la figure du Premier ministre.

– Je savais que vous ne m'aimiez pas beaucoup, finit par dire Lesage, mais je pensais qu'on pourrait travailler ensemble!

– Pas à n'importe quoi, Monsieur le Premier ministre, et pas n'importe comment.

Ce n'est pas par hasard que Me Lavoie sirote un whisky au bar du Club de Réforme. Il déteste trop Lévesque pour ne pas être le premier informé. Il a entendu des bruits de verres brisés et des éclats de voix, et il aperçoit soudain Lévesque traverser le bar comme une flèche et quitter le club. Il sait déjà une chose, ça a bardé!

Me Lavoie se précipite vers le salon. Lesage a appuyé ses jambes sur la table à café devant lui. Il réfléchit.

– J'espère que tu l'as crissé dehors!

Lesage hoche la tête.

– Sans nuire au parti, dit-il, c'est impossible! Mais ce n'est pas l'envie qui m'a manqué, crois-moi.

– C'est un abcès, Lévesque. Plus tu attends, plus il va nous infecter. En plus, c'est une tête de cochon et un coureur de jupons.

– Raynald, il y a quelque chose chez ce gars-là que les gens vénèrent. Il va falloir qu'il se coule lui-même, on n'arriverait jamais à expliquer pourquoi on le met dehors.

– Maudite démocratie! conclut Me Lavoie avec lassitude.

5

– Est-ce que vous pouvez descendre un peu? Monsieur Lapalme ne voit pas bien, demande Lévesque au pilote du Beaver qui les amène voir le chantier de Manic 5. L'avion descend d'une centaine de mètres et décrit un grand cercle au-dessus du chantier. Une fois terminé, le barrage complétera les travaux de harnachement de la rivière Manicouagan qui draine une bonne partie des forêts de la Côte-Nord.

L'équipage de l'avion se pose des questions. Georges-Émile Lapalme vient d'hériter du nouveau ministère des Affaires culturelles, que diable fait-il là? Le pilote contemple le minuscule îlot du chantier dans la mer d'épinettes, plus ou moins quarante et un mille kilomètres carrés d'épinettes!

– Ça ne me paraît pas l'endroit idéal pour un centre d'art, murmure-t-il au navigateur.

Il n'y a pas deux jours, Lévesque a pris une bouchée avec Jean-Roch Boivin dans un des restaurants italiens de son comté. Souhaitant avoir une meilleure idée de l'opinion des Québécois sur son projet de nationalisation de l'électricité, il lui avait demandé d'aller jeter un coup de sonde dans les principales régions.

– Voyez les gens ordinaires: les petits marchands, les agriculteurs, les ouvriers, mais aussi les maires des municipalités et enfin quelques organisations libérales de comté.

Donc, ce soir-là, entre deux bouchées de rigatonis *primavera*, Boivin lui a fait un rapport.

– Les petites gens vont suivre si vous décidez de pousser la nationalisation, c'est clair! D'ailleurs, Monsieur Lévesque, on a l'impression que le monde vous suivrait n'importe où! Du côté des organisations de comté, c'est moins sûr. Privément, les gens sont d'accord avec l'idée de la nationalisation, mais comme ils disent: avant que ça passe au cabinet, les poules vont avoir des dents! Ce n'est même pas dans la plate-forme du parti, alors il faudrait tordre des bras...

– Justement, Monsieur Boivin, c'est l'opinion populaire qui va le faire, le tordage de bras.

– Si j'étais vous, je ne compterais pas seulement là-dessus, j'essaierais aussi de recruter des alliés au conseil des ministres.

Et voilà ce que ne s'expliquait pas l'équipage: Lapalme est une recrue! Que Lévesque endoctrine.

– Vous le savez ce qui se passe, Monsieur Lapalme! C'est l'État qui garantit les millions pour les installations d'Hydro-Québec et les compagnies privées lui achètent l'électricité au prix de revient pour la revendre ensuite au gros prix. Les contribuables paient pour produire et les compagnies empochent les profits. C'est le socialisme à l'envers.

– Ce n'est pas la peine de tout chambarder pour ça, dit Lapalme, l'Hydro n'a qu'à demander plus cher pour l'électricité.

– Ça ne changera rien au problème de fond. Les ressources du Québec n'appartiennent pas aux Québécois, c'est ça qu'il faut changer!

«Encore un autre qui a le mal de l'air», pense Lapalme (avec un certain réconfort). Quand il survolait le Québec en avion, qu'il apercevait les myriades de lacs trouant les vastes étendues de forêts ou qu'il voyait les villes et les villages s'égrener le long du Saint-Laurent, Lapalme avait souvent remarqué qu'un vif désir de propriété s'emparait de lui, et il avait baptisé ce phénomène son «mal de l'air». D'ailleurs, le mal disparaissait aussitôt qu'il revenait sur terre; il se rendait compte de tout ce qui contrecarrait cet instinct de propriété.

– Monsieur Lapalme, insiste Lévesque, notre province doit se développer à l'avantage de la majorité canadienne-française. N'ayons pas peur des mots, il y a un seul territoire que la nation canadienne-française peut appeler «son» pays, c'est le Québec.

«Il est plus atteint que moi, pense Lapalme en son for intérieur, il est temps que l'avion revienne sur terre.»

Le Beaver touche la piste de l'Ancienne-Lorette mais le sermon n'est pas terminé; Lévesque est toujours entre ciel et terre.

– Notre tâche, dit-il, c'est de voir à ce que la nation canadienne-française obtienne la part qui lui revient. Elle ne l'a jamais eue dans le passé, souvent par sa faute j'en conviens, mais il faut que ça change.

Le pilote est debout sur la piste et invite de la main les deux hommes à descendre de l'avion.

– Monsieur Lapalme, continue Lévesque, le gouvernement et le pays sont devenus l'apanage d'un petit groupe de privilégiés, il faut corriger ça, c'est notre devoir!

– Messieurs, nous y sommes, insiste le pilote.

– Qu'est-ce que vous voulez que je fasse? demande Lapalme à Lévesque, en mettant pied à terre.

– Vous êtes influent dans le cabinet, vous allez m'aider!

Le pilote regarde les deux hommes s'éloigner, se tourne vers son navigateur et lui dit:

– Quel moulin à paroles, ce Lévesque! Il me donne le mal de mer.

Jean Lesage fait clapoter son whisky dans sa bouche, l'avale en gloussant et dit à Lapalme avec un hochement de tête condescendant:

– Georges-Émile, un vieux renard comme toi, tu t'es laissé emberlificoter par Lévesque...

– Jean, la nationalisation est dans l'air depuis des années, ce n'est pas une invention de Lévesque.

– T'as raison, l'idée traîne depuis longtemps, mais ça ne s'est jamais réalisé. Il faut peut-être se demander pourquoi.

– Personne n'a eu le courage d'affronter les trusts américains... C'est la même chose avec notre fer. Les bateaux partent vers les États-Unis avec les morceaux du Québec et on n'ouvre pas la bouche.

– Je vois que Lévesque a bien travaillé... Georges, j'ai passé l'âge de jouer à Robin des Bois. Je n'enlèverai pas aux compagnies, même si elles sont américaines, ce qu'elles ont acheté et payé avec du bon argent.

– C'est vrai, ironise Lapalme, un cent la tonne pour notre minerai de fer.

– C'est ce que tu disais pour faire enrager Duplessis, mais tu sais toi-même que ça représente plus que ça!

– Si on revenait à l'électricité...

– L'électricité, Georges-Émile, ça ne figure pas dans mes priorités. Tu ne trouves pas qu'on a déjà suffisamment de fers au feu? Une réforme n'attend pas l'autre! On est en train d'essayer d'effacer les vingt ans de retard du Québec en deux ou trois ans. L'éducation, la santé et puis maintenant le nettoyage de la fonction publique. On voudrait tout faire en même temps.

– C'est avec ça que tu vas passer à l'histoire, mon cher, dit Lapalme.

– J'aimerais mieux passer aux prochaines élections!

– Tu sais ce que je ferais à ta place, Jean? Je réunirais le cabinet dans un endroit tranquille pour faire le point. Ce serait profitable à tout le monde, une sorte de retraite fermée...

Le visage du Premier ministre s'éclaire: Lévesque aura l'occasion de se rendre compte qu'il n'a pas converti grand monde!

– C'est une bonne idée, Georges, une maudite bonne idée! Mais pas d'alcool par exemple. Tu sais comment ça se passe! Si les gens commencent à boire, on ne pourra pas discuter sérieusement. Du vin au repas, point final!

– Quand même! dit Lapalme... qu'on n'ait pas l'impression d'être entré au monastère.

Le soleil se couche. René Lévesque nage depuis une bonne demi-heure dans les eaux glacées du Lac-à-l'Épaule. Il s'aère l'esprit. Il y a de quoi! Deux jours en retraite fermée! Mais ce qui l'agace le plus, c'est qu'on évite soigneusement de parler du seul sujet qui l'intéresse vraiment.

Au moins, il profite du lac tandis que ses collègues restent cloîtrés dans le vaste chalet du parc Jacques-Cartier.

Cloîtrés! Le Premier ministre un peu moins que les autres, à qui il a interdit de boire. Lui s'échappe à tout instant, même d'une réunion, pour se glisser en tapinois dans sa chambre où il a caché une provision de whisky.

Il y est en ce moment, verre à la main, les yeux liquéfiés, attendri par le coucher du soleil. La beauté émouvante de la scène n'est gâchée que par la présence du nageur. «Mon ministre des Ressources hydrauliques est dans son élément», se dit-il, mais l'alcool aidant il l'imagine tout à coup emporté par le courant et disparaissant à jamais dans la prise d'eau d'une des centrales qu'il cherche à nationaliser.

«Ce serait trop simple, pense Lesage, il va falloir patienter! Un jour ou l'autre, il va aller trop loin et on fera tomber le couperet.»

À l'entrée de la salle à manger, quelques-uns des participants s'impatientent. Ils crèvent de faim... et prendraient un verre de vin. Mais il faut attendre le Premier ministre.

– Quelqu'un a-t-il vu M. Lesage?

– Je l'ai vu monter à sa chambre, dit l'austère Émilien Lafrance.

– Il est sûrement allé consulter des statistiques, fait remarquer Bona Arsenault d'un ton moqueur.

Les «statistiques», c'est ainsi que le Premier ministre appelle les précieuses réserves de whisky qu'il garde toujours à la portée de la main. L'artifice n'a pas trompé longtemps les plus malins.

Aujourd'hui, une des questions qui ont beaucoup préoccupé les cloîtrés, c'est celle du patronage et de l'incontournable caisse électorale. La plupart sont d'avis qu'il faut avoir des principes, mais sans exagération. Comme cette histoire, par exemple, de ne rien acheter sans appel d'offres...

– Pendant que Duplessis était au pouvoir, dit un député, y a pas un contracteur libéral qui a pu s'approcher de l'assiette au beurre. Seize ans de jeûne! Il serait peut-être temps de donner une chance aux nôtres.

– Tu parleras de ça à saint René, lance Bona.

Là aussi, il les embête, Lévesque, avec ses ambitions de réforme. À l'entendre, on devrait même publier les noms de ceux qui contribuent aux caisses des partis et homogénéiser les dépenses des candidats en campagne électorale.

– La démocratie fonctionne bien comme elle est, dit Bona. La preuve, on est au pouvoir! C'est pas le temps de commencer à chipoter sur tout.

Recoiffé de frais, tenue étudiée, Lesage arrive pour le dîner. Georges-Émile Lapalme l'entraîne à l'écart.

– Jean, tu devrais laisser la parole à Lévesque au sujet de l'électricité.

– C'est vrai, ton petit protégé...

Lapalme réagit à l'outrecuidance du Premier ministre qui empeste la «statistique» à plein nez.

– Voyons, Georges, t'entends pas à rire! T'en fais pas, la question on va la vider. Il va l'avoir son *day in court*, ton Lévesque!

Le plaidoyer de Lévesque ne dure pas une heure. Ses adjoints ont turbiné sans arrêt depuis un an et demi pour monter le dossier et quand on l'entend l'expliquer, la conclusion semble évidente:

– S'il y a un secteur au Québec où l'État doit jouer le rôle de locomotive, dans l'intérêt de l'économie tout entière, c'est bien celui de l'électricité. Voilà notre document, il a cinq cents pages, vous n'êtes pas obligés de passer à travers, allez directement à la dernière page, regardez le dernier mot: «nationalisation» c'est le seul important.

– *Hogwash!* explose le ministre George Marler. Son sang a commencé à bouillir depuis un bon moment et il n'arrive plus à garder le couvercle sur la marmite.

– La nationalisation de l'électricité, ajoute encore Lévesque, c'est le premier pas de notre libération.

– *Jean, stop him, this is fucking crap*, s'indigne Marler au Premier ministre[19].

– Monsieur Marler, lui explique calmement Lévesque, les Canadiens français ont été le peuple le plus patient de la terre, ils n'ont pas à s'excuser de vouloir maintenant occuper leur place. C'est un premier pas. Un pas qui va coûter six cents millions de dollars. Pour les actionnaires des compagnies, la compensation est juste et, pour nous, c'est le début d'une ère nouvelle. Nous serons enfin maîtres chez nous!

Plusieurs sont remués par l'enthousiasme et la ferveur du ministre des Ressources hydrauliques, mais ils n'osent pas applaudir. Ils essaient plutôt de jauger furtivement l'opinion générale avant de se commettre.

– George, dit Lesage en s'adressant à Marler, un de ses ministres chevronnés, je vois que tu voudrais ajouter quelque chose.

– *There's no such thing as a socialist paradise*, tranche Marler, *and this is socialism whatever name you want to give it* [20].

Lesage demande ensuite l'avis de Paul Earl dont le portefeuille des Mines est convoité par Lévesque.

– *Can't afford it*[21]*!*

Paul Earl! Voilà le ministre anglophone typique dont tous les gouvernements du Québec ont toujours cru devoir s'affliger. Un benêt bien mis dont les ukases lapidaires (de préférence dans le domaine financier) tiennent lieu d'intelligence.

Le Premier ministre donne ensuite la parole à Émilien Lafrance. Ce dernier ajoute quelques fagots de plus au bûcher pour brûler Lévesque.

– Qu'est-ce qu'on fait après? demande-t-il, on arrache les crucifix des écoles? Satisfait de son intervention, Lafrance replonge comme une grenouille dans le bénitier.

– Toi, Georges-Émile, s'informe Lesage, la nationalisation, tu es toujours en faveur?

– Oui!

Pour plusieurs, c'est un pavé qui tombe dans la mare. Lesage, de son côté, n'est pas étonné: Lapalme a été bien cuisiné et, surtout, le

Premier ministre ne s'attend pas à le voir se ranger derrière lui. Lapalme a fait la traversée du désert duplessiste avec des forces libérales décimées et quand le temps est venu d'avoir sa récompense, Lesage est venu d'Ottawa lui chaparder le titre de général.

– On pourrait peut-être prendre le vote sur cette histoire de nationalisation, suggère le Premier ministre.

Lapalme l'interrompt presque:

– Moi, j'ai un creux... Qu'est-ce que tu dirais si on passait à table?

Il n'est pas encore midi, mais c'est connu que le grand air creuse... même s'il en passe peu par les grillages que les moustiques cherchent désespérément à traverser nuit et jour.

Lévesque est furieux. Il rejoint le ministre Lapalme.

– Je ne comprends pas votre stratégie, dit-il, on allait prendre le vote...

– Vous auriez été battu!

– Au moins j'aurais su à quoi m'en tenir. J'aurais pu prendre mes décisions.

– Qu'est-ce que vous auriez fait, Monsieur Lévesque? Vous auriez démissionné? Vous savez, en politique il faut être patient, on ne gagne rien à claquer la porte...

Quand ils reviennent dans la salle de réunion, Lapalme n'a pas eu le temps d'avaler son repas. Il est allé d'une table à l'autre, cherchant à flairer le vent, atténuant ici une peur, tisonnant là une petite ferveur nationaliste. Dès la reprise, il demande la parole.

– Mes chers amis, j'ai réfléchi au problème, on n'a pas le mandat de nationaliser.

Les regards se tournent vers Lévesque. Curieusement, il ne bondit pas. Quant au groupe de ministres anglophones, il éclate en «*Hear! Hear!*» retentissants comme si on proposait un toast à la reine. Leur soulagement ne durera pas.

– Selon moi, poursuit Lapalme, si on veut nationaliser, il faut demander l'avis du peuple. Il faut déclencher une élection.

Ils sont au pouvoir depuis deux ans seulement et l'idée de retourner devant le peuple donne subitement le vertige à plusieurs. Le Dr Couturier lève la main.

– Oui, Alphonse, parle! dit Lesage.

– Monsieur Lapalme a cent fois raison, dit le ministre de la Santé. Il faut une élection, et tout de suite! Je suis sûr que vous allez être reportés au pouvoir avec une plus grosse majorité. Écoutez, je vous le dis d'autant plus à mon aise que moi, je le sais, je serai battu dans mon propre comté.

En effet, personne ne doute que le pauvre docteur sera battu si on en appelle au peuple. Il a piloté le dossier de l'assurance-hospitalisation, s'est fait tomber dessus par tous ses collègues de la profession et le comble, s'est fait piéger par son propre Premier ministre, toujours sur ces foutues questions d'assurance-hospitalisation. Et ce n'est pas tout, le Dr Couturier est du Bas-Saint-Laurent, un voisin des Brillant, de Rimouski, dont la compagnie d'électricité passera dans la moulinette de la nationalisation.

Du point de vue du docteur, la nationalisation est tellement rédhibitoire que sa suggestion désintéressée prend tout à coup valeur d'ordonnance. Avec le remède des élections, tout le monde prendra du mieux: le parti autant que le peuple!

– René, une élection, ça ferait votre affaire? Vous seriez satisfait? lui demande Lesage.

– Monsieur le Premier ministre, je suis prêt!

– Alors, laissons le peuple décider!

Le Dr Couturier avait raison. La potion magique, c'était les élections. Même Lévesque et Lesage paraissent rabibochés. On ne dirait jamais à le voir prêcher que le Premier ministre a avalé la nationalisation comme une pilule amère. Lévesque et lui sillonnent le Québec dans tous les sens, avec la même passion, armés de leur slogan: Maîtres chez nous!

Le 14 novembre 1962. Triomphe!

Lesage fait élire soixante-trois députés contre seulement trente et un pour l'Union nationale maintenant dirigée par Daniel Johnson, le député de Bagot, qui commence malgré tout à ressembler au prince héritier en qui Duplessis avait placé toutes ses espérances.

Mais est-ce bien Lesage qui a porté les libéraux au pouvoir? Ce soir, dans l'amphithéâtre bondé où on célèbre la victoire, on peut se le demander. Le Premier ministre victorieux est en verve, il a le geste large, le sourire conquérant, et même sa femme, Corinne, n'a plus rien de pète-sec.

– Je vous ai demandé de nous donner la clé de notre libération, grasseye allègrement Lesage, et vous me l'avez donnée! Dès demain, nous allons ouvrir les portes sur l'avenir économique du Québec avec cette clé que vous nous avez confiée, celle de la nationalisation de l'électricité.

Ce message inspiré, la foule ne donne pas l'impression de l'entendre. Depuis le début, elle scande «Lévesque, Lévesque, Lévesque». La population reconnaît le véritable vainqueur et c'est lui qu'elle veut entendre.

Le visage si serein de Corinne Lesage se rembrunit.

Lesage perd un peu ses moyens. Il n'est pas monté sur scène pour réchauffer la salle. Le voilà en vedette américaine, lui, un Premier ministre! Il sert encore quelques phrases ronflantes, mais elles vont piteusement s'écraser contre le rempart sonore des «Lévesque» que dresse la foule.

Quand le Premier ministre quitte enfin l'estrade, on dirait un champion olympique qui vient de perdre sa médaille pour avoir triché! Il va tout droit vers Lévesque:

– Allez donc leur dire un mot, ils sont déchaînés.

Déchaînés! Sitôt qu'il paraît sur scène, la foule explose. Elle n'en a plus que pour lui. D'une seule voix, elle entonne: *Il a gagné ses épaulettes*. Bizarrement, plus cet homme triomphe, plus il a l'air petit. On a l'impression qu'il s'enlise dans ses propres vêtements et qu'il agite désespérément sa cigarette pour appeler à l'aide.

– Mes chers amis... dit-il quand il réussit à les faire taire, l'ère du colonialisme économique est terminée au Québec! Continuons, comme aujourd'hui, de prendre les bonnes décisions et on a toutes les chances du monde de devenir avec nos cinq ou six millions d'habitants une sorte de paradis terrestre, un paradis où notre sort sera entre nos mains, pas entre les mains des trusts étrangers, ni même dans les mains d'Ottawa.

Dans le salon attenant, où des haut-parleurs retransmettent le discours, Lesage s'étouffe sur le whisky que lui a versé son ami, Me Lavoie. Mais c'est surtout Corinne qui est apoplectique.

– Tu l'entends vomir sur Ottawa! Et c'est toi qui lui as donné la parole.

– Corinne, je ne peux pas tout contrôler!

– Dans le cas de Lévesque, tu ne contrôles rien, Jean... Il parle comme un séparatiste et tu continues de lui laisser le crachoir.

Me Lavoie jubile! Il s'est trouvé une alliée de taille contre ce foutu Lévesque. Surtout, il a dorénavant l'assurance que Corinne va prendre le quart de nuit dans la lutte que mènent les membres les plus lucides de la Fédération libérale pour rabattre le caquet à la diva.

C'est une véritable haine que Me Lavoie entretient contre Lévesque. Il a mis tant d'énergie à construire le Parti libéral, sollicité tellement d'argent de partout pour lui assurer une existence confortable qu'il n'arrive pas à accepter qu'on ait laissé le ver entrer dans la pomme. «C'est le malheur des partis plus progressistes», pense-t-il. À cause de leur ouverture d'esprit, ils finissent tôt ou tard par admettre des excentriques qui les déséquilibrent, ou même les conduisent directement à leur perte. Il pense aussi à la peine qu'il s'est donnée pour que Lesage prenne la place de Georges-Émile Lapalme, cet être aussi séduisant que du vinaigre, juste bon pour le ministère de la Culture avec ses deux sous de crédits.

Quelques mois plus tard, une voiture tout ce qu'il y a de plus anonyme s'arrête devant l'immeuble de la Shawinigan Water and Power. Trois hommes en descendent. Un trio hétéroclite que l'émancipation économique du Québec assortit comme des triplés. Le ministre Lévesque, Jacques Parizeau et Michel Bélanger traversent le grand hall et s'engouffrent dans l'ascenseur. Ils laissent dans leur sillage une aura d'apocalypse.

À l'étage de la haute direction, le trio infernal ralentit à peine devant le bureau de la secrétaire du président Fuller. Cette dernière a juste le temps de le prévenir qu'ils sont là!

Dans le bureau du grand patron de la Shawinigan, la plus importante compagnie d'électricité du Québec, on n'a pas opté pour les démonstrations de civilité. Fuller connaît trop bien le but de la visite pour prendre la peine de se lever de son fauteuil et d'accueillir le trio. Et surtout il entend encore résonner dans sa tête l'affirmation solennelle que Lesage lui a faite: «Je ne présiderai jamais à l'étatisation des compagnies d'électricité.»

Le ministre Lévesque salue d'un petit coup de la tête, avise un fauteuil qui fait directement face à Fuller, s'y assied. Les deux acolytes ont choisi de rester discrètement debout derrière leur ministre.

Lévesque soutient longtemps le regard de Fuller puis, avec l'esquisse d'un sourire napoléonien, il demande:

– *How much?*

Et «*so much!*» pour la tranquillité du Parti libéral.

6

1966. Encore une fois, les élections approchent. Le Parti libéral au pouvoir n'a pas trop mal travaillé. Il a mis le grappin sur les compagnies d'électricité pour six cents millions de dollars, à peu près la somme dont Lévesque avait parlé; il a créé la Caisse de dépôt, un autre instrument de développement économique. Il en a tant fait qu'on commence déjà à qualifier son règne de «Révolution tranquille».

Petit détail! Le gouvernement vient aussi d'abaisser le droit de vote, de vingt et un à dix-huit ans. Un million de nouveaux votants aux prochaines élections. Ces votes «frais», où iront-ils?

Lévesque a envie de le savoir et surtout d'en discuter au congrès du parti où on préparera la stratégie du nouvel appel au peuple. Car la fameuse Révolution tranquille a aussi ses côtés tumultueux. Pendant que les policiers s'initient au matraquage, les jeunes manifestent pour tout: l'université McGill qui n'est pas française... le président Gordon du Canadien national qui prétend que les Canadiens français ne sont pas assez futés pour avoir des postes de direction chez lui... et pour rien: la visite de Sa Majesté la reine à Québec.

Ils déposent des bombes dans les boîtes aux lettres, comme des enveloppes! Boivent comme du petit lait les harangues séparatistes du nouveau chef du Rassemblement pour l'indépendance nationale, Pierre Bourgault, un foudre d'éloquence dont les traits d'albinos semblent accentuer encore l'exaltation.

Publiciste des libéraux, Maurice Leroux propose d'envoyer une équipe de tournage parcourir la province pour recueillir l'opinion de ceux qui voteront pour la première fois. On projettera le film aux militants durant le congrès de Montréal.

Il demande les services d'une petite société de production indépendante qui a fourni à Radio-Canada pendant deux ans un journal d'information télévisé destiné à la jeunesse. La société d'État, qui ne pouvait exercer aucun contrôle sur les journalistes de *Vingt Ans Express*, venait de mettre fin à l'émission.

Le bilan du film-enquête *Jeunesse Année Zéro*, commandé par Leroux, est fracassant. Les jeunes sont prêts à tout et ils n'admirent qu'un seul homme politique: René Lévesque.

– Regardez ce qu'il a fait avec l'électricité, dit l'un d'eux, il faudrait qu'il continue avec le reste. Mais c'est clair que son parti ne le laissera pas faire. Les libéraux! Ils sont aussi capitalistes et pourris que les autres.

– Moi, dit un autre, c'est le seul politicien en qui j'ai confiance. C'est le seul qui peut sortir le Québec de l'esclavage.

Les jeunes interrogés ne croient pas que la libération du Québec viendra des politiciens. Il faudra prendre d'autres moyens, affirment-ils. C'est au spectacle de ces espoirs et de ces désillusions qu'assiste pendant vingt minutes Jean Lesage, flanqué de sa femme Corinne, dans la chambre d'hôtel où il a exigé de visionner *Jeunesse Année Zéro* avant la projection du lendemain aux militants.

La projection donne des sueurs froides à Maurice Leroux, tapi au fond du salon avec le réalisateur Louis Portugais. À travers les témoignages des jeunes, il entend les grommellements du Premier ministre et le voit se verser whisky sur whisky. Corinne ouillouille comme la femme d'un homme injustement condamné à mort.

À la fin, Leroux prend son courage à deux mains et ouvre les tentures.

Les yeux exorbités, les lèvres frémissant de rage, Lesage l'apostrophe:

– Comment ça se fait, baptême! qu'on donne une tribune à ces morveux-là?

– Toi, tu leur donnes le droit de vote, dit Corinne à son mari, c'est pas tellement plus intelligent.

– Corinne, mêle-toi pas de ça!

– Jean, tu vois bien que c'est un coup monté par la gang à Lévesque... Tu ne vas pas montrer ça aux militants!

– C'est toi qui as commandé ce film-là, Maurice?

– Monsieur Lesage, ça reflète assez fidèlement ce que pensent les jeunes...

– Des gauchistes! enchaîne le Premier ministre. On dirait un film de propagande gauchiste...

– Et séparatiste! lance Corinne.

– Ce film-là, Maurice, tu peux te le mettre où je pense. J'espère que t'as pas dépensé l'argent de la Fédération pour le faire parce qu'il ne sortira pas. Ni ici ni ailleurs!

Malgré l'interdit du Premier ministre, Leroux projette le film pour Lévesque. Bien sûr, ce dernier est flatté du culte que lui voue la jeune génération, mais surtout il constate l'importance du ferment nationaliste qui bouillonne chez les jeunes. Il faudrait que les militants en prennent conscience eux aussi.

Tard en soirée, Lévesque intervient auprès du Premier ministre. Ce dernier ne démord pas:

– J'en connais des jeunes, Corinne aussi en connaît, et ils ne sont pas comme ceux du film. Leroux s'est fait avoir par une petite bande de séparatistes.

Un mois plus tard, les libéraux apprennent que *Jeunesse Année Zéro* sera projeté à la Place des Arts dans le cadre du Congrès du Spectacle. Maurice Leroux, aux abois, appelle la société de production pour empêcher la projection. Il y a un os et un gros: le film n'a jamais été payé par la Fédération libérale. Il remporte le prix du meilleur documentaire de l'année et la Fédération négocie une entente avec le producteur. La moitié des coûts de production seront payés par la Fédération afin qu'on retire le film de la circulation.

C'est moins facile de glisser Lévesque et tous les autres problèmes sous le tapis.

Dans la voiture qui ramène le couple Lesage à Québec après le congrès de Montréal, Corinne prend la main de son mari et lui dit sur le ton le plus affectueux:

– Veux-tu! Pour une fois, tu vas m'écouter mon Jean?

– J'écoute!

– On va avoir une élection, là... tu vas la faire en avant tout seul.

– Qu'est-ce que tu veux dire?

– C'est fini, mon Jean, de donner la vedette à tout le monde. Lapalme, Lévesque... tu les as trop mis de l'avant. Et puis maintenant, regarde Gérin-Lajoie qui commence à pousser lui aussi. Tu leur laisses la vedette et ils finissent par se croire plus fins que toi. Fais-moi plaisir, la prochaine campagne, juste une vedette: Jean Lesage!

Lesage ne répond pas. Il appuie sa tête contre le dossier, ferme les yeux.

– Jean, je te parle! Dors-tu?

– Non, non! Je réfléchis... je pense que tu as raison!

Pour tout dire, Lesage a décidé depuis un bon moment déjà qu'il en serait ainsi. Sa générosité a des limites! C'est lui le général qui a mené les forces libérales à la victoire et le voilà bousculé par une poignée de lieutenants qui non seulement revendiquent les honneurs mais en plus cherchent à lui grignoter une partie du pouvoir.

– C'est sûr que j'ai raison, dit Corinne. D'où je suis placée, je les vois bien leurs micmacs. Par-devant, ils te font des courbettes comme à un dieu sur son piédestal puis, le reste du temps, ils te cherchent des fêlures pour en profiter...

– T'en fais pas, je ne suis pas de la dernière pluie! C'est moi qui contrôle les finances du parti avec Lavoie; le vrai pouvoir, il est là! Ils peuvent peut-être trouver des fêlures, comme tu dis, mais je suis assis sur la clé de la caisse.

Une auto arrive en catastrophe, rue Britanny, à Ville Mont-Royal. Jean-Roch Boivin applique les freins assez cavalièrement, descend et claque la porte sans ménagement. Le ramdam est si inhabituel pour cette banlieue cossue de Montréal que toute la rue se précipite à la fenêtre. Il monte quatre à quatre les deux marches d'un perron d'ardoise, presse le bouton doré de la sonnette d'un joli bungalow. Une voix malveillante derrière son judas demande qui c'est, en anglais.

– Robert Bourassa... c'est ici? bégaye Me Boivin, décontenancé.

– *Next door!* répond l'Anglaise acariâtre.

Boivin, déjà très en retard à son rendez-vous, choisit de piquer à travers la pelouse.

La voix de l'Anglaise s'enfonce dans son dos comme un poignard, l'arrêtant instantanément:

– *Keep off the grass, please!*

Cette visite intempestive ravive l'inquiétude de l'Anglaise. Il y a beaucoup de va-et-vient chez ces Bourassa qui ont acheté la maison voisine. Elle est allée aux informations, sans réussir à glaner grand-chose. Lui, un maigrichon à lunettes, qui ne donne pas l'impression d'avoir les moyens de vivre dans le quartier, s'occuperait de politique. Du côté de sa femme, c'est plus encourageant, on lui a dit que c'était une Simard, de Sorel. Ces Simard auraient fait leur argent pendant la guerre; elle a confiance que ce sera suffisant pour maintenir le jeune couple à Ville Mont-Royal!

– D'après moi, Monsieur Lévesque, les gens sont à bout de souffle, le gouvernement va trop vite, dit le jeune Bourassa en saluant d'un signe de tête Me Boivin qui arrive.

– Essoufflés! Au contraire, dit Lévesque, ils réalisent qu'il y a eu trop de parlote et pas assez de réalisations. À mon humble avis, on ne s'est pas rendu compte du potentiel de changement qui existait en soixante quand on a pris le pouvoir. Il y aurait eu moyen de chambarder fondamentalement le Québec, les gens étaient prêts. Au lieu de ça, on a commencé à se traîner les pieds...

– Écoutez, je suis nouveau dans le paysage, dit Bourassa, mais ce n'est pas ma lecture de la situation.

– Moi, je pense que M. Lévesque a raison, reprend Me Boivin. Le parti a traîné et surtout il est retombé dans le vieux vice du patronage. Bon Dieu, ça fait pas six ans qu'on est là et la population est déjà écœurée.

– Faut pas exagérer, Monsieur Boivin, dit Bourassa de sa voix un peu nasillarde.

Il n'est pas complètement à l'aise, Bourassa, dans ce groupe qu'il accepte quand même de recevoir chez lui. Après tout, lui-même est une trouvaille du Premier ministre et le voilà dans un cercle qui, chaque fois qu'il se réunit, n'arrête pas de mettre le doigt dans les fêlures de Lesage pour les agrandir!

Mme Bourassa dévale l'escalier du sous-sol où sont réunis les hommes.

– Allumez vite la télévision, dit-elle, il y a eu un attentat au consulat américain, sur MacGregor.

Les dommages sont considérables. La caméra s'attarde sur un mur qui s'est effondré et sur un autre, lézardé en plusieurs endroits. Toutes les vitres de l'immeuble ont volé en éclats. C'est un miracle qu'il n'y ait pas de blessés graves, raconte le commentateur qui impute l'attentat au Front de Libération du Québec. C'est le huitième de l'année.

– Il va falloir finir par ouvrir les yeux, dit Lévesque. Il faut bien constater qu'on étouffe dans le carcan de la Confédération. C'est une vieille constitution de cent ans qui n'a plus de bon sens. Si on ne se met pas ensemble pour faire quelque chose, et vite, tout va sauter.

Andrée Bourassa n'en croit pas ses oreilles. Elle jette du côté de son mari un regard lourd de réprobation et remonte à l'étage.

– Rendons-nous à l'évidence, poursuit Lévesque, que sommes-nous, les Québécois? Une société coloniale, sous-développée, sous-instruite, sans richesse et sans fierté. Voilà ce que nous sommes! Nos élites et nos rois nègres nous ont plongés dans la médiocrité totale et on patauge là-dedans, bêtement heureux.

– Robert, on est à quelques jours des élections, vous auriez pu me prévenir de ces choses-là avant, j'aurais pris les dispositions nécessaires.

– Qu'est-ce que vous appelez les dispositions nécessaires, Monsieur le Premier ministre? demande Robert Bourassa. Ce dernier a l'air encore plus jeunot que d'habitude avec ses lunettes de corne, son toupet bien léché.

– Je ne sais pas, on aurait pu trouver un autre candidat dans Laurier. Il n'y a pas que René Lévesque sur terre...

Le jeune Bourassa s'alarme:

– Des Lévesque, on en a besoin dans le parti, Monsieur Lesage. Ils sont notre conscience... René n'a rien fait de mal, il se pose des questions, il analyse...

On dirait le fort en thème discutant avec le supérieur du cas d'un confrère indiscipliné!

– La critique, je peux vivre avec cela, dit Lesage d'un ton de grand seigneur. Ce qui m'inquiète beaucoup plus, c'est le virage séparatiste de notre ami Lévesque. Avec ces idées-là, Lévesque ira bien où il voudra. Au diable, quant à moi! Mais il ne restera pas en politique, pas dans le Parti libéral.

7

En ce soir de juin 1966, Jean Lesage est enfermé avec son épouse et le trésorier du parti, leur bon ami Me Lavoie, dans un petit salon du Club de Réforme. La litanie de résultats électoraux que leur débite la télévision pourrait aussi bien être une oraison funèbre, car ils sont tous les trois plus morts que vifs.

Cette fois, Lesage était seul sur la photo publicitaire, il s'était sacré vedette de l'élection. Eh bien! il a mené les libéraux directement à la défaite! Ils auront cinquante députés contre cinquante-six pour l'Union nationale de Daniel Johnson. Cette défaite, il l'a tellement de travers dans le goulot qu'il n'arrive pas à se décider à concéder la victoire à ses adversaires. Et quand il paraît à la télévision, passé minuit, le père de la Révolution tranquille, celui qui croit avoir à lui tout seul sorti le Québec de la grande noirceur duplessiste, a plutôt l'air d'un père de famille qui a perdu sa famille dans un accident.

Au quartier général de René Lévesque, rue Saint-Hubert à Montréal, l'atmosphère n'est pas moins lourde. Depuis le début, dès qu'il a perçu la tendance du vote, Lévesque s'est retiré dans son bureau. Il s'est toujours dit qu'il n'était pas un homme de pouvoir, mais c'est un homme pressé! Et il le sait. Un gouvernement arrive à changer des choses. Et même assez rapidement quand il s'y met. Il revoit sa bataille de la nationalisation. Du premier boulet à la victoire finale, deux ans à peine! Mais l'Opposition, c'est une vie de «chiâleux». C'est l'existence minable de la mouche du coche.

Des coups discrets à la porte. Me Boivin entrouvre:

– Monsieur Lévesque, il faudrait bien partir pour la télévision.

– On est battu, je n'ai rien à faire là!

– Ils appellent depuis une demi-heure, on avait promis.

– Avez-vous des nouvelles de nos amis? Yves Michaud?

– Élu, dit Boivin
– François Aquin?
– Élu!
– Le jeune Bourassa?
– Élu aussi. C'est pas croyable, dit Boivin, le Parti libéral a un plus gros pourcentage du vote, mais c'est l'Union nationale qui passe au pouvoir.
– C'est ça, qu'ils interviewent des gars de l'Union nationale à Radio-Canada!
– Monsieur Lévesque, ils vous attendent, vous! Vous n'êtes plus ministre, mais vous êtes encore député. Vous êtes réélu!

Est-ce l'ambiance de la télévision qui lui fouette les sens? Lévesque est plus d'attaque qu'aux jours victorieux.
– Qu'est-ce qui s'est passé? demande l'intervieweur.
– À mon humble avis, on a mal évalué la situation. On n'a pas vu que la population était prête à nous suivre. Au lieu de faire un autre grand pas en avant et de tirer plus loin, on a tiré en l'air et ça nous retombe sur le nez.
– Où est-ce que la campagne a raté la cible, selon vous?
– Il y avait un million de jeunes qui votaient pour la première fois. On ne les a pas écoutés. Ces jeunes-là évoluent drôlement vite. Pour eux, le Québec pourrait vivre et survivre comme un pays autonome.
– C'est ce que vous croyez vous aussi?
– Personnellement, je pense qu'il faut au plus sacrant débarrasser le Québec d'un carcan qui l'empêche de vivre normalement.
– Votre parti devra donc revoir ses objectifs...
– Non! Ils sont toujours bons. Si je n'y croyais pas aux objectifs, j'aimerais autant retourner chez moi.
– Malgré la défaite, vous restez donc en politique?
– La population de Laurier m'a fait l'honneur de me réélire avec une plus grosse majorité. Je vais donc continuer à la représenter, même dans l'Opposition.

Après l'interview, René Lévesque rejoint Jean-Roch Boivin qui termine une bière, dans un coin retiré du Café des Artistes, boulevard Dorchester.
– Qu'est-ce qu'on fait maintenant? demande Me Boivin.
Lévesque n'a pas le temps de répondre. La patronne, Mme Tellier, une fausse blonde depuis toujours, vient le saluer et lui offre si gentiment

quelque chose à manger, même si la cuisine est fermée, que Boivin et lui acceptent ce quelque chose qu'elle préparera elle-même.

– Quand vous étiez à la télévision, dit-elle, on avait la chance de vous voir en chair et en os; maintenant que vous êtes ministre, on ne vous voit plus qu'à la télévision!

– Je ne suis plus ministre, corrige Lévesque avec un semblant de sourire.

– Bien oui, je sais... C'est tellement effrayant! Écoutez, je ne veux pas vous déranger davantage, dit-elle en allant vers la cuisine.

– Je n'ai pas mis les pieds ici depuis la grève de Radio-Canada, dit Lévesque. C'était un peu beaucoup notre quartier général.

– Tiens, en attendant, je suis sûre que vous ne refuserez pas cela, dit Mme Tellier, en revenant avec une autre bière pour Boivin et un grand martini glacé pour Lévesque.

Lévesque prend quelques gorgées de son gin en silence et, se tournant vers Boivin, lui dit d'un ton déterminé:

– On va réformer le parti! Il y a assez de libéraux réélus qui pensent comme nous, on va se mettre ensemble et on va nettoyer les vieilles questions une fois pour toutes.

– La caisse électorale?

– Oui, on va commencer par ça. C'est pas normal de ne pas savoir ce qui se passe là, on le demande depuis trois ans, on va le régler. Et puis après on va se refaire un programme. Il faut aller chercher à Ottawa les pouvoirs dont le Québec a besoin.

Me Boivin fait une drôle de grimace. Il voit l'ampleur de la tâche.

– Ça risque de brasser, dit Lévesque, vous n'êtes pas obligé d'embarquer!

– Vous n'avez peut-être pas besoin de moi, Monsieur Lévesque...

Lévesque le fusille du regard.

«Qu'il ne s'avise pas, lui, de me laisser tomber maintenant, pense-t-il...»

– Il nous reste passablement de travail, Jean-Roch!

– Dans l'Opposition, on va avoir le temps, dit Boivin. On va pouvoir ralentir un peu...

8

À la dernière session du Parlement, René Lévesque a émis sur Daniel Johnson un jugement peu protocolaire: «C'est l'être le plus vomissant que je connais.»

Aujourd'hui, cet être «vomissant» est à la tête du gouvernement du Québec où il s'est fait élire avec une plate-forme au titre troublant: *Égalité ou Indépendance*. Cependant, le contenu du fascicule qu'il a écrit lui-même reste ambigu.

Au bureau du nouveau Premier ministre, un homme arrive, une liasse de dossiers sous le bras, et va directement se présenter à la secrétaire:

– Monsieur Claude Morin!

Elle vérifie une liste de noms sur son pupitre.

– Ah! oui... vous êtes sous-ministre.

– Jusqu'à nouvel ordre.

– Le Premier ministre termine avec quelqu'un, après c'est vous!

La secrétaire examine cet homme qui rumine méthodiquement sa pipe. Avec sa peau blanche, ses yeux blêmes, son museau charnu et son air de contentement, elle lui trouve une filiation avec les Charolais qu'elle a vus paître dans le Berry, à ses dernières vacances.

– C'est à votre tour, Monsieur...

Daniel Johnson, en l'apercevant avec sa liasse de papiers, s'esclaffe:

– Pas encore de quoi lire!

– Monsieur le Premier ministre, j'ai pensé que pour la continuité, ce serait important que vous sachiez tout ce que j'ai fait dans l'ancien gouvernement, comme sous-ministre aux Affaires intergouvernementales.

– Si je lis tout ce qu'on m'apporte, je n'aurai pas le temps de gouverner!

Sans cesser de ruminer sa pipe, Morin étend la main droite sur ses dossiers comme s'il allait prêter serment sur la Bible. D'ailleurs, pour lui, ses dossiers, c'est sacré.

– Sauvons-nous du travail, dit Johnson. Tu vas rester sous-ministre!

– Vous savez que j'ai collaboré étroitement avec M. Lesage...

– T'as quand même pas attrapé la petite vérole!

C'est pour la forme que Morin fait part de ses états de service dans l'ancien gouvernement. Il n'a pas du tout envie de partir. Rien ne le rend plus heureux que de brouter dans l'entourage des Premiers ministres.

– Et puis, Claude, je vais avoir besoin de quelqu'un pour me pondre de bons discours, il paraît que c'est ta hache!

– Justement, Monsieur le Premier ministre, si je pouvais plutôt me consacrer au vrai travail de sous-ministre... Écrire des discours, j'en ai jusque-là...

Esquissant un geste nerveux pour bien marquer son ras-le-bol, il heurte de la main le fourneau de sa pipe envoyant la braise voler partout: sur le pupitre du Premier ministre, sur les dossiers. Et, pauvre Morin qui avait mis son costume le plus neuf pour ce premier rendez-vous, de toutes petites braises sont allées piquer les basques de son veston.

– Veux-tu que je sonne l'alarme? demande Johnson, imperturbable.

– Non, non... dit Morin qui prend au pied de la lettre la boutade du Premier ministre.

– Écoute, Claude! Pour les discours, tu me composeras les plus importants... Tiens, tu arrives de Paris, conseille-moi donc. Il paraît que le général de Gaulle branle dans le manche... qu'il n'a pas l'intention de venir à l'Expo. Maudit! une exposition universelle. Les chefs d'État du monde entier vont venir. Ça n'a aucun sens que le président de la France ne soit pas là.

– À votre place, Monsieur le Premier ministre, j'irais à Paris. Je le lui demanderais moi-même. Comment voulez-vous qu'il refuse?

Un mois à peine avant l'ouverture officielle d'Expo 67, Daniel Johnson est enfin reçu à l'Élysée.

– Mon cher Johnson, demande de Gaulle, que voulez-vous que j'aille faire dans une foire?

– Je peux vous parler simplement, mon général?

– Bien sûr, allez-y mon ami.

– Cette exposition n'aura aucun sens pour le Québec si vous n'y venez pas. Pour nous, le visiteur le plus important c'est le Président de la République française.

Le président prend sur sa grande table un exemplaire du livre *Égalité ou Indépendance*, le montre à son visiteur.

– J'ai lu! À travers votre langue parfois... surprenante pour nous Français, je vois que vous considérez votre parti comme le seul capable de réaliser l'indépendance des Canadiens français...

– Mon général, l'égalité nécessairement, mais pas nécessairement l'indépendance.

– Allons donc, mon cher Johnson, cela aboutira forcément à l'avènement du Québec au rang d'un État souverain, vous ne croyez pas?

Johnson sourit énigmatiquement sous sa moustache clairsemée.

– Vous ne pourrez pas toujours vous contenter de jouer sur les mots, dit le général.

«Il faut que je le ramène sur le sujet de l'exposition, pense Johnson, on ne va pas régler notre question nationale aujourd'hui...»

– Vous pensez à votre exposition, dit le général.

Johnson acquiesce.

– Votre gouvernement fédéral insiste pour que j'arrête à Ottawa d'abord. Je n'en ai pas envie du tout.

– Si vous me permettez une suggestion, mon général, venez en bateau. Vous ne pourrez pas faire autrement que d'arriver au Québec. C'est ce que Jacques Cartier a fait avant vous!

– Vous avez raison, ce n'est pas un mauvais tour à leur jouer!

– Prenez-le assez gros votre bateau, par exemple, dit Johnson en riant, autrement les fédéraux sont bien capables de vous obliger à remonter la rivière Outaouais jusque chez eux.

La voix de Pierre Laporte résonne comme un tuba dans le bar vide du Club de Réforme. Il est au téléphone.

– Oui, Mademoiselle, c'est Pierre Laporte... savez-vous si M. Bourassa a quitté son bureau? Nous avions rendez-vous... Voulez-vous vérifier, s'il vous plaît, j'attends.

Depuis qu'il a quitté *Le Devoir* pour entrer en politique, il a pris de la prestance, Laporte. Il se tient droit comme la justice, fume le cigare, fait tinter la monnaie dans sa poche de pantalon et fait ronfler sa voix. Son chef l'a même nommé *whip* du parti et il prend très au sérieux cette fonction de préfet de discipline.

La secrétaire revient sur la ligne mais, au même moment, Laporte entend des pas derrière lui. Il se retourne...

– Mademoiselle, il arrive, merci!

– Excusez-moi, dit Bourassa, j'ai dû faire un crochet par Sorel... Comment va M. Lesage?

C'est la première chose que Bourassa remarque, la mauvaise humeur de Lesage, en entrant dans le salon où il l'attend en compagnie de son fidèle Me Lavoie. À vrai dire, il ne l'a jamais vu comme ça. Les poignées de main sont courtes et sèches.

Il est à peine assis que Lesage lui fait claquer sur les genoux une dizaine de pages manuscrites.

– Tu sais ce que c'est? demande Lesage.

Son ton courroucé ne laisse aucun doute... quelqu'un a chié dans la colle.

– C'est, enchaîne Lesage, le petit manifeste séparatiste que vous préparez en cachette au Club Saint-Denis et au Mont-Tremblant.

Bourassa examine le manuscrit de plus près. Ses mains tremblotent. Et sa voix.

– Monsieur Lesage, ce n'est même pas mon écriture!

– Non, Robert, c'est celle de Lévesque, mais tu assistes à toutes les réunions avec lui, Aquin, Michaud et le reste des traîtres.

– J'aimerais vous faire remarquer... il y avait aussi M. Lapalme, M. Kierans, M. Gérin-Lajoie, Mme Claire Kirkland-Casgrain...

– Eux autres sont allés une fois, corrige Pierre Laporte. Ils sont allés seulement au Mont-Tremblant, ça n'est pas la même chose, Robert.

– Moi, dit Lesage, je parle de toutes les réunions au Club Saint-Denis, et puis de celles que tu tiens dans ta propre maison...

– Monsieur Lesage, je suis dans une situation difficile. Je suis coprésident de la commission politique du parti, vous le savez!

– C'est une commission politique ou un putsch? dit Lesage.

Visiblement, Bourassa est contrit.

– Monsieur Lesage, dit-il, j'ai toujours essayé de vous garder bien informé... Bon, il y a des discussions actuellement à l'intérieur du parti, ça se sait...

– *Damn right*, murmure Me Lavoie.

– Il me semble, dit Bourassa, que c'est mieux pour vous que j'y sois. Vous pouvez avoir confiance, Monsieur Lesage, je ne vous ai jamais trahi. Vous avez ma parole.

Lesage jette sur le jeune Bourassa le même regard qu'a dû avoir pour son fils le père de l'enfant prodigue.

– C'est bon, je te crois! Mais tu feras savoir à ta petite gang qu'il n'y a pas de place chez nous pour les séparatistes et les gauchistes.

Me Lavoie s'approche de Lesage et lui murmure à l'oreille:

– La caisse!

– Ah! oui, ajoute Lesage, dis-leur aussi de ne pas se faire d'illusions sur la caisse électorale. Les choses sont bien comme elles sont. Point final!

– Monsieur Lesage, si je peux me permettre... Le mieux serait de ne rien dire du tout et de les laisser faire leur nid.

Lesage consulte les deux autres du regard, puis acquiesce à la suggestion de Bourassa à qui il tend la main.

– T'as de la chance, Robert, on prend la peine de te prévenir.

Rasséréné, souriant, Bourassa n'ose rien ajouter d'autre, ni même remercier. Il sort en marchant à reculons, mais c'est par stricte convivialité. Il sait bien que les poignards sont rangés.

Lesage se tourne vers ses deux collaborateurs:

– Je pense que ce petit gars-là est trop habile pour se ranger de leur côté. Et trop intelligent pour nous faire dans les mains!

Il semble y avoir toujours plus de goélands pour suivre les navires français que pour les autres. Le phénomène s'expliquerait par la qualité des déchets de cuisine. En cette magnifique journée de juillet, le croiseur *Colbert* glisse sur le fleuve sans faire exception. Des centaines d'oiseaux planent dans son sillage, ondulant au gré des courants d'air. Occasionnellement, quelques-uns se détachent du groupe qui relèvent les ailes en ciseaux et plongent pêcher des morceaux qu'ils sont seuls à apercevoir.

Sur le pont, le général de Gaulle marche de long en large, à grands pas d'échassier, répétant à haute voix un des discours qu'il prépare pour ce voyage qu'il souhaite historique. Son aide de camp, François Flohic, et Gilbert Pérol, un conseiller diplomatique, lui servent d'auditoire.

– Dès qu'on y met le pied, dans ce pauvre pays colonisé, déclame le général, on se sent emporté par ce système horrible qui ne se comparerait au fond qu'à des sables mouvants. Au Québec, pour le moment, on ne peut vivre qu'asservi.

De Gaulle s'arrête, se tourne du côté de Pérol, sollicitant son avis.

– Le discours va très loin, mon général!

– Vous trouvez?

– C'est le «on ne peut vivre qu'asservi» qui est... disons indigeste.

– Vous savez, mon cher Pérol, je considère que la France a été lâche envers la fraction française du Canada. C'est l'occasion de réparer. On va m'entendre là-bas, ça va faire des vagues!

Et le Président de la République n'est pas parti sans bagages. Dans les semaines qui ont précédé son départ, il s'est imbibé du Québec. Il a visionné des actualités. Les images de la répression policière, lors de la visite de la reine, l'ont particulièrement impressionné. Il a consulté Philippe Rossillon et l'a trouvé très excité par la révolution qui, selon lui, couverait sous la cendre, au Québec. Rossillon, qui ne demanderait pas mieux que d'aller faire prendre tout ça, l'a inquiété un peu. Le général a aussi demandé qu'on lui débroussaille les allégeances politiques des différentes personnalités politiques du Québec. Il est fin prêt!

À sa grande surprise, la première musique qu'il entend en descendant la passerelle du *Colbert* en rade de Québec, c'est le *God Save The Queen.* Il grimace. Le chahut de la foule arrive presque à couvrir la fanfare du Royal Vingt-Deuxième dont les cuivres honorent la présence du gouverneur général Roland Michener. Quand les militaires entonnent enfin *La Marseillaise*, la foule explose. Les «Vive de Gaulle», «Vive la France» et «Vive le Québec français» éclatent en salves interminables.

– Aujourd'hui et pendant tout votre séjour chez nous, lui dit chaleureusement Johnson, c'est le cœur d'un peuple parvenu à sa maturité politique que vous sentirez battre. Un peuple qui se souvient que son acte de naissance se trouve dans les archives de vos provinces françaises.

En deux jours dans la Vieille Capitale et sur le Chemin du Roy qui le mène à Montréal, de Gaulle échafaude méthodiquement l'affût du gros canon dont il entend se servir avant de quitter le Québec.

Il énumère les trois éléments qui composent le ciment liant la France au Québec.

– Le premier, dit-il, c'est qu'en dépit du temps, des distances et des vicissitudes de l'histoire, un morceau de notre peuple s'est maintenu là où il était et là où il est encore. Le deuxième, c'est que votre résolution de survivre, après avoir longtemps revêtu le caractère d'une résistance passive, a pris maintenant une vigueur active devant l'ambition de vous saisir de tous les moyens d'affranchissement et de développement que l'époque moderne offre à un peuple fort et entreprenant. Le troisième, c'est qu'à mesure que se révèle et s'élève le Québec, les rapports vont en se multipliant entre Français des bords du Saint-Laurent et Français de France. Rien de plus naturel que cette œuvre commune des Français partout où ils sont!

Un quart de siècle après avoir réveillé la France à lui tout seul avec son fameux appel de Londres, le général vieillissant est peut-être en perte de vitesse chez lui. Cependant, au Québec, son discours a de l'effet. D'autant plus que de telles exhortations à l'indépendance, les Québécois n'en ont encore entendu que dans la bouche de gens dont ils ont peur: Pierre Bourgault et les felquistes. Elles sont comme des brandons qui enflamment le Québec: «Votre peuple canadien-français ne doit dépendre que de lui-même»; et voilà, c'est allumé à Trois-Rivières! «Vous êtes un morceau du peuple français qui prend en main ses destinées»; ça flambe à Berthier! «La France a le devoir de vous aider, il y a longtemps qu'elle vous doit quelque chose», et voilà que Repentigny s'embrase!

L'enthousiasme est si grand qu'en une nuit on aura peint au pochoir des fleurs de lys tout le long des deux cent cinquante kilomètres du Chemin du Roy que parcourt de Gaulle, debout dans une décapotable avec son ami Johnson. Quelle métamorphose! Le Premier ministre a l'habitude de faire la route Québec-Montréal deux ou trois fois par semaine en écoutant à tue-tête de la musique western!

– Comment se fait-il, René, qu'on ne soit pas invités à la réception pour de Gaulle à l'hôtel de ville, ce soir? demande Mme Lévesque. C'est étonnant, tout ce qu'il y a de notable sera là!

– On est invités, Louise, je ne pensais pas que ça t'intéressait!

– Ça fait deux jours que la télévision nous montre le général sous toutes ses coutures. J'aimerais bien le voir de plus près.

– Si tu y tiens!

Naïvement, Lévesque a cru pouvoir garer sa voiture place Jacques-Cartier ou sur une des petites rues avoisinantes. C'est bouché partout. La rue Notre-Dame est une mer de monde à travers laquelle le couple Lévesque se fraye difficilement un chemin, après avoir laissé la voiture à un kilomètre. L'arrivée de Lévesque ne passe pas inaperçue auprès de la foule déjà survoltée. Aussitôt qu'on le reconnaît alors qu'il monte l'escalier de l'entrée principale, les milliers de personnes présentes lui font une ovation.

Le maire Jean Drapeau bondit dehors, croyant que c'est de Gaulle qui arrive. Il a déjà du retard sur son horaire.

– C'est seulement moi, lui dit en riant Lévesque.

– Qu'est-ce que vous pensez de tout ça? demande Drapeau.

– Il charrie un peu, notre général.

– C'est ce que je pense aussi, dit le maire. En tout cas ici, il ne s'adressera qu'aux notables, sur la terrasse derrière. Pas de discours à la foule. C'est en train de tourner en manifestation séparatiste, l'année où l'Expo nous ouvre enfin au monde.

Puis le maire remarque la dame qui accompagne Lévesque.

– C'est Madame Lévesque?

– C'est ma femme, Louise!

– Enchanté... On ne vous voit jamais nulle part.

– C'est lui l'homme public, Monsieur le Maire.

En allant reconduire le couple Lévesque jusqu'à la porte de la terrasse où attendent les invités d'honneur, le maire remarque un micro sur le balcon qui surplombe l'entrée principale de l'hôtel de ville. Il demande à un garde de faction:

– Qu'est-ce qu'il fait là, le micro?

– C'est un type de la télévision française qui l'a demandé, Monsieur le Maire.

– Il n'y aura pas de discours, débranchez-moi ça!

Sur la grande terrasse qui domine le Champ de Mars, les invités sont entassés autour d'un gros appareil de télévision qui diffuse la conquête de Montréal par le général de Gaulle. Sa voiture descend à vitesse de tortue la rue Saint-Denis bordée par des milliers de personnes qui hurlent «Le Québec aux Québécois». Debout à côté du Président de la République, Daniel Johnson, le torse bombé, le visage éclairé par un sourire conquérant, se tient si fièrement qu'il paraît aussi grand que son visiteur. Pour une fois, diraient ses détracteurs, Johnson a l'air de croire en quelque chose et de savoir pourquoi il se tient debout!

Finalement, la limousine arrive à l'hôtel de ville. La foule se déchaîne. Derrière, sur la terrasse, le tumulte des dizaines de milliers de personnes qui acclament de Gaulle couvre le son de la télévision et crée un certain remous parmi les notables. Ils sont relégués là comme des coqs en pâte à regarder à l'écran devenu muet ce qui se passe d'intéressant à deux pas d'eux.

En descendant de voiture, le général tend la main à Drapeau et lui dit:

– Monsieur le Maire, merci de cet accueil, c'est indescriptible!

Non seulement le maire n'est pas responsable de cet enthousiasme étonnant des Montréalais, mais s'il avait pu le tempérer un peu, il l'aurait fait. D'ailleurs, c'est sur un ton froid et cérémonieux qu'il répond.

– Général, c'est l'accueil qu'une grande ville cosmopolite fait à un grand homme.

La poignée de main au Premier ministre Johnson est à peine empreinte de plus de chaleur. Drapeau ne déborde pas d'estime pour lui. Surtout qu'il le soupçonne de vouloir tirer un peu trop profit de la visite du Président de la République française et de chercher à le reléguer dans l'ombre, lui qu'Expo 67 a consacré roi de Montréal et du monde! au moins pour les six mois de son exposition universelle.

Le maire prend le général par le bras et le guide fermement vers l'entrée. Pas question de lanterner sur le portique pour jeter de l'huile sur cette foule qui chauffe. Les vrais invités attendent sur la terrasse, allons-y le plus directement possible.

– Par ici, mon général, les notables sont là!

– Les notoires... oui, mais vous entendez cette foule, dit de Gaulle au sortir de l'ascenseur qui les dépose au niveau du balcon d'honneur dont les portes sont ouvertes. D'instinct, le général prend cette direction.

– Les notables... répète Drapeau.

Mais il y a des limites à ce qu'on peut tirer quelqu'un par la manche. Drapeau capitule et le général pique vers le balcon.

– Je vais leur parler.

– Mon général, vous ne pouvez pas, il n'y a pas de micro.

– Et ça alors? dit-il en pointant du doigt le micro qui se trouve justement sur le balcon.

– Il est débranché, mon général.

Mais le garde qui l'avait débranché plus tôt, croyant bien faire, offre aussitôt de le remettre en route.

Malin, le général salue plusieurs fois la foule en touchant imperceptiblement le micro pour s'assurer qu'il fonctionne.

– Mes chers amis, dit-il, c'est une immense émotion qui remplit mon cœur en voyant devant moi la ville de Montréal, française! Au nom du vieux pays, au nom de la France, je vous salue de tout mon cœur.

Il reprend son souffle, puis continue avec un sourire narquois:

– Je vais vous confier un secret que nous ne répéterez pas...

La foule éclate.

Exulte.

Rit.

Drapeau grimace.

– Ce soir ici, et tout le long de ma route, sur ce Chemin du Roy, je me trouvais dans une atmosphère du même genre que celle de la Libération...

Accroupi avec plusieurs autres devant le téléviseur de la terrasse, Lévesque ne peut s'empêcher de rechigner.

– Franchement, il exagère! La Libération, j'y étais, c'était autre chose.

Lévesque y était pour les services américains de renseignement, et avec le bagage de mépris qu'il a toujours eu pour les Français!

– La France entière, poursuit le général du haut de son balcon, sait, voit, entend ce qui se passe ici et je puis vous dire qu'elle en vaudra mieux. Vive Montréal! Vive le Québec... Vive le Québec libre.

Ce dernier vivat provoque un moment de silence tel qu'on pourrait entendre le maire Drapeau grincer des dents. Une vibration souterraine s'empare de la foule, puis brusquement, comme un barrage qui s'écroule, c'est le déferlement, la trombe!

Le général a disparu depuis un bon moment dans les coulisses de l'hôtel de ville, mais la clameur, les battements de mains continuent. On dirait qu'on réclame un rappel... que la foule voudrait qu'on lui rejoue ce temps fort si inattendu. Mais, dans les milieux officiels, c'est plutôt rideau! On ne sait plus quoi faire de ce vieux ringard.

Les représentants officiels, les «notoires» comme les appelle de Gaulle, sont presque tous sur la terrasse. C'est dans une atmosphère de chiffonnement empesé que le vieux roublard va serrer quelques mains dont la plupart sont tendues par politesse.

Les «notoires» n'ont pas tous détesté le spectacle. Le député François Aquin, lui, est conquis. Attablé au Café Martin, rue de La Montagne, avec le groupe de René Lévesque, il s'écrie:

– Le Québec voulait un signal, il l'a!

Mme Aquin acquiesce avec enthousiasme, mais elle est la seule! Tous les visages autour s'allongent.

– On n'a pas besoin que les Français viennent nous dire quoi faire chez nous, dit Lévesque.

– René! De Gaulle vient de formuler l'essentiel de ce dont nous discutons depuis des mois.

– Et tu penses qu'on va le suivre aveuglément comme des colonisés?

– Que je sache, dit le député Yves Michaud, on n'est pas des gaullistes.

– Eh bien! dit Aquin, je préfère gaulliste à fédéraliste.

– Vous, évidemment! avec votre foi de charbonnier, dit Mme Lévesque.

– Au lieu de se prendre aux cheveux là-dessus, dit Jean-Roch Boivin, on devrait peut-être finir de rédiger notre manifeste politique. Le congrès arrive vite.

– On va être prêt, on va être prêt, dit Lévesque d'un ton ennuyé... J'ai tout ça là...

Et il se donne sur la tête une tape qui ne les convainc pas tous.

– Sur papier, ce serait plus lisible, dit Boivin.

– Je ne sais pas quand il va trouver le temps, dit Mme Lévesque, on s'en va dans le Maine.

– Louise, je vais écrire ça là, tranquille!

– Vous pouvez le croire si vous voulez, réplique-t-elle narquoisement, mais je n'ai jamais vu René écrire au bord de la mer. Il lit!

– Tu verras bien! dit-il sèchement.

– Ce ne sera pas long à rédiger ton manifeste, intervient Aquin, je vais t'obtenir la transcription des discours du général pendant sa visite. Tout est là!

– François, on ne sera pas les épigones du général, merci!

À Ottawa, la déclaration fracassante du général a l'effet de la foudre sur un poulailler. Effarouchés, les fédéraux piaillent et foncent bêtement contre les murs. Lester Pearson, en volailleur prudent, fait savoir qu'il préfère ne pas voir de Gaulle dans les parages. Jean Drapeau amène à reculons le Président de la République faire le tour de ses îles dans le Saint-Laurent et le ramène dare-dare à son avion.

Adieu!

Depuis que son DC-8 a pris de l'altitude au-dessus du Saint-Laurent, de Gaulle n'a pas quitté le hublot. Ses secrétaires ont déjà commencé à lui faire part des commentaires désobligeants de la presse française sur sa visite écourtée. *L'Aurore* se demande même ce qui peut bien se passer «sous le képi du général».

L'avion arrive à hauteur de la péninsule de Gaspé.

– Yvonne, regardez!

Madame de Gaulle, le nez fourré dans un livre depuis le décollage, regarde à son tour par la fenêtre.

– C'est là, dit-il, que Jacques Cartier a planté notre drapeau. Quatre cents ans! Quatre cents ans et le pays a encore son âme française.

Les yeux de son général se gonflent de larmes; elle dépose avec tendresse sa main sur les siennes.

– Est-ce que j'ai eu raison, Yvonne? Je n'aurais plus été de Gaulle si je ne l'avais pas fait.

Elle sourit.

– Je suis vieux, dit-il, je peux parler franchement sans me biler avec la diplomatie...

Il voit au regard moqueur de sa femme qu'elle a un respect plutôt modéré pour ses qualités de diplomate...

– Mais ça crève les yeux, ajoute-t-il. Un jour ou l'autre le Québec deviendra un État souverain ou il disparaîtra. Qui d'autre après moi pourra se permettre de dire cela?

– Vous avez bien fait, je crois, dit Mme de Gaulle en serrant affectueusement les mains de son mari dans les siennes.

Au *Policy Planning Council* du Secrétariat d'État, à Washington, un jeune fonctionnaire ambitieux, qui ressemble à Stan Laurel mais qui est loin d'être drôle comme le grand maigre du duo Laurel et Hardy, met en branle la riposte américaine aux propos du général de Gaulle.

Zbigniew Brzezinski est d'autant plus aux abois qu'il a étudié à l'université McGill, à Montréal, et qu'il prétend être averti de la situation canadienne. Il faut dire que «Zbig» a aussi une propension à dramatiser.

Il analyse à la loupe les déclarations subversives du Président de la République française et convoque une réunion à laquelle assiste Averell Harriman, ancien gouverneur de l'État de New York. Il explique comment de Gaulle a chambardé le fragile équilibre de la Confédération canadienne...

– *Zbig, you ought to know this kind of fuss is regular with Canadian politics*, rétorque Harriman[22].

La brosse que Brzezinsky porte sur la tête se hérisse comme un porc-épic devant le danger. Se peut-il qu'on sous-estime tant la menace? Le fonctionnaire américain se livre alors à la nomenclature des horreurs qui se passent au nord.

– *Are you aware that Levesque, a former Quebec minister, recently condemned Canada for siding with the U.S. in the Vietnam war? Are you aware that Pierre Bourgault, a separatist leader, has suggested that a sovereign Quebec should block the Saint-Lawrence Seaway by sinking ships at the entrance*[23]?

– *In my book*, conclut Brzezinsky, *such threats hardly qualify as regular politics*[24]*!*

Soit! on ne s'attend pas à ce que des voisins se rangent toujours aveuglément du côté des Américains (au Viêt-nam par exemple) mais quand on parle d'obstruer la Voie maritime, fleuron de la coopération canado-américaine au temps de l'administration Eisenhower, le vase déborde!

– *We should ask the FBI to recruit top-notch informers in Quebec*, suggère Brzezinsky[25].

– *It's an intrusion in Canada's domestic affairs*, s'objecte Harriman, *it's very touchy*[26].

Le comité convient qu'il y a une grande différence entre se fourrer le nez dans les affaires du Canada et garder l'œil ouvert sur ce qui s'y passe. D'ailleurs, ce qui se trame au Québec est encore plus menaçant pour le reste du Canada que pour la sécurité nationale américaine. La Gendarmerie royale du Canada serait sûrement la première à être reconnaissante. Ce n'est plus de l'intrusion, c'est de la collaboration! Sur ces subtiles nuances, tout le monde est d'accord!

Curieusement, la poignée de factieux du Parti libéral est de nouveau réunie dans le sous-sol chez Robert Bourassa. La confiance qu'on lui porte est limitée, mais on se retrouve là par habitude et peut-être, le sentant vacillant, espère-t-on le voir se ranger définitivement du côté de la fronde.

Louise Lévesque avait raison; son mari n'a pas travaillé au bord de la mer. Mais depuis son retour il a beaucoup avancé le manifeste politique dont il revoit les principaux points avec le groupe.

«La réponse politique à notre démarche s'inscrit dans les deux grands courants de notre époque, celui de la liberté des peuples et celui des groupements économiques et politiques librement consentis...»

En lisant, il n'a pas cessé de fouiller du doigt l'intérieur de son paquet de Belvédère comme si sa seule ténacité allait lui permettre d'y trouver une dernière cigarette.

– Quelqu'un a une cigarette?

Tandis que tous se mettent à explorer leurs poches, Lévesque continue de lire.

«Il faut donc que nous osions saisir pour nous l'entière liberté du Québec et son droit à tout le contenu essentiel de l'indépendance. Cela signifie que le Québec doit devenir au plus tôt un État souverain.»

– Je ne peux pas croire, s'écrie Lévesque, qu'il n'y a plus une maudite cigarette qui traîne dans la maison. Robert! Demandez donc à votre femme de fouiller en haut... ou bien je vais arrêter et aller m'en acheter.

Du pied de l'escalier, Bourassa crie à sa femme de voir s'il reste des cigarettes quelque part.

Jean-Roch Boivin, de son côté, s'inquiète davantage du texte.

– On ne passera jamais ça au congrès, dit-il.

– C'est carrément un manifeste sur l'indépendance, dit Bourassa, l'air tracassé lui aussi.

– Pas l'indépendance, corrige Lévesque, la souveraineté-association. En deux mots! avec un trait d'union.

– Voyons donc! s'exclame André Brossard qui écoute depuis le début sans rien dire en compagnie de deux avocats, Me Baulé et Me Brière, «indépendance» est écrit là en noir sur blanc, faut pas être hypocrites.

– Faut pas en avoir peur non plus, dit Lévesque.

Andrée Bourassa est à mi-chemin dans l'escalier, un restant de Winchester à la main.

– Ce dont je parle, poursuit Lévesque, c'est l'indépendance assortie d'une étroite association avec le reste du Canada, surtout en matière économique. Il y a une grosse nuance avec l'indépendance tout court.

– Tant mieux si vous la voyez, la distinction, dit Brossard.

– Ça vous va cette marque-là, Monsieur Lévesque?

– N'importe quoi qui se fume.

Lévesque se jette comme un naufragé sur les Winchester.

– J'ai de la sauce, dit Mme Bourassa à la ronde, je pourrais vous faire des spaghettis.

– Oui, on va manger ça ici, en bas, dit Bourassa.

Me Boivin monte aider Mme Bourassa avec les couverts. Elle est très inquiète du peu qu'elle a entendu.

– Vous n'avez pas envie de suivre M. Lévesque dans cette histoire de souveraineté-association?

Me Boivin hausse les épaules. Non, il n'a pas encore décidé et il est ennuyé par le ton radical que prend la nouvelle plate-forme.

– Depuis qu'il est à l'université, dit-elle, Robert a l'ambition de devenir Premier ministre un jour. Il ne risquera pas sa carrière dans une embardée comme celle-là, je vous le jure!

Au sous-sol, Bourassa continue de se faire tirer l'oreille.

– René, je vois plus d'inconvénients que d'avantages à votre histoire, dit-il.

– Sortir du vieux carcan fédéraliste, dit Lévesque, vous voyez ça comme un inconvénient! Pour moi, l'inconvénient c'est de continuer à essayer de le rafistoler. Ça ne mènera nulle part!

– Comment voulez-vous que je marche dans votre projet d'union monétaire? Ce n'est pas réaliste.

– Je ne comprends pas, Robert, vous étiez d'accord sur presque tous les points.

– Jamais sur la question de la monnaie! Réfléchissez un peu... Si le Québec garde la monnaie canadienne, il va falloir reconstituer une sorte de Parlement canadien. C'est du néo-fédéralisme! Et on va se séparer pour ça? Ce n'est pas la peine.

– On créera notre propre monnaie, dit Lévesque. Point final!

Assis sur une table, les jambes ballantes, Bourassa prend tout à coup son air arrogant de crack en économie et dit:

– Vous croyez que le Québec pourra conserver la clé de son système monétaire? Vous êtes naïf! C'est Wall Street qui mènera, pas nous!

– Tout ça, c'est de la plomberie, dit Lévesque. On ne parle pas de plomberie quand on se bat pour le destin d'un peuple.

– Laissez-moi ici, dit Lévesque, je vais prendre un peu d'air.

Au lieu de tourner sur Woodbury, Me Boivin gare son auto le long du trottoir en face du couvent des Dominicains, chemin de la Côte Sainte-Catherine.

– Son histoire de monnaie, c'est une excuse! Qu'est-ce que vous en pensez, Monsieur Boivin?

– Allons donc! Chaque fois que vous prononcez le mot «indépendance», on a l'impression que Bourassa va tourner de l'œil.

– Mais vous, cette option-là?

Boivin met un bon moment à répondre.

– À vrai dire, je la trouve fatigante... Vous comprenez... Cinq enfants, un bureau d'avocats qui commence. Et puis, je me demande bien comment on va arriver à la vendre au congrès.

– Commençons d'abord par en faire une résolution officielle du comté de Laurier, après ça on verra, dit Lévesque.

– Je ne peux pas dire que je suis encore converti, Monsieur Lévesque, mais...

– Mais?

– J'ai confiance en vous... Je vais vous suivre.

Au Secrétariat d'État à Washington, l'homme à la brosse lit les coupures de presse montréalaises qu'on vient de lui remettre. Il apprend avec stupéfaction que la Fédération libérale du comté de Laurier a adopté la résolution mise de l'avant par René Lévesque. Le *Montreal Star*, la *Gazette* sont catégoriques: c'est une proposition qui mène tout droit à la séparation.

Brzezinsky voit donc ses pires appréhensions confirmées. Depuis le début de la guerre froide, les États-Unis ont toujours compté sur le Canada comme bouclier pour les protéger de l'URSS. Va-t-on le laisser se lézarder sans lever le petit doigt?

Au moment où il va appeler sa secrétaire pour savoir si elle a des nouvelles du FBI, celle-ci le prévient qu'un M. Corvo, du FBI justement, est là pour le voir.

Drôle d'animal, ce Joel Corvo. Énorme, lippu, pieds plats, la peau lustrée par la transpiration, le souffle si court que chaque phrase, dirait-on, risque de l'arracher à ce monde.

– *You've contacted the department to find a reliable source in Quebec...*

– *Yes, Mister Corvo, we did*[27].

Et Brzezinski lui rappelle que son bureau a besoin d'un informateur sérieux, stratégiquement posté, pas un luron qui va piger ses renseignements dans la presse, en petit-déjeunant le matin!

– *Well, Sir, I think we have your man*, dit Corvo qui aspire un gros paquet d'air avant d'ajouter: *He's a deputy minister in Premier Johnson's cabinet*[28]*!*

Un sous-ministre du gouvernement du Québec, informateur! Brzezinski en a le souffle coupé.

Corvo raconte que l'homme en question, alors qu'il était étudiant dans une université de New York, vers la fin des années cinquante, frayait beaucoup dans les milieux de gauche. Le FBI avait besoin de renseignements sur ces groupements gauchistes. On était donc allé trouver cet étudiant étranger pour le confronter au dilemme suivant: ou bien il informait le FBI ou bien on le retournait au Québec, d'où il venait. À six mois d'un doctorat, la décision fut vite prise. Il collaborerait avec le Bureau. Et maintenant, rien de plus simple, on n'a qu'à demander à la Gendarmerie royale de le remettre en marche!

– *We got in touch with the RCMP in Ottawa*, dit Corvo, *and they're going to reactivate him. Just like that!* Et il fait claquer ses gros doigts moites[29].

9

Jean Lesage est au téléphone depuis au moins vingt minutes et il commence à en avoir jusque-là... Il couvre le combiné avec sa main, le temps de gronder entre ses dents à Me Lavoie qui est dans le bureau avec lui:

– Enculeur de mouches comme Gérin-Lajoie, ça se peut pas!

Puis il reprend sa conversation téléphonique.

– Paul! Paul! Je t'arrête, tu m'avais promis que ton option constitutionnelle serait rédigée et prête pour le congrès. C'est dans une semaine, baptême!... Celle de Lévesque est prête... Non, c'est pas une course entre lui et toi. Pas du tout! Comprends-moi bien. Je veux une option constitutionnelle simple et claire avec laquelle le parti peut vivre.

Me Lavoie fait désespérément signe à Lesage que cette foutue résolution doit arriver au plus tard demain.

– Paul, écoute-moi. Je veux ta résolution sur mon bureau, à Québec, demain matin. Arrange-toi comme tu veux!

Gérin-Lajoie recommence à regimber. Lesage raccroche sur son ultimatum.

– J'ai pas envie, dit-il à Lavoie, qu'on se retrouve au congrès avec seulement la proposition de Lévesque.

– Jean, cesse de t'énerver. Même s'il y a juste celle de Lévesque, elle va être battue à plate couture. J'ai arrangé ça avec Laporte, on va prendre le vote à main levée. Pas de secret!

– Les séparatistes, on va pouvoir les compter!

– Les masques vont tomber en christ! Et c'est pas tout, mon Jean, j'ai fait barrer les photographes et les caméramen de la salle de délibérations. Lévesque et toi, vous pourrez vous faire des grimaces tant que vous voudrez, on vous verra la bette nulle part. Juste la presse écrite en dedans.

Le visage de Lesage commence à s'éclairer. Bon Dieu, si tous ses collaborateurs étaient aussi efficaces!

– C'est pas tout! La seule délégation de comté qui ne sera pas au Château Frontenac, explique Me Lavoie, c'est celle de ton grand ami Lévesque! Je me suis arrangé avec le gérant de l'hôtel... Comme par hasard, il ne restait pas une seule chambre quand la délégation de Lévesque a essayé de réserver! Complet! Même pas un lit simple!

– Toi, Raynald, tu m'aurais fait un bon ministre, dit Lesage.

– C'est derrière que je suis utile, pas avec les autres bouffons devant...

– Merci! dit Lesage sur un ton offusqué.

– Je ne parlais pas pour toi, Jean, tu le sais!

À la veille du congrès libéral de Québec, les manchettes des quotidiens sont unanimes: René Lévesque joue son avenir politique. Toute la semaine d'ailleurs, les journaux n'ont parlé que de cet affrontement impitoyable entre Lesage et Lévesque.

– Aïe! je vendrais ma mère pour être au congrès libéral en fin de semaine, dit Claude Charron à son copain. Les deux étudiants profitent du soleil encore chaud d'octobre pour manger leur lunch dehors, sur le campus de l'Université de Montréal.

– Vends pas ta mère, on va y aller!

– Comment est-ce qu'on va rentrer là? Avec nos cartes du RIN!

– On trouvera bien une façon.

– Si je fais le voyage, dit Charron, je ne veux pas être assis sur la terrasse dehors, je veux être avec les délégués. C'est là que ça va brasser.

– Écoute, Claude, je fournis l'auto. Toi, fais-nous entrer.

Charron met deux minutes à convaincre Jean Doré, le président de l'Association des étudiants, que le congrès libéral vu par deux étudiants de science politique ferait un excellent papier pour le *Quartier Latin*.

Voilà donc Charron et son copain Laferrière, accréditations de journalistes en poche, à bord d'une vieille coccinelle qui fonce vers Québec avec «PRESSE» gros comme le bras affiché dans le pare-brise.

À la porte de la grande salle de bal, au Château Frontenac, où ont lieu les délibérations de la Fédération libérale, c'est la pagaille. Comment expliquer logiquement aux gens de la presse que seuls sont admis dans la salle ceux qui n'ont pas d'appareil-photo ou de caméra?

– Rien en dedans, répètent les gardes, mais vous pouvez prendre des portraits ici tant que vous voudrez.

– Filmer qui? jure un caméraman, christ! Y a personne.

– Tout le monde entre et sort par là, réplique le garde, en indiquant les portes de la salle.

La vieille Volkswagen s'arrête à l'entrée principale du Château. Claude Charron, exhibant son accréditation, va demander au portier où est le stationnement des journalistes.

– Là-bas avec le reste des clients, mais c'est complet!

– On est de la presse, on pourrait peut-être rester là... suggère timidement Charron.

– Presse pas presse, si tu restes là, tu vas te faire remorquer mon jeune! Puis avec le char que t'as, peut-être même direct à la scrap!

Tandis que la coccinelle remonte la côte du Château en hoquetant, le portier lance à un de ses collègues:

– Il en sort de partout des journalistes, c'est pire que des coquerelles!

Dans la salle, on n'a guère plus de considération pour les partisans de Lévesque. Chaque fois qu'ils montent à l'assaut du barrage de règlements qu'on semble avoir érigé spécialement pour eux, ils sont repoussés férocement, avec hargne même. Le nom de Lévesque est-il prononcé par quelqu'un, la salle entière le conspue. Sans parler de toutes les occasions de le vilipender en petit comité, au hasard d'une rencontre de corridor ou dans l'entourage immédiat du chef, Jean Lesage. C'est l'ennemi public numéro un!

L'équipe de Lévesque, dans une suite modeste de l'hôtel Clarendon où elle a été reléguée par la force des circonstances ourdies par Me Lavoie, évalue sa situation: précaire pour le moins.

– Il n'y a rien de ce qu'on souhaitait, dit Me Boivin, qui emporte la faveur des congressistes. Brière voulait proposer une résolution exigeant le vote secret sur les options constitutionnelles, ils ne l'ont même pas laissé parler.

Lévesque, qui réfléchissait depuis un moment sans rien dire, annonce qu'il va aller faire part de son mécontentement à Laporte, le *whip* du parti.

– Évidemment, il est au Château Frontenac, lui!

– Oui, à la chambre 401, Monsieur Lévesque.

– Je pensais que vous l'aviez vu, Laporte, avant de partir de Montréal, dit André Brossard avec étonnement.

Lévesque hoche la tête, sort.

– C'est pas une bataille entre deux options constitutionnelles, ce congrès-là, dit Me Boivin, c'est un règlement de comptes. M. Lévesque prend trop de place, c'est une trop grosse vedette, ils vont le rabattre au niveau de tout le monde.

– Il prend trop de place, renchérit Brossard, et il va peut-être un peu trop loin...

Boivin le regarde, estomaqué.

– André! Es-tu avec nous autres ou contre?

Il ne répond pas, fouille dans sa poche de veston, en sort un cure-dents, enlève une petite mousse qui s'y était piquée et commence systématiquement sa désincrustation.

Boivin est inquiet. Si même les fidèles commencent à se refroidir...

Lévesque est furax. Où est le journaliste intrépide et démocrate? Où est le Pierre Laporte qu'il connaissait? Le butor buté qui l'écoute, complètement imperméable, est-ce le même homme?

– Pierre, s'enrage Lévesque, les singeries à main levée, tu sais très bien que ça ne veut rien dire. La moitié des délégués vont avoir peur de divulguer leurs vraies couleurs.

– René, les militants ont opté pour le vote ouvert, je n'y peux rien.

– Opté! C'est vous autres qui avez bulldozé ça...

– Ce n'est pas différent pour Gérin-Lajoie. Les deux propositions constitutionnelles sont sur le même pied.

– Pierre Laporte! Tu sais très bien que notre proposition n'a aucune chance de l'emporter...

– C'est donc qu'il y a très peu de nationalistes au congrès.

– Il y en a au moins vingt pour cent, dit Lévesque, mais vous ne risquez pas de vous en rendre compte avec le vote ouvert. Qui est-ce qui va oser lever la main pour une option combattue par tout l'establishment?

– La différence, je suppose, glisse Laporte avec son air gourmé, c'est que les fédéralistes ont le courage de leurs opinions!

Lévesque a du mal à garder son sang-froid.

– Depuis que le manifeste est public, dit-il, vous n'avez pas cessé de cancaner sur les menaces de fuites de capitaux... tout le petit terrorisme économique traditionnel! Et maintenant vous tripotez la procédure du congrès pour faire de notre proposition un «crois ou meurs», et fausser le jeu le mieux possible. C'est ça que vous appelez du courage?

– René, quand tu as voulu nationaliser l'électricité, tout le parti s'est rangé derrière toi, même ceux qui étaient plus ou moins d'accord. Monsieur Lesage le premier! Y a des bras qui ont été tordus, ça t'arrangeait! Aujourd'hui, parce que les mêmes gens sont prêts à forcer un peu pour sauvegarder le Canada, tu cries au meurtre. Dis-toi bien une chose: le Parti libéral, ce n'est pas le parti des quatre volontés de René Lévesque!

En ce moment, Lévesque a beaucoup de mal à voir en Laporte le type qui a accepté d'entrer en politique à condition qu'on l'étiquette comme «nationaliste». C'est plutôt celui que Duplessis traitait de «serpent» qu'il a devant lui, et le monstre d'opportunisme!

Il tourne les talons. Il n'a plus rien à attendre du député de Chambly.

Aux petites heures, la suite de Lévesque ressemble à un campement où on laisse fumer les feux pour éloigner les moustiques. Cette fumée dense de cigarette commence aussi à embrouiller les cerveaux.

– René, argumente Yves Michaud, ce qui me fatigue dans ton idée d'indépendance, c'est ce qu'on y perd! Il ne faut jamais oublier que c'est nous les découvreurs... nous qui avons été les premiers dans l'Ouest... les La Vérendrye, les La Salle, c'est notre sang...

– Qu'est-ce qui te fait de la peine? demande Lévesque. Perdre tes Rocheuses? Garde-les, je ne voudrais pas te priver.

– On a la chance de faire partie du plus beau pays du monde!

– Michaud, tu sonnes comme une narration de l'Office national du film.

– Si Gérin-Lajoie retirait sa proposition... dit Me Boivin, mais sans y croire.

– Lajoie, je l'ai vu, dit Marc Brière, il ne veut rien entendre. Il ne se rend même pas compte que Lesage se sert de lui pour le couillonner ensuite. Sa proposition n'ira jamais plus loin que le congrès!

– J'ai fait le tour du congrès, dit Boivin, y a plus que le quart des délégués qui nous appuient privément...

– Mais qui chient dans leurs culottes, dit Lévesque, à l'idée de l'exprimer dans un vote ouvert.

– Absolument!

– Moi, à ta place, René, dit Michaud, j'attendrais... je laisserais aller les choses. Dans deux ans, c'est toi qui vas être chef de ce parti-là!

– Chef de parti! dit Lévesque, en sortant un paquet de cartes... Au lieu de dire des bêtises, si on faisait un poker!

Il fait couper les cartes. Lui-même découvre la dame de cœur et prend la main.

– Franchement, dit Lévesque en distribuant les cartes, chef de parti, j'aurais pas envie. Pour le faire comme je l'entends, ça demanderait une abnégation dont je ne me sens pas capable.

– Paire de valets ou mieux pour ouvrir!

– Ouvert! dit Boivin.

En ramassant ses cartes, Lévesque voit qu'il a déjà un brelan de rois!

Imperturbable, il jette un regard autour de la table: il lui vient à l'esprit que ses partenaires vont trouver la nuit longue...

Sept heures et quart. Le soleil d'octobre est déjà paresseux. Il vient de se lever. Les joueurs ont quitté la suite à cinq heures, tous les poches un peu plus vides qu'avant.

Cigarette aux lèvres, perdu dans les nuages, Lévesque regarde par la fenêtre. Il a réfléchi à ce qu'il dira aux congressistes, il a même pris quelques notes... et des décisions. Surtout, il n'a plus envie de dormir.

Il va à son veston pendu au dossier d'une chaise, prend son portefeuille et tire d'une pochette un bout de papier. Il s'assied au bord du lit et contemple longuement le prénom et le numéro de téléphone qu'il y a griffonnés. Dimanche matin! Aux aurores en plus! Il hésite longtemps, puis prend le téléphone. Soit! il laissera sonner deux coups, pas plus. Elle répond au premier! Pas qu'elle attendait son téléphone qui la surprend beaucoup, mais elle est toujours matinale.

– Moi aussi, dit Lévesque... quand je ne me couche pas!

– Est-ce que vous voulez... je ne sais pas... venir faire un tour?

– Où est-ce que vous êtes?

– Juste à l'entrée de Limoilou.

Trois heures plus tard, dans le taxi qui le ramène au Clarendon à travers cette ville qu'il n'aime pas, Lévesque promène un sourire ravi et des songeries plaisantes. Quelle bonne idée, s'être souvenu de ce papier boudiné au fond de son portefeuille! Cette Julie, dont il ne sait toujours que le prénom, est aussi agréablement simple que ses œufs brouillés et sa confiture de fraise... Et merveille! elle n'est pas de Québec, mais originaire de l'Abitibi dont elle garde le parfum de forêt et le joli accent.

Il est clair que René Lévesque n'est plus la vedette du Parti libéral. Quand il marche vers l'estrade pour s'adresser aux congressistes, les rares partisans qui osent encore l'applaudir sont tout de suite noyés dans le tollé général. Pourtant les journalistes sont venus de partout, même d'Europe, attirés moins par la partie de bras de fer entre Lévesque et Lesage que par le spectacle de la déconfiture d'un héros populaire. Lesage! Il trône sur l'estrade, à la place d'honneur, le président d'assemblée à ses côtés, à portée de toute directive qu'il jugerait utile de lui transmettre.

On donne quand même la parole au renégat! Sait-on jamais? La nuit pourrait lui avoir porté conseil.

– Tant qu'on s'obstinera, dit Lévesque, à maintenir mordicus en le rafistolant tant qu'on voudra le vieux carcan du fédéralisme, deux nations continueront à y multiplier de plus en plus malaisément les compromis et à se contredire de plus en plus clairement sur l'essentiel.

Les huées s'élèvent déjà de-ci de-là. Bon prince, Jean Lesage fait un geste de la main pour réclamer le silence. Son ennemi est en train de se passer lui-même la corde au cou, ne le distrayons pas!

– Il faut, continue Lévesque, avoir le courage tranquille de voir que le problème ne se résoudra pas par un aménagement du *statu quo*. C'est sûr, on ressent toujours une sorte d'effroi à l'idée de quitter une demeure qu'un très long séjour a quasiment «sacralisée». Il est donc très normal que certains s'accrochent à cette Confédération avec une espèce de force où il entre bien plus de peur que d'attachement.

Ceux parmi les délégués qui ne suivent pas aveuglément la doctrine partisane se la posent, cette question, sur le lien qui les attache au reste du Canada. En effet, pour la plupart, la loyauté est effilochée depuis longtemps et le lien ne tient plus que par la peur. Peur de l'inconnu et peur d'être associé aux énergumènes qui posent des bombes.

– Il est des points, dit Lévesque, où le courage et l'audace deviennent pour un peuple, aux moments clés de son existence, la seule forme de prudence convenable...

Inopinément, les applaudissements frénétiques d'une personne se font entendre puis s'arrêtent aussitôt que Claude Charron reçoit de son copain Laferrière une bourrade dans les côtes. Non seulement il est le seul à applaudir, mais cet enthousiasme est plutôt embarrassant venant de la tribune des journalistes!

– Il faut oser saisir pour nous, conclut Lévesque, l'entière liberté du Québec, son droit à tout le contenu essentiel de l'indépendance, c'est-à-dire la pleine maîtrise de ses décisions collectives. C'est pourquoi nous proposons que le Québec devienne au plus tôt un État souverain.

On dirait que Lévesque ne compte pas un seul partisan dans la salle. Leurs applaudissements timides sont tout de suite emportés par l'ouragan des sifflets et des huées.

Jean Lesage lève la main, demande la parole au président de l'assemblée.

– Mes amis, en principe nous devrions passer au vote, dit le président, mais je crois que la décence la plus élémentaire exige que nous laissions parler le chef.

S'il y a une assemblée qui se moque de la procédure, c'est bien celle-là. Les délégués ne sont pas venus à Québec pour respecter un code mais pour présider à une mise à mort. Ils ne vont pas ménager les coups. Lesage prend donc la parole.

– Mes chers amis, dit-il, je tenais seulement à vous rappeler à ce moment-ci que nous, les Canadiens français, sommes les plus anciens parmi les Canadiens, que nous sommes bel et bien les copropriétaires du Canada et que nous n'avons pas le droit de nous déshériter en nous en retirant.

L'argument n'est pas neuf, mais l'auditoire applaudit comme s'il l'entendait pour la première fois.

– Je me refuse, s'écrie Lesage avec grandiloquence, à prendre le risque de détruire le Québec en détruisant le Canada.

Le dernier clou est rivé. Lesage se rassied au milieu d'un tumulte enthousiaste.

Lévesque retourne au micro, demande la parole sur une question de privilège. Cette décision qu'il va annoncer, il l'a prise seul, ce matin. Il n'en a parlé à personne pour justement n'obliger personne à le suivre.

– J'aimerais profiter de cette occasion, ce sera la dernière, pour remercier le congrès de m'avoir au moins donné l'occasion d'exprimer mon point de vue. J'ai défendu comme j'ai pu ma proposition d'un Québec souverain dans une union canadienne, mais le congrès, avec toutes ses règles rigides, a reculé devant le test de la véritable démocratie. On a fait de notre proposition un véritable épouvantail et il est facile de constater que, dans ces conditions, elle n'a aucune chance d'être étudiée au mérite. Je souhaite donc la retirer!

Les cris victorieux qui fusent de partout donnent l'occasion à Lévesque de tordre le cou au sentiment de déchirement qui lui serre la gorge et d'endiguer les larmes qui lui viennent.

– Quant à moi, dit-il en parvenant mal à masquer son émotion, l'heure est arrivée, je ne croyais pas qu'elle viendrait si vite... de démissionner du Parti libéral et du caucus.

Le visage de Lesage s'illumine.

– Tout est dit, je pense, poursuit Lévesque d'une voix brisée, il ne me reste plus qu'à m'en aller avec ma part de nos souvenirs communs, il y en a beaucoup, et le regret très sincèrement que ça finisse ainsi.

Ils se regardent les uns les autres, les gens de Lévesque: les Boivin, Brière, Baulé et compagnie. Est-ce qu'ils rêvent? Jamais il ne leur a soufflé mot de ses intentions de quitter le parti, même si à bien y réfléchir c'est la seule issue logique. Pas une confidence à cet effet, rien!

Après le premier moment de stupéfaction, la foule des congressistes se déchaîne. Invectives et cris de satisfaction accompagnent Lévesque tout au long de sa sortie par l'allée centrale. On dirait la retraite d'un marié déconfit dont la fiancée ne s'est pas présentée! Presque à son insu, sa famille lui emboîte le pas: une vingtaine de congressistes, les inconditionnels!

Un délégué de comté s'approche d'un des micros.

– Mes chers amis, excusez la comparaison, mais maintenant qu'il n'y a plus de brebis galeuse dans notre beau troupeau, je propose que notre drapeau national, la feuille d'érable, reprenne sa place d'honneur.

Curieusement en effet, il n'y a que le fleurdelisé sur l'estrade. Sûrement pas pour ménager les susceptibilités de Lévesque! Comme par magie, quelqu'un débouche en avant avec un gigantesque drapeau canadien, et le délégué qui l'a réclamé entraîne maintenant la foule à chanter l'hymne national avec lui. *«Ô Canada, terre de nos aïeux...»*

Louise Lévesque, libérale de souche, est tout aussi désorientée que le parti du virage, disons le mot, «séparatiste» qu'a pris son mari. Au journal télévisé, elle a vu des extraits de la longue et un peu confuse conférence de presse qu'il a donnée à l'hôtel Victoria de Québec après avoir claqué la porte. Quelle n'a pas été sa stupéfaction de l'entendre réfléchir tout haut à un possible nouveau parti!

Non, elle n'a pas mal entendu. Les journaux de ce matin le lui confirment. Il a bel et bien évoqué cette possibilité. Après tout! près de deux cents membres du parti l'ont suivi. Le noyau est là.

– Tu vas fonder un parti? demande-t-elle dès qu'elle le voit apparaître dans la cuisine, en quête d'un café.

Il hausse les épaules, allume une cigarette. Il n'en sait pas plus long que la veille avec les journalistes sur son avenir, et surtout, ce matin, il a l'esprit bien moins clair.

– Ouais... finit-il par dire, y a un groupe qui a suivi...

– Boivin, Baulé, Brière et compagnie... tous des fauchés comme toi, évidemment. Vous allez aller loin ensemble!

Lévesque a une petite pensée, fugitive! pour les œufs brouillés et la confiture de fraise de Julie...

– René, je te le dis au cas où tu l'aurais oublié... mais il y a déjà un parti séparatiste. Avec ta nouvelle philosophie, tu devrais te joindre à Pierre Bourgault, une autre fine mouche!

Il aurait envie de sourire mais, comme ça commence à ressembler à une crise, il ne tient pas à l'aggraver.

– Ça aussi, tu dois l'avoir oublié, René, mais pas plus tard que la semaine passée tu m'as dit: «Je ne serais pas fâché si j'étais obligé de quitter le parti, je ne suis pas un homme de parti, je ne l'ai jamais été...» Et comme tu n'es pas un homme de parti, eh bien! tu vas en fonder un!

Elle s'empare du journal afin de lui servir une autre de ses citations... «Tant qu'on s'obstinera à maintenir en le rafistolant le vieux carcan du fédéralisme...»

– Tu vois, dit-elle plutôt tristement, j'ai l'impression que c'est ce qu'on est en train de faire... avec le vieux carcan de notre mariage!

Il esquisse une moue indéfinissable qui ne sera jamais une réponse ni à cette question, ni à tant d'autres entre eux!

10

La jeune femme assise un peu raide dans ce hall d'hôtel sans intérêt qui lit dévotement son *Devoir* exerce sur tous ceux qui passent une attraction dont elle ne paraît pas consciente. Avec ses yeux et ses cheveux très noirs, sa robe bleue très courte d'où sortent les tiges fines de ses jambes, on dirait une anémone au beau milieu du désert. Il y a de quoi attirer le regard!

Un grand type en manteau de fourrure, plutôt bellâtre, entre dans le hall et va directement vers la jeune femme en essayant de feutrer le drôle de clic! clac! de ses bottes western sur les dalles de marbre. Il arrive par-derrière et la fait sursauter en l'embrassant dans le cou.

– Jean-Marie, tu m'as fait peur!

– Qu'est-ce que t'as envie de faire, ma beauté?

– Je ne sais pas trop, dit-elle. Il y a le lancement d'un livre de M. Lévesque au restaurant Prince-Charles. Veux-tu qu'on aille faire un tour?

Il s'assied près d'elle, retire ses gants de peau claire tout neufs.

– Cet été, c'était Bourgault, maintenant c'est Lévesque... tu te fais une collection de séparatistes.

– Pierre Bourgault, dit-elle, offusquée, je l'ai seulement accompagné dans sa tournée au Lac-Saint-Jean.

– Et là tu veux «seulement» aller voir Lévesque... Vas-y! Moi, le dernier soir avant de retourner à Alma, je vais me trouver quelque chose de plus intéressant, si tu permets.

Même avec son commerce de prêt-à-porter pour dames, ses belles voitures et ses allures de dandy, Jean-Marie a beaucoup de mal à conserver l'exclusivité de la plus jolie fille d'Alma!

– T'es pas fâché? demande-t-elle, plutôt négligemment.

Jean-Marie fixe longuement ses bottes de lézard, ornées de verroterie, un peu comme s'il interrogeait un talisman, puis il hoche la tête...

– Non... mais tu vas finir par me faire enrager pour de vrai, ma Corinne.

Toute la troupe nationaliste a envahi le restaurant Prince-Charles pour le lancement d'*Option Québec*, un fascicule dont les soixante-quinze premières pages contiennent le manifeste politique de René Lévesque. En annexe, on peut lire plusieurs articles dont un de Jacques Parizeau et un autre de Robert Bourassa, même si ce dernier s'est dissocié du groupe. On suppose qu'il a jugé bon de se garder à carreau.

Le temps glacial de cette soirée de janvier 1968 n'a pas arrêté non plus ceux qui viennent là surtout pour voir de près l'ancienne vedette de la télévision.

– Pensez-vous que vous allez revenir à la télévision? demande une admiratrice tandis que Lévesque lui dédicace un livre. Vous n'avez jamais été remplacé, vous savez.

Il marmonne un «merci, je ne sais pas madame» et déborde même de la page avec la queue du «Lévesque». C'est que son regard vient de s'accrocher à des jambes magnifiques dans la file de ceux qui attendent pour des dédicaces. Il remonte jusqu'au visage. La morbidesse exquise de la femme le séduit instantanément. Par la suite, il y va dans les dédicaces! gardant un œil à la poêle et l'autre au chat!

Enfin! la voilà devant lui, tendant son *Option Québec* ouvert à la page de garde.

– À quel nom? demande-t-il en prenant le livre.

– Corinne Côté.

– Deux «n» Corinne?

Elle acquiesce.

Il écrit sans la quitter des yeux. Elle n'a pas toutes ses formes charmantes, pense-t-il, mais pour le visage c'est Sophia Loren dans *Boccace 70*. Et en mieux puisqu'elle est là, à portée d'invitation.

Il lui remet le livre, espérant qu'elle lira tout de suite ce qu'il lui a composé, mais elle se retire à l'écart pour laisser la place aux autres qui s'impatientent de rencontrer l'auteur.

Du coin de l'œil, il l'aperçoit piquer un fard devant sa dédicace: «Pour qui brûlent ces yeux de braise?»

Leurs regards se croisent, elle baisse les yeux, mais elle sourit.

Il lui apporte un verre de vin et de nouveau elle devient pivoine.

– Si je vous invitais à dîner, Corinne...

– C'est difficile, je ne suis pas d'ici... je repars demain.

– Allons-y maintenant, alors!

Elle avale une gorgée de vin... garde le verre sur ses lèvres pour éviter de répondre.

– Vous aviez rendez-vous?

À son silence, il comprend que oui.

– Vous ne pourriez pas arranger ça, dit-il avec insistance... vous décommander peut-être?

La nourriture n'est pas géniale. Il aurait sans doute pu trouver mieux s'il ne faisait pas vingt sous zéro dehors et s'il n'avait pas eu peur de voir rappliquer aux endroits où il mange habituellement toute la bande d'amis du lancement. Là au moins c'est discret. Un coin perdu où le garçon n'est jamais revenu verser le vin après l'avoir fait goûter!

Elle a commandé, comme lui, un paillard de veau. Il achève. Elle n'a fait que chipoter dans l'assiette.

– C'est pas bon? demande Lévesque.

– Oui, oui... il y en avait trop.

Durant les silences, il l'observe. Ils causent, il l'observe encore! Il ne fait que ça! Corinne Côté ne bouge pas, elle ondule comme les rameaux délicats d'une espèce pleureuse... Son ton est dolent... Son sourire retenu, comme celui de quelqu'un qui hésite à montrer ses dents... Et, derrière l'écran noir de ses yeux, dansent les lueurs de desseins insaisissables.

– Quand vous n'enseignez pas, dit-il, qu'est-ce que vous faites?

– Je lis beaucoup. J'adore lire. Vous?

– Oui, surtout de la science-fiction...

– Et puis, dit-elle, je viens à Montréal ou à Québec. Vous savez à Alma, il n'y a pas grand-chose...

– Je pensais que les gens du Lac-Saint-Jean étaient de gros fêtards, dit-il avec un air entendu.

– Il y en a, mais ce n'est pas tout le monde. Elle fait mine de s'offusquer un peu pour bien marquer qu'elle ne fait pas partie du clan des fêtards. Et poursuit:

– Mon doux, Monsieur Lévesque, on dirait que vous êtes en train de m'interviewer.

Il lui prend la main. Elle hésite... mais ne la retire pas.

– Ça ne vous tenterait pas, dit-il, de vous rapprocher... venir ici ou à Québec?

– Il faut que je travaille, je ne suis pas millionnaire.

– On est en train de s'organiser comme un vrai parti, on va avoir besoin de gens... Vous pourriez travailler pour nous... Le mieux, ce serait au bureau de Québec, j'aurais plus de liberté pour vous voir là-bas.

– Vous allez vite! Je vous appelle encore Monsieur Lévesque.

– C'est ce qu'il y a de plus simple à régler, appelle-moi René! dit-il en la dévisageant.

Elle baisse les yeux, prend une cigarette, cherche les allumettes. C'est lui qui les a. Il allume. Elle fait un geste de la tête en guise de remerciement, aspire longuement et enfin... sourit, les lèvres toutes ourlées de fumée.

Lévesque, en bon chat de gouttière, sait bien qu'il n'a qu'à ronronner... et à attendre!

Il n'y a pas six mois que Lévesque a montré les griffes et planté là la ménagerie libérale et vingt mille personnes adhèrent déjà au Mouvement Souveraineté-Association dont il est le président. Un parti politique qui n'en est toujours pas un officiellement, mais qui va le devenir ce week-end du printemps 1968. Le congrès a lieu à l'aréna Maurice-Richard, endroit morne par-dessus tout, une gifle à la mémoire du meilleur hockeyeur de tous les temps.

En se constituant en parti, toute la confrérie des journalistes politiques est d'accord là-dessus, le MSA deviendra le point de ralliement de l'ensemble des forces nationalistes du Québec. On a déjà commencé à négocier pour intégrer Gilles Grégoire et son Ralliement national. On dit aussi que Pierre Bourgault et son Rassemblement pour l'indépendance nationale s'apprêtent à changer de camp.

En faisant la chattemite, Lévesque marque habilement son territoire. L'indépendance n'aura plus bientôt qu'un seul mandataire.

– Est-ce que tu vois bien la bannière derrière? demande à son caméraman un reporter du journal télévisé, planté devant l'entrée principale de l'aréna, au-dessus de laquelle est suspendue une longue enseigne portant l'inscription «Mouvement Souveraineté-Association».

– Je coupe «association», dit le caméraman.

– Tu peux pas tout prendre?

– Écoute, je suis pas en cinémascope. Si je garde «association» je coupe «mouvement», choisis!

– Coupe «association»!

– Ça tourne!

– *Trois mille cinq cents délégués assistent aujourd...*

– Coupe! coupe! crie la scripte.

– Qu'est-ce qu'il y a? demande le journaliste, agacé.

– T'as écrit deux mille cinq cents sur tes notes.

– Oui, qu'est-ce que j'ai dit?

– Trois mille cinq cents!

– Moi, j'ai dit trois mille cinq cents?

– Absolument!

– C'est impossible! Qu'est-ce que j'ai dit? demande-t-il à son caméraman.

– Si tu penses que j'écoute ce que tu dis!

– Je suis sûr d'avoir dit deux...

– Trois! fait la scripte.

– Bon, arrêtez de discuter, dit le caméraman, ça va aller plus vite de recommencer.

– *Deux mille cinq cents délégués assist...*

– Coupe, crie aussitôt le caméraman.

– Christ! Cette fois-là j'ai dit «deux»...

– C'est le soleil qui est sorti juste au début de la prise, il faut que je change l'ouverture.... Non, tiens! on va attendre le prochain nuage.

– Écoute, les délibérations sont commencées, j'ai pas le temps d'attendre les nuages. On va la faire au soleil.

– On n'a pas le temps de la faire au soleil, dit le caméraman en scrutant le ciel avec son verre fumé.

– Vous êtes bien devenus chiants, les caméramen. Tu devais pas être comme ça quand tu travaillais avec Lévesque.

– Lévesque, on était en noir et blanc... c'est la couleur qui a tout compliqué! Prépare-toi, on arrive dans le nuage!

– Attention à ton «deux mille cinq cents...», dit la scripte.

– C'est parti.

– *Deux mille cinq cents délégués assistent aujourd'hui au congrès du MSA qui ressemble plus à un cours sur l'indépendance qu'à une réunion politique...*

C'est vrai que dans l'aréna, on y va studieusement. Sujet à l'étude: l'indépendance! Tout ce qu'il y a de plus primaire. La discussion est engagée entre les avocats Brière et Aquin. Me Jean-Roch Boivin, en président d'assemblée, essaie de faire respecter les règles du débat... et l'harmonie.

– Dans un Québec souverain, dit Me Brière, il est proposé que le français soit la seule langue officielle de l'État et du travail. Nous voulons aussi que l'école publique soit française. Mais par respect pour la minorité anglaise, un secteur scolaire anglophone sera maintenu et subventionné par le gouvernement.

François Aquin bondit au microphone:

– Monsieur le Président, je propose un amendement à la résolution. Je propose que seul soit subventionné par l'État et ce, à tous les niveaux, le système d'éducation publique de langue «française».

Son accent marqué sur le mot «française» a pincé la bonne corde. La foule se met à vibrer d'enthousiasme et d'émotion.

– Et les droits des anglophones, qu'est-ce qu'on en fait? demande Me Brière.

– Les droits des anglophones, dit Aquin, ce ne sont pas des droits, mais des privilèges qui ont découlé de la conquête militaire, un point c'est tout! En conséquence, un Québec indépendant doit affirmer l'unilinguisme français dans tous les secteurs.

La foule ne vibre plus, elle exulte! Enfin quelqu'un qui cherche à effacer les stigmates de la conquête! Après deux cents ans, ce n'est pas trop tôt!

Lévesque, lui, est furieux! Il glisse à l'oreille de Brière:

– Je le savais qu'Aquin nous ferait chier!

– Que voulez-vous, Monsieur Lévesque, dit Brière, le congrès est bourré d'anciens du Rassemblement pour l'indépendance nationale. L'amendement d'Aquin risque fort de passer.

D'ailleurs, les délégués aussi sentent la victoire prochaine et ils commencent à scander: le vote! le vote! le vote!

Lévesque se lève et prend le micro.

– À mon humble avis, dit-il, un peuple qui ne respecte pas convenablement ses minorités ne mérite pas de porter ce nom et encore moins d'être libre.

Ressac dans la foule qui se voyait déjà sur les rivages sereins de l'indépendance.

– Supprimer brutalement l'aide aux écoles de la minorité anglaise, continue Lévesque, équivaudrait à isoler le Québec derrière un mur de la honte.

Quelle honte y a-t-il à mettre l'envahisseur dehors, à faire maison nette? La foule ne comprend pas et le fait savoir par ses huées.

Il y a au moins une personne parmi les délégués, qui est vendue pour ainsi dire corps et âme à Lévesque: c'est Corinne Côté. Non seulement elle opine à tout ce qu'il dit, mais elle essaie d'aiguiller son entourage dans la bonne direction.

– C'est tous des rinistes qui hurlent, dit-elle à la ronde, des gens montés par Pierre Bourgault.

Des chut! chut! qui viennent de-ci de-là finissent par avoir raison des protestations. Le chef peut enfin continuer:

– Si notre mouvement devait se doter d'une politique linguistique visant à assimiler de force sa minorité anglophone, eh bien! ce ne serait pas moi qui le dirigerait.

Bon! la foule qui croit avoir enfin trouvé son libérateur ne va pas prendre le risque de le perdre avant même qu'il commence son travail. Silence de mort!

– Le vote que vous allez prendre, dit Lévesque, revêt à mon humble avis une importance énorme, pour moi à tout le moins. Selon son résultat, je resterai chef de votre mouvement ou je rentrerai chez moi car, jamais au grand jamais, je ne me verrais militer dans un parti raciste!

Pour bien indiquer qu'il ne rigole pas, Lévesque sort de la salle aussi théâtralement que le lui permet son mètre et soixante de taille. Il marche, tête haute, cigarette en bouche, exhalant comme une locomotive ses volutes de fumée en ayant l'air de dire que petit train va loin, pourvu que ce soit dans «sa» direction.

Le signal ne passe pas inaperçu!

L'amendement de François Aquin qui aurait coupé les vivres à l'enseignement public de langue anglaise est battu par quatre cent quatre-vingt-une voix contre deux cent quarante-trois.

Me Brière et Me Boivin viennent apporter les résultats à Lévesque qui est isolé dans un bureau attenant à la salle du congrès.

– Je ne pensais jamais, dit Me Brière, qu'on battrait Aquin par une si grosse marge.

– Plus on va essayer d'intégrer des extrémistes dans le mouvement, dit Lévesque, plus on va se faire déculotter par l'opinion publique.

Mais l'extrémiste, le voilà! Me Aquin fait irruption dans le bureau. Il apparaît justement au moment où Lévesque se demandait comment se débarrasser de lui... démocratiquement!

– Tu vas faire ça combien de fois, René, mettre ton leadership en jeu chaque fois qu'une résolution ne fait pas ton affaire?

– Chaque fois qu'un principe fondamental est menacé, dit Lévesque.

– Avec ces principes-là, on va se retrouver après l'indépendance gros Jean comme devant, dans un autre Québec bilingue.

– Moi, Aquin, sans ces principes-là, l'indépendance, je n'y tiens pas.

– J'ai quitté le Parti libéral, dit Me Aquin, parce que j'étais indépendantiste. La mienne, ma position, n'a jamais été ambiguë et elle est probablement trop claire pour toi.

Puis, regardant Lévesque dans le blanc des yeux, et avec un certain mépris:

– Souviens-toi bien de ce que je te dis, René! L'indépendance, tu ne la feras jamais parce que c'est une idée que tu n'as pas vraiment épousée. Tu cherches plutôt à la faire entrer par la porte d'en arrière comme une femme illégitime, pour ne pas déranger le ménage. Même dans ta vie privée, c'est ta façon! Moi, pas!

Aquin tourne les talons, claque la porte.

– On peut vraiment commencer à construire, dit Lévesque, la place est nettoyée.

– Pardon, dit Me Brière, il reste Bourgault. Le congrès veut qu'on négocie avec lui.

– Quand Bourgault sera là, dit Me Boivin, toute cette histoire des droits des minorités va recommencer...

– Elle ne recommencera pas, dit Lévesque. Bourgault ne sera jamais là! C'est vous, Jean-Roch, qui négociez, vous allez faire traîner autant que vous pouvez.

– Le temps joue pour nous, dit Me Boivin, on a déjà deux mille membres du parti de Bourgault inscrits chez nous. Bientôt il ne lui restera personne.

– On ne peut pas empêcher Bourgault de se joindre à nous comme individu, dit Lévesque, mais il ne négociera pas son entrée dans notre parti en tant que président du RIN. C'est avec des gens normaux qu'on va faire l'indépendance, pas avec des extrémistes comme Aquin ou des tapettes comme Bourgault!

– Ah! ça, les tapettes, dit Boivin en riant, on ne pourra pas tous les éviter.

– Commençons par celui-là! conclut Lévesque.

11

L'avion décrit un grand cercle au-dessus des arches triomphales du barrage de Manic 5.

– Veux-tu qu'on fasse une autre fois le tour? demande avec enthousiasme le Premier ministre Daniel Johnson à son prédécesseur, Jean Lesage.

– Merci. Je l'ai vu, le barrage.

Il faut dire que les courants d'air imprévisibles de ce début de septembre font particulièrement remuer le petit appareil dans lequel Johnson fait visiter la merveille, orgueil d'Hydro-Québec, qui sera inaugurée demain. Lesage a bien déjeuné avant de se pointer à Manicouagan, il a bu quelques pousse-café, et il se sentirait mieux les deux pieds sur terre.

Enfin! c'est ce qu'il croit. Quand l'avion touche le sol, un secrétaire vient prévenir le Premier ministre que René Lévesque sera très en retard. Le mauvais temps a détourné son avion sur Forestville où on l'a envoyé chercher par autobus.

– T'as invité Lévesque! lance hargneusement Lesage dans un cri du cœur.

– Jean, si ce n'était pas de lui, Manicouagan n'existerait sans doute pas. Rendons au moins à César ce qui est à...

– Brutus, baptême, Brutus! dit Lesage en lui coupant la parole.

Daniel Johnson éclate de rire.

– Jean, personne n'a été plus venimeux que Lévesque avec moi en Chambre et je lui ai pardonné...

– Oui, parce qu'en Chambre c'est face à face. Les coups de poignard dans le dos, c'est plus difficile à oublier.

On dirait qu'il fait noir encore plus tôt sur la Côte-Nord que partout ailleurs. Il n'est pas neuf heures et il ne reste aucune lueur dans le ciel. De l'encre.

Dans une baraque, à deux pas du barrage, le Premier ministre et Jean Lesage, qui ont fini de dîner depuis un bon moment, en sont à la fine champagne. L'alcool n'a pas cicatrisé la blessure (dans le dos) de Lesage; au contraire, elle l'a avivée. Lévesque, il l'a vu dans sa soupe, dans son rosbif et maintenant il n'arrive pas à le vider de son verre de VSOP. Ses sueurs d'alcool sont froides. Brusquement, il se lève et tend la main à son hôte.

– Voyons! où est-ce que tu vas comme ça? demande Johnson.

– Me coucher, c'est mon heure! Et pour tout te dire, je ne tiens pas tellement à voir Lévesque.

– Jean, assieds-toi, les petites bêtes ne mangent pas les grosses. Et puis j'avais eu l'idée de faire une photo historique. Trois Premiers ministres du Québec: l'ancien, l'actuel et le prochain.

– Lévesque! Premier ministre! T'as trop bu, Daniel!

– Tu sais qu'il en ramasse du monde avec son parti... Même mon fils Pierre-Marc qui commence à loucher de son côté. Mon propre fils! dit-il en feignant l'indignation.

– Fais-t'en pas, dit Lesage. Ils n'iront pas loin. Un parti sans caisse électorale, faut pas rêver! Il paraît qu'ils reçoivent ça des membres à coups de deux piastres. Ils n'arriveront même pas à payer les cigarettes de Lévesque.

– Ni pour sa nouvelle flamme, dit Johnson, narquois.

– Bien oui! C'est une Corinne, elle aussi...

– Comme la tienne!

– Bonne chance, si elle est comme la mienne!

– Il paraît que c'est une belle fille, lui confie Johnson.

– Ce morpion-là, s'indigne Lesage... trois poils sur le caillou! Veux-tu bien me dire ce qu'il leur fait, aux femmes? Il doit avoir des talents cachés.

– Tu sais ce que Talleyrand disait, mon Jean: «La beauté ne fait gagner qu'une journée!»

Des coups à la porte font bondir Lesage.

– En parlant du loup, dit Johnson... Entrez!

Le chef de cabinet du Premier ministre fait entrer Lévesque qui grimace en apercevant son ancien chef.

– Tu ne seras jamais à l'heure, toi, ironise gentiment Johnson qui tend la main au retardataire. Quand ce n'est pas ta faute, c'est la faute des autres!

Entre Lesage et Lévesque, pas le moindre signe de reconnaissance.

– Essayez donc de nous trouver un photographe, demande le Premier ministre au chef de cabinet.

Puis s'adressant à Lévesque, il lui demande s'il a eu le temps de jeter un coup d'œil sur «son» barrage.

– Oui, c'est grandiose, même en pleine nuit.

– On devrait le baptiser barrage René-Lévesque, dit Johnson.

Lesage bondit.

– Charriez pas, dit Lévesque, je ne suis pas encore mort... même si je sais que ça pourrait en arranger certains...

– Tant que c'est dans l'Opposition, y a de la place pour tout le monde, raille Lesage.

L'entrée du photographe empêche la situation de s'envenimer. D'ailleurs, avant même que Lesage proteste, Johnson lui a pris la main dans sa main droite. De la gauche, il prend celle de Lévesque, ancrant solidement à lui les deux ennemis.

– Je vais vous aider, dit-il, le courant n'a plus l'air de trop bien passer entre vous deux... Jean... un beau sourire... Mieux que ça... C'est pour la postérité. Toi aussi, René! Souris!

Ses efforts narquois pour réunir les deux antagonistes dans la même photo, Daniel Johnson n'en verra jamais le résultat. Le matin même, le chef de cabinet qui vient frapper à la porte de la chambrette pour réveiller Lévesque lui annonce que le Premier ministre n'est plus. Il a succombé à une crise cardiaque en plein sommeil. Sans doute vers les cinq heures du matin. Les cérémonies d'inauguration sont annulées; des avions commenceront à rapatrier les invités à Montréal sitôt qu'ils auront pris leur petit déjeuner.

Lévesque s'assied sur le bord du lit dans cette modeste cabine qui a été occupée par des ouvriers pendant la construction du barrage. Il allume une cigarette... Johnson a été si chaleureux avec lui, hier soir, n'arrêtant pas de causer, repoussant toujours avec un autre petit verre le moment d'aller se coucher.

Après la photo, Lesage a tout de suite décampé. Heureusement! Et pour la première fois de sa vie, Lévesque a éprouvé une certaine sympathie pour Johnson. D'abord ils se sont rappelé en blaguant les insultes balancées publiquement... Dans la bouche de Johnson, Lévesque avait été tour à tour le «fossoyeur de l'école confessionnelle» et un «suppôt de Khrouchtchev». Dans celle de Lévesque, Johnson avait été un «être vomissant» et un «maudit hypocrite».

Mais dans la paix grandiose de cette nuit à la Manicouagan, Lévesque avait été frappé par la ferveur nationaliste du Premier ministre. Ferveur qu'il avait toujours prise pour de l'opportunisme politique, mais qui, tout à coup, lui paraissait diablement sincère!

«Quand même! Si près de la mort, pense Lévesque en fumant cette première cigarette d'une journée triste, est-ce qu'il aurait pris des attitudes?»

– Si quelqu'un a raison historiquement sur l'avenir du Québec, lui disait Johnson hier soir, ce sera quelqu'un qui pense comme toi ou moi. Parce que tu sais, on n'est pas loin l'un de l'autre.

Puis en riant, il avait ajouté:

– J'ai lu ton *Option Québec*, tu devrais presque me payer des droits d'auteur!

Brusquement, Lévesque se lève et va au lavabo commencer sa toilette. Il n'a pas envie de s'attarder plus longtemps sur la mort de Johnson. En pensant à la mort des autres, on risque de penser à la sienne, ce qui lui est insupportable.

– C'est une photo historique, ça! s'écrie Me Jean-Roch Boivin en apercevant sur le bureau de Lévesque la photo que ce dernier vient de recevoir, courtoisie du Premier ministre Jean-Jacques Bertrand, le successeur de Johnson. Daniel Johnson, les yeux rieurs comme s'il avait encore la vie devant lui, retient deux ennemis rétifs: Lesage qui regarde Lévesque avec mépris et Lévesque qui l'évite en fixant la caméra et en grimaçant comme s'il était à la torture.

– Vous vous rendez compte comme c'est allé épouvantablement vite, dit Lévesque. À peine plus qu'un an!

– Un an en politique, c'est une éternité, dit Me Boivin.

– Je vous crois! Regardez où nous en sommes! Lesage a passé le collier à Bourassa, Bertrand veut faire confirmer son mandat par le peuple et nous voilà en campagne électorale.

Au cours de cette année-là, les choses sont allées très vite pour Lévesque aussi. Le Mouvement Souveraineté-Association est devenu le Parti québécois en avalant d'une bouchée le Ralliement national de Gilles Grégoire et, un par un, les membres du Rassemblement pour l'indépendance nationale. L'eau ainsi habilement détournée tout autour de son RIN, Pierre Bourgault s'est retrouvé avec quelques membres d'équipage à la barre d'un navire en train de sécher sur le sable. Ils ont finalement abandonné leur épave pour joindre le Parti québécois qui a le vent dans les voiles. Bourgault reste agrippé à ses manières de capitaine, mais il n'est plus que moussaillon.

En effet, avec le vent des élections qui a commencé à souffler, le Parti québécois vogue, toutes voiles dehors. Soit! il reste quelques détails de stratégie à régler, mais qui sait si on n'arrivera pas à coiffer l'Union nationale, commandée par Jean-Jacques Bertrand, et le Parti libéral du jeune Bourassa.

Parmi ces choses qui ne sont pas réglées, il y a le comté où se présentera Lévesque. Pour que la photo historique que l'on vient de recevoir prenne tout son sens, il faudrait tout de même que le chef du Parti québécois se fasse élire! Or Michel Carpentier, le nouveau stratège du chef, est très inquiet de le voir risquer son avenir dans le comté de Laurier.

– C'est mon comté depuis dix ans, dit Lévesque.

– Ouais... dit Carpentier, mais j'ai évalué ça. Avec les Italiens et les Grecs qu'il y a dans ce comté-là, vous ne passerez jamais, pas avec l'étiquette du Parti québécois. C'est... disons très risqué!

Carpentier est jeune, mince et beau. Hollywood l'aurait sûrement réquisitionné pour être en son temps la doublure de Louis Jourdan, mais ses attributs de jeune premier sont trompeurs. Dans ces machinations électorales, c'est déjà un vieux roublard. Un fin finaud.

– Est-ce que t'as pensé à autre chose? demande Me Boivin.

– Oui, justement! je m'étais dit que Saint-Jacques... C'est un comté de bons Québécois. Là, Monsieur Lévesque, vous passez comme une balle.

– J'ai pas envie, dit Lévesque, d'avoir l'air de chinoiser sur le comté. C'est un risque calculé, on va le prendre.

Me Boivin et Carpentier se regardent, catastrophés.

– Michel m'a montré le partage démographique dans Laurier, dit Boivin, c'est pas un risque calculé, c'est...

– Un suicide! enchaîne Carpentier.

– J'ai dit non! tonne Lévesque en assenant un coup de poing sur la table. Il se lève et sort du bureau.

– M. Lévesque est fier, dit Boivin, je peux comprendre son attitude.

– Jean-Roch! c'est de l'orgueil mal placé.

Lévesque est allé respirer dans la pièce d'à côté en compagnie de Claude Charron. Peu de temps après sa rupture avec le Parti libéral, Lévesque a vu apparaître ce petit frisé à son bureau de la rue Saint-Hubert. Il était prêt à faire n'importe quoi pour l'aider. N'importe quoi pour être près de la politique. Eh bien! Charron a tout fait! Il a organisé des rencontres avec des étudiants, classé des caisses de documentation, écrit des lettres, balayé le bureau, inventé des excuses pour certaines disparitions du patron... Enfin! le petit frisé s'est rendu quasi indispensable.

– Essaie donc de rejoindre Corinne, demande Lévesque. Qu'elle aille voir ce logement-là sur l'avenue des Pins. J'ai l'adresse ici quelque part...

Lévesque est en train de mettre ses poches à l'envers à la recherche de cette fichue adresse.

– Ce ne serait pas ça? dit Charron qui remarque un gribouillis sur le paquet de cigarettes que Lévesque a jeté sur le bureau!

– C'est ça!

– Savez-vous que l'Union nationale est encore descendue dans les sondages? demande Charron, ravi. C'est un copain de *La Presse* qui vient de m'appeler.

– Et nous autres, où est-ce qu'on est?

– Deuxième. Et on monte. Monsieur Lévesque, ça commence à sentir le pouvoir.

– T'as le nez plus fin que moi... dit Lévesque en retournant à sa réunion de stratégie.

Il est évident que la sortie intempestive de Lévesque a refroidi l'ardeur des stratèges. Mais Carpentier a un dernier atout dans son jeu: la liste des candidats intéressés à briguer les suffrages dans le comté de Saint-Jacques où il voudrait tant voir Lévesque se présenter. Il faut la voir, cette liste: tous des deux de pique, de vrais nullards!

Voyant que le patron est de meilleur poil, Carpentier s'approche avec la liste pour la lui présenter.

– Qui est-ce que vous verriez dans Saint-Jacques, Monsieur Lévesque? L'assemblée de nomination a lieu ce soir, il faut se décider.

– Ouais... c'est pas des phénix, dit-il, après avoir rapidement fait le tour des noms.

– Écoutez... je vous gardais le comté.

Lévesque lui lance un regard foudroyant. Carpentier comprend que ce n'est plus la peine d'insister.

– Si vous n'êtes pas assez démerdard pour trouver quelqu'un de mieux, choisissez n'importe lequel de ceux qui sont là. Ce sont tous des zéros.

– Que penseriez-vous, suggère Carpentier, du frisé dans l'autre bureau?

– Charron, notre recherchiste? dit Lévesque, stupéfait.

– Absolument! Il se ferait couper le bras droit pour vous...

– Mais pas les cheveux! s'empresse d'ajouter Boivin en riant.

Carpentier est peut-être encore plus malin qu'il pensait! Lévesque, excité par la possibilité de cette candidature, bondit de son fauteuil.

– Je vais le chercher, dit-il à Carpentier, mais vous le lui proposerez vous-même.

Chaque fois qu'il entend Lévesque l'appeler, Charron devient fébrile. Il craint toujours d'avoir commis quelque bévue. C'est qu'il a mis un peu de temps au début à se rendre compte qu'il y avait certaines affaires de Lévesque dans lesquelles il valait mieux ne pas se fourrer le nez. Motus! par exemple sur son emploi du temps personnel. Il a aussi compris que son travail de «recherchiste» au Parti québécois ne consistait pas à «rechercher» Lévesque quand ce dernier décidait de disparaître! Là encore, motus.

– Te sentirais-tu capable de remporter la nomination dans Saint-Jacques? demande Carpentier à Charron.

Charron les regarde tous, les uns après les autres. Ils ne rigolent pas!

– Vous voulez que je me présente?

Carpentier acquiesce. Lévesque aussi.

Charron est tétanisé. Carpentier le ramène très vite à la réalité.

– Il te reste deux heures pour te préparer, mon bonhomme!

– Je vais être prêt!

Avant de sortir, Charron se tourne vers Lévesque et lui dit:

– Monsieur Lévesque, je veux vous remercier de votre confiance.

– Ce n'est pas vraiment mon idée, dit Lévesque.

Charron n'en croit rien. Il traverse les bureaux à toute vapeur, déboule l'escalier et saute dans un taxi.

– Tu travailles là, toi? s'informe le chauffeur qui vient de le prendre devant le quartier général du Parti québécois.

– Ouais, répond-il fièrement. Pour M. Lévesque!

– Ah! René Lévesque c'est un bon homme, un maudit bon homme. Mais il ne passera pas!

– Voyons! dit Charron, tous les gens que je rencontre sont pour le Parti québécois.

– Les Québécois sont pas à la veille de voter pour l'indépendance. Ils rêvent à ça la nuitte, mais le jour ils voient un Anglais sur la rue puis ils s'arrêtent pour lui baiser le cul.

– Pas les jeunes!

– Ils vont vieillir, dit le chauffeur.

– Si c'est pas le Parti québécois, qui est-ce qui passe?

– Les libéraux vont revenir, mon jeune, retiens bien ça! Bourassa promet mer et monde. Il va passer avec ses «cent mille emplois», mais il fera rien de plus que les autres.

– Puis le PQ va être l'Opposition officielle! s'enthousiasme Charron.

– Es-tu malade! Moi, je pense que les gars du PQ ont besoin de pas être trop ennuyeux parce qu'ils seront pas une grosse gang à Québec.

Piqué, Charron prend son portefeuille, sort un billet de cinquante dollars.

– Cinquante sur la table qu'on est l'Opposition officielle.

Le chauffeur n'en croit pas ses yeux.

– Je te trouve jeune pour perdre cinquante piastres.

– Perdre, c'est vous qui le dites!

Le chauffeur s'arrête devant la maison de Charron. Il sort un calepin.

– Je prends ton adresse en note pour venir te collecter.

29 avril 1970. Pas une date trop mémorable dans les annales du Parti québécois naissant! La compilation électronique qui vient de faire son apparition dans les deux grandes chaînes de télévision ne prolongera pas longtemps le supplice du nouvel arrivant sur la scène politique. Ordinateur ou pas, les résultats crèvent les yeux.

Robert Bourassa est en train de faire élire soixante-douze députés, le plus fort contingent libéral depuis plus de quarante ans. Le désossé de Ville Mont-Royal, dont la femme disait en fricotant ses nouilles qu'il serait Premier ministre, est en effet le nouvel homme fort du Québec.

L'Union nationale de Jean-Jacques Bertrand est en plein naufrage. Seulement dix-sept de ses candidats ne coulent pas à pic avec l'embarcation qui n'en peut plus de radoubs.

Et le Parti québécois? C'est simple, on parle de lui, en ce soir d'avril, comme on devait parler du *Titanic* en avril 1912! Sept survivants seulement! Dont le mousse Claude Charron! Si grand nageur soit-il, Lévesque lui-même est englouti par la lame de fond des immigrés de son comté. Comme l'avait prévu Carpentier.

On ne dirait pas à entendre les trois mille supporters du Parti québécois massés au centre Paul-Sauvé que leur projet d'indépendance s'est dressé comme un iceberg devant leur bateau et l'a fait couler. Ils bouillonnent d'enthousiasme en attendant leur chef et la petite poignée d'élus.

En coulisses, Lévesque reprend son souffle. Il y a encore bien loin de la coupe aux lèvres, il s'en rend compte, mais comment le dire aux partisans sans les décourager? Du coin de l'œil, il aperçoit son recherchiste qui est allé *in extremis* leur chercher le comté de Saint-Jacques. Il n'a pas de vrais regrets. Il ne serait pas Lévesque s'il était allé se clapir dans Saint-Jacques comme un lièvre.

Quelle n'est pas la surprise de Charron qui, souriant d'une oreille à l'autre, n'a pas arrêté une seconde de serrer des mains, de se retrouver face à face avec son chauffeur de taxi.

– Félicitations, Monsieur Charron!

– Vous m'appeliez «le jeune», vous pouvez continuer. Je suis le plus jeune élu...

Heureusement que Charron a les cinquante dollars sur lui. Il les remet au chauffeur.

– Vous avez gagné votre pari!

– J'aurais préféré gagner mes élections, dit le chauffeur. Puis il remet l'argent à Charron. Garde ça pour le parti... mon jeune... vous allez en avoir besoin!

– Donnez-moi votre nom, dit Charron, on va vous envoyer votre carte...

– Pas besoin, dit l'homme. Je sais de quel bord je suis!

Vingt-trois heures. Les jeux sont faits depuis longtemps. Carpentier pousse gentiment Lévesque vers l'estrade d'honneur. La foule se déchaîne. Son héros est là, tout petit, devant une affiche gigantesque qui proclame «OUI», le slogan de cette première campagne du parti.

– Est-ce que vous ne trouvez pas que c'est une défaite qui a l'air d'une victoire? demande en toute fausse modestie Lévesque au microphone.

– Oui! Oui! Oui! scande l'assistance à tue-tête.

Et, brusquement, Lévesque cesse de regarder la foule, les yeux dans les yeux. Comme s'il avait honte.

«Bourrage de crâne, pense-t-il. C'est une défaite qui a l'air d'une vraie défaite.»

Pourtant, la bourre continue de venir naturellement, quasiment contre son gré. Il parle de leur «percée spectaculaire», raconte qu'avec plus de vingt-deux pour cent des suffrages, le Parti québécois devient l'Opposition officielle dans l'opinion publique... sinon dans les faits... Que l'Assemblée nationale va enfin commencer à porter son adjectif convenablement, grâce à la poignée de députés péquistes...

La foule délire. Le parti a remporté une victoire morale, elle en est convaincue. Cependant, il a été victime d'une injustice outrancière, ça aussi elle en est persuadée.

Lévesque descend de la tribune dans le tumulte des acclamations. Il est frappé plus qu'à l'accoutumée par l'ascendant qu'il exerce sur les foules, lui qui a tant de mal à s'ouvrir, même à ses meilleurs amis. Et il est stupéfait d'avoir (pour la première fois il lui semble) utilisé des contre-vérités pour conserver la faveur populaire. «Serais-je en train de devenir comme tous les autres?» C'est ce qu'il se demande avec une certaine angoisse.

Un peu plus tard, il quitte brusquement ses collaborateurs. Il en a jusque-là de les entendre râler contre les puissances de l'argent et les inconditionnels du *statu quo* à qui ils imputent la défaite. D'une boîte téléphonique, rue Stanley, il compose un numéro à Washington.

– Je ne te réveille pas, j'espère!

Judith Jasmin est si étonnée de l'entendre qu'elle met un long moment à répondre. Il y a plus d'un an qu'ils se sont vus. Elle l'avait relancé au congrès de fondation du Parti québécois. Ils s'étaient parlé deux minutes, il avait pris son numéro de téléphone à Washington où elle est correspondante pour Radio-Canada. «On ne sait jamais», avait-il dit.

Non seulement elle ne dormait pas, mais elle vient juste de communiquer avec des copains du service des nouvelles de Radio-Canada à Montréal, afin d'avoir les résultats de l'élection québécoise.

– Donc, t'es au courant de la déconfiture, dit Lévesque.

– Mon chéri... Tu sais, surtout ce soir, j'espérais secrètement que tu appelles..., mais j'ai été si souvent trompée par mes folles espérances.

Cette voix débordante d'affection et d'attente, il en a déjà le souffle coupé! L'inspiration aussi. Ce qui le tracasse n'a rien à voir avec ce qui la préoccupe, elle. Alors, comment se faire comprendre?

– Ce que je donnerais pour être auprès de toi, dit-elle, afin de rompre ce silence qu'elle connaît et qu'elle appréhende.

– Oui, ce serait bien!

– Vous n'avez pas mal réussi, dit-elle. Le quart des votes, ce n'est pas assez, j'en conviens, mais c'est quand même beaucoup. Il faut que tu continues, mon amour...

Silence, rue Stanley!

– René!... Tu vas aller jusqu'au bout... pour une fois!

Elle regrette tout de suite d'avoir ajouté ce «pour une fois».

Par bonheur, il change le sujet de la conversation (elle s'y attendait!). Il fait des blagues sur l'heureuse coïncidence qu'elle soit toujours correspondante à Washington et qu'elle n'ait pas à commenter la défaite du Parti québécois... surtout la sienne. Il s'informe de sa santé, lui demande de l'appeler quand elle sera de retour à Montréal. Enfin! tout ce dont on parle quand on tait tout ce dont on n'a jamais voulu parler.

Ils s'embrassent à distance.

Elle raccroche. Rien n'est cicatrisé. La blessure est aussi vive qu'il y a quinze ans lorsque Lévesque s'est distancé d'elle jusqu'à ce que leur liaison se brise.

Tristement, elle va à la fenêtre. Malgré la nuit, les cerisiers en fleurs se détachent du paysage. On dirait de grosses lanternes vaporeuses flottant délicatement dans l'espace noir. Des lanternes mates et tristes qui n'éclairent pas.

Ces coups de fil de René! Ils sonnent l'espoir, mais tintent ensuite si longtemps dans sa tête, comme le glas des choses mortes.

Non, se dit-elle, je n'aurais pas dû répondre. Sa faiblesse lui arrache un sourire. N'a-t-elle pas toujours répondu quand c'était lui?

12

Tout est en place pour la photo officielle des élus du Parti québécois, mais il manque le chef, René Lévesque. En retard comme d'habitude. Dans ce studio démesurément grand où l'on a choisi de faire la photo, la petite poignée de députés péquistes ressemble à un atoll perdu au milieu du Pacifique.

– Qui est-ce qui a choisi le studio? dit Claude Charron, narquois. On pourrait inviter tous ceux qui ont voté pour nous. C'est assez grand!

– Est-ce que vous attendez M. Lévesque, demande le photographe qui achève de suspendre à l'arrière plan le «Q» qui sert de sigle au parti. Il est énorme lui aussi.

– Y a certainement de la place pour tout le monde dans ce «Q» là ironise le député Lucien Lessard.

– Docteur Laurin, qu'est-ce qu'on fait? demande Charron. On attend M. Lévesque?

– Ça me paraît difficile de faire la photo sans lui, rétorque le Dr Laurin.

– Il n'est pas élu, dit Robert Burns, mais c'est le chef!

– On pourrait commencer à placer le monde, suggère le photographe. Il regarde sa montre. Il attend les Expos au grand complet, joueurs et personnel administratif, dans une heure! «Des perdants eux aussi, pense-t-il, mais au moins ils sont nombreux, ça va meubler!»

– Bonne idée, dit le Dr Laurin, prenons nos places. Comment voyez-vous ça? demande-t-il au photographe.

– Docteur Laurin, vous êtes leader parlementaire, si vous vous placiez au centre? Pour les autres, est-ce qu'il y a une certaine hiérarchie?

– Sept contre l'armée de Bourassa, dit Charron, on ne peut pas avoir trop de gradés, tout le monde est soldat!

– Monsieur Burns, venez ici à ma droite, dit le Dr Laurin. Monsieur Charron à gauche. Derrière: Monsieur Joron, Monsieur Léger, Monsieur Tremblay et Monsieur Lessard.

Lévesque entre en coup de vent.

– Ah! voilà le général! s'exclame Charron.

– Oui... Napoléon battu par les Anglais, dit Lévesque. Puis, s'adressant au photographe, il ajoute:

– Dépêchez-vous d'immortaliser ça!

Accrochée au flanc du mont Royal, côté fleuve, l'avenue des Pins aurait pu passer jadis pour un chemin de campagne jalonné çà et là par quelques somptueuses résidences de style anglais. Brique rouge encadrée par des pierres de taille, toits d'ardoise, fenêtres plombées, et derrière, des jardins magnifiques épousant la pente raide de la montagne.

Plus maintenant! C'est un bric-à-brac de résidences subdivisées, rapetissées, déchues, et d'immeubles modernes, des clapiers de verre posés les uns sur les autres en pyramides prétentieuses.

C'est dans un de ces clapiers, juste à l'embouchure de la rue Redpath Crescent, que vit maintenant René Lévesque dans l'appartement loué par Corinne Côté. Ayant refusé les émoluments que le Parti québécois lui offrait en tant que chef, Lévesque a replongé dans le journalisme. Pierre Péladeau lui a ouvert les pages de son populiste *Journal de Montréal*. Il le paye bien mais, tout calculé, pas plus qu'il ne faut.

Comme Lévesque ne vit pas avec la championne toutes catégories de l'organisation domestique, certains aménagements restent un peu sommaires. La hi-fi, par exemple, est perchée sur un cageot d'oranges Sunkist. Il faut dire qu'avec son budget, pas question pour Corinne de visiter les antiquaires de la rue Sherbrooke dont elle aperçoit pourtant les boutiques du haut de son perchoir de l'avenue des Pins.

C'est sans doute en jetant un regard attendri dans la direction de cette rue marchande que Corinne s'inquiète à haute voix d'une offre alléchante que Lévesque a reçue de l'université McGill.

– René... Qu'est-ce que t'as l'intention de faire à propos de l'offre de McGill?

– Je ne vais pas aller enseigner à McGill, pas pour tout l'or du monde. Je passerais pour un vendu.

– Je suppose que oui, dit-elle, un peu déçue.

– L'establishment anglais, je les emmerde, dit-il. Quelle belle façon de me museler!

– McGill, c'est le dôme vert, juste en bas?

D'où elle est, elle peut voir le dôme élégant de McGill percer à travers les arbres centenaires du campus. Une véritable tentation!

– René! C'est bien le dôme là-bas?

– Oui, oui, c'est ça!

– T'aurais juste la côte à descendre!

Lévesque, après un moment d'agacement, retourne à sa chronique du *Journal* dans laquelle il pourfend les médecins spécialistes qui ont choisi de ne pas voir leur train de vie diminuer devant la menace de l'assurance médicale. Ils débrayent! À grands coups de plume, il réclame d'urgence la convocation de l'Assemblée nationale, égratignant au passage ce «fin finaud de Bourassa qui a l'illusion de pouvoir ramener n'importe quel problème à l'aune de ses astuces et de ses calculs à court terme».

Corinne sort sur le balcon. Par la porte ouverte s'engouffrent subitement des hurlements de sirènes. On croirait que toute la police de Montréal monte à l'assaut du mont Royal.

À deux pas de leur appartement, le consul de Grande-Bretagne à Montréal, vient d'être kidnappé. James Cross était en train de se raser tranquillement, à sa résidence de Redpath Crescent, lorsqu'il s'est retrouvé face à deux hommes, mitraillette au poing, qui l'ont sommé de les suivre.

Un peu plus tard, le Front de libération du Québec revendique dans un communiqué la responsabilité de cette escalade du terrorisme. Depuis quatre ans, on s'était contenté de déposer des bombes ici ou là. C'était par pur accident qu'il y avait eu quelques blessés.

Il n'y a pas de doute, les bien-pensants auront vite fait d'associer le Parti québécois aux auteurs de l'enlèvement. Lévesque réunit ses troupes en catastrophe. Elles tiennent toutes dans la salle principale de la permanence du Parti!

– Monsieur Lévesque, vous avez lu le manifeste que le Front de libération a publié? lui demande le Dr Laurin.

Comment aurait-il pu passer outre? Il est dans tous les journaux, il a été claironné dans tous les postes de radio et de télévision.

– Ce qui est grave, dit Lévesque, c'est qu'une partie de leur réquisitoire est justifiée. Ils ont cent fois raison. Toute notre économie est axée sur les intérêts de deux cents enfants de chienne qui contrôlent tout.

– Ça, on ne le dit peut-être pas assez!

Lévesque foudroie du regard Robert Burns qui vient de le couper.

– Ce n'est peut-être pas le meilleur moment pour commencer, dit Lévesque. Dans une civilisation supposément fondée sur la dignité de la personne humaine, c'est le Québec qui a le pompon du chômage. Quarante pour cent des chômeurs à nous autres tout seuls.

– René! on va se priver combien de temps d'emboucher la trompette avec ces horreurs-là? demande Burns.

Ce grand moustachu de Burns l'agace un peu. Parce qu'il est du quartier ouvrier de Pointe Saint-Charles, qu'il a été orphelin de père très jeune, et que sa mère a réussi à l'élever de grippe et de grappe, il se prend toujours pour le socialiste de garde!

Le caucus commence juste son existence et on sent qu'il y a déjà quelque chose de contaminé entre ces deux-là! «S'il n'arrête pas de claironner, pense Lévesque, je vais lui en mettre une sourdine!»

Le leader parlementaire, le vrai! prend la parole.

– Ce qui m'inquiète, affirme le Dr Laurin, ce sont les allusions au Parti québécois dans le manifeste du FLQ. Les ravisseurs pourraient aussi bien être membres chez nous.

– Qui ça? Des membres, on en a cent mille, dit Lévesque.

– Mais c'est exactement ce que je dis: les terroristes, le PQ, tout le monde va être mis dans le même sac, c'est fatal!

– C'est un maudit danger, réfléchit tout haut Claude Charron, qui jusque-là aurait plutôt été porté à applaudir les exploits des terroristes.

– J'espère, enchaîne Lévesque, que personne parmi vous n'a de contacts ou ne connaît des membres du FLQ.

Tout le monde se met tout à coup à se chercher des puces...

– Écoutez, conclut enfin Lévesque, on va se dissocier officiellement de leurs moyens... L'objectif, on n'y peut rien, on partage le même.

Puis il demande au Dr Laurin d'être magnanime et d'offrir toute son aide au chef du gouvernement.

– Comme je connais Bourassa, dit-il, il doit chier dans sa culotte...

Même si le FLQ vient, avec son action, d'enfermer les péquistes dans une maison de verre, Lévesque veut bien exiger la plus grande circonspection de ses députés. Mais il ne va pas lui-même s'interdire de lancer quelques cailloux. Pas du Rouget de Lisle, c'est moins volcanique, mais il y a quand même quelque chose qui gronde dans le refrain qu'il fait entendre à la radio et à la télévision.

– Les élections nous l'ont montré, dit Lévesque, on a un système de fous, une caricature de démocratie entretenue par ceux qui ont l'argent. Pendant toute la dernière campagne électorale, l'establishment anglo-saxon s'est conduit comme la garnison du vieil empire britannique à Hong-kong. Ça donnait envie de vomir. Ce n'est pas étonnant maintenant d'en voir qui ont le goût de prendre les armes.

Burns entend ça et il brûle. Le chef n'est pas élu et il dit ce qui lui passe par la tête; par ailleurs, il entrave ses députés qui ont, eux, obtenu la confiance populaire.

Passé dix-huit heures, en octobre, ce n'est plus du bruit des voitures que résonnent les rues de Saint-Lambert, ce joli quartier de la rive sud de Montréal, mais plutôt des cris des enfants qui profitent du peu de temps qui reste avant la noirceur.

Le ministre Pierre Laporte est sorti lui aussi rejoindre son fils et un copain de ce dernier. Ils se lancent un ballon de football, en face de la maison, rue Robitaille. En fait, c'est Laporte qui lance et les deux autres qui courent pour attraper.

Dans une vieille voiture, non loin de là, trois hommes coiffés de tuques observent la scène.

Laporte rate un retour de lancer et le ballon vient rouler dans la direction de la voiture. Tandis qu'il marche vers le ballon, les trois hommes rabattent les tuques sur leurs visages, le conducteur démarre et l'auto vient s'arrêter tout près de Laporte. Armes au poing, deux des passagers masqués sautent dans la rue, s'emparent du ministre et le précipitent tête première entre les deux banquettes. En remontant, un des hommes enveloppe la tête du ministre dans une couverture grise tandis que l'autre, d'une prise de bras, le garde solidement rivé au plancher. La voiture repart à toute vitesse, évitant de justesse un des adolescents. Cinq secondes, c'est tout ce qu'il a fallu aux kidnappeurs. Du travail professionnel.

Quelques instants plus tard, même en s'efforçant de rejouer la scène au ralenti dans leur tête, les adolescents surexcités n'arriveront à fournir à la police que des informations vagues et quasi inutiles. La vraie crise est commencée. En effet, tant qu'il n'y avait que l'enlèvement de ce vague consul, un Britannique en plus! seules les autorités fédérales s'énervaient... et encore! Mais un ministre du gouvernement du Québec, influent par surcroît, ça ne risque pas de finir en quenouille.

D'abord, on ne veut pas croire au pire. Certains prétendent que le ministre n'est pas au-dessus de tout soupçon... qu'il pourrait être mêlé à quelques canailleries politiques... enfin que c'est peut-être la pègre qui l'a enlevé.

Un communiqué, déposé mystérieusement au poste de radio CKAC, replace vite les choses: c'est une autre cellule du Front de libération du Québec, la cellule Chénier, qui est responsable de l'enlèvement du ministre du Travail et de l'Immigration. «Notre lutte ne peut être que victorieuse, affirme le manifeste, car on ne tient pas longtemps dans la misère et le mépris un peuple en réveil.»

Lévesque travaille à la permanence du Parti. Les nouvelles de la radio le détournent instantanément de sa chronique commencée pour le *Journal de Montréal*. Il saute sur le téléphone, essaie de joindre son leader parlementaire, le Dr Laurin, qui reste introuvable.

Tard ce samedi soir, au parlement de Québec, Claude Morin marche à pas feutrés vers le bureau du Premier ministre Bourassa. Il a la pipe à la bouche, mais elle est éteinte. On dirait un véhicule circulant la nuit tous feux éteints. À une dizaine de mètres du bureau du chef du gouvernement, il est intercepté par un garde.

– Vous ne pouvez pas aller plus loin, Monsieur Morin...

– M. Bourassa est là, répond Morin avec autorité, je m'en viens aux nouvelles.

– On a des ordres stricts de ne plus laisser passer personne.

– Bien voyons, Théberge, tu ne m'empêcheras quand même pas de passer.

Offensé, Morin veut poursuivre sa route, mais le garde s'interpose.

– Aïe, faut pas être malade, s'indigne Morin, on est à Québec. Tu me connais!

– Je peux pas, Monsieur Morin...

On entend s'ouvrir et se refermer la porte du bureau du Premier ministre. Morin étire le cou et aperçoit Marc Lalonde, qui s'éloigne.

– C'est Marc Lalonde, ça! dit Morin au garde. Tu l'as laissé passer, lui!

– Il avait un laissez-passer spécial.

– Elle est bonne celle-là! Tu laisses entrer un conseiller du régime d'Ottawa, mais pas un sous-ministre du gouvernement du Québec.

– C'est les ordres que j'ai.

Morin allume sa pipe, traîne encore un moment, finit par se décourager quand il se rend compte que le garde ne lui accordera pas de passe-droit.

«Il est collant, lui», pense le garde en le voyant enfin s'éloigner.

C'est de justesse que le Dr Laurin joint Lévesque au téléphone au moment où ce dernier quitte le bureau du Parti québécois.

– Je vous aurais appelé chez vous tout à l'heure, dit le docteur.

– C'est aussi bien comme ça! dit Lévesque.

En effet, il n'a aucunement l'intention d'entrer chez lui, ni sur l'avenue des Pins ni sur la rue Woodbury. L'occasion est trop belle d'être nulle part!

Le Dr Laurin lui apprend que Robert Bourassa, avec ce qu'on pourrait appeler le «cœur» du gouvernement, quitte Québec vers une destination inconnue, quelque part à Montréal sans doute.

– Il faut que les partis d'opposition puissent communiquer avec le Premier ministre, dit Lévesque.

– Apparemment, nous serons prévenus quand il sera relogé en sécurité. Je vous appelle dès que je le sais.

«Être chef de parti et ne pas siéger en Chambre, recevoir l'information de seconde main, quelle merde!» pense Lévesque tandis que Laurin lui débite les affaires courantes. Non seulement cela l'exaspère, mais il se demande pendant combien de temps encore il pourra le supporter.

Le stationnement souterrain de l'hôtel Reine-Élizabeth grouille d'agents de la Gendarmerie royale... sans doute les seuls en qui le gouvernement du Québec, pris d'épouvante, a encore confiance. Il paraît que les «Mounties», même sans leur monture, sont les meilleurs policiers du monde! En tout cas, c'est ce qu'a résolu de croire Bourassa, en descendant de voiture dans le sous-sol de l'hôtel où il vient se cacher et où il sera gardé par eux nuit et jour.

Le lugubre hôtel du boulevard Dorchester devient donc le nouveau siège du gouvernement. La famille du Premier ministre y logera aussi, de même que l'épouse de Pierre Laporte avec ses deux enfants.

À cause des circonstances exceptionnelles, une ligne directe a été installée entre la suite du Premier ministre et la capitale fédérale. Chaque fois qu'il panique, Bourassa peut décrocher le téléphone et se faire rassurer par le Premier ministre Pierre Elliott Trudeau qui donne toutes les apparences de pouvoir passer à travers cette crise avec le même sang-froid qui lui a permis de traverser le Bosphore à la nage.

Julien Chouinard, un homme de confiance qui a présidé à la translation des restes du gouvernement québécois, entre chez le Premier ministre avec des documents importants qui lui sont parvenus par les voies occultes de la communication terroriste. Il y a d'abord les demandes du Front de libération et ensuite une lettre personnelle de Pierre Laporte. Une lettre pathétique à son «collègue et ami» dans laquelle il le supplie de lui sauver la vie.

Quant au FLQ, il demande une réponse avant vingt-deux heures le lendemain. Et il n'y va pas de main morte: «Toute hésitation de votre part sera considérée comme un refus tacite et entraînera l'exécution de Pierre Laporte.» «Exécution» est souligné!

– Vous allez convoquer les principaux membres du cabinet, dit le Premier ministre à Chouinard. L'idée, je pense, c'est de gagner du temps.

«Gagner du temps!» Lévesque reste bouche bée. Il a enfin réussi à communiquer avec Bourassa par téléphone pour lui faire part de ses vues sur la situation et c'est bien tout ce que le chef du gouvernement envisage comme solution: gagner du temps.

Curieusement, parce que Lévesque n'a jamais été préoccupé ni par l'histoire ni par la postérité, il a décidé ce jour-là d'enregistrer sa conversation téléphonique avec le Premier ministre, à l'insu de ce dernier évidemment! Il s'est sans doute dit que si le gouvernement du Québec provoque une catastrophe, il ne pourra jamais accuser le Parti québécois de complicité.

– Mais Robert, lui rappelle Lévesque, il y a une vie humaine dans la balance. Deux en fait! Il y a celle de James Cross aussi, il ne faut pas l'oublier, celui-là. Vous n'avez pas le choix, vous devez négocier.

Ce que Bourassa n'ose pas admettre, c'est qu'il est coincé par Jérôme Choquette, son propre ministre de la Justice, et par le Premier ministre Trudeau, deux champions de la ligne dure. Choquette, un cow-boy qui va toujours avec un revolver dans la poche, c'est par bêtise; Trudeau, avec cette superbe du dieu grec qu'il aurait toujours voulu être, c'est par principe, évidemment.

Il faut aussi le dire, Bourassa tremble de peur.

– Robert Bourassa! s'indigne Lévesque, je ne peux pas croire que vous allez suivre les directives d'Ottawa quand il s'agit de la vie d'un collègue. Laporte a été ministre en même temps que moi, nous avons été tous ensemble dans l'Opposition, souvenez-vous-en!

– C'est un principe, dit Bourassa, si nous commençons à...

– Des principes! interrompt Lévesque. Quels principes? Sauvons Laporte, on s'occupera des principes après.

Lévesque sort d'un meeting avec d'autres chefs de file québécois: Louis Laberge de la Fédération des Travailleurs du Québec, Claude Ryan du *Devoir* et Alfred Rouleau du Mouvement Desjardins. Ensemble, ils en sont venus à la conclusion qu'il n'y a pas de honte à négocier, que c'est acceptable. Il en glisse un mot à Bourassa qui prend tout de suite la mouche.

– Écoutez, si vous essayez de gouverner à ma place, de former un gouvernement parallèle...

Lévesque lève les yeux au ciel. Il peut bien se permettre un peu de paranoïa, Bourassa, entouré d'agents de sécurité, planqué comme un gamin qui se cache sous l'édredon pendant un orage.

– Non, Robert, soyez sans crainte, on ne veut pas gouverner pour vous! Nous souhaitions seulement vous faire savoir que nous vous appuierons si vous acceptez de négocier avec les ravisseurs.

– Je ferai une déclaration avant vingt-deux heures ce soir, dit Bourassa.

– Que comptez-vous dire?

– Vous verrez, vous verrez.

Lévesque raccroche, presse le bouton du magnétophone dont il retire la cassette qu'il lance au fond d'un tiroir.

«Franchement, pense-t-il, on ne sortira jamais grand-chose d'historique de Bourassa! Et quelle anguille! Pas étonnant qu'il ait épousé une fille de Sorel, elle sait les reconnaître. Elle a attrapé la plus fuyante de toutes!»

Sa réponse à l'ultimatum du Front de libération, Bourassa ne se rendra pas dans un studio de télévision pour la diffuser. On lui en improvise un au Reine-Élizabeth même, ce qu'on juge plus prudent. Cinq minutes avant la limite de vingt-deux heures fixée par le FLQ, le Premier ministre entre dans le studio avec un bout de papier sur lequel il a composé un chef-d'œuvre d'ambiguïté.

Lévesque, en compagnie de Me Boivin et du Dr Laurin, sont à la permanence du parti, rivés au téléviseur. L'homme d'État qui paraît à l'écran est un élève appliqué qui a fait ses devoirs sous l'œil du maître.

– C'est parce que nous tenons véritablement aux vies de M. Laporte et de M. Cross, déclare Robert Bourassa, que nous voulons, avant de discuter l'application des demandes qui nous sont faites, établir des mécanismes qui garantiraient que la libération des prisonniers politiques ait comme résultat certain la vie sauve des deux otages. C'est un préalable que le simple bon sens nous force à demander. Mes chers concitoyens, poursuit Bourassa, un grand homme d'État a déjà dit: gouverner c'est choisir! Nous avons choisi, nous, la justice individuelle et collective. Je me battrai pour cette justice jusqu'à la limite de mes moyens en assumant tous les risques, quels qu'ils soient, et qui sont essentiels à l'avenir de notre peuple.

L'image du Premier ministre disparaît pour faire place à des journalistes qui vont commenter sa déclaration.

– Christ, s'écrie Boivin, qu'est-ce qu'il a dit au juste?

Lévesque hausse les épaules. Il ne comprend pas lui non plus.

Ils ne sont pas les seuls. Au réseau anglais de Radio-Canada, les commentateurs ont compris que Bourassa ne négocierait pas. Au réseau français, c'est le contraire. On considère sa déclaration comme une offre de négocier.

Calé dans un fauteuil dans sa suite d'hôtel, en compagnie de Julien Chouinard, le Premier ministre Bourassa est satisfait.

– Très très bien, dit-il. Tout le monde comprend ce qui fait son affaire. On va gagner du temps!

Le téléphone sonne. Chouinard répond.

– C'est Mme Laporte, dit-il à Bourassa, en baissant la voix.

Non, non, elle ne doit pas se méprendre sur le sens de son intervention! Bien sûr qu'il veut négocier, mais pas à vide. À Françoise Laporte, pour montrer sa bonne foi, il dévoile même le nom du négociateur qu'il a choisi pour traiter avec les terroristes, ce sera Me Robert Demers.

Saurait-elle seulement que ce jeune avocat fait partie de la même étude légale que le ministre Jérôme Choquette, cet hurluberlu de la ligne dure, il n'y aurait pas ce soulagement dans sa détresse ni cette lueur d'espoir de revoir son mari bientôt.

Sitôt sa conversation avec Françoise Laporte achevée, Bourassa se tourne vers Chouinard.

– Vous allez me joindre M. Trudeau. Je veux que le fédéral nous envoie l'armée. Laporte doit bien être quelque part! On va le trouver, coûte que coûte. On va fouiller partout. Juste avec les corps de police, on n'y arrivera jamais. Ils ont déjà trop de monde dont ils doivent assurer la sécurité.

Le vainqueur du Bosphore ne pourrait être plus heureux. Il plonge dare-dare dans les mesures de guerre! Et juste avant le plongeon, Trudeau déclare à la presse:

– Il y a des gens qui font caca dans leur pantalon à l'idée qu'ils pourraient devoir supporter la vue d'hommes casqués et armés. Tout ce que je peux leur dire, c'est: «Soulagez-vous!» Car il est plus important de maintenir l'ordre et la primauté de la loi dans la société que de s'inquiéter des poules mouillées qui n'aiment pas l'allure des forces armées.

Et dans la nuit du vendredi au samedi 17 octobre 1970, les blindés envahissent Montréal. Le maire Drapeau est si heureux qu'on doit l'empêcher de sortir dans la rue avec le Livre d'or de la ville. Il serait prêt à le faire signer par chacun des trois ou quatre mille soldats qui arrivent dans leurs véhicules chenillés pour libérer sa métropole.

Tandis que l'armée promène ses blindés dans les rues... que les militaires perquisitionnent avec l'ardeur de rats affamés... qu'on met sous les verrous des gens aussi redoutables que la chanteuse Pauline Julien ou le syndicaliste Michel Chartrand, Lévesque sort de ses gonds, devant les caméras de la télévision:

– Le Québec n'a plus de gouvernement, dit-il. Le tronçon dont nous disposions vient d'être balayé au premier vrai coup dur. Le cabinet Bourassa a passé la main et n'est plus que le pantin des dirigeants fédéraux.

Et Lévesque, qui n'a jamais envisagé un instant (naïvement peut-être) que l'indépendance du Québec pourrait coûter une seule vie, lance un appel de détresse aux terroristes:

– Quant à vous, les ravisseurs, nous vous en supplions, acceptez les conditions proposées par le gouvernement d'Ottawa et retransmises par son figurant de Québec...

Bourassa a beau être enfermé à double tour au Reine-Élizabeth, les coups de pied au cul de Lévesque lui arrivent par la radio et la télévision. Il est indigné.

– Lévesque! Lévesque! se plaint-il à Julien Chouinard, c'est facile... il est assis chez lui à écrire ses chroniques, moi j'ai charge de la sécurité de la population... et j'ai Françoise Laporte, juste là, qui se désespère.

C'est probablement en effet ce qui le fait le plus souffrir, cette proximité de l'épouse du kidnappé avec ses deux enfants. Il est écartelé entre cette femme qui voudrait sauver son mari à tout prix et Pierre Elliott Trudeau qui tient à ses principes avec la même opiniâtreté. Mais Bourassa souffre aussi de l'attitude générale de la presse internationale. Celle-ci, au lieu de louanger sa belle fermeté, a plutôt tendance à décortiquer les causes de la crise québécoise. Des journaux étrangers influents soulignent l'iniquité fondamentale de la société canadienne, née de l'invasion britannique, les humiliations constantes subies par le Québec ou encore les disparités honteuses entre l'establishment anglophone et le milieu des Canadiens français.

En ce samedi soir de fin d'octobre, Lévesque s'est réfugié à la permanence du Parti québécois. Il a envie d'avoir la paix, de réfléchir à son aise. La radio joue en sourdine, il ne veut pas rater les bulletins d'information.

L'armée fédérale est au Québec depuis une semaine et comme on n'a laissé aucune marge de négociation aux terroristes, il n'est pas étonnant qu'on soit toujours sans nouvelle d'eux.

Si Trudeau avait eu moins de facilité à mettre Bourassa dans sa poche, pense Lévesque, qui sait si les terroristes ne seraient pas déjà en train d'en arriver à un accommodement? Et malgré tout, il ne peut s'empêcher de penser aussi que les felquistes négocieraient peut-être avec lui, qu'ils pourraient avoir confiance. Il a eu envie d'offrir ses services de négociateur, mais que serait-il arrivé ensuite au Parti québécois? Sans aucun doute, ses ennemis en auraient profité pour répandre le bruit que lui ou son parti ont toujours été de mèche avec les terroristes.

Le bulletin spécial diffusé sur les ondes de CKAC rend brusquement académiques toutes ces pensées de Lévesque. Le cadavre de Pierre Laporte vient d'être retrouvé par la police dans le coffre d'une voiture abandonnée, dans un fourré, près de l'aéroport de Saint-Hubert. Il a été étranglé.

Lévesque se lève, va fermer le bouton de la radio. Il décroche le téléphone. Il s'assied, allonge ses pieds sur le bureau, allume une cigarette. Il cherche à imaginer quels monstres peuvent bien avoir étranglé froidement Laporte, après avoir été auprès de lui pendant deux semaines, après l'avoir vu vivre et espérer, après avoir lu (forcément) les lettres pathétiques écrites à sa femme et à Bourassa.

Les larmes lui viennent aux yeux.

Liquider Laporte, quelle absurdité! Un Canadien français comme lui, comme eux! Même pas un fédéraliste enragé. Certainement pas un ennemi. C'est quand même lui qui avait sonné le début de la fin de l'Union nationale, en dévoilant le scandale du gaz naturel! Lévesque cherche sans comprendre. Il n'arrive pas à trouver une seule excuse à la sauvagerie des enragés qui l'ont assassiné. «Ça ressemble si peu au Québec», se dit-il.

Il se revoit jouant au tennis avec Laporte qui venait d'entrer en politique, et encore! à reculons.

– Ils sont venus à dix, puis à vingt les militants de Chambly pour me demander de me présenter, lui avait raconté Laporte. J'ai commencé par dire non, puis ils ont littéralement campé devant la maison. Ma femme est venue me dire: «Cette fois, Pierre, il faut que tu acceptes!»

Il s'était fait rapidement à la politique, Laporte, bien plus vite que Lévesque. D'abord, pas question pour lui de bouleverser l'ordre établi. Il s'était enclenché sur les rails du Parti libéral comme une locomotive diesel, et il lui aurait fallu bien davantage qu'un Lévesque pour l'en faire dérailler.

D'ailleurs, même ce soir, Lévesque ressent une certaine amertume lorsqu'il se remémore sa prise de bec avec Laporte, au Château Frontenac, à l'occasion du congrès libéral. Ancien journaliste à la tribune parlementaire de Québec, Laporte avait trop bien appris sa leçon d'avancement dans le parti pour se ranger du côté d'un récalcitrant.

Il faut dire que peu de temps après son entrée dans le tunnel de la politique, il avait vu briller la petite lueur de la chefferie! Et l'envie qu'il avait d'arriver jusque-là le gardait dans la ligne partisane la plus stricte et ne l'empêchait pas, le cas échéant, de passer carrément sur le corps de ceux qui se lançaient en travers de sa voie. C'est à cette locomotive qu'avait goûté Lévesque, le jour où il s'était jeté à genoux pour obtenir le vote secret sur sa proposition de souveraineté-association.

Hélas! se dit Lévesque, si les terroristes ont vraiment cru avoir une cause, il l'ont tuée en même temps que Pierre Laporte. Et, en se déshonorant ainsi, ils nous ont tous plus ou moins éclaboussés.

C'est ce qu'il choisit de déclarer aux journalistes au sujet de la mort d'un homme que les fédéralistes ne manqueront pas d'élever au rang de héros.

13

Le collet de son vieil imper remonté jusqu'aux oreilles, tétant sa cigarette avec avidité, Lévesque remonte à pied du terminus d'autobus de Québec jusqu'à l'hôtel Clarendon. Il emprunte les rues les moins achalandées et grâce à l'obscurité, peu de gens le reconnaissent. D'ailleurs, il marche tête basse, l'air préoccupé. Il regarde l'heure à l'horloge de l'Hôtel de Ville, presse le pas. Pour une fois, il n'a pas envie d'être en retard.

En entrant à l'hôtel, il va chercher la clé de sa chambre à la réception puis jette un coup d'œil dans le bar. Vingt heures. Pile! l'heure à laquelle il avait donné rendez-vous au Dr Camille Laurin, son leader parlementaire.

Il est déjà là.

– Voulez-vous qu'on se voie ici? demande Laurin.

– Je préférerais dans ma chambre, c'est plus discret.

– Comme vous voulez, dit Laurin qui avale son whisky d'un trait.

Le martini double et le whisky qu'ils ont commandés avant de quitter le bar arrivent en même temps qu'eux à la chambre. Lévesque jette son imper par terre dans un coin, signe l'addition.

C'est vraiment tout ce qu'il y a de plus modeste comme chambre. Et vétuste. Heureusement, le lit est enfoncé dans ce qui ne mérite pas vraiment de porter le nom d'alcôve, laissant un peu d'espace pour le reste du mobilier: une commode aux tiroirs détraqués, un sofa de pékiné aux rayures éteintes et un fauteuil dépareillé.

– Tout le temps que j'ai été ministre et député, dit Lévesque, c'est la chambre que j'ai habitée à Québec. C'est peut-être pour ça que j'ai demandé de vous voir ici... Je suppose que j'avais envie de boucler la boucle.

Le Dr Laurin a un sourire vite effacé. Avec sa peau blanchâtre, ses cheveux épais de crin noir, ses yeux perçants, presque toujours immobiles, il est possédé d'une intensité mystérieuse et décapante qui doit mettre rapidement les gens à nu ou les faire s'enfoncer encore plus profondément en eux-mêmes dans l'espoir de lui échapper. Pour un psychiatre, quelle sorte d'atout est-ce?

– Dix ans de politique, dit Lévesque, j'ai pensé que c'était peut-être plus que le temps de tirer un trait.

Le Dr Laurin ne bronche pas.

– Je suppose que c'est votre métier de psychiatre qui vous empêche de réagir plus vivement?

Le docteur reste imperturbable.

– Je ne blague pas, dit Lévesque, je crois avoir fait mon temps en politique. Dix ans de ma vie!

Laurin allume une cigarette. Il cherche à décoder ce qui peut bien se passer dans le crâne de Lévesque. Il est vrai que sans sa force de caractère, quiconque à sa place aurait déjà sombré dans le découragement. C'est une vie de barreau de chaise! Les coups contre le gouvernement, il doit les donner par personnes interposées ou les assener par le biais de la presse. Il a refusé toute rémunération comme chef de parti et vit misérablement, quand on considère qu'il paie une pension régulière à sa femme et envoie un peu d'argent à cette autre femme dont il a une fille. Soit, il n'a aucune exigence matérielle pour lui-même, mais les gens autour de lui en ont. Et puis la crise d'octobre et l'assassinat de Laporte lui ont ouvert les yeux sur un aspect imprévu de son combat: l'indépendance pourrait bien entraîner des luttes sanglantes... Une armée de «x» proprets sur des bulletins de vote ne suffira peut-être pas à elle seule à remporter la victoire.

– Si vous partez, dit le Dr Laurin avec un certain désarroi dans la voix, vous tuez l'indépendance! Peut-être pour toujours.

– Docteur, il ne faut pas exagérer. L'indépendance, je ne l'incarne pas à moi tout seul.

– Monsieur Lévesque, vous êtes la respectabilité du Parti québécois.

– La respectabilité! dit Lévesque, la voix pleine d'ironie. Voulez-vous que j'entre dans les détails de ma vie privée?

– Les Québécois ont besoin d'un leader, Monsieur Lévesque, pas d'un saint!

– Ils n'ont rien à craindre de ce côté-là!

– Depuis que je travaille avec vous, je vous observe... C'est une déformation professionnelle, je suppose... Vous savez, je trouve chez vous toutes les contradictions qui nous imposent de nous libérer, mais qui en même temps nous en empêchent.

Lévesque sourit intérieurement. Il savait pourtant qu'avec le Dr Laurin, ce serait plus compliqué que de dire: «Je m'en vais, prenez ma place, voulez-vous.»

– Monsieur Lévesque, vous êtes l'incarnation parfaite du dilemme des Québécois. Vous oscillez toujours entre l'impatience et la confiance... Un jour, vous doutez de tout, y compris de vous; puis le lendemain, c'est l'idéal insatiable, l'appel au dépassement... N'essayez pas de vous dérober... Je crois fermement que le destin vous a mis là pour mener le Québec à sa liberté. Il n'aurait pas pu mieux choisir. Vous ne pouvez pas partir, votre conscience ne vous le pardonnerait jamais.

– Vous savez, Docteur, je souhaitais connaître votre réaction, mais je ne vous en demandais pas tant!

– C'est pourquoi, dit Laurin, je ne vous ai entretenu que de l'essentiel!

«Dans quel pétrin je me suis fourré, pense Lévesque. Moi qui ai tant de mal à accepter la moindre entrave, moi qui m'occupe à peine de ma famille, me voilà avec un peuple sur le dos. Moi qui ai presque toujours marché seul, sans bagages, depuis le jour où mes parents m'ont envoyé pensionnaire à Gaspé.»

C'est vrai que le cordon ombilical, Lévesque l'a coupé très jeune. Et par la suite, il ne s'est jamais vraiment tissé d'autres liens solides. Durant ses années de pensionnat, il a pris la fuite dans la lecture; durant son cours de droit écourté à Laval, ce sont les cartes qui lui ont servi d'évasion, puis ensuite il a échappé à la grisaille des années de guerre au Québec en suivant l'armée américaine comme correspondant pendant la Libération. Soit! il s'est laissé passer au cou le carcan du mariage, mais ça ne l'a pas empêché de sauter toutes les clôtures lorsqu'il en avait envie.

Un peuple sur le dos! Il frissonne.

Et comme si c'était sa dernière chance d'échapper à cette responsabilité, Lévesque téléphone en catastrophe au terminus des autobus. Le dernier vient de partir pour Montréal. Il va donc devoir passer la nuit à Québec. En partant du Clarendon, le Dr Laurin a laissé une pile monstrueuse de dossiers sur la commode... au cas où Lévesque reviendrait sur sa décision d'abandonner la direction du parti.

Il apporte la montagne de dossiers sur la petite table près du fauteuil, s'assied, allume une cigarette et commence à les étudier.

Curieusement, les problèmes du Québec étalés tout au long de ces dossiers finissent par apaiser sa tempête intérieure.

Il recommence à voir loin et à oublier, momentanément, qu'il doit aussi entraîner le peuple à sa suite.

Le purgatoire de Lévesque prend fin prématurément lorsque Bourassa, empressé d'être reporté au pouvoir, décrète des élections après seulement trois ans de mandat. Le Parti québécois, Lévesque en tête, ne saurait être plus heureux. On est de mieux en mieux organisé et de nouvelles têtes d'affiche permettent de se présenter devant l'électorat avec confiance. Parmi les vedettes, on retrouve même Claude Morin, le souple sherpa qui a porté tour à tour le barda constitutionnel de Lesage, de Johnson, de Bertrand et de Bourassa. Il vient de quitter le Premier ministre Bourassa en pleine montagne... et les jambes lui démangent d'entreprendre ses propres ascensions électorales.

En cet automne 1973, on dirait qu'il n'y a de rouge dans la province que les feuilles des arbres qui s'embrasent. En tout cas, si l'on se fie aux foules nombreuses et enthousiastes qui acclament partout les candidats du Parti québécois, on jurerait que les «rouges» de Bourassa ont disparu. Tous les indicateurs annoncent leur dégringolade.

Bien sûr, le Parti québécois connaît de petits accidents de parcours... comme le budget de l'An I d'un régime péquiste, expliqué aux électeurs par l'économiste Jacques Parizeau. Ce beau ballon, gonflé à l'air chaud des hypothèses économiques trop optimistes et parfois erronées de Parizeau, crève aux premiers coups d'épingle de Bourassa. Lévesque trébuche quelques instants sur ces histoires d'économie, mais reprend vite le dessus et ne retire pas sa confiance à Parizeau. Au moment, de l'étatisation des compagnies hydro-électriques, il ne s'était pas trompé d'un cent, alors!

Les résultats de l'élection d'octobre 1973 tombent comme la foudre sur le Parti québécois. Le Dr Laurin peut bien conseiller à Lévesque de poursuivre son chemin vers l'indépendance en entraînant le peuple à sa suite, mais encore faut-il que le peuple veuille suivre.

Suivre! On dirait plutôt un âne têtu qu'on n'arrive pas à faire bouger, ni en tirant ni en poussant, comme si ses pattes étaient coulées dans le béton.

Les libéraux font élire cent huit députés. L'Union nationale et le Crédit social sont quasiment rayés de la carte, mais le Parti québécois ne s'en tire guère mieux. Les têtes d'affiche, Parizeau, Morin, le Dr Laurin lui-même sont balayées, bien sûr, et le reste du corps péquiste ne tient plus que par un fil: six élus. Un de moins qu'à la dernière élection.

Et le chef? Battu lui aussi! À plate couture, pour la deuxième fois d'affilée.

– C'est un gros éclat de ma vie qui est parti avec Judith Jasmin, avoue subitement Lévesque au Dr Laurin. Dix ans à travailler ensemble... et à partager beaucoup d'autres choses, c'est terriblement indélébile.

Le chef battu est installé depuis une bonne heure chez le docteur à fumer et à causer de choses et d'autres. Il s'est arrêté chez lui... comme ça, sans intention bien arrêtée de se confier sur quoi que ce soit. Et surtout sans vouloir reconnaître que du creux de sa vague il a envie de tendre la main à quelqu'un...

– C'est normal que vous sentiez cette brisure, dit le Dr Laurin, même si la relation affective entre vous était terminée depuis longtemps.

– Judith est partie depuis un bon moment... je ne vois pas ce qui me prend de vous parler de ça. Oui! j'ai eu un choc, mais c'est terminé.

Un an auparavant, presque jour pour jour, Lévesque avait reçu chez lui un coup de fil poignant. Un crève-cœur!

Au téléphone, la voix était éraillée, sur le point de se briser. Son sang s'est glacé dans ses veines, sa gorge s'est serrée. Cet appel, il s'y attendait mais il le redoutait. Des amis l'avaient prévenu que Judith Jasmin avait été transportée à l'hôpital Notre-Dame, sans doute pour la dernière fois...

Et là, c'était elle au téléphone qui lui demandait une ultime visite. Elle était au plus mal, c'était une question de jours, elle le savait. Il essayait de la rassurer. Mais plus elle insistait, disant qu'elle allait mourir, plus il était pris d'une sorte d'épouvante. L'idée de la mort lui avait toujours été insupportable, Lévesque l'avait bannie à jamais. Car chaque fois qu'elle lui entrait dans le crâne, elle était accompagnée de l'image de son père, mort jeune, puis de la sienne, puisqu'il n'envisageait pas de vivre plus longtemps que lui. Sur ce sujet, donc, crâne verrouillé à double tour! Plus question de laisser la mort lui effleurer l'esprit!

Cet appel arrivait donc comme une effraction. Il ouvrait toutes grandes les portes de l'angoisse.

Il s'était douté que ce serait atroce, il s'y était préparé mentalement, et pourtant... Allongée, immobile sur le lit d'hôpital, ce n'était plus Judith, c'était une femme squelettique que le cancer achevait cruellement de ronger. La souffrance avait creusé ses yeux en abîmes profonds, plaqué ses cheveux sur ses tempes. Ses bras, étendus sur la couverture, le long de son corps frémissaient comme les ailes d'un oiseau qui va mourir.

Le sourire qu'elle a esquissé en reconnaissant Lévesque venait de si loin qu'il a dû le deviner sur ses lèvres violacées. Ce signal du cœur arrivait déjà pour ainsi dire de l'au-delà.

– Comment vas-tu? a-t-elle murmuré.

Il s'est assis au bord du lit, sans répondre, a pris sa main dans les siennes. Elle brûlait, sa main. Au bout d'un moment, il s'est redressé, a appuyé sa joue contre la sienne en guise de baiser.

– Mon Dieu que tout paraît loin, a-t-elle dit.

Il a serré sa main davantage... Il n'avait pas envie de savoir, elle n'avait plus vraiment la force de se faire entendre. Il a remarqué ses lèvres desséchées.

– Veux-tu un peu d'eau? a-t-il demandé doucement.

Des yeux, elle lui a indiqué un bol avec de tout petits glaçons. C'est ce qu'elle voulait, elle n'avait plus la force de boire. Il a pris un glaçon avec une cuillère et l'a glissé dans sa bouche entrouverte. Elle l'a promené lentement dans sa bouche pour se rafraîchir, puis gravement, si bas que ses paroles étaient presque inintelligibles, elle lui a demandé:

– Sais-tu où on va... après?

Il a hoché longuement la tête.

Elle a ri par petites saccades.

– J'arrêterai peut-être de t'aimer là-bas, ici je n'y suis jamais arrivée...

Lévesque a appuyé son front contre le rebord du lit. Des sanglots étouffés soulevaient ses épaules.

Cher docteur! il lui passe malicieusement par la tête de demander à Lévesque s'il lui fait toutes ces confidences en tant que psychiatre ou en tant qu'ami, mais il s'en garde bien. Il sait déjà que Lévesque évite les médecins comme la peste... Mais consulter un psy, ce serait pour lui la dernière des déchéances.

– Vous savez, Monsieur Lévesque, vous ne traversez pas la période la plus facile de votre existence...

– Deux défaites en deux élections, dit Lévesque en riant, c'est cent pour cent d'insuccès.

– Vous devez quand même en souffrir, dit le docteur. Ma propre défaite, je peux vous dire que je l'ai assez mal prise.

– Les défaites électorales, la mort... ce sont des choses qui ne se contrôlent pas et ce qui ne se contrôle pas ne m'intéresse pas.

– Cher Monsieur Lévesque, dit le Dr Laurin en remplissant leurs verres de vin, vous essayez toujours de gommer tout ce qui pourrait laisser transparaître une fibre affective... ou au sens large du terme, une capacité poétique.

– Heureusement, Docteur, pour la capacité poétique, on a déjà Gaston Miron!

Puis, brusquement, Lévesque s'étend de tout son long sur le divan de cuir du psychiatre. Une caricature de patient!

– Ce qui est très tonifiant ici, Docteur, c'est de constater à quel point l'introspection et la sentimentalité ne mènent nulle part!

– Ce qui ne veut pas dire qu'elles n'existent pas, même chez vous, Monsieur Lévesque! Et que vous ne continuerez pas ainsi jusqu'à la fin de vos jours dans la dénégation volontaire de la vie intérieure.

Lévesque s'esclaffe.

– À votre avis, Docteur, c'est bien ou c'est mal?

– Ni l'un ni l'autre, mais c'est beaucoup plus difficile de passer à travers la vie.

«Difficile de passer à travers la vie», pense Lévesque en reprenant sa position assise... Les seules fois où je me suis embourbé, justement, c'est quand j'ai pataugé dans cette maudite vie intérieure!

14

Yves Michaud et Jacques Parizeau attaquent le cognac. Lévesque, lui, commence son deuxième café. Pour déjeuner, les trois hommes se sont calfeutrés dans un des salons particuliers du restaurant Chez Pierre, rue Labelle. Le secret d'État à l'ordre du jour: la fondation d'un journal quotidien.

– T'as bien l'air hésitant, fait remarquer Michaud à Lévesque. En effet, ce dernier n'a pas arrêté de se tâter depuis qu'on lui a fait cette proposition.

– Je me méfie de ton enthousiasme, Michaud. C'est juste hier que Jacques Brillant s'est cassé la gueule avec son *Métro-Express*.

– Voyons donc, René, dit Michaud, pour fonder un journal et réussir, il faut plus que de l'argent, il faut connaître ça!

– Jean-Louis Gagnon en avait de l'expérience; il a tenu neuf mois avec le *Nouveau Journal*.

Ce joufflu à moustache de Michaud n'est pas près de se dégonfler, surtout qu'il croit avoir flairé la bonne piste.

– Gagnon, dit Michaud, c'est un rêveur... et un mégalo, pas un administrateur! Tandis que nous, avec M. Parizeau...

Parizeau n'a pas dit un mot depuis un moment. Il a laissé le crachoir à Michaud en gardant, lui, l'air matois du chat qui a croqué la souris. Lévesque l'interroge du regard.

– M. Michaud a raison, dit Parizeau avec son ton professoral. Les chiffres sont là. Le Parti québécois compte plus de cent mille membres...

– À Montréal seulement, précise Michaud qui se résigne toujours mal à écouter...

– Supposons, poursuit Parizeau, qu'il n'y ait que le tiers de ces cent mille membres qui achètent le journal, le seuil de rentabilité serait déjà atteint.

– À moins, dit Michaud à Lévesque, que tu nous demandes une fortune pour ta collaboration.

Mais Lévesque a d'autres préoccupations que celles-là.

– Je repense au *Montréal-Matin* de Duplessis et j'ai du mal à me développer un appétit pour les journaux partisans...

– Soyez sans crainte, dit Parizeau, nous allons conserver toute l'indépendance nécessaire vis-à-vis du parti.

– René! s'exclame Michaud, c'est élémentaire!

– Avez-vous réfléchi à un nom? demande Lévesque.

C'est la première chose à laquelle a pensé Michaud quand il s'est mis à rêver à un journal qui irait chercher son tirage parmi les membres du Parti québécois. Quel beau réservoir! Les péquistes sont des gens loyaux et qui ont des convictions. Il ne doute pas de les voir se jeter sur le journal comme des dévots sur la Bible.

Michaud sort une maquette de sa serviette et l'étale sur la table comme la trouvaille du siècle. C'est *Le Jour*.

– Tu vois qu'on est prêt! Tu peux commencer à écrire, mon René! J'ai besoin de trois chroniques minimum par semaine. Quand tu seras Premier ministre, on allégera!

Michaud prend déjà les airs d'un Randolph Hearst donnant sa chance à un jeune reporter.

Il fait signe au garçon.

– Qu'est-ce que vous avez comme champagne? demande Michaud.

Le garçon n'a même pas le temps d'ouvrir la bouche: Lévesque lui signifie qu'ils ont terminé.

– Il me semble qu'on pourrait célébrer ça, dit Michaud, déçu.

– Si t'as l'intention de durer au moins jusqu'à ce qu'on prenne le pouvoir, dit Lévesque, t'as intérêt à ménager. Fais pas comme Jean-Louis Gagnon!

Parizeau sourit, demande l'addition.

Pauvre Michaud, encore un *Jour* sans champagne!

– Mon Dieu, René! C'est de la grande visite, s'écrie Louise Lévesque en apercevant son mari dans le hall d'entrée de la maison, plusieurs exemplaires d'un journal roulés sous le bras.

En effet, il y a un petit moment qu'elle l'a vu, rue Woodbury.

– Tiens, dit-il en lui remettant les journaux, les trois premiers exemplaires de notre nouveau quotidien... J'ai pensé que tes opinions politiques t'interdiraient de l'acheter.

Elle est beaucoup trop heureuse de le voir pour se laisser assombrir par un sarcasme.

– Veux-tu un café? Je viens d'en faire.

– Je ne peux pas rester longtemps, dit-il.

– Il y a des formulaires d'assurance à signer pour la maison... c'est sur le bureau dans la chambre. Je vais te chercher un café...

En arrivant dans la cuisine, elle se dépêche de faire disparaître le dernier numéro du *Jour* qui est sur la table...

– T'as l'air bien, dit-elle.

Il lui grimace une espèce de «oui» en fumant une cigarette et prenant son café.

– C'est le journal qui te fait ça?

Il a une moue fataliste.

– Tu sais, les défaites, il faut en revenir. On ne peut pas passer son temps à penser à ce qu'on perd...

– C'est vrai, enchaîne-t-elle, alors qu'un nuage passe, on ne peut pas passer sa vie à penser à ce qu'on perd.

Il lance tout de suite la conversation sur une voie d'évitement. De toute manière, les ponts sont loin d'être brûlés entre eux... ils ne sont pas divorcés... il s'occupe encore de certaines choses, quand sa griffe à lui est absolument indispensable... Enfin! il n'a jamais vraiment été plus présent que cela!

Et puis, il a une façon de s'éloigner d'elle... tout en conservant certaines attaches. Dans le ménage comme en politique, c'est la souveraineté, mais avec association et un petit trait d'union...

Il en a eu du mal, Claude Morin, à trouver son chemin jusqu'aux bureaux du *Jour*. Il faut dire que le parc industriel de Saint-Laurent, au nord du boulevard Métropolitain, à Montréal, est un dédale qui, comme dirait Victor Hugo, «ressemble à un écheveau de fil brouillé par un chat».

Le fil des propos qu'il tient depuis un moment à Lévesque est tout aussi emmêlé. C'est un enchevêtrement inextricable de préambules, de mises en garde et de prolepses, ponctué d'épaisses volutes de fumée que Morin tire de sa pipe avec une énergie volcanique.

– Quelle que soit votre réaction à ma proposition, poursuit Morin dont le prologue a l'air de tirer à sa fin, je tiens à vous rassurer sur une chose, Monsieur Lévesque: ma loyauté et mon amitié indéfectibles. Même s'il devait y avoir désaccord entre nous sur le plan de la stratégie politique, cela pourrait affecter ma relation avec le Parti québécois, mais jamais avec vous... D'ailleurs, vous avez vu, quand le bruit a couru que vous vouliez abandonner la chefferie, je vous ai tout de suite écrit. Vous l'avez reçue, ma lettre?

– Oui, oui, Monsieur Morin, je vous remercie de votre sollicitude épistolaire mais là, vous commencez à m'inquiéter avec toutes vos précautions oratoires, on dirait que vous préparez un attentat contre la reine.

Lévesque devra patienter encore un peu avant que la cheminée parlante tire sur le vif de son sujet, car on frappe à la porte. C'est Yves Michaud qui entre avec son air de grand patron. Il tient la une du *Jour* de demain.

– René, qu'est-ce que tu penses de mon introduction?

Michaud, fier de lui, commence à lire: *«Au Québec, il n'existe pas de secrets d'État; d'abord, il n'y a pas de secret, et surtout il n'y a pas d'État...»*

– Tu nous l'as déjà faite, celle-là! dit Lévesque.

– Pas dans le journal, réplique Michaud.

Ne pouvant tirer plus d'encouragement de son chroniqueur vedette, Michaud se tourne vers Morin.

– C'est un excellent aphorisme, dit Morin.

– Oui, une boutade! reprend Lévesque.

Michaud ne retient que le commentaire de Morin et retourne à son bureau, satisfait de voir reconnue son habileté avec les mots.

– Alors, Claude, qu'est-ce que c'est votre proposition? demande Lévesque.

– Je vous ai même écrit un aide-mémoire!

– En deux mots! dit Lévesque, plutôt agacé par Morin et ses prolégomènes.

– Bon, voilà..., commence Morin.

Que le moment est mal choisi! La pipe de Morin s'éteint et avec elle son inspiration. Lorsque le fourneau est bourré et allumé de nouveau, Lévesque approche du point d'ébullition.

– D'après moi, dit Morin, il ne faut plus jamais aller en élection en laissant croire aux Québécois qu'un vote pour le Parti québécois est un vote pour l'indépendance. D'ailleurs «indépendance», c'est un mot qu'il faudrait enterrer. Parlons seulement de «souveraineté», c'est plus rassurant.

Morin est fier. Il a enfin réussi à capter l'attention.

– Faisons-nous élire, poursuit-il, puis ensuite on proposera la souveraineté par voie de référendum. Ne bousculons pas les choses.

– Ça, je suis bien d'accord, dit Lévesque, arrêtons d'essayer de faire coïncider victoire avec histoire.

– Nous sommes, dit Morin, un parti politique comme les autres dont l'objectif à plus ou moins long terme est la souveraineté, c'est tout.

– Mais, Claude, pour tenir un référendum, il va falloir changer le programme du parti...

– Donc, vous seriez d'accord avec ma proposition?

– Comment donc!

Intérieurement, Morin exulte. Et il est épaté par l'intelligence de Lévesque qui a si vite pigé sa proposition...

– À mon avis, dit encore Lévesque, il est temps que le parti ait la discipline de se priver un peu des clameurs romantiques de l'indépendance.

– Monsieur Lévesque, dit Morin en allongeant chaque mot pour donner plus d'importance à sa déclaration, on fait peur au monde!

En s'asseyant, même délicatement, Me Jean-Roch Boivin a bien failli provoquer une catastrophe dans le salon de l'appartement de Lévesque... ou plutôt de Corinne Côté. Le fauteuil a bougé d'un centimètre et frappé le cageot d'oranges sur lequel est posée la chaîne hi-fi qui, encore un peu, serait allée se fracasser sur le plancher si Boivin ne l'avait rattrapée au péril de son verre de whisky.

Le verre est sauf, lui aussi, mais le whisky a disparu dans la nature primitive de l'appartement.

– Ça n'a pas de sens, dit Me Boivin, le parti offre de vous dédommager pour votre travail de chef, prenez l'argent, bon Dieu! et achetez-vous des meubles.

– Jean-Roch, dit Corinne avec ironie... René veut rester libre!

– On n'a rien, mais on ne manque de rien, dit Lévesque qui aide Boivin à redisposer l'appareil sur la table *Sunkist*.

Corinne lui jette un regard foudroyant.

– Si vous faites déjà un peu attention aux meubles que j'ai, dit Lévesque d'un ton pince-sans-rire, je pourrai même continuer à me passer de l'argent du parti! Et si vous ne vous en servez pas pour arroser les plantes, je suis même prêt à vous servir un autre whisky.

Ah! ça, pour les plantes, aucun danger! Pas de pouce vert ici.

– Au train où Claude Morin se fait aller la gueule avec son histoire de référendum, dit Me Boivin qui reprend le fil de leur conversation, on risque de créer des divisions graves dans le parti. Vous pensez bien que cette rallonge-là ne fait pas l'affaire des purs et durs!

– Jean-Roch, sans l'étape du référendum, on s'abonne à la défaite pour longtemps.

– Vous êtes contre l'idée du référendum? s'informe Corinne.

– Non... pas vraiment, dit Boivin... mais je ne suis pas sûr du vendeur. C'est vous, Monsieur Lévesque, qui avez choisi Morin pour faire ce travail-là?

– Le référendum, c'est sa proposition. Je lui ai dit de la défendre publiquement et à l'intérieur du parti. Je suis d'accord avec le principe, mais je n'ai pas l'intention d'intervenir, sauf si ça devient indispensable.

Boivin prend son air de hibou sceptique.

– C'est pas tout le monde qui fait confiance à Morin...

– C'est vrai qu'il fait un peu «faiseux» avec son air de professeur.

– Mettez-vous à la place des membres, Monsieur Lévesque. Morin a été partout et avec tout le monde. Y a pas deux ans, il était encore avec Bourassa.

– Nous aussi, on a déjà été avec Bourassa...

– Monsieur Lévesque! s'insurge Boivin.

– Oui, à bien y penser, Jean-Roch, c'est peut-être mieux que Morin conserve un *low profile*... qu'il longe les murs pendant un bout de temps.

– Si vous voulez faire passer cette histoire de référendum au congrès, suggère Me Boivin, prenez le petit Jean-François Bertrand comme proposeur. Les gens lui font confiance... c'est un bon orateur.

– C'est une bonne idée! Mais vous savez, quelles que soient nos chinoiseries, l'indépendance ne se fera que si les gens la veulent...

– Vous, Monsieur Lévesque, vous la voulez toujours?

– Jean-Roch, dit-il gravement, je voudrais bien voir ça de mon vivant, mais pour en arriver là, il faut éviter les bêtises, c'est aussi simple que ça.

15

Aujourd'hui, à l'Assemblée nationale, c'est la prise de bec entre le fougueux Robert Burns et l'imperturbable Premier ministre Bourassa.

– La position du Parti québécois est formelle, Monsieur le Président, et nous n'avons pas l'intention d'en démordre, c'est pour ça que l'Opposition s'élève avec tant de véhémence contre le projet de loi du gouvernement.

Le Premier ministre, un sourire narquois étampé sur son visage de renard, demande la parole... Il tient à la main le dernier numéro du *Jour* qu'il brandit victorieusement.

– La position du député de Maisonneuve m'étonne! Pour une fois, je croyais pouvoir compter sur l'appui de l'Opposition puisque, pas plus tard que ce matin dans *Le Jour*, M. Lévesque endossait lui-même les grands principes de notre projet.

Burns blêmit, puis devient cramoisi.

– À moins que je me trompe, poursuit Bourassa, M. Lévesque, c'est encore votre chef?

Il faut alors entendre les persiflages insolents destinés à la petite poignée de députés péquistes qui sortent de la Chambre, têtes basses... chacun portant piteusement son bonnet d'âne.

C'est en grognant que Robert Burns et Claude Charron descendent à pied au restaurant L'Aquarium. L'air frais qui monte du fleuve à leur rencontre ne leur apporte aucun répit. Lévesque, s'ils l'avaient sous la main, ils le balanceraient dans le Saint-Laurent.

– Christ! dit Robert Burns, on a un chef qui fait du journalisme à temps partiel et de la politique en amateur.

– Ça n'a pas de bon sens, dit Charron, de se faire planter comme ça, en pleine Chambre.

– Et par un journal que le parti finance, un journal qui nous coûte la peau des fesses.

La direction de L'Aquarium a l'habitude. Quand elle voit arriver de gros poissons politiques, qui ont l'air de vouloir manger du requin, elle les place dans quelque anfractuosité où ils pourront donner libre cours à leur fureur en paix.

Burns ponctue chacune de ses invectives avec de tels moulinets de sa fourchette et de son couteau que Charron, assis devant lui, recule prudemment sa chaise.

– Je ne rêve pas, dit-il, Lévesque nous avait promis d'assister à toutes les réunions du caucus.

– Il s'est montré la face deux fois, réplique Charron. Il était probablement trop occupé à brûler la notion d'indépendance dans la pipe à Morin.

– Tous des gars qui n'ont jamais été foutus de se faire élire, mais qui se prennent pour les gros canons du parti.

– C'est clair, Robert, on a un problème de leadership, mais personne n'ose brasser la marmite.

– Qu'est-ce que tu veux? reprend Burns rageusement. Lévesque pète de travers et toute la presse en parle. À nous six, les élus! c'est juste pour avoir un entrefilet, même dans *Le Jour*, notre propre journal.

– Que dirais-tu d'un bon homard? demande Charron tandis qu'il commence à échafauder une contre-attaque dans sa tête.

– Oui, et bien arrosé avec du blanc... qu'on arrête de se faire du mauvais sang à cause de cet enfant de chienne-là!

– J'ai ma petite idée, dit Charron... Regarde-moi bien aller.

Le garçon arrive, carnet de commande à la main.

– Ça va être vite fait, lui dit Charron, c'est un beau gros homard grillé avec du beurre fondu et de l'ail.

– Qu'est-ce que vous préférez, demande le garçon, mâle ou femelle?

– Mâle!

– Est-ce qu'il y a une différence? s'informe Burns, étonné qu'on commence à chipoter sur le sexe des homards.

– Bien voyons, Robert!

– Monsieur Charron a raison, dit le garçon, il y a une grosse différence... c'est comme chez les humains.

– Alors, apportez-moi une femelle, dit Burns.

Il faut croire que le homard mâle de L'Aquarium a eu un gros effet sur Claude Charron car, dans la semaine suivante, au cours d'une grande interview au journal *Le Devoir*, il se fait aussi venimeux qu'un scorpion. Ses coups d'aiguillon contre son chef ne sont peut-être pas mortels, mais ils sont féroces.

Une grande photo du scorpion à tête frisée accompagne l'article qu'on a coiffé du titre explosif: *Le Québec a un urgent besoin d'un détonateur.*

Coïncidence ou fait exprès, l'article paraît le jour même d'une réunion du cénacle péquiste convoquée par Lévesque à l'auberge Handfield, à Saint-Marc sur le Richelieu.

Robert Burns, Jacques-Yvan Morin, Marc-André Bédard, Marcel Léger et Lucien Lessard sont déjà attablés à la table de réunion, chacun ayant apporté avec lui un exemplaire de l'article incendiaire. Lévesque est en retard comme d'habitude mais, fait inhabituel, le Judas du groupe n'est pas encore arrivé.

Burns prend un malin plaisir à lire tout haut des passages de la diatribe de son collègue: *«Le député Claude Charron est préoccupé par la crise de leadership moral qui assombrit le Québec et il est urgent, selon lui, de trouver le détonateur qui saura revitaliser les Québécois.»*

– Il n'y va pas de main morte, fait remarquer Marc-André Bédard, ce député du Saguenay dont la fidélité au chef paraît aussi immuable que les caps rocheux du fjord saguenéen.

Burns poursuit: *«Monsieur Charron reconnaît que l'homme de la situation, ce détonateur, reste à découvrir et qu'il ne le voit pas émerger des rangs du Parti québécois...»*

– Moi, je trouve ça maladroit en bâtard de se tirer dans le pied, dit Marc-André Bédard, révolté.

– Je trouve ça plutôt courageux, réplique Burns.

– Le chef, c'est le chef! dit Bédard en assenant un coup de poing sur *Le Devoir* qu'il a devant lui. Le coup chiffonne justement le visage du Judas.

– «Le chef, c'est le chef», répète Burns. Tu vas me faire vomir, Marc-André! On se croirait revenu au temps de Duplessis; les députés muselés, à genoux devant leur maître.

Entendant quelqu'un arriver et croyant que c'est Lévesque, les députés font disparaître tous les exemplaires du journal. Mais non! c'est Claude Charron... Il entre en tapinois, incertain des réactions de ses camarades. Mais il y a peu de chances qu'on rate son arrivée!

– T'es en train de prendre les bonnes habitudes de Lévesque, dit Robert Burns.

– Je suis en retard de sept minutes...

Il s'assied dans le silence le plus complet, chacun se tenant à quatre pour ne pas être le premier à parler. Charron résiste un moment puis, n'y pouvant plus, et surtout voulant profiter de l'absence de Lévesque, il avance un timide...

– Et puis?

Le premier à intervenir, c'est son allié, Robert Burns.

– Bien... dit-il, t'as brassé fort, mon petit gars!

– Le pire, enchaîne Jacques-Yvan Morin, c'est ta déclaration sur *Le Jour*... Ça fait seulement tourner le fer dans la plaie puisqu'ils ont décidé de fermer le journal.

– Jacques-Yvan, je t'arrête, dit Charron. Ils n'ont rien décidé du tout. C'est quand le parti a décidé de retirer son appui financier que le journal est mort. J'ai déclaré que *Le Jour* a été un défi politique que le parti n'a pas su relever...

– C'est vrai, c'est vrai... insistent quelques voix.

– Et si on ne le dit pas nous-mêmes, ajoute Charron, c'est les libéraux qui vont nous le mettre sous le nez dit Lucien Lessard.

– Pour une fois, que quelqu'un dit tout haut ce que tout le monde pense tout bas, dit Lucien Bouchard.

– Est-ce que c'est le leadership qui est remis en question? s'inquiète Jacques-Yvan Morin.

– Je l'explique dans l'interview, dit Charron, la seule façon de favoriser l'émergence d'authentiques leaders, c'est d'éliminer le bois mort... Comment interprètes-tu ça, Jacques-Yvan?

– Ça ne peut pas être plus clair, dit Burns...

– On peut décider aujourd'hui même de prendre le vote sur le leadership, dit Morin, mais il va falloir que quelqu'un le propose...

Les regards de Burns et de Charron se croisent. Lequel des deux va faire ce plongeon périlleux?

– Vous êtes malades! s'écrie Marc-André Bédard. C'est ça qui nous différencie des libéraux, la maladie de l'indiscipline. Si un seul député s'avisait de critiquer Bourassa, je peux vous dire qu'on le mettrait dehors du parti à coups de pied au cul.

– Nuance, dit Charron avec cynisme, la vraie différence, c'est que Bourassa réussit à se faire élire, lui!

Une auto qui freine en catastrophe dans le gravier de la cour de l'hôtel impose brusquement le silence.

Par une des fenêtres, on peut voir Lévesque descendre de la petite Ford Capri, en manches de chemises, cigarette au bec... et à la main: un exemplaire du *Devoir*!

Même si, de nouveau, tous les exemplaires du journal disparaissent en même temps de la salle de réunion, les mines s'allongent. Le chef a lu le papier!

À voir les visages quand Lévesque fait son apparition, on dirait que les membres du caucus ont tous quelque chose à se reprocher. Il salue d'un geste sec de la tête et s'assied dans le seul fauteuil qui reste... Hélas! pour Charron, ce fauteuil est voisin du sien. Le frisé a des sueurs froides de sentir les naseaux fumants du chef si proches de lui.

Pour la première fois depuis qu'il a donné l'entrevue, il éprouve des remords. Qu'est-ce qui lui est bien passé par la tête, lui qui a pour Lévesque une vénération profonde, un amour quasi inavouable? Plus il se tâte, plus il se dit qu'il a cherché à le provoquer et à attirer son attention. Le but est atteint... peut-être trop bien! Depuis qu'il a mis les pieds dans la salle, Lévesque ne l'a pas regardé une seule fois. Il ne l'évite pas, il voit au travers. Pire! on dirait que Charron n'a jamais existé.

– Avant de passer aux choses courantes, dit Lévesque qui déplie le journal bien à la vue sur la table, réglons quelque chose qui a l'air passablement urgent... le leadership!

Une mouche a manifestement réussi à franchir le blocus des moustiquaires... on l'entend voler!

– Il y a des rumeurs, poursuit Lévesque, vous avez dû les entendre aussi bien que moi... il pourrait y avoir des élections, peut-être même cet automne. Pendant qu'on devrait discuter sérieusement d'organisation électorale, qu'est-ce qu'on fait? On se déculotte en public. Un petit député effeuille ses états d'âme pour *Le Devoir*. Je le dis comme je le pense, c'est proprement irresponsable...

Cette trombe passée, le premier à mettre le nez dehors, c'est Robert Burns.

– Irresponsable... Est-ce qu'on pourrait appliquer la même épithète à un chef qui ne consulte jamais ses troupes, qui fait des déclarations contradictoires et ne vient pas aux réunions?

– Je suis là, dit Lévesque sèchement.

– Parce que «ton» journal vient de fermer!

Sa façon d'appuyer sur le «ton» est une gifle cinglante dont Burns a bien mesuré la portée.

Il n'y a pas deux mois, il s'était élevé contre l'attitude de Lévesque qui voulait forcer *Le Jour* à modifier son approche idéologique sous peine de voir le parti lui couper les vivres. Le chef considérait que les journalistes propageaient des idées trop radicales et qu'ils se permettaient même à l'occasion de mordre la mamelle qui les nourrissait. Plutôt que de bâillonner les journalistes, Burns avait plutôt suggéré, appuyé en cela par Charron, que *Le Jour* vive sans la béquille financière du parti et que les journalistes écrivent ce qu'ils voulaient.

Lobotomie d'un côté et retrait de perfusion de l'autre, c'en était trop! *Le Jour* moribond avait rendu l'âme quelques jours avant ce règlement de comptes à l'auberge Handfield.

– Je ne suis pas certain de te reconnaître encore comme mon chef, c'est aussi simple que ça, dit Burns en dévisageant Lévesque.

L'essentiel est dit, on peut passer aux détails...

– Tu n'es pas un chef d'équipe, poursuit Burns, tu ne crois même pas à l'équipe.

– Bien non, je n'y crois pas, dit Lévesque. C'est comme ça, figurez-vous!

Le ton est glacial. Plus coupant qu'un fragment de verre.

– On devrait peut-être voir, dit Burns, s'il y a encore une majorité qui te veut là.

De tous les députés, Burns est le seul qui tutoie Lévesque. Et ce dernier grimace à chaque «tu» comme si on lui enfonçait une lame dans la peau. Lévesque aime bien cette palissade de respect qu'il a érigée entre lui et ses collaborateurs. Cela les empêche de prendre sa bonhomie pour une invite à la familiarité.

– On ne tournera pas longtemps autour du pot, reprend Lévesque. Si vous voulez que je parte, je vais partir. Si vous préférez que je reste, je resterai. Mais, à ce moment-là, que les mécontents s'en aillent, eux! Qu'ils démissionnent.

Même la mouche qui volait s'est tue. Quand Jacques-Yvan Morin brise le silence de sa voix grêle, on dirait du tapage.

– Est-ce que quelqu'un propose le vote sur... sur le leadership? demande-t-il tout hésitant.

Burns regarde du côté de Charron. Prostré comme un pénitent, on le voit à peine émerger de la table.

– Ça me prend un proposeur, insiste Morin.

Burns jette un œil à la ronde. Il peut toujours proposer, personne ne le secondera. Autant se faire hara-kiri, c'est plus honorable.

Surprise! Charron demande la parole en levant le doigt, ô si timidement!

– Le parti est dans le creux de la vague, dit-il. Il y a donc beaucoup de militants qui sont désenchantés. C'est ça surtout l'opinion que je cherchais à exprimer...

Saint Paul, en se relevant après avoir été terrassé sur le chemin de Damas, ne devait pas s'exprimer sur un ton plus contrit...

Charron regarde avec componction du côté de Lévesque. Il demande miséricorde. Ouille! Pas même un battement de paupières.

Et le chef qui a une mémoire d'éléphant. Le retour de l'enfant prodigue, ce n'est pas demain la veille!

Même la modeste auberge Handfield est démesurément grande pour une réunion du caucus du Parti québécois. Six députés et un petit chef que le comté de Laurier rejette chaque fois, ça tient presque dans le creux de la main.

Le caucus du Parti libéral, c'est autre chose!

Tandis que se déroule l'empoignade de Saint-Marc sur le Richelieu, Bourassa réunit dans un grand hôtel de Sherbrooke son escadron victorieux. Et malgré le sans-gêne de Pierre Elliott Trudeau qui vient de le traiter publiquement de «mangeur de hot-dogs», l'invincible Bourassa n'est pas près de diminuer dans l'estime des siens.

Quand ils ont lu dans les journaux le rapport des écorchures infligées par le Premier ministre du Canada à l'amour-propre de leur chef, «Ti'Pit» comme il l'a appelé, les membres du caucus ont fait à Bourassa une ovation dont l'effet cicatrisant a été instantané.

– Au moins, lance un député, quand Robert mange des hot-dogs c'est par goût. Le pingre à Trudeau, ce serait plutôt par souci d'économie.

Mais si tous les députés et les principaux organisateurs du Parti libéral ont fait le voyage dans la Ville-Reine des Cantons de l'Est, ce n'est pas pour s'attarder à ces broutilles, c'est parce que leur général a des ordres importants à leur communiquer. L'ordre sans aucun doute d'aller au combat!

– C'est évident, leur dit Bourassa, après trois ans au pouvoir, on pourrait attendre pour en appeler au peuple, mais la conjoncture va-t-elle s'améliorer? Permettez-moi d'en douter, mes chers amis.

C'était bien ça! Il faut sortir des tranchées et attaquer.

Tous les délégués libéraux s'attendaient à cette nouvelle, mais le fait de l'entendre de la bouche du chef provoque malgré tout un moment de stupéfaction. La même stratégie ayant si bien réussi en 1973, qui oserait s'objecter?

D'autant plus que le rusé stratège semble avoir bien fait le tour de la situation. Il parle à ses troupes des Jeux olympiques qui viennent de se terminer à Montréal et dont le bilan financier est heureusement encore très confus. Car il ne faut pas être très clairvoyant pour prévoir que le déficit sera astronomique et que le maire Drapeau n'acceptera pas aisément d'avaler sa portion. Sa propension serait plutôt d'inviter les gens dans les plus luxueux restaurants et de se sauver par la porte d'en arrière au moment de régler l'addition.

Bourassa est sûr aussi d'une autre chose, c'est que le boom olympique passé, ça ne mijotera pas fort dans la marmite économique. Donc les travailleurs, à l'œuvre de la soupe!

Enfin! car il a pensé à tout, Bourassa entretient ses fidèles des sondages qui indiquent une augmentation sensible de la popularité du Parti québécois.

– Est-ce qu'on attend qu'elle dépasse la nôtre? demande-t-il aux membres du caucus.

Leur concert de «non» déclenche la campagne électorale.

Pour la troisième fois en six ans, la population du Québec est appelée à choisir entre Bourassa qui s'est contenté de tirer des bordées avec la barque du Québec et Lévesque qui veut carrément mettre le cap sur une mer inconnue... sous réserve de faire approuver d'abord l'expédition par l'équipage.

16

Les derniers sondages, Lévesque les a en main. On vient de les lui remettre à la permanence du Parti québécois, une véritable ruche depuis que la date des élections a été divulguée. La seule chose que Bourassa n'avait pas prévue en décidant d'en appeler au peuple, c'est qu'il réconcilierait miraculeusement tout le monde chez les péquistes. Jusqu'au 16 novembre 1976, ils ne feront plus qu'un.

– Dix-huit pour cent en faveur de l'indépendance, dit Lévesque tout haut en étudiant les sondages, et cinquante-sept pour cent contre.

– Les chiffres n'ont à peu près pas bougé depuis la dernière élection, remarque Jean-Roch Boivin.

– Raison de plus pour mettre la pédale douce sur l'indépendance pendant la campagne.

– Attention, Monsieur Lévesque, dit Michel Carpentier, il ne faut pas donner l'impression aux militants qu'on a mis de côté nos objectifs.

Lévesque fait la moue. Chaque fois qu'il est appelé à biaiser un peu, il a ces drôles de tics. Ses yeux bleus rapetissent, ses paupières battent plus vivement et sa bouche se contorsionne. Ou encore il prend une bouffée de sa cigarette en aspirant longuement la fumée, comme si elle allait engourdir la partie de son cerveau qui rejette tout faux-fuyant.

Un aide entre dans le bureau avec un dossier qu'il remet à Carpentier. Il sort aussitôt laissant le trio à ses stratégies.

– Les slogans! dit Carpentier en les montrant à Lévesque. Ce serait les trois slogans dont on se servirait pour la campagne.

Chacune sur sa feuille de bristol, trois phrases à effet ont été soigneusement imprimées en caractères percutants.

ÉLECTIONS D'ABORD, RÉFÉRENDUM APRÈS!
ÇA NE PEUT PLUS CONTINUER COMME ÇA!
ON A BESOIN D'UN BON GOUVERNEMENT!

– Il me semblait qu'on avait rejeté toute référence directe au référendum, remarque immédiatement Lévesque.

– C'est Claude Morin qui...

Lévesque interrompt sèchement Carpentier, en pleine explication:

– C'est pas à Morin à décider, dit-il. J'avais dit *out,* c'est *out!*

– Il nous en faudrait un autre pour le remplacer, dit Carpentier.

Lévesque réfléchit quelques secondes.

– Pourquoi pas simplement: «On mérite mieux que ça!»

– C'est bon ça, dit Me Boivin, c'est court.

– Le message à faire passer, dit Lévesque, c'est qu'un gouvernement du Parti québécois sera un bon gouvernement. La souveraineté, n'ayez pas peur, nos adversaires ne laisseront pas les électeurs l'oublier, c'est leur épouvantail de prédilection.

Boivin et Carpentier ne pourraient être plus d'accord. Carpentier griffonne rapidement le nouveau slogan et téléphone pour que quelqu'un le transmette à l'imprimerie.

– Maintenant, Monsieur Lévesque, qu'est-ce que vous diriez de jeter un coup d'œil sur l'horaire qu'on vous a préparé pour la campagne?

Michel Carpentier déplie une feuille de route de tour du monde en quatre-vingts jours.

– Vous n'aurez pas le temps d'aller aux bleuets, dit Me Boivin en riant.

– Je vous ai gardé la dernière semaine pour la tournée des comtés de Montréal, fait remarquer Carpentier.

– C'est pas la peine de passer par le comté de Saint-Jacques, dit sèchement Lévesque.

À celle-là, Carpentier s'y attendait! Du regard, il implore Me Boivin d'intercéder.

– Monsieur Lévesque, dit Me Boivin, je pense que Charron est conscient d'avoir fait une grosse gaffe.

– C'est pas la question, réplique vivement Lévesque, Charron va passer comme une balle, je n'ai pas de temps à perdre dans son comté.

... La mémoire d'éléphant!

– Une fois la caravane dans Saint-Louis, dit Carpentier en panne d'arguments, il va falloir faire un spécial pour éviter Saint-Jacques et se rendre dans Sainte-Marie. Avec la presse qui va nous suivre partout, ce ne sera pas facile d'expliquer le détour... les journalistes vont poser des questions.

La bouche de Lévesque se contorsionne bien un peu, mais il reste muet comme une carpe.

– Monsieur Lévesque! insiste Carpentier. [Trop, peut-être!]

Lévesque se lève brusquement et, avant de sortir du bureau, il lance d'un ton agacé:

– Arrangez donc ça comme vous voudrez, c'est de la cuisine, ça ne m'intéresse pas!

Il claque la porte derrière lui.

Il commence à le connaître, son chef, Carpentier, mais en ce moment, il ne sait quoi penser. Il se tourne vers Me Boivin.

– Il va y aller, dans Saint-Jacques, dit celui-ci, en hochant la tête avec son sourire énigmatique habituel.

Après presque un mois de campagne, on commence à renifler des parfums de victoire dans le camp péquiste. Personne n'ose croire à une majorité, Lévesque le premier. Mais cette-fois au moins on est assuré qu'il y aura plus qu'une poignée de députés souverainistes à l'Assemblée nationale.

Parmi ceux que cette perspective empêche carrément de dormir, il y a Charles Bronfman. Ce richard, qui doit le plus gros de sa fortune à la marée de whisky que sa famille a fait déferler sur les États-Unis au temps de la prohibition, s'imagine qu'un Québec indépendant va tout de suite lui piquer sa grosse galette.

Sans doute embarrassé d'avouer publiquement qu'il craint surtout pour son argent, Bronfman invoque des raisons plus nobles pour réunir ses compatriotes au Jewish Community Hall de la Côte Sainte-Catherine: «si le Parti québécois prend le pouvoir, ce sera la mort de la communauté juive de Montréal», prophétise-t-il.

Ni plus ni moins!

Voilà le message d'apocalypse que livre dans les termes les plus crus Charles Bronfman aux rupins de sa communauté. Ils sont tous là. À voir les têtes, on se croirait à Palm Beach par une journée ensoleillée de février, mais hélas c'est Montréal sous la menace de l'orage séparatiste.

Le prophète de malheur commence par bien les prévenir qu'il ne s'affole pas facilement. De toute sa vie, le croiriez-vous? il n'a eu la trouille que deux fois!

– *I've panicked twice in my life*, dit Bronfman. *Once in October 1973 during the Yom Kippur war, and I panic now because I can foresee the destruction of my country and the destruction of the Jewish community*[30].

– Remontez un peu, demande Lévesque à Me Boivin, refaites-moi jouer la fin de sa phrase...

La journée même, un membre de la communauté juive de Montréal, scandalisé par les propos de Bronfman, en a fait parvenir un enregistrement à la permanence du Parti québécois. On a envoyé tout de suite un messager la porter au petit motel de province où Lévesque, en pleine tournée électorale, l'écoute en compagnie de Me Boivin.

Lévesque écoute de nouveau Bronfman affirmer que le Parti québécois entraînera la destruction du pays... et surtout de la communauté juive. Il est abasourdi par tant de stupidité.

– *If, God forbid*, poursuit Bronfman, *the PQ forms the next government, it's going to be pure, absolute hell. The moment, the Parti québécois gets in, folks, it's done. It's all over because we're dealing with a bunch of bastards whose only goal is to destroy us*[31]...

Excédé, Lévesque tourne le bouton du magnétophone. Il a entendu assez d'âneries.

– Bronfman! dit-il avec mépris, ça fait partie des deux cents enfants de chienne de l'establishment qui contrôlent l'économie et méprisent la population.

– Les élections sont proches, dit Me Boivin, est-ce que vous ne devriez pas réagir?

– Répondre quoi? Si j'ouvre la bouche, on va tout de suite me traiter d'antisémite... Vous vous souvenez, avec la création d'Israël, on disait que tous les Juifs du monde avaient subitement grandi parce qu'ils pouvaient enfin relever la tête... C'est peut-être difficile pour eux de comprendre que ça vaut aussi pour d'autres peuples.

– Qu'est-ce que je fais avec ça? demande Me Boivin qui a retiré la cassette du magnétophone.

Lévesque la lui prend des mains.

– Au fond, dit-il, c'est pas Bronfman qu'il faut blâmer, c'est les Bourassa et compagnie. Ils sont en train d'étouffer le Québec dans la ouate déprimante de leurs complexes et de leurs saintes peurs.

Lévesque avise une corbeille à quelques mètres de là et y lance la cassette. Panier parfait!

– Jean-Roch, dit-il pensivement en allumant une cigarette, si l'on ne faisait que donner aux Québécois le goût de s'épanouir et de prendre leurs affaires en main, on aurait déjà réussi un miracle!... Le jour où ils seront vraiment fiers et sûrs d'eux, la souveraineté va aller de soi!

Lévesque tourne le bouton de sa lampe de chevet pour regarder l'heure au réveil. Passé quatre heures et il n'a toujours pas fermé l'œil. Et le train-train qui recommence tôt. Il se lève et prend une cigarette.

À sa première élection, il y a seize ans maintenant, il ne savait pas trop à quoi s'attendre. Perdre ou gagner, ça lui était assez égal. Le trait aurait été vite tiré sur ses ambitions politiques et il serait retourné à ses véritables amours: le journalisme de télévision. Mais après trois victoires coup sur coup, sa première défaite en 1970 l'a brutalement ramené sur terre. Et puis en 1973, il a encaissé un choc plus pénible encore.

Ce n'est pas Bronfman qui l'empêche de dormir, mais plutôt son enjeu personnel dans cette élection. Bon, il a écouté ses conseillers cette fois et abandonné son coriace comté de Laurier pour déménager ses pénates sur la rive sud de Montréal, dans Taillon, une circonscription plus favorable au PQ.

«S'il fallait que je perde là aussi, pense-t-il nerveusement. J'abandonnerais la chefferie, c'est évident. Trois gifles, ça suffit!»

Mais pour faire quoi? Il s'est tellement identifié à la politique. Changer complètement de cap à cinquante-quatre ans!

«Bah! se dit-il, je me débrouillerai bien, je l'ai toujours fait.» Mais en même temps il brûle d'un désir térébrant de l'emporter. «Les enfants de chienne comme Bronfman, pense-t-il en éteignant sa cigarette et regagnant son lit, et tous les autres qui se servent du Québec comme marchepied, ils verraient enfin de quel bois on se chauffe!»

Il ferme les yeux, appelle le sommeil. Inconsciemment, il commence à réciter un Avé. À mi-chemin, il s'arrête, pris d'une sorte de fou rire intérieur. Comme cela remonte loin! Au petit séminaire de Gaspé! Un de ses directeurs de conscience lui rabâchait qu'il fallait impérativement, chaque soir en se couchant, réciter trois Avé afin de voir ses vœux exaucés par la sainte Vierge!

Il récite le deuxième pour vérifier qu'il se souvient de tous les mots de la prière, et... le troisième, parce que sait-on jamais!

En tout cas, c'est pour exaucer des vœux, ceux de Claude Charron, et lui démontrer qu'il n'est pas «trop» rancunier, que Lévesque se retrouve dans le comté de Saint-Jacques, dans l'est de Montréal.

Cette venue, le petit frisé s'y prépare depuis que Michel Carpentier lui a dit que M. Lévesque ne ferait pas d'exception et irait «quand même» dans son comté.

Charron, on peut le dire, s'est fendu en quatre. Il a passé le mot de pavoiser. Eh bien! il faut voir le résultat! Des photos de René Lévesque pendent à tous les balcons de ce quartier populaire, encadrées par des gerbes de fleurdelisés. Sans doute à court de drapeaux du Québec, on y est même allé de quelques vieux *Red Ensign* ou du drapeau du Vatican. Les palissades ont été tapissées des slogans de la campagne péquiste et on a suspendu aux principaux carrefours des banderoles qui proclament: «Lévesque au pouvoir».

Quand la caravane de Lévesque arrive dans le quartier avec tambours et trompettes, un groupe de partisans vient à sa rencontre. Ils sont une centaine à la queue leu leu qui transportent, à bout de bras, le plus long balai du monde sur le manche duquel on a peint: «Tiens! Bourassa».

Mais c'est uniquement par affection pour son député et pour Lévesque que la population de Saint-Jacques se démène ainsi. Il ne lui viendrait pas à l'esprit qu'elle contribue en même temps à racheter la bourde de Charron dans *Le Devoir*. À part quelques curés et une dizaine de mémères, qui achète encore l'austère journal de Claude Ryan dans le comté?

Un balcon stratégiquement situé, rue Amherst, a été réquisitionné par l'organisation de Charron, d'où Lévesque pourra s'adresser à la foule.

L'organisation c'est un bien grand mot! Charron s'est rendu lui-même voir les propriétaires qui ont non seulement permis qu'on envahisse leur maison, mais qui se sont empressés de rafraîchir la balustrade de fer forgé et de repeindre tout l'intérieur de leur logement.

Tout a été prévu: le cortège s'arrêtera sur la rue voisine et Lévesque pénétrera dans la maison par l'arrière, après avoir emprunté la ruelle. Ainsi, quand il paraîtra au balcon, ce sera comme par enchantement... personne de la foule placée devant l'appartement ne l'ayant vu entrer.

Quand la voiture de Lévesque arrive enfin à destination, Claude Charron est là pour accueillir le chef. C'est à peine si ce dernier le remarque! Jusqu'à la maison de la rue Amherst, il s'arrange pour ne jamais se détacher du groupe qui l'accompagne afin de n'avoir pas à côtoyer son hôte de trop près.

Pauvre frisé qui traîne fidèlement dans le sillage de Lévesque depuis 1966! L'image de son idole sortant de la salle du Château Frontenac après avoir fait son courageux pied-de-nez au Parti libéral, il la gardera en tête toute sa vie. C'est à ce moment-là, d'ailleurs, qu'il a formé le dessein de suivre Lévesque, à la vie à la mort, sur la route de l'indépendance. Cette loyauté, cette affection singulière de Charron, si Lévesque les perçoit, ce soir il s'en cache bien!

Aussi est-ce le cœur serré que Charron s'approche de lui juste avant de sortir pour le présenter à la foule et qu'il lui glisse à l'oreille, tout ému:

– Vous avez vu, on vous a organisé avec un balcon, comme le général!

Lévesque acquiesce distraitement par un sourire.

Ce qu'il n'arrive pas à tirer de Lévesque, Charron le reçoit au centuple de la foule qui l'acclame à tout casser dès qu'elle aperçoit sa tête bouclée sur le balcon.

Heureusement, il est assez loin et, même avec l'éclairage, ses partisans ne peuvent pas voir ses yeux gonflés de larmes.

– Ce soir, mes amis...

Ses amis mettent un temps infini à le laisser continuer... Dans le salon, à deux pas de la porte du balcon, Lévesque s'émerveille de l'ascendant que ce diable de petit homme exerce sur les foules. Quand il parle, les gens ont l'impression de voir clairement jusqu'au fond de son âme.

– Mes amis... dit Charron, ce soir j'ai envie de vous confier un secret que je vous interdis de répéter avant le 15 novembre... Plus je parcours notre comté de Saint-Jacques et plus je regarde ce qui se passe à la grandeur du Québec, plus je sens qu'on approche de la victoire, notre victoire! après trois cents ans de peur et de soumission.

Lévesque ferme les yeux. Il réfléchit à ce qu'il dira à cette foule, la plus grosse et la plus enthousiaste de tous les comtés de Montréal qu'il a visités jusqu'ici. Il revient sur terre en entendant les partisans scander son nom, encouragés par la péroraison de leur député.

– Lévesque! Oui, conclut Charron, c'est entre les mains de René Lévesque que vous aurez l'occasion, le 15 novembre prochain, de remettre la destinée du Québec, notre destinée! Et c'est lui que j'ai l'honneur maintenant de vous présenter...

Le reste de la présentation est englouti dans le délire de la foule. Charron va chercher Lévesque, l'escorte sur le balcon et revient discrètement à l'intérieur.

Lévesque a beau gesticuler pour demander le silence, le tumulte des acclamations ne fait que grossir. Ce qu'il a commencé à percevoir en cours de campagne lui apparaît subitement l'évidence même: le vent tourne! Mais il ne veut pas se permettre d'y croire.

Quand il réussit à prendre la parole, c'est pourtant de cette évidence qu'il entretient aussitôt la foule comme pour s'en convaincre lui-même.

– Partout au Québec, dit-il, ça devient terriblement clair, l'appui enthousiaste et contagieux de toute la population nous permet d'aller au scrutin avec l'espoir de constituer bientôt le premier gouvernement national du Québec.

Quelle communion il y a entre cette foule bigarrée, qui a envahi la rue Amherst, et ce petit chef nerveux, accoutré dans ce costume gris et froissé qu'on dirait taillé pour quelqu'un d'autre! Il n'a pas de voix, mais il projette... comme si les mots voyageaient sur quelque souffle magique venu directement du cœur.

– En effet, continue Lévesque, cette élection annonce le Québec moderne, un Québec qui ne sera plus une petite succursale de province qui attend les instructions du bureau-chef fédéral. Ce demi-gouvernement des autres, par les autres et pour les autres, c'est fini! C'est fini, ce gouvernement de colonie, cet instrument de rapetissement collectif.

Une grande banderole émerge de la foule et ondule un moment au-dessus des têtes. Elle proclame en grosses lettres: «On mérite mieux que ça!»

– C'est cette sorte de gouvernement pernicieux qu'il faut remplacer, s'écrie Lévesque, car en s'agrippant au pouvoir il sabote notre chance nationale. La chance nationale, si on ne la saisit pas quand elle passe, le Québec pourrait se trouver relégué aux oubliettes, une pièce de musée, dans un coin, pour touristes pressés. Mais j'ai confiance... Lundi prochain, tous ensemble, nous allons voter pour un Québec qui nous appartient.

Georges Leclerc vient d'avoir trente-huit ans, mais on lui donnerait un peu plus. Ce n'est pas les quelques cheveux gris sur ses tempes, mais plutôt son allure générale qui le vieillit. Il s'est empâté un petit peu autour de la taille, ses joues aussi ont gonflé et, même s'il marche toujours énergiquement comme l'athlète qu'il était quand il est entré dans les rangs de la Sûreté du Québec, une raideur au genou gauche enlève à son pas toute assurance.

Leclerc a garé son Impala dans le stationnement derrière la *Caverne du Sexe*. Il est étonné de n'y voir que deux autres voitures, celle (qu'il connaît bien) du propriétaire de ce club de la rue Saint-

Laurent, et un taxi *Diamond*. Les débuts d'après-midi sont habituellement plus achalandés. Il y a toujours au moins une vingtaine de clients qui prolongent leur heure de lunch en venant se rincer l'œil en reluquant les topless de la *Caverne*. Le soir, n'en parlons pas! c'est tellement rempli que la *Caverne* se permet de refouler à la porte tous ceux dont la tenue vestimentaire n'augure rien de bon pour la caisse ou pour les danseuses qui se trémoussent aux tables.

Leclerc est sidéré: la porte arrière du club est verrouillée. Pourtant, il entend de la musique à l'intérieur. Il fait le tour, va à la porte d'en avant et se casse le nez sur un écriteau: «Fermé, jour d'élections». Il n'y avait pas pensé.

À l'intérieur, le bijou de femme qui danse sur la scène pour deux hommes attablés devant des bières s'arrête brusquement...

– Pourquoi est-ce que tu t'arrêtes? demande le plus élégamment vêtu des deux.

– Si personne répond à la porte, dit-elle, je vais y aller, moi.

Les coups ont commencé depuis une bonne minute. D'abord discrets, ils sont devenus insistants, puis franchement énervants.

– C'est fermé, hostie, ils savent pas lire, dit l'homme dont la tenue est certes plus bienséante que le langage.

– Veux-tu que j'aille voir? dit l'autre, un chauffeur de taxi.

– Ouais... vas-y donc! Puis s'adressant à la danseuse:

– Où est-ce que t'as dansé avant?

– Par chez nous... mais ça fait quatre ou cinq ans.

– C'est où «par chez nous»?

– C'est en Abitibi!

– Tu m'as pas l'air d'avoir une grosse expérience...

– Ça paraît? demande-t-elle, inquiète...

L'homme hoche la tête...

– T'as assez de talents cachés pour compenser, dit-il. Tu te déshabilleras un peu plus vite!

– C'est une Police provinciale qui est là, dit le chauffeur de taxi.

– En habit?

– Non, en civil!

– Ah! c'est Leclerc, il est correct, tu peux le laisser entrer.

– C'est fini, l'audition? demande la danseuse.

– C'est fini! Si tu veux travailler ici, tu sais qu'il faut aussi servir aux tables.

Elle acquiesce en remettant le haut de son costume, un minimum de soutien-gorge qui souligne ses formes plus qu'il ne les contient.

– Pour te pratiquer, va donc chercher un gin tonic et deux autres bières...

Georges Leclerc arrive à la table.

– Hostie, une journée d'élections, je pensais pas qu'il y avait des polices en congé, dit le proprio.

– J'ai encore trois jours sur mon congé de maternité.

– C'est sa femme qui a eu le petit, hostie, c'est lui qui a congé, fait remarquer le proprio au chauffeur de taxi. Georges, rencontre donc Adrien, Adrien est *Diamond.*

Georges, le policier, et Adrien, le chauffeur de taxi, se serrent la pince et prennent place à table avec le propriétaire de la *Caverne du Sexe*, qui tire son nom d'on ne sait où puisque c'est un banal rez-de-chaussée décoré à la moderne. Miroirs partout, éclairages stroboscopiques et plusieurs mobiles dont les éléments de métal coloré représentent des femmes nues d'environ un mètre chacune qui se dandinent au bout de fils invisibles venant du plafond.

– Je suppose que le gin tonic c'est pour vous, dit gentiment la danseuse au nouveau venu.

Georges Leclerc acquiesce.

– Va te chercher quelque chose, viens boire avec nous autres, dit le propriétaire à la danseuse. Quand tu vas commencer à travailler, t'auras plus le droit de te mêler aux clients.

– C'est-tu assez niaiseux, pas capable de prendre une goutte parce que c'est jour d'élections, dit Leclerc... je parle pour ceux qui n'ont pas d'amis évidemment! Quand bien même Lévesque changerait rien que ça!

– Es-tu en train de virer péquiste, toi, s'tie! lance le proprio.

– On peut voter pour Lévesque sans être péquiste.

– Un autre hostie d'irresponsable, dit le proprio. Si Lévesque rentre à soir, la province va se vider demain. T'as vu, même Charles Bronfman a dit qu'il déménagerait les Expos... le Canadien va suivre c'est sûr. Plus de hockey... plus de baseball...

– Plus d'Anglais! enchaîne avec un grand sourire le chauffeur de taxi.

– S'tie, on est aussi bien de fermer la ville!

– L'entends-tu? s'écrie Leclerc. Y a jamais un Anglais qui a mis les pieds icitte, mais y a peur de les perdre! Moi, je dis que Lévesque ce serait bon pour le Québec.

– J'ai une petite belle-sœur qui l'a bien connu, Lévesque, dit le proprio. C'est un moyen merle, un hostie de coureur de jupons...

– Un gars comme nous autres! dit le chauffeur de taxi en avalant la moitié de sa bière en une seule gorgée.

– Y a toujours toutes sortes de mémèrages sur les hommes politiques, dit la danseuse qui vient s'asseoir avec un martini... Moi, M. Lévesque, je pense qu'il n'est pas comme les autres... En tous cas, ajoute-t-elle avec un sourire malin, je lui laisserais mettre ses souliers sous mon lit.

– Avec le visage que t'as et coureur comme il est, je pense pas qu'il hésiterait longtemps, dit le proprio.

Elle aurait très envie de les confondre en leur révélant qu'elle le connaît, Lévesque. Et même bien! Mais elle se tait.

– Qu'est-ce que c'est déjà ton petit nom que je te présente? demande le proprio.

– Julie!

– C'est un nom de danseuse ou tu marches sous ton vrai nom?

– C'est mon vrai nom, dit-elle.

L'armée de bénévoles qui a sillonné le comté de Taillon durant toute la journée pour surveiller les intérêts de René Lévesque, commence à se replier au quartier général du candidat, situé dans un magasin du centre commercial de Longueuil. Les bureaux de vote vont fermer dans quinze minutes, à dix-neuf heures.

Lévesque arrive à son tour et se dirige vers un petit logement qui lui sert de bureau, au-dessus du magasin. Jean-Roch Boivin, Michel Carpentier et d'autres organisateurs sont déjà là.

– Ça a l'air de quoi? s'informe Lévesque.

– D'après Michel, dit Me Boivin, c'est dans le sac!

– Sérieusement... dit Lévesque, agacé par l'enthousiasme étonnant de Me Boivin.

– Monsieur Lévesque, dit Carpentier, y a trois hypothèses possibles. Au minimum, on remporte vingt ou vingt-cinq sièges. Mais si les choses vont juste à peu près bien, on est bon pour une quarantaine de comtés; et si elles vont aussi bien que je pense, c'est vous qui formerez le prochain gouvernement.

– La dernière hypothèse, je pense qu'on peut la laisser tomber tout de suite, dit Lévesque.

Devant le centre sportif Notre-Dame, chemin de la Reine-Marie, une limousine attend, garée, moteur en marche. Les yeux mi-clos, le chauffeur, confortablement enfoncé sur la banquette avant, écoute à la radio les résultats des élections. Si chaque annonce ne lui arrachait pas une expression douloureuse, on pourrait croire qu'il dort.

Un grand adolescent s'approche de la voiture, frappe dans la vitre. Le chauffeur se redresse vivement comme si on le prenait en flagrant délit.

– Papa est en dedans? demande le jeune François Bourassa.

Le chauffeur acquiesce et reprend sa position avachie aussitôt qu'il voit l'adolescent disparaître.

Le nageur solitaire lève les yeux vers la grande horloge de la piscine. Dix-neuf heures vingt. Il pique la tête dans l'eau et poursuit méthodiquement ses longueurs, sortant le nez de temps à autre pour prendre une grande respiration.

Dans la vaste piscine aux vitrines à demi embuées, c'est le calme absolu. On ne perçoit même pas les clapotis de l'eau que déplace le nageur. Ils se perdent dans le souffle humide et chloré de la ventilation.

François attend un bon moment au bord de la piscine avant que son père se rende compte de sa présence.

– Qu'est-ce que tu fais là, p'tit gars? dit le nageur en le voyant.

L'adolescent ne répond pas.

– On est en train de perdre? demande Bourassa en sortant de l'eau.

– Tu le sais? dit l'adolescent, étonné.

– J'ai seulement à te regarder.

– Il y a six péquistes d'élus contre seulement un libéral.

– Ça peut changer, dit Bourassa, il n'est pas dix-neuf heures trente.

Mais le ton est loin d'être convaincant.

Robert Bourassa va jusqu'au vestiaire suivi par son fils. Quelle tête d'enterrement il a celui-là!

Bourassa lui passe vigoureusement la main dans les cheveux.

– C'est pas la fin du monde, tu sais, lui dit-il en s'efforçant de sourire... T'avais pas un cours de musique, toi, ce soir?

– Ça me tente pas, dit l'adolescent.

– C'est sur mon chemin, je te dépose.

– Tu t'en vas au comité central?

– Plus tard... Je vais passer d'abord chez ta grand-maman à Saint-Bruno...

– Pourquoi?

– Parce qu'elle va peut-être avoir besoin d'être rassurée, elle aussi... Pense à tout ce qu'on a dit sur moi pendant la campagne, dit Bourassa, en souriant franchement cette fois, c'est pas facile pour la mère de quelqu'un!

– Ni pour le fils de quelqu'un, dit gravement François.

– Va m'attendre avec le chauffeur, j'arrive!

Bourassa se laisse tomber sur la banquette de bois du vestiaire. Une vision troublante s'impose à lui: c'est sa propre image dédoublée. Sur l'une des faces, c'est l'homme public, imperturbable, brillant, captieux; et sur l'autre, c'est encore lui, mais délicat, tendre, ambigu. Les deux images sont figées là, tête-bêche, comme un paysage que dédouble la surface immobile d'un lac. Il cherche à brouiller l'eau, à faire disparaître une des images. Mais il n'y arrive pas, elles restent incrustées dans sa tête.

Il se secoue vivement pour s'arracher à cette obsession, se douche, enfile son costume et sort d'un pas précipité, pressé de laisser derrière lui l'atmosphère moite de ce vestiaire de collège de garçons.

«Un bulletin qui nous arrive à l'instant confirme l'élection de Pierre de Bellefeuille dans le comté de Deux-Montagnes. C'est un gain du Parti québécois...»

Au quartier général de René Lévesque, cette nouvelle donnée sur un ton on ne peut plus détaché par Bernard Derome à l'antenne de Radio-Canada provoque une explosion de joie disproportionnée.

– Si même de Bellefeuille est élu, s'exclame Me Boivin, c'est le balayage!

– Les gars, arrêtez de charrier, dit Lévesque.

– René, dit Corinne Côté, il va peut-être falloir que tu commences à le croire.

D'autant que le plus récent décompte de la télévision, précise que le Parti québécois mène maintenant dans vingt-sept comtés comparativement à dix-neuf pour le Parti libéral.

– On parlait de miracle, dit Michel Carpentier, ç'a bien l'air d'être ça.

Puis les nouvelles s'accélèrent... La télévision annonce que Robert Bourassa, lui-même défait dans son comté de Mercier, s'apprête à concéder la victoire. Et dans le comté de Taillon où Lévesque cherche à se faire élire pour la première fois sous l'étiquette du Parti québécois, plus d'inquiétude, la victoire est acquise.

Lévesque est trop abasourdi pour réagir. Il continue de fumer en redisposant machinalement sur sa tête ses quelques mèches de cheveux et d'autres... imaginaires.

Corinne lui saute au cou. Enfin, il commence à sourire et à se détendre.

– Votre discours, lui dit Carpentier.

Lévesque met la main dans la poche de son veston, sort une feuille manuscrite...

– Pas celui-là! dit Me Boivin.

– C'est le seul que j'ai préparé, dit Lévesque avec un sourire malicieux.

Il en fait une boulette ronde, bien pressée, qu'il envoie à la corbeille, en espérant vivement qu'il n'aura plus jamais à composer de discours de défaite. À tout le moins, pense-t-il, me voilà tranquille pour un bon quatre ans!

Il n'y a pas plus miteux, mais en même temps plus québécois, que le centre Paul-Sauvé, ce fourre-tout sportif du boulevard Pie-IX. Six Jours cyclistes, concerts, matches de lutte ou de boxe, réunions syndicales, parties de hockey ou de ballon-balai, le centre a tout vu. Les gradins de planches écorchées, les poutrelles poussiéreuses, l'odeur pénétrante de friture, les sols jaspés de mille variétés de gomme à mâcher, tout devrait détourner le public de ce bâtiment.

Eh bien non! Il y va et il l'aime. C'est sans doute le souvenir des heures de gloire des Moquin, des Rougeau ou des Cléroux qui attire là des foules aveugles au délabrement général, pour lesquelles le Forum de la rue Atwater est un temple situé en pays étranger.

Mais le souvenir qui demain éclipsera tous les autres, c'est celui de cette soirée extraordinaire du 15 novembre 1976.

En effet, plus de dix mille partisans sont entassés dans l'enceinte vétuste, depuis la fermeture des bureaux de vote, afin d'assister au match le plus excitant de leur vie. Lévesque est monté dans l'arène avec mission de conduire le Québec à la souveraineté et ma foi! contre toute attente, il est en train de remporter la première manche, la plus difficile croit-on! Après cette victoire, l'indépendance, ça ira tout seul, juste question de frapper le coup de grâce!

Elle délire, la foule, éperonnée régulièrement par les nouveaux résultats qu'on affiche en gros chiffres sur l'estrade centrale. Le Parti québécois mène maintenant par soixante et onze sièges contre un maigre vingt-six pour les libéraux. C'est une raclée!

Dans une grande pièce, sous les gradins, où Lévesque attend avec les élus de la région montréalaise le moment de monter sur l'estrade, les acclamations de la foule arrivent par grosses vagues qui emportent toutes les conversations sur leur passage. Ici aussi c'est l'exaltation. On se serre la main, on s'embrasse, on échange avec des inconnus des mots affectueux, comme si on était des proches.

Lévesque reste un peu à l'écart, recueilli... Il ne peut s'empêcher, surtout en ce moment d'ivresse, de penser qu'ils auraient peut-être dû prendre une plus grosse bouchée, aller tout de suite à la souveraineté, sans cette «bébelle» de référendum.

Le long du trajet jusqu'à l'estrade, la foule qui l'acclame et qui trépigne d'impatience, Lévesque ne l'entend pas, ne la voit pas. Il s'en veut encore d'avoir été trop prudent, il a l'impression de s'être laissé emberlificoter... Qu'on a abusé du Lévesque qu'il déteste, celui qui hésite, qui s'interroge sans cesse, qui n'arrive pas à faire la mise à mort.

L'ovation triomphale qui accueille Lévesque sur la tribune ne laisserait personne replié sur soi. Son visage raviné de fatigue s'épanouit. Il sourit, mais maladroitement, les commissures de ses lèvres se plissent et se relèvent nerveusement pour revenir aussitôt dans le droit fil de la gravité que lui inspire le moment.

Il fait des gestes, essaie de commander le silence, mais il y arrive mal. La foule chaleureuse l'étreint comme elle peut, à force de cris, d'applaudissements et de bravos.

Le tumulte diminue enfin. Lévesque saisit à pleines mains les micros devant lui et, d'une voix chargée d'émotion, il s'écrie:

– Jamais... je n'ai jamais pensé que je pourrais être aussi fier d'être Québécois!

Un frisson s'empare de toute la salle. Ce 15 novembre, le Québec n'a pas choisi un nouveau gouvernement, il a choisi un pays. La solennité de cette décision est inscrite sur tous les visages, mais sur aucun plus profondément que sur celui de Lévesque.

– On n'est pas un petit peuple, poursuit Lévesque, on est peut-être quelque chose comme un grand peuple. Mes collègues et moi sommes conscients du poids énorme que la confiance des Québécois vient de placer sur nos épaules. Tout ce qu'on peut vous promettre, c'est qu'on va le porter, ce poids-là, avec toute l'énergie, toute l'honnêteté et tout l'enthousiasme qu'on va pouvoir y mettre.

Et la foule le croit. Avec lui, elle se dit qu'on va y arriver! Après tout, plusieurs de ceux qui remplissent le centre Paul-Sauvé à craquer étaient là en 1970, ils y étaient aussi trois ans plus tard, ils ont été fidèles, ils l'ont attendu, Lévesque, ils l'ont espéré. Et ils réalisent bien ce soir qu'ils ont eu raison d'être aussi patients que lui. Ce petit pugnace, quand il va lever le poing, les autres vont se rendre compte qu'on est arrivé au bout de nos trois cents ans de patience.

– Si vous le permettez, ajoute encore Lévesque, je voudrais dire à mes adversaires et à ceux qui ont pu craindre les résultats de la victoire du Parti québécois qu'on va travailler de toutes nos forces à faire du Québec une patrie qui sera plus que jamais la patrie de tous les Québécois. Et on va le faire en tenant de notre mieux tous et chacun des engagements que nous avons pris. En particulier, cet engagement central d'en arriver – on espère en amitié avec nos concitoyens du Canada – à nous donner le pays qu'est le Québec.

Louise Lévesque n'a pas détourné l'œil une seconde du téléviseur depuis le début du discours de son homme. Elle est médusée. Cet air grave, sérieux qu'il a. Ce sentiment de responsabilité qu'il manifeste. Elle le sent engagé jusqu'au cou.

«Mon petit bonhomme, se dit-elle avec un peu d'appréhension... le fardeau qu'il s'est mis!»

– À mon humble avis, dit Lévesque à la télévision, c'est la plus belle et peut-être la plus grande soirée de l'histoire du Québec... et c'est, je vous l'assure, la plus belle soirée de toute ma vie.

Louise Lévesque se lève de son fauteuil et va presser le bouton du téléviseur. Tout à coup, elle n'a pas envie d'entendre la nouvelle ovation qu'on fait à Lévesque...

«La plus belle soirée de toute ma vie...» Mais pas pour elle! Cette soirée du 15 novembre, elle n'est ni pire ni meilleure, elle ressemble à tant d'autres depuis qu'il n'est plus là. Oh! peut-être un peu mieux, puisqu'il semble heureux.

17

Si l'on devait mettre en vente les principaux édifices du boulevard Dorchester au jeu de *Monopoly*, le dernier qu'on voudrait acheter serait sans doute celui du siège social d'Hydro-Québec. Il est difficile d'imaginer architecture moins électrisante que cet immeuble mastoc dont la seule rédemption est la lumineuse murale de Jean-Paul Mousseau. Et encore! quand on se donne la peine de l'éclairer.

C'est dans ce «beurk» de béton que le Premier ministre tient bureau à Montréal.

Dès le lendemain des élections, le Premier ministre Bourassa y fait dresser une table où il convie René Lévesque à déjeuner. Ce repas traditionnel, c'est la passation officieuse des pouvoirs. C'est une rencontre seul à seul; on peut baisser la garde.

En entrant dans le bureau, Lévesque est frappé par l'allure frêle de Bourassa qui n'a pas encore été touché par l'âge. Il a toujours sa carcasse de collégien étique et, perchées sur le nez, ses lunettes de corne foncée qui lui donnent l'allure d'un raton laveur affamé. Quand il parle, sa pomme d'Adam proéminente n'arrête pas de danser sur la corde raide de son col de chemise, et quand il écoute, c'est l'alliance sur son annulaire gauche qu'il tripote sans arrêt avec les doigts de l'autre main.

Bourassa, lui, est impressionné par la force qui se dégage de Lévesque. Cette tête accrochée solidement sur un cou musclé, les doigts courts et robustes, les poignets bien tassés. C'est un homme à poigne, ça se voit.

Lévesque fume sans arrêt, avec avidité, la cigarette coincée entre l'index et le majeur de la main gauche dont la peau jaunie a l'air de s'être momifiée. Entre les bouffées, il tape machinalement avec son pouce contre le bout de sa cigarette pour rentrer le tabac, une manie indéracinable qu'il a gardée du temps où il fumait des sans filtres.

L'entente est tout de suite cordiale entre les deux hommes.

– Tandis qu'on est ici, à l'Hydro, dit Bourassa, j'aimerais bien vous montrer le plan de développement de La Grande, à la Baie James. Seize milliards! Tout de l'argent qu'il faudra aller chercher sur les marchés internationaux.

– On ira!

– Aujourd'hui, dit timidement Bourassa, il y a eu de petits soubresauts à la Bourse.

– Pas nécessaire de tourner autour du pot. C'est évident, les marchés sont nerveux parce qu'on est là...

– C'est sûr, si vous deviez emprunter cinq cents millions, disons ce matin, ça vous coûterait soixante-quinze millions de plus qu'hier.

«Toujours la même rengaine», pense Lévesque avec agacement, étonné que le prétendu économiste qu'il a devant lui continue de la répéter comme un perroquet.

– On empruntera après-demain, ou la semaine prochaine! dit Lévesque. Les choses vont se placer, on n'est pas congénitalement plus bêtes que les autres.

– Vous devriez intervenir rapidement pour rassurer tout le monde!

– Merci du conseil, dit sèchement Lévesque, mais rangez vos épouvantails, nous sommes là pour quatre ans!

Bourassa s'en veut, mais la campagne est encore proche, et il n'a fait que ça, le croque-mitaine!

Tandis que Bourassa cherche à s'orienter, Lévesque en profite pour avaler quelques bouchées.

– Avez-vous pensé à une date pour le transfert du pouvoir? demande Bourassa, relancé sur une piste moins cahoteuse.

– Combien de temps pour faire votre ménage? s'informe Lévesque.

– On ne collera pas! Donnons-nous une semaine. De toute façon, René, une semaine pour composer votre cabinet, ce n'est pas trop.

– J'ai déjà ma petite idée...

– Tiens, si j'étais à votre place, je nommerais Claude Morin aux Finances.

La suggestion tombe plutôt à plat.

– C'est lui qui écrivait les budgets de M. Lesage, poursuit Bourassa. Morin, il est dévoué, fiable.

– Justement, on hérite de quoi, côté finances?

– Des Jeux olympiques, enchaîne Bourassa, avec une pointe de malice. Deux cents millions de dettes... et il faut trouver le moyen de faire payer M. Drapeau.

– C'est pas tellement son genre, lui, s'étirer le bras pour les factures.

– C'est pourquoi il vous faut quelqu'un de fort aux Finances, ajoute Bourassa. Franchement, j'y penserais à deux fois avant de donner ce portefeuille à M. Parizeau.

Lévesque hoche la tête poliment et, pour s'amuser, réfléchit à ce qu'il aurait fait de Bourassa si ce dernier l'avait suivi, dix ans plus tôt. Il sourit. «Je serais sans doute collé avec lui comme ministre des Finances», pense-t-il. Il n'est pas fâché d'avoir Parizeau sous la main.

Il n'est pas dix-sept heures et le soleil est déjà couché. Il a laissé dans le ciel une grande rayure violacée dont le reflet coupe en deux la surface parfaitement lisse du lac Massawippi. Insouciants malgré l'approche de la fin de novembre, deux canards sauvages mouillent encore en bordure du quai de l'hôtel Hatley Inn.

De la fenêtre, Me Boivin aperçoit les deux canards... Il les envie. La seule décision qu'ils aient à prendre c'est de choisir le moment de leur migration vers le sud. Tandis qu'eux!

Depuis deux jours, René Lévesque, Michel Carpentier, Louis Bernard et lui piochent comme des enragés sur la composition du cabinet du premier gouvernement péquiste. Ils se sont réfugiés dans un hôtel de villégiature, mais toute notion de vacances s'arrête là!

Quel casse-tête!

Il faut dire que Louis Bernard a ses petites idées sur l'art de gouverner. Il a fait des études de droit, puis il est revenu de Londres avec un doctorat en droit administratif. En somme, c'est un artiste qui a fait les beaux-arts de l'administration. Tout grand théoricien qu'il soit, Louis Bernard éprouve un peu de mal avec ses élèves. Me Boivin est justement allé respirer du côté des canards et le futur Premier ministre, il faut l'entendre...

– Arrêtons de jargonner, dit Lévesque avec agacement, on essaie de former un cabinet, pas de transformer tout le fonctionnement de l'État.

– Écoutez, c'est pourtant simple mon idée, dit Louis Bernard, il s'agit de créer un comité de priorités et cinq ministères d'État.

– Des manières de superministères, conclut Carpentier.

– Exactement, dit Louis Bernard

– Ils ont ça en Ontario, marmonne Me Boivin en rejoignant le groupe. Ça ne fonctionne pas trop trop...

– Qu'est-ce que vous dites? demande Lévesque à Boivin.

– Je dis qu'en Ontario, les superministres sont tout seuls dans leur coin, y a pas un chat qui sait ce qu'ils font...

– C'est qu'ils font seulement de la planification, explique Bernard, nous, on va leur faire préparer des projets de loi qu'ils devront défendre devant l'Assemblée nationale.

– Ouais... c'est toute une patente, dit Me Boivin.

Louis Bernard est trop «haut fonctionnaire» pour se permettre de descendre en se fâchant, mais il en aurait bien envie. Le scepticisme de Boivin l'horripile.

– C'est une idée nouvelle, dit-il. On dégage des hommes politiques de toute responsabilité administrative pour leur permettre de jouer un rôle de coordination.

– Un portefeuille avec rien dedans! enchaîne Boivin.

– Écoutez, dit Lévesque sur un ton sans réplique, on va essayer!

Juste à temps: la cocotte minute de Louis Bernard allait exploser.

– Moi, poursuit Lévesque, les anciennes structures, je n'en veux pas, je ne marche pas là-dedans. On est ici pour bâtir quelque chose de neuf, on va le faire, bon Dieu! On va prendre des risques.

Déterminé comme un charpentier fraîchement débarqué sur le chantier, Lévesque prend un bloc de papier et un bic pour commencer concrètement à échafauder la structure du nouveau gouvernement.

– Ça nous fait combien de cases à remplir? demande-t-il.

– Vingt-quatre, je pense, dit Me Boivin.

– Vingt-trois! précise Louis Bernard, le Premier ministre, on sait déjà qui c'est. D'ailleurs, j'ai fait un brouillon de liste...

Boivin a subitement envie de descendre dans le sud avec les deux derniers canards du lac Massawippi.

Lévesque prend le «brouillon» des mains de Louis Bernard.

– Je suppose, fait remarquer Carpentier, que nos six députés de l'ancien parlement seraient là d'office...

– Ça, on verra! tranche Lévesque sèchement.

Puis aussi vite, il retrouve sa bonne humeur. Après tout, c'est la création d'un cabinet, pas le massacre des saints innocents.

– Commençons par les gros morceaux, dit-il. Je suppose que de nos jours, il faudrait au moins une femme dans le cabinet.

Enfin un point sur lequel tout le monde est d'accord.

– Qu'est-ce que vous diriez de Mme Payette? dit Me Boivin.

– Où? demande Carpentier.

– Consommateurs et Coopératives, répond Lévesque.

Ils acquiescent.

– Une case remplie, soupire Lévesque.

– Et bien remplie, dit Boivin en riant.

– Que penseriez-vous, poursuit Lévesque, du Dr Laurin pour le superministère du Développement culturel. Il hériterait du dossier de la langue.

«Laurin est psy, pense Boivin... le traumatisme de se retrouver sans portefeuille devrait l'affecter moins...» Mais il se garde de faire part de sa réflexion.

– Monsieur Parizeau, lui? réfléchit Lévesque tout haut.

– Lui aussi c'est un gros morceau, dit Carpentier.

– Avant de le nommer quelque part, suggère Boivin, je tâterais le terrain.

– Justement, Jean-Roch, vous pourriez faire ça, vous!

– Qu'est-ce que vous songez à lui offrir? demande Boivin avec appréhension.

Ah! ça, on peut le dire, quand Jacques Parizeau éclate de rire, c'est de bon cœur et c'est communicatif. Et comme ça n'arrive pas très fréquemment parce que c'est un homme sérieux, ses réserves sont loin d'être épuisées. Son rire prend sa source au plus profond de lui-même et jaillit en belles cascades rafraîchissantes.

Mais son rire n'est pas contagieux. Pas cette fois-ci! Me Boivin, qui a demandé à Jacques Parizeau de quitter sa ferme de Waterloo pour venir les rencontrer à North Hatley, aurait même l'air plutôt penaud.

– Un «superministère», dit Parizeau encore étouffé de rire, c'est une farce que vous me faites là... Je ne suis pas un surhomme.

– Pas n'importe lequel superministère... celui du Développement économique.

Pauvre Boivin, cette nouvelle appellation administrative, il ne l'articule plus qu'en bredouillant, tant il l'a avalée de travers. Quant à Parizeau...

– Jean-Roch, dit-il, je suis trop vieux et pas assez naïf... les superministères, je n'y crois pas un instant. Ce n'est pas là où sera le vrai pouvoir. Vous y croyez, vous?

Me Boivin parvient mal à conserver son masque de sphynx.

– Dites-moi donc, reprend Parizeau, il va falloir un ministère des Finances dans ce gouvernement-là... est-ce que quelqu'un a été pressenti?

– Pressenti?... non!

– Diable! vous avez dû penser à quelqu'un... c'est trop important le ministère des Finances.

Me Boivin refuse de mordre... mais Parizeau lance de nouveau la ligne à l'eau.

– Bon... finit par marmonner Me Boivin, je sais qu'il a été question de quelqu'un...

– Qui? demande Parizeau.

– Je ne sais pas trop... c'est un nom qui a été mentionné.

– Qui?

– Je pense... qu'il a été question de Claude Morin.

Moment d'étonnement, pour ne pas dire de confusion. Alors là, Parizeau s'esclaffe.

– Mo... Mooorin! dit-il en se tenant les côtes. Vous avez un bon sens de la comédie, Monsieur Boivin, vous gardez vos meilleurs gags pour le troisième acte. Claude Morin a beaucoup de talent, mais aux Finances... Soyons sérieux!

«Pitié! pense Boivin. Je ne suis que le messager.»

– Voulez-vous que je contribue? demande Parizeau d'un ton persifleur, nous pourrions lui acheter un boulier compteur... Enfin! dit-il, M. Lévesque fera bien ce qu'il voudra.

Il ne faut pas être grand devin pour lire sur le visage de Me Boivin le résultat de sa rencontre avec Parizeau. Aussitôt qu'il voit son messager revenir dans la suite, Lévesque lui demande:

– Qu'est-ce qu'il veut?

– Les Finances, dit Me Boivin, sinon il préfère siéger comme simple député.

– Simple député alors! conclut Lévesque.

– Monsieur Lévesque, objecte Carpentier, si on fait ça, les gens vont conclure qu'une scission se prépare dans le parti.

«De toute façon, songe Lévesque, je n'avais jamais sérieusement pensé à Morin aux Finances, c'était un coup de sonde. La contrariété, c'est que "Monsieur" Parizeau refuse de tenter mon expérience de superministère.»

– Bon, les Finances! concède Lévesque en jouant les dépités.

– Ce n'est pas tout, ajoute Me Boivin, il veut le Revenu aussi.

Hein! Le beurre et l'argent du beurre!

– Christ! s'écrie Lévesque.

– Ce sont deux fonctions qui vont bien ensemble, fait remarquer Louis Bernard qui cherche à dorer la pilule.

Dorées ou pas, ses pilules, Lévesque préfère les avaler dans la plus stricte intimité ou détourner l'attention et les prendre à la dérobée. Sujet suivant!

– Morin, lui? demande Lévesque. Où est-ce que vous le verriez?

– Les Affaires intergouvernementales, suggère tout de suite Me Boivin... Il y a bien du placotage, il va aimer ça!

Lévesque acquiesce.

– Je pense que ça complète notre liste, dit-il. On a placé tout notre monde.

Me Boivin examine la charpente du nouveau gouvernement et considère qu'il manque peut-être une jambe.

– Il me semblait, dit-il, qu'on «ministrait» tous ceux qui ont traversé la mer Rouge...

Sans avoir jamais été exprimée, cette notion semblait aller de soi depuis le début de la campagne.

– Charron n'est pas là, fait remarquer Me Boivin.

Après un long moment de silence respectueux, c'est Louis Bernard qui hasarde:

– Vous pourriez toujours le laisser à l'écart, ça donnerait le signal qu'un ministre doit être loyal en tout temps.

– À mon avis, finit par dire Lévesque, il va être encore plus empoisonnant en dehors du cabinet, celui-là...

– Ministre de la Jeunesse, des Loisirs et des Sports! répète Claude Charron avec un sourire euphorique... Je... Monsieur Lévesque... c'est un beau cadeau, je ne sais pas comment vous remercier.

– Votre cadeau, quand vous aurez fini de le déballer, dit Lévesque, vous allez trouver la dette olympique dans le fond...

– Oui, ça va être du sport, dit Charron en riant, mais c'est pile dans mon mandat.

Quand Lévesque tombe dans son lit, le soir du 26 novembre 1976, il est si fébrile qu'il maudit la nuit de ne pas être ouvrable. Il reprend une cigarette dans son paquet, sur la table de chevet. Ah! s'il pouvait commencer à travailler tout de suite. Il pense à l'équipe de ministres qui vient d'être assermentée... Le fou rire le prend. Le voilà qui dirige de vrais ferrés, des gens qui ont fait des études supérieures dans les plus grandes universités d'Europe ou des États-Unis, lui avec ses deux années de *blackjack* à la faculté de droit de Laval!

Des ferrés qui ont besoin de se mettre à l'ouvrage. De toute façon, se dit-il, quand ils vont voir le chef ramer, ça va leur donner le rythme. Il est très heureux d'avoir mis Robert Burns à la réforme parlementaire. «Depuis le temps! Je vais enfin l'avoir ma loi sur le financement des partis. Avec sa tête de cochon, je ne suis pas inquiet, il va tordre le cou à tout le grenouillage véreux autour des partis, surtout les vieux partis qui ont toujours la nostalgie de l'assiette au beurre. Le Dr Laurin, lui, va s'attaquer à une loi sur la langue française, Lise Payette à notre promesse sur l'assurance-automobile. Ça, il y a de quoi faire!»

Marc-André Bédard à la Justice, Bernard Landry au Développement économique, Jacques-Yvan Morin à l'Éducation, Denis de Belleval à la Fonction publique, Yves Duhaime (dont l'épouse est si séduisante) au Tourisme... il repasse tout ça dans sa tête. Il est plutôt satisfait.

«Tu n'es pas raisonnable, lui dirait sa femme, Louise, tu ne pourras jamais te lever demain.» Il allume une autre cigarette, puis la pensée d'une de ses expressions le fait sourire. Agacée de toujours voir le comédien Doris Lussier accroché aux basques de son mari, Louise lui avait dit: «Attention, René, c'est le genre à te monter sur les épaules pour prendre les confitures dans l'armoire»... «Oui... c'est un pot de colle, pense-t-il, mais pas méchant! Au fait, elle serait assez fière de mes choix... Il n'y en a pas trop là-dedans qui sont du genre à piquer les confitures!»

Il regarde l'heure. Il faut vraiment dormir. Il écrase sa cigarette et se dit que, première chose demain matin, il va envoyer quelqu'un lui acheter une montre. «Ça va m'aider à être un peu plus ponctuel. Matinal aussi.»

Car il a pris la résolution que le Premier ministre serait ponctuel et matinal... Enfin! plus que ne l'a jamais été René Lévesque.

– C'est un bon cabinet que vous avez là, René, vous vous êtes bien entouré.

L'appréciation ne vient pas d'un dilettante, mais de l'ancien ministre Georges-Émile Lapalme, l'homme qui a tenu le phare libéral allumé durant la dernière partie du règne ténébreux de Duplessis.

– Oui, dit modestement Lévesque, il y en a dont les capacités sont bien supérieures aux miennes. Je me sens presque mal à l'aise de les diriger.

– Ne vous laissez pas impressionner, René, c'est vous le chef.

– Dix ans pour arriver au pouvoir, réplique Lévesque, c'est interminable quand on attend. Mais lorsqu'on y est et qu'il faut gouverner, c'est court pour être fin prêt.

Depuis qu'il a terminé la rédaction de ses Mémoires, Lapalme vit pratiquement en reclus, et les Michaud l'ont invité à dîner parce qu'il avait exprimé le désir de revoir son collègue de jadis devenu Premier ministre.

L'hôte, Yves Michaud, qui s'était éclipsé quelques instants, revient avec une bouteille de poire William.

– Mes amis, c'est de la Schladerer, le plus fin alcool du monde, directement de la Forêt-Noire.

Sur ce sujet du vin ou des alcools, Yves Michaud serait intarissable. Mais le Premier ministre est préoccupé par un tout autre sujet. Il déguste et se contente d'un hochement de tête en guise d'appréciation.

– Avec ce gouvernement, dit Lévesque avec gravité, on n'a pas le droit de manquer notre coup. Si on déçoit les Québécois, c'est la confiance que nous devons avoir en nous-mêmes comme peuple qui risque d'être atteinte.

Il en a vu des hommes politiques, Lapalme, il est septuagénaire! Mais jamais du genre à avoir peur de ne pas faire le poids et de décevoir le peuple. Ceux qu'il a connus étaient en général tellement persuadés de la justesse de toutes leurs décisions qu'ils ne comprenaient pas pourquoi le peuple manquait parfois de reconnaissance.

Lapalme dépose sa main sur le bras de Lévesque.

– Vous êtes un homme de passion, René, et vous avez de l'instinct! Écoutez-le, vous ne vous tromperez pas. Et si vous me permettez un petit conseil, après tout! nous avons déjà fait partie du même gouvernement... Essayez de vous discipliner un peu!

Il presse gentiment le bras de Lévesque.

Ce ton serein mais autoritaire, ce geste d'affection de la part d'un homme dont on a toujours dit qu'il était austère et froid, bouleversent Lévesque. Pendant une seconde, il a l'impression que son père Dominique est à côté de lui. Aussi, est-ce avec un vrai geste de petit garçon qu'il tire la manche gauche de son veston pour exhiber fièrement sa montre neuve.

– Regardez, Monsieur Lapalme, j'ai acheté ma première montre, je suis presque devenu ponctuel...

Lapalme hoche la tête, sourit. Il se tourne vers Corinne Côté.

– C'est vous qui l'avez tant changé? demande-t-il.

– Non… non, je ne pense pas, répond-elle plutôt distraitement. Moi, je n'arrive même pas à lui faire changer ses damnés hush-puppies.

– Quatre heures du matin! geint Corinne Côté, ça finit donc tard quand on va chez Michaud.

– C'est dimanche, réplique Lévesque qui s'est mis au volant, tu peux dormir toute la journée. Ça m'a fait plaisir de revoir M. Lapalme, depuis le temps qu'on s'était perdu de vue.

Elle est déjà à moitié assoupie sur la banquette de la Ford Capri.

«Elle et son petit moteur, pense Lévesque. Toujours épuisée!»

Soudain, il aperçoit presque devant lui un homme qui gesticule debout dans la rue. Il bifurque brusquement sur la gauche pour l'éviter. Corinne ouvre les yeux et remarque à ce moment un autre homme, couché de tout son long sur la chaussée humide. Elle hurle, Lévesque freine, mais l'homme est déjà sous l'auto.

Le temps de s'immobiliser – quarante mètres d'une éternité atroce – ils entendent le frottement sourd du corps coincé sous la voiture.

Lévesque voudrait croire à un cauchemar, mais l'homme qui lui a fait des signaux, il y a une seconde, est là et frappe dans la vitre de sa portière.

– Il y a quelqu'un sous l'auto!

– Il était couché… je ne l'ai pas vu, bredouille Lévesque.

– Mais reculez, reculez donc!

Lévesque fait marche arrière, lentement, et s'arrête. Quand il aperçoit le corps sur la chaussée, il descend aussitôt de la voiture. Corinne descend elle aussi et s'assied en pleurant sur le muret de béton, en bordure de la rue Cedar.

Un automobiliste qui suivait à distance la voiture de Lévesque s'arrête à son tour. Puis un taxi dont le chauffeur s'empresse d'appeler une ambulance et la police.

– J'ai tout vu, je suis témoin. J'ai tout vu ce qui s'est produit, dit celui qui gesticulait.

Lévesque va vers Corinne.

– Je vais demander à un des types de te ramener à la maison. Appelle Michaud.

Monique Michaud est jusqu'au cou dans la vaisselle sale du dîner lorsque le téléphone sonne.

– Yves, tu peux répondre?

– Merde, dit Michaud en raccrochant, René vient de frapper un piéton avec sa voiture.

– Comment est-ce qu'il était en sortant d'ici? demande Monique.

– Parfait! Il n'a pas bu plus de deux ou trois verres de vin. Et un peu de poire... puis il m'a demandé au moins cinq cafés.

Quand Michaud arrive sur les lieux de l'accident, on a déjà transporté la victime dans une ambulance, un pauvre clochard, qui de toute évidence est mort sur le coup.

Lévesque est assis à l'arrière d'une voiture de police.

– Monsieur le Premier ministre, on va descendre au poste pour la déclaration officielle, dit le constable Larose, on ne peut pas faire autrement.

– Il n'est pas question que je sois traité autrement qu'un citoyen ordinaire.

– Oui, Patenaude, qu'est-ce qu'il y a? demande le constable Larose à son collègue qui arrive avec quelqu'un.

– J'ai un M. Michaud ici, il paraît que c'est un ami intime de M. Lévesque.

Le constable Larose descend de voiture.

– Allez donc reconduire M. Lévesque chez lui, dit celui-ci à Michaud. On ira le chercher pour sa déposition officielle. Nous autres il faut attendre l'Identité pour les photos, ça peut prendre encore une bonne heure. Il va être plus confortable chez lui.

Lévesque sort de voiture.

– Excusez-moi, Monsieur Lévesque, vous ne m'avez pas donné votre adresse.

Il hésite un moment, puis donne l'adresse de la rue Woodbury, chez sa femme.

– C'est très bien, dit le constable, on ira vous chercher là.

– Je l'ai tué, Louise... tué, répète Lévesque, la voix brisée.

Depuis son arrivée inattendue, rue Woodbury, il est resté prostré sur un des fauteuils du salon.

– Avais-tu bu? s'inquiète Mme Lévesque.

Presque rien, fait-il d'un geste.

– Le pauvre type était en travers de la rue, je ne l'ai jamais vu.

Elle va s'asseoir près de lui sur l'accoudoir. Elle passe son bras autour de son cou.

– C'est tragique, dit-elle d'une voix douce, mais c'est un accident... Il ne faudra pas que tu te laisses miner par ça, mon petit bonhomme, pas avec la tâche que tu t'es mise sur les bras.

– Justement, est-ce que j'ai envie de continuer avec ce qui arrive?

«C'est trop bête, pense-t-elle. Trop injuste. Il n'a pas traversé ces années misérables pour lâcher, à présent qu'il touche le but.»

– René, écoute-moi, je ne crois pas qu'il va se trouver un seul Québécois pour te jeter la pierre. C'est un accident. Tu n'y es pour rien... Les gens t'aiment, ils te pardonneront tout... On te pardonne toujours tout, dit-elle, avec un soupçon d'amertume.

Elle lui frictionne le cou, cherchant à le détendre.

– Même si je ne suis plus là pour t'y faire penser, dit-elle, ménage-toi un peu... Tu devrais essayer de prendre des vacances, va au bord de la mer, tu sais comme ça te réconforte, la mer.

Un Premier ministre, nouvellement élu... au volant de la voiture d'une maîtresse dont le grand public ne connaît pas encore l'existence... qui écrabouille un clochard, à quatre heures du matin, en revenant d'une soirée où il a bu du vin et de l'alcool de poire, il y a de quoi nourrir les journaux pour quelques jours.

Et les journalistes s'en donnent à cœur joie, n'épargnant pas aux lecteurs un seul détail de cette soirée fatidique.

Par exemple, grâce aux journaux, on peut mieux apprécier les remarquables qualités d'hôte de M. Michaud qui recevait sept personnes à table, ce soir-là.

– Monsieur Michaud, est-ce que vous avez servi du vin? demande l'enquêteur de la police.

– Oui, j'ai personnellement servi le vin, soit deux bouteilles pour les sept convives.

– Est-ce que vous avez souvenance de la sorte de vin?

– Oui, c'était du Château Puyfromage.

– Est-ce que vous êtes en mesure de dire combien d'onces approximativement vous avez versé dans les verres?

– C'étaient des bouteilles de format régulier de 75 centilitres chacune. À l'œil, je peux dire que j'ai servi des proportions égales, c'est-à-dire l'équivalent pour les sept personnes. En somme, j'ai pris les bouteilles puis j'ai rempli tous les verres et donné des proportions égales à tout le monde. Je peux dire, précise encore Michaud, que je ne sers mes verres qu'à demi plein, c'est-à-dire trois à quatre onces par verre.

– Avez-vous eu l'occasion de servir des digestifs?

– Oui, de l'alcool de poire William.

– Est-ce que vous en avez servi à M. Lévesque?

– Oui, un fond de verre, vers vingt-deux heures trente.

– Quel serait l'équivalent en onces?

– Une once à une once et demie.

– Avez-vous eu l'occasion de servir autre chose à M. Lévesque?

– Oui, du café. M. Lévesque étant un grand buveur de café, je lui en ai servi environ cinq à six tasses.

Tout n'est pas aussi clair et précis... On continue de se questionner sur cette femme qui accompagnait Lévesque. Ce dernier explique aux policiers qu'elle est sa secrétaire. Mais des journalistes parlent d'une «compagne». D'autres racontent qu'il habite avec elle, avenue des Pins et non plus à l'adresse de la rue Woodbury, ainsi qu'il l'a déclaré aux enquêteurs.

Il y a aussi la voiture. Elle appartenait à Lévesque jusqu'à l'élection, mais après il l'a cédée à Corinne Côté. Au moment de l'accident, le transfert des enregistrements n'était toujours pas effectué.

Il y a aussi le problème des verres correcteurs! Une semaine après son verdict de mort violente sans responsabilité criminelle, le coroner Laniel reçoit un coup de téléphone anonyme. La personne au bout du fil le prévient que le Premier ministre est myope et qu'il a l'obligation, suivant les termes de son permis, de conduire avec des verres.

Cette révélation alimente la chronique encore quelques jours, mais finalement le coroner prévient le ministère de la Justice que cette nouvelle circonstance n'aurait en rien changé sa décision... Et l'affaire commence à s'éteindre.

Même ceux qui avaient jappé très fort pour qu'une enquête publique soit instituée sur cette malheureuse affaire finissent par rentrer paisiblement dans leur niche. D'ailleurs le dossier intégral de l'enquête, deux cent cinquante pages, est mis à la disposition des journalistes qui voudraient le publier.

– Une brique comme ça, jamais dans cent ans, dit Me Boivin au ministre de la Justice, Marc-André Bédard.

– Ce qu'il faut que les journalistes sachent, dit le ministre Bédard, avec un sourire narquois, c'est qu'on ne les empêche pas de la publier. Ils peuvent faire une édition complète de *La Presse* avec, s'ils le veulent!

Ce n'est pas le verdict de non-responsabilité qui va chasser de sitôt le nuage qui s'est installé dans la vie de Lévesque. Ou qui va raccommoder les accrocs à sa liberté personnelle.

Dès le lundi matin, vingt-quatre heures à peine après l'épisode de la rue Cedar, Me Boivin entre dans le bureau du Premier ministre avec une nouvelle disposition qui entre en vigueur sur-le-champ.

– Monsieur Lévesque, je viens de voir la Sûreté du Québec, on va vous fournir un chauffeur... vous n'avez plus le droit de prendre de risque.

«Voilà les contraintes qui commencent, pense Lévesque. Plus jamais moyen d'être seul. Ni d'aller où je veux, comme je le veux.»

– Tant que vous serez Premier ministre, poursuit Me Boivin, vous ne prendrez plus le volant. Il y aura quelqu'un à votre disposition, vingt-quatre heures par jour.

On jurerait que Lévesque ne l'entend pas!

– Monsieur Lévesque! insiste Boivin.

– Oui, oui, j'ai compris. Pas besoin de me faire un dessin. Encore un petit bout de liberté et de vie privée qui s'en vont...

Le mardi matin, en sortant du Château Laurier où il habite à Québec, Lévesque trouve devant lui une voiture noire. Un homme lui en ouvre la portière en se présentant.

– Je suis Georges Leclerc, Monsieur le Premier ministre.

Lévesque lui serre la main, sourit et entreprend de poursuivre sa route à pied.

– C'est moi qui dois vous amener à votre bureau, Monsieur Lévesque.

– C'est juste là, dit Lévesque, je peux marcher.

Heureusement, en tenant ouverte la portière de la voiture, le chauffeur bloque déjà presque tout le trottoir.

– Il faudrait que j'achète des cigarettes, dit Lévesque dans une dernière tentative pour s'esquiver.

– Pas de problème, dit Leclerc, on va s'arrêter pour des cigarettes.

C'est avec l'air piteux d'un prisonnier qu'on jette dans le panier à salade que Lévesque monte enfin dans la voiture.

«La “vraie” vie de Premier ministre, se dit-il, celle que j'exècre.»

18

C'est une miniature, cette Pauline du cabinet du ministre Charron. Délicate, jolie, séduisante, comme toutes les miniatures.

Elle travaille encore assidûment, même si l'heure est depuis longtemps passée d'être encore à l'ouvrage. Les vrais fonctionnaires ont déjà plié bagages, eux.

On frappe à la porte.

– Entrez, dit-elle.

Quelle n'est pas sa surprise de voir entrer le Premier ministre lui-même, un volumineux dossier sous le bras. Comme un messager.

– Monsieur le Premier ministre! Vous voulez voir M. Charron?

– Oui, éventuellement. Mais tant que vous êtes là, je ne suis pas trop pressé...

Tout de même! pour un myope qui devrait porter des lunettes... il voit bien, même les miniatures!

– Je ne vous connais pas, dit-il gentiment.

– Ah! moi c'est Pauline!

Il lui tend la main.

– Il sait s'entourer, notre ministre des Loisirs...

– De la Jeunesse et des Sports, enchaîne Pauline pour fermer ce piège que Lévesque a laissé ouvert après «loisirs».

– Trois juridictions qui conviennent éminemment à votre beauté, dit-il.

Mal à l'aise, la miniature pique un fard, digne d'une plus grande, et retraite vers le bureau de son ministre.

– Je vais dire à M. Charron que vous êtes là!

Lévesque lui emboîte le pas, déçu puis amusé de son embarras.

Comment Charron ne serait-il pas au moins aussi étonné que sa secrétaire de voir le Premier ministre rappliquer chez lui? D'abord on ne lui a pas caché qu'il a été nommé de justesse au cabinet et ensuite il se rend compte que Lévesque est resté assez distant avec lui depuis l'incident du *Devoir*.

– Monsieur Lévesque! C'est tout un honneur que vous me faites.

– Tiens, vous regarderez ça, dit Lévesque en lui remettant le volumineux document qu'il porte. Il y a de quoi vous amuser.

– Qu'est-ce que c'est?

– Tout le dossier olympique, dit Lévesque.

– *Wow!* Ça c'est les ligues majeures!

– Je vous envoie au bâton contre le maire Drapeau... Débrouillez-vous mais prenez les bonnes décisions. Vous avez carte blanche.

Dans son bureau, Lévesque n'a laissé allumée qu'une lampe, celle au-dessus de son pupitre. Il écrit à la main, studieusement, biffant des mots, recommençant, indiquant des renvois par des flèches ou s'arrêtant pendant de longues périodes pour consulter des papiers et réfléchir.

Un craquement le fait sursauter. Il relève la tête et aperçoit quelqu'un dans la pénombre derrière la porte entrouverte.

– Qui est là? demande-t-il.

– Je ne veux pas vous déranger, je vois que vous êtes en train de travailler.

C'est la voix de Claude Morin. Il entre derrière sa pipe.

– C'est mon discours de New York, dit Lévesque.

– Le discours de New York! Vous n'êtes pas nerveux. New York, c'est après-demain.

– Je suis en train, là...

– C'est pas un peu à la dernière minute, Monsieur Lévesque?

– C'est pas tout le monde qui pond ses œufs deux mois d'avance comme vous, Morin... Moi je préfère servir du frais. Mon baptême à l'Economic Club, je ne vais pas me présenter là avec du passé date.

Lévesque jette un œil de travers à son visiteur. «Ah non! se dit-il, il ne va pas encore s'incruster là indéfiniment!» Parfois, Morin lui fait penser aux petits chouchous qui tournaient autour du professeur après l'école, dans l'espoir d'obtenir de meilleures notes... Ils apportaient toujours une gâterie: une pomme, un biscuit, du sucre à la crème.

Morin, hélas! arrive toujours sans la gâterie.

– Je discutais de ça avec Louise Beaudoin, dit le ministre des Affaires intergouvernementales, il faut absolument qu'on vous prépare un voyage officiel en France.

– Évidemment, dit Lévesque, la France c'est votre axe préféré. Mais à mon humble avis, New York c'est plus important.

Lévesque recommence à écrire, espérant ainsi donner le signal de la fin de cet entretien impromptu.

– Voulez-vous de l'aide pour votre discours de New York? demande Morin...

– Merci, dit le Premier ministre d'un ton si péremptoire que Morin disparaît, laissant un relent tenace de tabac derrière lui.

Depuis la visite de Lévesque, Charron s'est plongé jusqu'au cou dans le dossier olympique. Le déficit exorbitant, la gaffe monumentale du stade de Drapeau lui font dresser les cheveux sur la tête. Il en oublie l'heure... et Pauline qui se désespère. Il est près de minuit.

– Monsieur Charron, est-ce que vous avez encore besoin de moi? demande-t-elle par l'intercom.

– Non, non, Pauline, allez-vous-en. N'oubliez pas d'appeler Rouleau demain matin!

Le ministre a déjà décidé de former un comité d'experts afin de décider quoi faire avec l'éléphant blanc de Drapeau, cet animal de stade sans queue ni tête. Et il veut voir Claude Rouleau à la première heure. Ce dernier a été nommé par Bourassa à la tête de la Régie olympique. Eh bien! il va y rester tant que les écuries d'Augias ne seront pas nettoyées. Il va se défoncer avec moi, se promet Charron.

Avant de partir, Pauline fait un crochet par le bureau du Premier ministre. En apportant le dossier olympique plus tôt, il a laissé une lettre personnelle par mégarde.

Lévesque s'apprête lui-même à fermer boutique lorsque Pauline arrive en lui tendant la lettre.

– Je ne pensais pas que vous seriez encore là, Monsieur le Premier ministre. Vous avez laissé cette enveloppe sur mon bureau, tout à l'heure.

Pendant une seconde, Lévesque hésite. Pourquoi est-elle là? Est-ce fortuit, providentiel ou prémédité? Quoi qu'il en soit, l'occasion est trop belle.

– Sauvez-vous pas, dit-il, comme elle va tourner les talons, je m'en allais moi aussi... On pourrait peut-être aller prendre un verre ensemble.

Pauline s'arrête, stupéfaite.

– Vous voulez prendre un verre avec moi...?

– Pourquoi pas...? Et peut-être autre chose aussi. Vous me plaisez beaucoup... Je voulais vous le dire, il y a un bon moment que je vous ai remarquée.

Elle est confuse, ses pommettes se colorent.

– Êtes-vous sérieux, Monsieur Lévesque?

– Mais oui, très sérieux. Ce sont des choses qui arrivent.

Puis, subitement dérouté, il dit en riant:

– Vous verrez, ça risque même de ne pas être trop moche...

– Ah! mais j'en suis certaine.

Elle sourit à son tour. Mais, intérieurement, elle se torture à l'idée de le blesser.

– C'est moi qui ne peux pas.

– Il y a quelqu'un qui vous attend?

– Non, ce n'est pas ça, mais je me connais. Je me connais trop bien... Je sais que vous seriez très déçu... très très déçu, Monsieur Lévesque... Merci quand même de la belle invitation.

Elle s'éloigne d'un pas rapide... Dans le corridor mal éclairé, elle paraît encore plus petite. On dirait une enfant.

Lévesque s'étonne de trouver Leclerc, son chauffeur, qui l'attend encore.

– Vous n'avez pas terminé votre quart, vous?

– Oui... mais j'ai décidé d'attendre.

Au moment de le déposer au Château Laurier, Leclerc sort timidement une lettre de la poche intérieure de son veston.

– Monsieur Lévesque, il y a quelqu'un qui m'a donné ça pour vous. J'ai bien hésité avant d'accepter de vous la remettre. Mais c'était difficile de faire autrement... C'est personnel, il paraît.

«Décidément, pense Lévesque, c'est soir de courrier!»

Sur l'enveloppe blanche, on a écrit simplement au stylo-bille: *à M. René Lévesque.* Dans sa chambre, il jette son veston sur le dossier d'une chaise, dénoue sa cravate et s'assied sur le lit. Quelle est cette lettre mystérieuse? Il décachète l'enveloppe.

Cher René. Tu m'excuseras de ne pas t'appeler Premier ministre, mais ça me gênerait trop...

Intrigué, il va tout de suite à la signature: *Julie.*

Tout de suite, il espère que ce soit cette Julie de Limoilou chez qui il était allé, il y a dix ans, le jour où il a quitté le Parti libéral.

J'ai eu une moins grosse promotion que toi, écrit-elle en se moquant un peu, *mais si jamais tu avais envie de me revoir, je te donne mon téléphone à Montréal. J'ai des espérances, mais je ne me fais pas d'idée. Tu sais, ce n'est pas mon genre. Mais nous nous étions si bien entendus ce matin-là à Limoilou... Par précaution, j'ai fait remettre ce message à ton chauffeur par quelqu'un d'autre qui travaille avec moi au club.*

Il décroche le téléphone, compose le numéro de Julie. Il laisse sonner plusieurs fois. Pas de réponse. Déçu, il note le numéro sur un bout de papier en l'identifiant seulement par l'initiale «J» et le glisse dans son portefeuille. Il déchire ensuite la lettre, la jette à la corbeille.

Lévesque prend le Ray Bradbury sur sa table de chevet. Il lui reste une centaine de pages... Il décide de les terminer avant de dormir. Le discours de New York, les affaires courantes du gouvernement... Julie comme Pauline, tout finit par s'estomper dans l'univers bizarre de *I Sing The Body Electric!*

Dans le genre haut comme trois pommes, Martine Tremblay, une noiraude aux yeux vifs, est la dernière addition au personnel du bureau du Premier ministre. C'est elle que Lévesque a choisie pour l'accompagner à New York avec la délégation qui comprend aussi Jacques Parizeau et Claude Morin. Ce dernier, éternel inquiet, s'est permis de relire le discours que va prononcer Lévesque à l'Economic Club.

Le bureau du Québec, à Rockefeller Center, résonne bientôt de ses hauts cris.

– Ça n'a pas de maudit bon sens! Où est-ce qu'il est M. Lévesque? Il faut absolument que vous me trouviez M. Lévesque!

Martine Tremblay est encore trop nouvelle pour ne pas être impressionnée par un ministre. Elle s'énerve, épluche l'agenda du patron.

– Il devrait être ici... son dernier rendez-vous était à seize heures à la Chase Manhattan avec M. Rockefeller... Je sais qu'il voulait bouquiner un peu.

Morin aimerait avoir des cheveux pour pouvoir se les arracher. Malheureusement il ne peut se permettre ce luxe. Et il faut voir comment il laisse allonger ses favoris pour les draper avec une élégante ondulation par-dessus les oreilles et les envoyer rejoindre l'occiput. Ce qui ne l'empêche pas d'avoir les oreilles qui chauffent, à l'occasion...

– Moi, son maudit discours, je flanquerais tout le début à la poubelle.

– On a déjà commencé à le distribuer aux journalistes, dit Martine Tremblay.

– Et Monsieur le Premier ministre bouquine, dit-il en hochant la tête... On ne parle pas assez d'Hydro-Québec là-dedans. C'est Hydro qui a bâti l'image du Québec sur le marché des obligations de New York. Ils en ont vendu un joli paquet.

Quoi qu'il en soit, c'est bien difficile pour un homme dont la réputation de scribe se perpétue depuis le règne de Lesage de donner son imprimatur à un discours qu'il n'a pas écrit lui-même.

– Ça prendrait un paragraphe sur l'accueil qu'on réserve au capital étranger, c'est ça qu'il faut vendre à New York, pas l'indépendance... En tout cas, avant l'indépendance.

– M. Parizeau a lu le discours ce matin, dit Martine Tremblay. Il était d'accord.

– C'est un économiste, Parizeau. Mais ce n'est pas le roi des diplomates, fait remarquer Morin. Et puis l'économie, la finance, ce n'est pas l'apanage exclusif de «Monsieur».

– Je ne sais pas, je suis nouvelle dans l'entourage de M. Lévesque.

Morin trouve impensable qu'elle n'ait pas déjà jugé bon de faire l'inventaire des compétences à l'intérieur du cabinet, si nouvelle soit-elle...

– Je suis moi-même économiste de formation, précise-t-il. J'ai été conseiller de M. Lesage en économie. Mais surtout je sais de quoi je parle en matière de relations internationales. Pour moi, c'est clair que M. Lévesque devrait modifier son discours.

Et avec ce conseil prodigué sur le ton d'un ukase, il prend congé de Martine Tremblay.

– Ce que j'ai écrit là-dedans, ronchonne Lévesque, c'est ce que je dis au Québec. Je ne vais pas changer mon discours pour des maudits banquiers de New York. S'ils ne sont pas contents, qu'ils mangent de la marde! Et puis Morin et sa gang des «affaires inter», je les trouve plutôt faiseux.

– J'ai dit à M. Morin que je vous ferais le message, c'est tout, explique Martine Tremblay.

– Vous vous rendriez plus utile en vous occupant de ma boucle.

Lévesque a enfilé son pantalon à galons de soie, mais il se bagarre depuis un moment avec le ruban noir dont il doit faire un nœud papillon.

Martine Tremblay prend cette chose fripée et tortillée, presque méconnaissable.

– Vous lui avez fait du tort, dit-elle en pouffant de rire.

– D'habitude, dit Lévesque, ces maudits nœuds-là sont faits d'avance.

Tandis que la jeune femme s'efforce de lisser le ruban sur le dossier d'une chaise, Lévesque enfile des souliers vernis qu'il a reçus avec son smoking en location. Il les retire aussitôt pour chausser ses vieux Wallabees.

– Les autres étaient plus élégants, dit Martine Tremblay.

– Ceux-là, dit-il, vont être moins souffrants pour Morin si je décide de lui mettre le pied au cul!

Tout le gratin de la haute finance new-yorkaise est assemblé à l'hôtel Hilton pour entendre ce petit plumé dont certains prétendent qu'il est le Fidel Castro du Nord. De toute façon, au rythme où il grille cigarette sur cigarette, le Fidel du Nord ferait bien de s'entendre avec celui du Sud pour échanger quelques arpents de neige contre une plantation de tabac.

Lévesque est debout au micro. Il y a de la cendre partout autour de lui. Les basques de soie de son smoking en sont couvertes.

– *French Quebec*, apprend Lévesque à son groupe de richards, *was born at the same time as the first American colonies. Its history is intimately linked with that of the thirteen states which, after a hundred and fifty years of imperial rule, decided to form the United States of America*[32].

On en voit dans la salle qui sourcillent un peu en constatant comment on associe l'histoire de la première puissance économique du monde à celle de cette province nordique où on n'a même pas été foutu d'apprendre la langue de la majorité.

– *In fact*, poursuit le Premier ministre, *similarities must have been pretty obvious, since Quebec was invited to join the American Union two centuries ago; for, like you, we believe we are a nation with all the essential requirements: a clearly defined territory, our own history, a common language and culture, a collective will to live together and maintain a national identity*[33].

C'est trop fort! Lorsqu'on a la main sur les leviers de l'économie mondiale, est-ce qu'on aime entendre un va-nu-pieds qui se prend pour son jumeau?

– *Now, almost exactly two hundred years after its neighbour to the south, Quebec too is making up its mind about how to set in motion the process leading to independance*[34].

Est-ce Dieu possible! On entend presque les portes de coffres-forts se refermer...

– *This does not at all mean we are closing the door on foreign investment. On the contrary. Our gouvernment and the Parti québécois itself*, les rassure Lévesque, *are quite ready to accept and welcome foreign enterprise, so long as it respects our language and culture*[35].

Quel bide! Il n'y a sans doute que *Hosanna* de Michel Tremblay qui aura été plus catastrophique à New York.

Tout au long de son discours, Lévesque s'est rendu compte que l'auditoire ne le suivait pas. Mais ce n'est que le lendemain à son bureau de Québec, au moment où l'on visionne un enregistrement des réactions déjà diffusé d'un bout à l'autre du Canada, qu'il peut mesurer l'étendue de l'échec.

Le directeur de la banque First Boston parle d'un discours très décevant, inquiétant même. Quant à Richard Crealy, un autre banquier, du Manufacturers Hanover Trust celui-là, il réagit nerveusement. Ses yeux sont exorbités: on dirait qu'il vient de voir le diable.

– *Scary!* s'exclame-t-il. *This guy really wants to secede from the rest of Canada and, by God! given a chance he'll succeed*[36].

Peter Newman, du magazine *Maclean*, à Toronto, se voilerait carrément le visage tant il a honte.

– *I'm just beside myself to think a Canadian can come to the States and speak this way. I think we've seen the real Lévesque tonight, a fanatic in a rented dinner jacket, a wild animal caught red-handed eating broccoli*[37].

– Encore la mafia anglo-saxonne de Toronto, s'écrie Lévesque. À ses côtés, Parizeau, Louis Bernard et Martine Tremblay n'osent pas ouvrir la bouche. Claude Morin, les yeux fermés, tète sa pipe éteinte.

– Les commentaires sont tous aussi élogieux? demande Lévesque à Martine Tremblay qui a visionné le ruban un peu plus tôt.

Elle acquiesce et il lui indique de couper court à ses souffrances.

– Vous les avez bousculés un peu, dit Parizeau.

– Les Anglais se sont empressés de diffuser ça *coast to coast*, ajoute Morin.

– Évidemment! Ce sont des réactions qui font l'affaire des hystériques de l'establishment anglo-saxon, constate Lévesque.

– Tous ces gens-là qui assistaient à votre conférence, fait remarquer Parizeau, ils font de la finance. Nous, nous faisons de la politique. Il ne faudrait pas mélanger les genres.

– Genre pas genre, reprend Morin, le dollar a chuté.

– Bien oui, un demi-cent, c'est pas dramatique, rétorque Parizeau.

– Les actions de la Johns-Manville ont chuté elles aussi, poursuit Morin.

– Forcément, dit Louis Bernard, il a été question de la nationalisation de l'amiante.

– Bon, conclut Lévesque, on pourrait passer encore des heures à battre sa coulpe à cause de la sensibilité de quelques *big shots* américains mais, à mon avis, il y a des choses éminemment plus productives... Les autopsies, moi!

Martine Tremblay a éjecté le ruban du magnétoscope et demande à Lévesque s'il veut le conserver. Il n'y tient pas.

Claude Morin, Jacques Parizeau, chacun retourne chez soi avec le sentiment frustrant d'un week-end raté... Louis Bernard traîne de l'arrière.

– Monsieur Lévesque, dit-il, je me sens un peu responsable. Je vous ai fourni une bonne partie des notes pour le discours de New York...

– Comme on dit dans le spectacle, ces gens-là, ce n'était peut-être pas mon public. Et puis le maudit discours, c'est moi qui l'ai écrit! Ça n'était sans doute pas le plus habile.

– Ce n'est pas la démarche, mais plutôt le discours lui-même que les journalistes et les commentateurs critiquent. Pourquoi ne pas laisser courir le bruit que le texte a été préparé par un haut fonctionnaire. Par moi si vous voulez, ajoute Louis Bernard.

– Les discours importants, je les écris moi-même, ils le savent bien.

– Justement, dit le haut fonctionnaire avec un sourire en coin, celui-là est une malheureuse exception.

– Écoutez, Louis, le mal est fait!

– Aussi bien que vous n'en portiez pas le blâme, Monsieur Lévesque. Moi, ça n'a aucune importance... Je ne pourrai peut-être pas toujours tout rattraper. Mais pour une fois que c'est possible, ça me fait plaisir... et surtout ça me paraît normal.

– Essayons quand même de ne pas trop vous en mettre sur le dos, dit Lévesque, mal à l'aise.

Le Premier ministre traîne à son bureau si tard, ce soir, que la femme de ménage, qui s'est juré de l'intercepter, lave le plancher du corridor devant sa porte pour la quatrième fois. Mais non, c'est toujours quelqu'un d'autre que lui qui sort du bureau. On dirait un truquage. Depuis qu'elle épie la porte, il n'est entré personne, mais pourtant il en sort par escadrons!

Pour ne pas avoir l'air de traînasser, elle mouille le plancher de nouveau. Eh bien! c'est justement le moment que choisit Lévesque pour montrer le bout de son nez. Il s'arrête instantanément en voyant le parquet humide.

– Je peux passer?

– Mais oui, Monsieur Lévesque.

– Quand maman lavait son plancher, dit-il aimablement, il n'était pas question de marcher dessus avant qu'il soit sec.

– Vous n'étiez pas encore Premier ministre!

Il fait quelques pas sur le bout des pieds. Il va disparaître si elle ne s'arme pas immédiatement de courage.

– Pardon, Monsieur Lévesque... Si un homme est en bonne santé, qu'il fait bien son travail, croyez-vous que c'est raisonnable de le forcer à prendre sa retraite?

– Vous me parlez de qui, là?

– De mon mari...

– Vous avez peur de l'avoir sur le dos toute la journée, à la maison?

– Non, Monsieur Lévesque... Je l'aime trop pour le voir mourir d'ennui à se tourner les pouces.

– Qu'est-ce qu'il fait, votre mari?

– Vous le connaissez, c'est le grand sec avec des lunettes qui conduit l'ascenseur, juste là...

– M. Toupin! dit Lévesque... Mais c'est un jeune homme.

– Pas tout à fait, mais aussi vaillant qu'un jeune.

– Pourquoi est-ce qu'il prend sa retraite alors?

– Parce que c'est la loi, Monsieur Lévesque.

Il réfléchit un moment, en l'observant. Avec son air timide mais déterminé, ses deux mains agrippées au manche de sa vadrouille plantée droit par terre... Un beau personnage de Marcel Dubé.

– Écoutez, on va voir ce qu'on peut faire...

Elle le voit s'éloigner... sur la pointe des pieds, malgré le sol qui est presque sec, et elle se demande pourquoi elle s'est fait une telle montagne à l'idée de lui adresser sa requête.

Il est presque de ma taille, se dit-elle...

19

Si l'on décidait d'organiser un concours de beauté parmi les chefs de cabinet des ministres du gouvernement Lévesque, ou encore si on leur faisait subir un test d'intelligence, la palme irait sans doute à Louise Beaudoin dans les deux cas. Et parce que cette brunette aux yeux turquoise rêve depuis ses études à la Sorbonne d'un grand mariage entre le Québec et la France, c'est au ministère des Affaires intergouvernementales qu'elle se retrouve, sous la houlette de Claude Morin.

Très tôt au bureau chaque jour, Louise trempe des mouillettes dans son café et passe en revue les journaux qu'elle considère importants. *Le Monde* compte parmi ses favoris. Sauf ce matin...

– Ah! ils sont dégueulasses! dit-elle, perdant le contrôle de sa mouillette qui disparaît au fond de la tasse.

Elle prend le journal, va trouver son ministre et lui dit:

– Je viens de faire le tour des journaux français, ils font tous état du discours que M. Trudeau vient de prononcer à Washington. Mais dans *Le Monde*, c'est absurde... écoutez ce qu'ils écrivent: «La plupart des Canadiens comprennent que le fractionnement de leur pays serait un crime contre l'humanité.» «Un crime contre l'humanité», mais ils sont malades, Claude. Quand je pense que *Le Monde* n'a pas daigné écrire une ligne sur le voyage à New York de M. Lévesque.

– Ça, Louise, je dirais plutôt que c'est une bénédiction.

– Oui, mais si on se casse la gueule à New York et qu'on ne fait rien du côté français pour promouvoir notre idée, merde!

– C'est évident, il faudrait que la France invite officiellement M. Lévesque, dit Morin.

– Profitons-en, il reste encore des gaullistes au pouvoir. Il faut organiser un voyage triomphal...

– Louise, on peut peut-être s'arranger pour l'invitation, mais le triomphe...

– Justement, Monsieur Morin, le triomphe aussi ça s'arrange!

Le berger de la diplomatie québécoise ne peut s'empêcher de sourire de l'enthousiasme un peu naïf, pense-t-il, de son chef de cabinet. Après tout, depuis 1960, le mouton du Québec serait resté sagement dans la bergerie s'il ne l'avait lui-même guidé vers l'herbe parfois tendre, parfois coriace des pâturages étrangers.

Lévesque contemple l'exemplaire du *Livre blanc sur la langue* que vient de déposer sur son bureau le Dr Laurin. Et bon Dieu! il a un double choc. D'abord, la couverture qui arrive, vlan! Une main qui trace l'accent aigu sur le mot «QUÉBEC». Et ensuite, l'épaisseur!

– C'est gros, cette affaire-là, ne peut s'empêcher de dire le Premier ministre.

– Vous m'aviez confié le mandat de faire une loi sur la langue, dit le Dr Laurin, elle est là!

Et comment donc!

– Je ne vous en avais pas demandé tant, dit Lévesque, presque sérieux.

– Pour moi, Monsieur Lévesque, une loi sur la langue française, c'est global. C'est une œuvre de redressement collectif, presque de psychothérapie. Il faut tout couvrir.

Lévesque devient subitement soucieux. C'est une partie de son enfance qui se dresse devant ses yeux, avec l'anglais appris dans la rue, sans effort, et les bagarres incessantes entre Français et Anglais, des bagarres qui n'ont pas laissé de cicatrices. Au contraire, il se souvient encore bien des noms de quelques grands efflanqués d'Anglais qui le terrorisaient et des autres (de sa taille) qu'il tabassait volontiers.

– La langue, dit-il, ce n'est pas la seule loi importante sur la table. Il y a le zonage agricole, la réforme du financement des partis, l'assurance-automobile.

Ses yeux reviennent sur le volumineux projet de loi.

– Je suppose, docteur, que vous avez beaucoup de contraintes là-dedans, des sanctions...

– J'ai ce qu'il faut!

– J'espère que vous respectez les droits fondamentaux de tous, même des Anglo-saxons.

– Monsieur Lévesque, on les connaît! Les Anglo-saxons vont exiger d'autant plus de respect des droits fondamentaux qu'ils sont encore les dominateurs...

Lévesque réagit. Justement, c'est ce ton vindicatif qui l'agace.

– Cette liberté qu'ils nous demandent, les Anglo-saxons, poursuit le Dr Laurin, c'est celle du renard dans le poulailler. Les droits fondamentaux du renard sont bien supérieurs à ceux de la poule... Monsieur Lévesque, il s'agit de savoir si on veut rester poule ou si on veut organiser le combat des poules contre le renard.

– C'est bon, dit Lévesque avec impatience, on va étudier ça. Vous, Docteur, préparez-vous pour le conseil des ministres...

Le docteur se lève pour prendre congé du Premier ministre, mais il le sait déjà, la bataille sera âpre. D'autant qu'il ne s'attendait pas à ce que les coups viennent d'aussi haut.

– Monsieur Lévesque, ajoute-t-il en partant, à New Carlisle où vous avez grandi, la moitié de la population était anglophone, l'autre francophone, et il y avait une cohabitation raisonnable... Hélas! ce n'est pas ça la réalité du Québec, et vous le savez!

Lévesque doit bien admettre qu'il y a eu des moments depuis qu'il le connaît où le côté «psy» du Dr Laurin le hérissait moins. Mais avec sa grosse brique de loi et ses velléités de la balancer en pleine gueule aux Anglais, holà!

Tout à coup, Lévesque sent le besoin d'obtenir un avis moins enflammé. Il prend la bible de Laurin et va la porter à lire à Me Boivin.

– Si vous passiez à travers ça au plus vite, dit-il. Moi aussi d'ailleurs. Le docteur a travaillé rapidement, je n'ai pas envie qu'on le fasse traîner.

– Je me suis informé pour votre Toupin, dit Me Boivin...

Toupin...? Lévesque tombe des nues. Il est à des kilomètres de Toupin.

– Votre type de l'ascenseur! celui qui doit prendre sa retraite, précise Me Boivin.

– Ah! oui, le mari de la femme de ménage...

– Les employés sont forcés de prendre leur retraite, dit Me Boivin. Ils n'ont pas le choix, c'est une loi de la fonction publique.

– Eh bien! on va changer la loi! Arrangez ça avec Denis de Belleval, c'est son ministère.

– Bon, tandis qu'on est dans les varia, dit Me Boivin, il y a Claude Morin qui demande quand il pourrait aller à Paris avec Louise Beaudoin.

– C'est encore dans l'air, ce voyage-là?

– Même un peu plus, ils sont prêts à partir. Vous savez, il est toujours question des rencontres statutaires entre le président français et le Premier ministre du Québec.

– C'est ça le problème avec Paris, dit Lévesque, il est toujours «question» mais il n'y a rien qui aboutit.

– Louise a pas mal de contacts là-bas, dit Me Boivin. Elle prétend qu'elle peut faire bouger les choses...

– Qu'ils y aillent, mais dites-leur qu'il n'est pas question de se traîner aux pieds des Français pour obtenir quelque chose.

– Je sais qu'ils rencontrent le ministre Peyrefitte au sujet du traité d'entraide en matière judiciaire. Il paraît que c'est un ami du Québec.

– Peyrefitte, c'est un autre faiseux, ça!

– Monsieur Lévesque, il semblerait que le protocole d'entente est déjà tout négocié.

– Bien oui, Jean-Roch... et jamais signé! La France, c'est ça!

La France, les Français, Lévesque ne les a jamais portés dans son cœur. Dès 1944, alors qu'il arrive en Europe comme correspondant de guerre, les lettres à sa mère révèlent ses sentiments à leur égard... *«Les Canadiens n'ont pas besoin de tant s'extasier sur les Français de France,* écrit-il. *Tout compris, même au point de vue écriture, nous valons très sûrement la moyenne de ces gens-là... Seulement, ils ont plus que nous le tour de se faire mousser...»*

Voilà ce qui l'horripile par-dessus tout: le côté arrogant et casseur d'assiettes des Français. Même son premier patron à l'Office of War Information, Pierre Lazareff, ce *«moteur perpétuellement emballé»*, ne trouve pas tout à fait grâce devant lui.

Louise Beaudoin, c'est autre chose. Non seulement elle pourrait comme Jeanne d'Arc aller jusqu'à bouter les Anglais hors du pays, mais on la sentirait prête aux derniers outrages pour rapprocher le Québec de la France.

Place Vendôme, quand elle arrive avec son ministre Morin pour leur rencontre avec le Garde des Sceaux, les yeux s'ouvrent aussi grands que les portes. Sans doute pris au dépourvu, le ministre Alain Peyrefitte n'a pas trouvé la parade au nouveau fer de lance de la diplomatie québécoise. Il cherche d'abord du côté de l'esquive...

– Le fameux protocole d'entraide en matière judiciaire... dit évasivement Peyrefitte... oui, oui je me souviens, c'était au temps du Premier ministre Johnson... Johnsonne! comme disait le général.

Il rit de bon cœur de son «Johnsonne». Louise Beaudoin et Morin rient à leur tour... par politesse.

– Écoutez, poursuit Peyrefitte, c'est assez délicat cette entente. Il y a des points que nous aimerions revoir, peut-être même avec Ottawa.

– Vous n'avez pas l'intention de reculer là-dessus, Monsieur le Ministre! dit sèchement Louise Beaudoin.

– Analyser... prendre des précautions, ce n'est pas reculer, Madame.

– Franchement, je ne comprends pas, réplique-t-elle, la Justice, c'est de juridiction québécoise et vous voulez revoir ça avec le fédéral.

Morin suffoque. Il est en train de perdre le contrôle de son chef de cabinet. Il essaie de la freiner en jouant discrètement du pied, mais grand Dieu! elle est lancée.

– Si vous êtes prêts, poursuit Louise Beaudoin, à lâcher sur une entente mineure, une entente niaiseuse, parce qu'Ottawa fronce les sourcils, on est mieux de le savoir tout de suite. Moi qui croyais qu'avec le Parti québécois on pourrait resserrer les liens avec la France.

Pauvre Morin! Lui qui est convaincu d'avoir érigé tous les ponts entre le Québec et les autres pays, voilà qu'il risque de voir s'écrouler celui qui le relie à la France parce que Jeanne d'Arc a lancé sa monture dessus au grand galop.

– Monsieur le Ministre, réussit enfin à dire Morin, Louise a le tempérament un peu vif, je vous prie de l'excuser...

– Mais non, mais non, ça va, Monsieur le Ministre. Au contraire!

Puis se tournant vers Louise Beaudoin.

– Je peux vous appeler Louise, moi aussi?

– Oui, bien sûr, dit-elle en se remettant au petit trot.

Et là, tout à coup, le Garde des Sceaux se lève de sa chaise...

«Ça y est, il nous met à la porte», pense Morin qui va se trouver mal. Il voit toute sa vie s'en aller en eau de boudin.

Par exemple! Peyrefitte s'avance vers Louise Beaudoin et, le geste expressif, se met à déclamer:

– Levez-vous vite, orages désirés... Ah! si j'avais pu faire partager à une autre les transports que j'éprouvais! Ô Dieu! si tu m'avais donné une femme selon mes désirs; si, comme à notre premier père, tu m'eusses amené par la main une Ève tirée de moi-même...

Et devant Morin qui en avale sa pipe, Peyrefitte, oui, le Garde des Sceaux, se jette aux genoux de Louise Beaudoin en s'écriant:

– Beauté céleste, je me serais prosterné devant toi; puis, te prenant dans mes bras, j'aurais prié l'Éternel de te donner le reste de ma vie.

– Hélas! dit Peyrefitte en se relevant, ce n'est pas de moi, mais de Chateaubriand.

Il dévisage Louise, cherche à jauger son effet. Elle est certainement descendue de ses grands chevaux, mais elle a encore le regard coupant comme un scramasaxe.

Claude Morin est comme un crin. Depuis vingt minutes, il fait les cent pas dans le hall de l'hôtel. Il n'ose même plus aller déranger la réceptionniste pour qu'elle appelle à la chambre de Louise Beaudoin. Il le lui a demandé toutes les deux minutes et la ligne est toujours occupée. Espérant se calmer un peu, il va s'asseoir et prend un *Paris-Match* qui traîne sur la table. Plus il feuillette, plus il devient revêche; c'est un vieux numéro qui n'en a que pour Elvis Presley et Roberto Rossellini. Deux grands hommes qui viennent de disparaître et qui comptent pour bien peu dans les préoccupations de Morin.

Enfin! Louise Beaudoin est là.

– On ne sera jamais au théâtre à temps, dit-il avec humeur.

– Claude, qu'est-ce que vous vouliez que je fasse? C'est Peyrefitte, il me tient au bout du fil depuis une demi-heure.

– Peyrefitte! dit Morin en baissant tout de suite le ton, comme si le nom même du ministre était un secret d'État.

– Il sortait de chez le Premier ministre, explique Louise triomphalement. Ils vont signer l'entente. Monsieur Barre est d'accord aussi pour les visites statutaires, mais ce ne sera pas avec le président comme l'avait suggéré de Gaulle, plutôt entre les deux Premiers ministres.

Morin reste bouche bée.

– C'est génial, non? s'exclame Louise.

– Peyrefitte aurait pu m'appeler, dit Morin, en cherchant à dissimuler du mieux qu'il peut la blessure à son amour-propre.

– Il nous l'annonce officiellement demain, c'est par pure gentillesse qu'il a voulu nous prévenir.

– Bon, oublions le théâtre, dit Morin. Allons célébrer.

Célébrer avec Louise Beaudoin, c'est à peu près aussi excitant que partir en java chez les Amish. Raide comme un clou dans son sobre tailleur à la Chanel, elle a humecté ses lèvres de vin à quelques reprises et avalé trois ou quatre morceaux, savamment triés dans son assiette pour donner l'illusion qu'elle mange.

Claude Morin, disons... a un peu plus profité de la vie. Et il s'est ouvert à Louise Beaudoin de certaines confidences qui ont réussi à lui coincer dans le gosier le peu qu'elle avait avalé.

– Je suis soufflée, dit-elle... complètement.

– Voyons, Louise, c'est une *game*... Tu ne t'imagines quand même pas que ces gars-là peuvent jouer au plus fin avec moi!

– Une *game*! Entretenir des contacts réguliers avec des agents de la GRC!

– Mais Louise... rends-toi compte de la chance incroyable. Je me trouve littéralement à avoir infiltré ceux qui pensent avoir infiltré les rangs du Parti québécois. La Gendarmerie s'imagine que je collabore avec elle, mais en fait, je pratique une sorte de contre-espionnage. N'oublie pas, c'est moi qui les renseigne. Je leur dis seulement ce que je veux et surtout je leur tire les vers du nez.

– C'est dangereux en maudit, Claude. Vous êtes ministre!

– Si c'est pas moi qui les informe, ils vont en trouver un autre. Aussi bien que ce soit quelqu'un d'intelligent et de rusé.

– Est-ce que M. Lévesque est au courant?

– J'en ai parlé à ma femme...

– Mais à M. Lévesque? insiste-t-elle.

– Oui, oui, dit Morin, je lui en ai glissé un mot, au début.

L'architecte qui a conçu la salle du conseil des ministres dans ce que les Québécois appellent tous le «bunker», cet ignoble blockhaus qui défigure leur ville, a sans doute voulu reprendre à son compte les vieux symboles du *Metropolis* de Fritz Lang.

Et ce matin, presque par hasard, ça tombe plutôt pile.

Tandis que les automates humains à l'échine courbée (les Québécois) accomplissent leurs tâches absurdes, un intellectuel un peu illuminé, interprété par le Dr Laurin, fabrique une Ève future (la nouvelle loi sur la langue) qui deviendra le porte-voix de leur révolte et marquera la fin de leur résignation.

– Qu'est-ce qu'on souhaite tous? demande le Dr Laurin. Un Québec français! C'est même pour ça, d'après moi, qu'on a été élus.

On entend des «oui» ici et là chez les ministres assis dans cette salle circulaire autour d'une immense table circulaire, sous un plafonnier circulaire d'où partent des rayons futuristes arrêtés en pleine course par des cercles concentriques lumineux.

– Pour avoir un Québec français, dit le docteur, il va falloir prendre les moyens. Eh bien! ils sont tous là dans mon projet de loi.

– Là-dedans, intervient le Premier ministre Lévesque, vous interdisez à un Anglais qui arrive d'une autre province d'envoyer ses enfants à l'école anglaise.

– Absolument, dit Laurin. Les anglophones ont déjà leurs écoles, et ils les contrôlent. Est-ce qu'on doit en plus leur donner le droit d'assimiler tous ceux qui arrivent au Québec?

– Mais c'est presque un droit acquis, affirme Lise Payette.

– Le droit à l'école anglaise, c'est pour les anglophones qui sont ici, dit Laurin, pas pour ceux qui arrivent.

– Réglons ça une fois pour toutes, dit Robert Burns. Moi, je propose que tous les nouveaux arrivants soient forcés d'envoyer leurs enfants à l'école française, sauf si les parents ont reçu leur éducation en anglais, au Québec.

– Ça c'est clair! s'écrie aussitôt Claude Charron.

– Restrictif... trop restrictif, murmure Lévesque, assez haut pour qu'on l'entende, même s'il s'est promis de ne pas trop profiter de son hégémonie de Premier ministre sur cette question de la langue.

– On pourrait adopter la motion de Burns telle quelle, propose alors Denis de Belleval. Mais en annonçant qu'on va y renoncer le jour où les minorités francophones des autres provinces auront les mêmes droits que les anglophones d'ici.

Toutes les têtes se tournent vers Lévesque.

– Bonne idée! dit-il.

– Oui, je pourrais me rallier à cela, dit le Dr Laurin.

– En promulguant le français seule langue de l'administration, de la législature et de la justice, dit justement le ministre de la Justice Marc-André Bédard, on se cogne le nez sur l'article 133 de la Constitution canadienne. Il faut être conscients que ça risque de nous amener devant les tribunaux!

– On ira en cour, dit Charron.

Il est toujours prêt à en découdre, celui-là.

– Voyons! si c'est anticonstitutionnel, on va se faire planter tout de suite, dit l'agricole Jean Garon. À quoi ça sert?

– Pas d'importance, dit le Dr Laurin. Gardons les articles et si on est désavoué, bon Dieu! on déchirera nos vêtements sur la place publique et on dira: vous voyez que dans le régime fédéral, on n'arrivera jamais à garder notre identité et à affirmer complètement notre culture.

– On va laisser ça dans la loi, conclut Lévesque, et on va essayer de se tenir debout.

Dans la salle circulaire du conseil des ministres, tout a tourné assez rond jusqu'ici sur le projet de loi du Dr Laurin, mais c'est parce que Lévesque n'a pas laissé le débat se rendre jusqu'au bout!

Il y a des choses qui le chiffonnent drôlement dans la loi, et il a préféré éviter qu'on se mange le blanc des yeux devant tout le conseil.

Dans la paix que ce début de soirée a finalement apportée dans son bureau, Lévesque se verse un gin qu'il baptise d'une goutte de vermouth, juste de quoi lui donner le nom de martini.

Laurin est là depuis une dizaine de minutes et il a été question de tout et de rien; des cancans dont Lévesque est toujours friand. «Quand une rencontre commence ainsi, se dit Laurin, c'est de mauvais augure... surtout qu'il a demandé à Me Boivin de rester.»

– Je sens qu'il y a quelque chose qui accroche, dit-il, lui qui n'a pas eu besoin de son expérience de psychiatre pour le constater.

– C'est la maudite question de l'affichage qui continue de tracasser Monsieur Lévesque...

«Ho ho! c'est plus grave que prévu, pense le docteur. M. Lévesque répond par personne interposée.»

– Avec cette histoire-là, poursuit Boivin, on est loin d'une espèce de libéralisme britannique...

– Et c'est à ça qu'on est habitué, dit Lévesque.

Le docteur Laurin allume une cigarette, réfléchit un moment...

– Monsieur Lévesque, dit-il, au moment de la nationalisation de l'électricité, c'est vous-même qui me l'avez raconté, les Anglais nous jugeaient incapables de diriger de grandes entreprises. Même le ministre des Finances du Québec a presque toujours été un Anglais. Et ça n'a pas beaucoup changé!

– Oui, je sais, dit Lévesque.

– Encore aujourd'hui, dit le docteur qui active toutes les bonnes manettes, les anglophones contrôlent soixante pour cent du secteur privé tandis que le total des cadres francophones n'atteint pas vingt-cinq pour cent...

– C'est ça la mafia dominatrice anglophone, dit Lévesque. Les bâtards! ils ont le pied sur le tuyau d'oxygène mais ils vont être les premiers à hurler parce qu'on essaie de respirer.

– On est en train de s'anémier, dit Laurin. Le premier souffle, le plus important, c'est la langue! Et croyez-moi, dans l'état actuel des choses, ça demande un joli redressement. Est-ce qu'on peut lésiner sur les moyens?

– Docteur, si je continue à rêver de souveraineté, dit Lévesque, c'est justement pour ne plus avoir à légiférer sur des questions qui devraient être claires. On ne devrait pas être obligés d'élever des remparts pour protéger la langue d'un peuple et son droit de l'utiliser.

– Voyez-vous d'autres solutions? demande Laurin.

Lévesque hoche longuement la tête. C'est une loi tonique, il le sait, mais il a du mal à l'avaler. Elle lui fait penser à l'huile de foie de morue de son enfance.

– La maudite loi, «votre» maudite loi, dit Lévesque, on va la faire adopter, même avec vos chinoiseries sur l'affichage. Mais je trouve ça dégradant, humiliant!

Le Dr Laurin veut reprendre la parole, mais Lévesque l'interrompt aussitôt.

– Docteur, vous allez vous tirer à quatre épingles et votre loi vous allez la vendre aux Québécois. Je veux que la population comprenne, et c'est vous qui allez le lui expliquer, qu'on est obligé de passer par cette humiliation-là pour retrouver notre dignité.

En buvant d'une traite ce qui lui reste de martini, Lévesque en veut tout à coup mortellement à cette mafia anglo-saxonne qui a enfermé les Québécois dans un sac dont ils ne pourront sortir qu'à coups de dent et de griffe, comme des chats de gouttière.

S'il l'avait devant lui, ce soir, son Wilson de New Carlisle, il lui casserait la gueule!

– Attendez-moi ici, dit Lévesque à son chauffeur, qui vient de quitter le boulevard Mont-Royal pour tourner vers le nord et emprunter la rue des Érables. Vous me reprendrez ici, disons dans une heure et demie.

Il est trois heures du matin.

Lévesque fait une centaine de pas jusqu'à une ancienne usine, un immeuble de briques des années trente converti avec assez de bonheur en maison d'appartements. Dans le hall d'entrée, il n'y a pour l'appartement 21 que les iniales J.L. au tableau indicateur.

– C'est moi, dit-il simplement à l'interphone, après avoir sonné. On lui ouvre la porte. Il prend l'ascenseur jusqu'à l'étage.

La porte de l'appartement 21 est entrebâillée. Il frappe discrètement.

– Entre, mon amour!

Il sourit. C'est vrai, même la première fois à Limoilou, elle l'appelait déjà «mon amour».

Subitement, le voilà plutôt décontenancé. Ça fait plus de dix ans!

Il entre, repousse la porte derrière lui, prenant tout son temps avant de lever les yeux vers elle, comme s'il craignait de ne pas retrouver la même Julie.

En la voyant, ses craintes s'évanouissent. C'est son sourire d'abord qui frappe, il irradie tout son visage. Elle s'est arrondie un peu, là où c'est agréable, et elle est encore plus jolie qu'avant. Son visage s'est affiné.

– Donne-moi ça, dit-elle.

Elle veut l'aider à retirer son imper, mais il le laisse glisser par terre. Il la prend impétueusement dans ses bras et l'embrasse, la gardant solidement enlacée, comme s'il cherchait à confirmer les contours de ce corps qu'il a repassé plusieurs fois dans sa tête depuis qu'il a reçu la lettre de Julie.

Il y a chez cette femme quelque chose de simple et de frais qui l'émeut par-dessus tout, une façon si tendre et affectueuse de l'entraîner sur le chemin de l'amour... Ils sont déjà nus sur le lit à s'embrasser et à se mordiller, à se donner des instructions de plaisir avec les termes les plus intimes, chacun manifestant pour l'autre un appétit goulu. Ce désir qui les consume est leur seul lien. Tenace, puisque, après cette longue absence, le contentement qu'ils éprouvent reste toujours aussi vif.

Paisiblement allongé sur le dos, fumant sa cigarette les yeux fermés, il l'écoute répondre à ses questions... Julie est originaire de La-Sarre où elle retourne au moins un mois chaque été parce qu'elle s'ennuie des lacs et de la forêt... et deux semaines chaque hiver pour faire de la motoneige... Elle se construit un chalet en plein bois, avec l'aide de son père... Éventuellement, elle retournera peut-être en Abitibi pour toujours, lorsque sa fille sera élevée.

– Tu as une fille? dit Lévesque étonné.

– Oui, elle dort dans la chambre à côté... Tu viendras la voir avant de partir.

En se rhabillant, Lévesque remarque sur le mur une photo d'elle, assise sur une moto...

– L'aimes-tu? demande-t-elle.

Il la regarde, bouche bée.

– C'est une CH 900, dit-elle.

Il voit bien *Harley Davidson* peint en travers du réservoir de l'engin, mais pour le reste c'est du chinois.

«Quelle tête ils feraient les gens, pense Lévesque en suivant Julie jusqu'à la chambre de sa fille, s'ils me voyaient en selle, derrière elle, fonçant vers l'Abitibi.»

Ils entrent dans la chambre sur la pointe des pieds. Une fillette de sept ou huit ans dort à poings fermés. Modèle réduit, mais réplique exacte de Julie. À une chaînette en or qu'elle porte autour du cou pend une vulgaire clef de maison.

– Qu'est-ce que c'est que cette clef? demande Lévesque, intrigué, en sortant de la chambre.

– La clef de la maison, dit Julie. Je ne suis pas toujours là quand elle revient de l'école. Il faut qu'elle puisse entrer.

Lévesque tombe des nues. Julie sourit.

– Mais mon amour, dit-elle, je l'élève seule et je travaille. Où veux-tu que je l'envoie?

– Son père? demande Lévesque.

– C'est un Grec jaloux... Pas un sou, tant que c'est moi qui la garde!

Elle ramasse l'imper, resté en tas par terre.

– Ce n'était pas trop bien accroché, ça...

Il sourit en la voyant aux petits soins avec ce torchon d'imperméable dont les revers sont constellés de trous minuscules percés par des braises de cigarette.

– J'y pense, dit-elle, je ne t'ai rien offert... c'est sauvage.

Il la prend dans ses bras et l'embrasse...

– Oui, c'est sauvage, dit-il... Mais c'est à mon tour. On se fera un beau dîner en tête à tête, la prochaine fois.

– Toi, tu vas me faire ça? dit-elle incrédule.

– Je peux être romantique aussi, tu sais!

Puis, comme s'il était subitement inquiet, Lévesque lui dit:

– Si jamais tu changes d'adresse ou de numéro de téléphone, tu me préviens... Promis?

– Oui, d'ici dix ans, c'est bien possible...

Elle lui ouvre la porte et le suit des yeux jusqu'à ce qu'il disparaisse au tournant du corridor.

Elle ne l'aime pas, mais il lui plaît. Beaucoup. Reviendra-t-il jamais? «Je suppose, pense-t-elle, ce n'est pas si courant, deux qui vont si bien ensemble...»

20

Il y en a des journaux ce matin qui ruent dans les brancards à cause de l'adoption par l'Assemblée nationale du Québec d'une loi rigoureuse sur la langue française. La presse anglophone est bien sûr la première à se cabrer, mais *Le Devoir*, éperonné par Claude Ryan, son cavalier à tête d'Apocalypse, y va lui aussi de sa ruade.

«Loi outrancière», proclame-t-on en manchette.

Et assis dans l'antichambre du Premier ministre Trudeau, à Ottawa, Son Excellence Gérard Pelletier, ambassadeur canadien à Paris, boit du petit lait à la lecture de la sévère mercuriale du journal de la rue Saint-Sacrement.

– Excellence, vient lui annoncer une secrétaire, le Premier ministre vous attend.

Aussitôt les effusions amicales terminées, Pelletier s'empresse de montrer le journal au Premier ministre.

– Tu as vu que Ryan pourfend la loi 101.

– Ils s'en vont tout droit vers une société monolithique dominée par une seule langue, dit Trudeau. Le contraire de nos aspirations, la négation de tout notre travail.

– Et un pas de plus vers la séparation, dit Pelletier.

– Pelletier, tant que je serai Premier ministre, le Canada va rester un seul et même pays.

Comment le journaliste Jean-V. Dufresne a-t-il pu parler de «trois colombes» quand le trio Trudeau, Pelletier et Marchand s'est envolé vers Ottawa dans l'espoir d'y faire entendre les piaillements du Québec?

Il faut l'écouter, Trudeau, quand il parle d'empêcher le Québec de déserter la Confédération. Il ne roucoule pas, il rugit. Car c'est un lion et il garde ses dix lionceaux à l'œil. Gare à celui qui voudrait s'aventurer hors de la tanière.

La séparation, on est encore loin de là, heureusement! Mais les nouvelles qu'apporte Pelletier à son vieil ami auraient quand même de quoi le faire bondir.

– Il paraît, dit-il, que la France va recevoir Lévesque avec tous les honneurs.

Pelletier a bien appuyé sur «tous les honneurs». Il a souligné les mots avec une inflexion habile de la voix de manière à mieux tourner le fer dans la plaie.

Piqûre d'épingle pour Trudeau que cette histoire! Il reste de glace.

– Un seul principe doit nous guider, dit-il. Il n'est pas question que Lévesque reçoive à Paris le traitement réservé normalement au chef d'un État souverain. Ce n'est qu'un petit Premier ministre de province, et c'est ça, Gérard, le message que tu vas transmettre aux Français.

– Pierre! ils ne peuvent pas faire moins que pour Bourassa en 1974.

– Attention! Ti'Pit, lui, avait un engagement envers l'unité canadienne, pas Lévesque! Il faut que ça se reflète dans leur attitude s'ils ne veulent pas gâcher leurs rapports avec nous.

– Il est même question, dit l'ambassadeur, que Lévesque parle devant l'Assemblée nationale.

– Jamais! réplique Trudeau, outré. Ça, jamais!

Pelletier repart d'Ottawa la mort dans l'âme! Non, mais pourquoi ce diable de Lévesque vient-il leur troubler la paix, à sa femme Alec et à lui, qui coulaient des jours si heureux dans leur somptueuse résidence du Faubourg Saint-Honoré?

Car des trois, la seule colombe véritable, c'est Pelletier. Même déplumé, on le reconnaît tout de suite à sa monogamie et au rameau d'olivier qu'il a dans le bec et qu'il retire seulement pour parler.

C'est sans doute conscient de cette singulière fidélité que Trudeau en a fait son pigeon voyageur à Paris.

À Matignon cependant, le message tombe comme une pierre.

– Le gouvernement canadien n'a pas à nous dicter la température de nos effusions, dit Raymond Barre à Peyrefitte, son Garde des Sceaux.

Le Premier ministre français est courroucé.

– Nous allons faire le maximum pour Lévesque, dit-il. Bien sûr, il n'est pas question d'offenser inutilement Ottawa, mais nous serons très accueillants. Je ne vous le cache pas, ce sera acrobatique!

– Monsieur le Premier ministre, demande Peyrefitte, le discours à l'Assemblée nationale?

– Oui, voilà, j'y ai bien réfléchi. C'est un irritant inutile pour nos amis canadiens... Même Churchill n'a pas eu ce privilège.

– Que diriez-vous de la Salle des fêtes? Monsieur le Premier ministre, c'est aussi le Palais Bourbon.

– Excellent! C'est un excellent compromis.

Raymond Barre est déjà debout, prêt à s'attaquer à d'autres dossiers. C'est le signal de la fin de la rencontre. Lévesque a beau s'amener, la France a d'autres chats à fouetter.

– Pardon, Monsieur le Premier ministre, dit Peyrefitte en se levant pour prendre congé, j'ai essayé de trouver une formule... disons lapidaire! pour qualifier la politique que nous devrions entretenir avec le Québec...

– Oui, allez-y!

– «Non-indifférence, mais non-ingérence!»...

Peyrefitte est fier de sa trouvaille. On est très loin des débordements gaullistes, mais quand même! ça montre de l'intérêt! Et une formule habile, ça ne mange pas de pain.

– Qu'en pensez-vous, Monsieur le Premier ministre?

Barre approuve avec un sourire de satisfaction.

En quittant Matignon pour reprendre dans sa limousine noire le chemin de la place Vendôme, Peyrefitte revoit le joli visage de Louise Beaudoin. «Elle devrait être passablement heureuse», pense-t-il.

À Québec, celle-ci prépare le voyage de Lévesque à Paris avec la fébrilité d'une mère qui va présenter un fils récalcitrant à la fiancée qu'elle lui a choisie.

– Colombey, dit le fils frondeur, c'est un crochet pour rien!

Louise Beaudoin essuie des sueurs froides. «Un crochet pour rien!» La patrie du général de Gaulle lui-même!

– Voyons donc, Monsieur Lévesque, c'est pas pour rien, vous allez déposer une couronne sur la tombe du général.

– Des simagrées!

– Monsieur Lévesque! C'est déjà tout organisé.

Louise sent que Lévesque s'impatiente et qu'il va passer à autre chose. Surtout qu'il va passer à côté de Colombey-les-Deux-Églises.

– La France vous reçoit avec le maximum d'honneurs, dit-elle. Posons au moins ce geste symbolique. Miséricorde! c'est encore tous des gaullistes au pouvoir.

– On ne lui doit rien à de Gaulle!

Et Claude Morin qui est là et ne dit rien. Louise l'implore du regard. Il se décide enfin:

– Monsieur Lévesque, ce serait peut-être plus diplomatique de faire le crochet. C'est un petit rien, mais... comme je connais les Français!

C'est dans leur suite d'hôtel, à Metz, que Lévesque et son entourage, après «le crochet pour rien» à Colombey, se retirent pour regarder à la télévision française le compte rendu de la modeste cérémonie.

Le commentateur souligne les sentiments de respect et d'affection dont témoigne cette visite du Premier ministre du Québec au cimetière où repose de Gaulle, à côté de sa fille Anne.

– Je vous le disais que ce serait bien perçu, ne peut s'empêcher de faire remarquer Louise Beaudoin.

À la télévision, on voit Lévesque escamoter sa cigarette de justesse, au moment où la caméra allait le prendre en flagrant délit de fumer, en pleine cérémonie. Mais le panoramique que fait la caméra pour suivre Lévesque qui dépose la gerbe de fleurs se termine malencontreusement sur un plan rapproché de ses hush-puppies.

– Tes maudits hush-puppies! s'écrie Corinne.

«Toujours les choses essentielles!» pense Lévesque qui décide de ne pas porter attention à la remarque.

– Si on jetait un dernier coup d'œil sur mon discours de Paris avant de descendre manger.

– Moi, je vais me reposer pendant ce temps-là, dit Corinne.

Il en reste trois pour se pencher sur le manuscrit du discours.

– Je trouve, dit Louise Beaudoin, que vous consacrez peut-être beaucoup de temps à la loi sur la réforme du financement des partis politiques.

– C'est ce qu'on a accompli de mieux, affirme Lévesque.

– Faudrait quand même pas donner l'impression qu'on fait la morale aux Français, conseille Morin.

– Oui, dit Louise, ça fait des siècles que les politiciens d'ici prennent des dessous de table.

– Justement, dit Lévesque, on peut se permettre de leur faire un peu la leçon.

– C'est chatouilleux ces auditoires-là, reprend Morin. Rappelez-vous New York...

– Bon, je vais voir...

Mais c'est dit sur un ton de telle irritation que le ministre Morin et son chef de cabinet croient plus prudent de laisser Lévesque respirer un peu.

– On se retrouve à la salle à manger dans une heure? propose Louise Beaudoin.

– Dans une heure, dit sèchement Lévesque.

En sortant de la chambre, Morin a du mal à contenir sa frustration.

– Des discours, j'en ai écrit pour quatre Premiers ministres, M. Lévesque pourrait manifester plus de confiance quand je suggère quelque chose.

– Il n'est pas mal, celui-là, fait remarquer Louise.

– Pourvu qu'il s'en tienne au texte, conclut Morin.

Lévesque peut bien ne pas porter les Français dans son cœur, il est saisi d'émerveillement devant le spectacle qui s'offre à lui lorsque l'hélicoptère descend se poser sur la piste de l'École militaire, derrière les Invalides.

C'est le Paris triomphant, le Paris royalement ordonné.

Les photos lui avaient fait imaginer un personnage plutôt rigide, un universitaire sec et pragmatique, mais c'est un hôte bedonnant et joufflu, avec l'air sympathique qu'ont presque toujours les bonnes fourchettes, que ce Raymond Barre qui vient le cueillir à sa sortie de l'hélico.

Il y a aussi l'ambassadeur du Canada.

– Excellence, dit Lévesque moqueur, en tendant la main à Gérard Pelletier.

– René! lâche-moi l'Excellence, dit Pelletier... C'est vrai! Depuis qu'on a travaillé ensemble, les choses ont bien évolué...

– Pas toutes, enchaîne Lévesque, t'es resté un maudit chialeux!

Pelletier garde son sourire. La remarque désobligeante glisse sur son plumage d'ambassadeur comme l'eau sur le dos d'un canard.

Mais là où les plumes de son Excellence commencent à se hérisser c'est lorsqu'il descend le majestueux escalier de la résidence du Faubourg et demande à son majordome l'invitation pour le discours de Lévesque au Palais Bourbon.

– Écoutez, Excellence, je n'ai jamais reçu d'invitation pour cet événement, dit la dame qui occupe la fonction de chef du personnel.

– Vous êtes certaine? demande Pelletier, avec l'air dépité d'un adolescent qui va manquer le bal de graduation.

– Je range les invitations ici aussitôt que je les reçois, Excellence, et vous voyez, je ne l'ai pas.

Et là, ça se hérisse pour de vrai!

– Il faut que l'ambassadeur du Canada y soit, c'est la cérémonie la plus importante.

– Allez-y, suggère-t-elle. Ils vont vous reconnaître.

– Jamais de la vie! s'écrie Pelletier en tapant du pied. Je veux être invité. Vous allez appeler tout de suite le président de l'Assemblée, M. Edgar Faure, que je connais d'ailleurs très bien...

L'instant d'après, les pin-pon des motards de la Garde nationale retentissent, rue du Faubourg Saint-Honoré. Ils arrivent dare-dare avec l'invitation officielle de Son Excellence, les autorités françaises ayant sûrement estimé que laisser Pelletier *«all dressed up and nowhere to go»* constituait un irritant inutile.

L'esprit caustique de Voltaire et sa dérision pour les quelques arpents de neige, n'auraient pas résisté aux courants chauds qui traversent la Salle des fêtes du Palais Bourbon. Oui, Lévesque c'est un cousin d'Amérique, mais attention! ce n'est pas un Premier ministre comme les autres. Sa bonhomie est charmante, certes! Mais au-delà, il y la force, la passion et, surtout, sa fierté du pays qu'il entend faire et définir.

– Le Québec, dit-il, est physiquement la plus grande des contrées du monde dont la langue officielle soit le français. Hors de l'Europe, nous formons la seule collectivité importante, française de souche. Nous pouvons, comme vous, évoquer sans rire nos ancêtres les Gaulois! Même si parfois, étant six millions sur un continent comptant quarante fois plus d'anglophones, il nous advient de nous sentir cernés comme Astérix dans son village.

Son Excellence l'ambassadeur, qui est arrivé ric-rac, tique un peu à la mention d'Astérix en une telle circonstance. En tout cas, lui ne se serait pas servi une telle comparaison.

Louise Beaudoin non plus. Elle glisse discrètement à l'oreille de Claude Morin:

– Il a laissé Astérix, il est têtu.

Morin acquiesce. Il n'a jamais lui-même fait allusion à des personnages de bande dessinée dans les discours qu'il a rédigés pour ses Premiers ministres.

– Quel incroyable commencement que le nôtre! poursuit Lévesque. De la baie d'Hudson au golfe du Mexique, de l'Atlantique jusqu'aux Rocheuses, c'est nous – et c'est donc vous en même temps – qui fûmes les découvreurs. Pendant cent cinquante ans, guerriers et missionnaires, colons et coureurs de bois écrivirent bon nombre des pages les plus extraordinaires des dix-septième et dix-huitième siècles. Notre histoire et la vôtre également. Jusqu'à la défaite.

Tandis qu'il tourne la page de son discours, Lévesque lève les yeux sur l'assistance attentive. «Parmi ces hommes politiques, se demande-t-il, est-ce qu'il y en aurait un seul pour se sentir aujourd'hui une responsabilité par rapport à cette défaite?» Il en doute!

– De cette défaite, reprend Lévesque, quelque chose sortit littéralement défait, démoli, et pour longtemps. Ce quelque chose, c'était l'aptitude à devenir une nation normale. C'est cela que la défaite vint briser, mais sans parvenir toutefois à en effacer le rêve. Au fil des combats de survivance, ce rêve s'est métamorphosé pour le Parti québécois en objectif: celui d'un État du Québec souverain, offrant à l'avance de nouveaux liens d'interdépendance avec le Canada, des liens à négocier librement entre peuples égaux.

Son Excellence Gérard Pelletier, que l'on n'a quand même pas relégué derrière sur un strapontin, hoche la tête de la façon la plus voyante possible pour bien signifier sa désapprobation.

– Derrière la fiction de dix provinces, dit Lévesque, deux peuples distincts et qui ont le même droit à l'autodétermination se trouvent non seulement à l'étroit, mais en danger de s'empoisonner mutuellement. Le régime constitutionnel est devenu un carcan!

«Un carcan»... Pelletier retire vivement le doigt de son col de chemise. Il y avait machinalement introduit l'index pour desserrer un peu son étreinte empesée. Il regarde discrètement autour, espérant que personne n'aura pris son geste inopportun pour un signe.

– Les Québécois, comme tout autre peuple normal, poursuit Lévesque, vont donc bientôt avoir à décider de leur statut politique et de leur avenir national. Il ne s'agit pas tant de détruire quelque chose qui est déjà condamné, mais de commencer à bâtir ensemble quelque chose de réaliste, de généreux et d'éminemment prospectif. Considérant tout ce qui nous unit, nous attendons de vous et de tous les francophones du monde compréhension et sympathie.

La Salle des Fêtes tout entière lui fait une ovation. Pendant quelques instants, on a l'impression que la France entière va se mobiliser pour rescaper ce jeune Québec qu'elle a laissé dériver sur des eaux traîtresses comme Moïse dans son panier d'osier.

Son Excellence l'ambassadeur du Canada déboutonne carrément son col de chemise. Il étouffe.

La politique pour René Lévesque est en quelque sorte une vocation tardive. Une illumination qui lui est venue durant la grève à Radio-Canada, alors qu'il approchait de la quarantaine et qu'il s'est rendu compte qu'il pouvait agir sur les événements plutôt que d'en rester passivement le témoin en tant que journaliste.

Tout jeune, il n'a jamais perçu les grands hommes politiques comme des modèles à suivre. Sauf un, peut-être: Franklin Delano Roosevelt. Mais plus par américanisme pur et simple que par admiration véritable pour l'artisan du New Deal.

Pour ce qui est des hommes politiques français, il en découvre un, au cours de ce voyage, dont les qualités humaines effritent un peu les réticences qu'il a toujours eues à l'égard de la France.

Dans les jardins de Matignon, Raymond Barre et lui se promènent bras dessus bras dessous; leurs propos politiques ont presque le ton de confidences.

– Je n'ai jamais pensé, et pourtant je l'ai bien connu, que le général de Gaulle souhaitait une rupture entre le Québec et le Canada.

– Mais il n'est pas question, réplique Lévesque, d'obtenir d'abord la souveraineté puis de négocier l'association par la suite. Nous ne voulons pas briser notre union avec le Canada, nous voulons la transformer.

– C'est le cheminement le plus sage.

– Si le Canada refuse de s'associer avec nous, nous trouverons carrément d'autres alliés.

– Mon cher Lévesque, la France doit tout faire, elle fera tout d'ailleurs, pour aider et pour encourager votre projet. Mais comprenez qu'elle n'entend pas s'ingérer dans les affaires intérieures du Canada.

– Ce serait terriblement important de nouer des liens économiques...

– Absolument, enchaîne le Premier ministre français. D'ailleurs, soyez-en sûr, mon cher Lévesque, j'ai l'intention d'encourager non seulement nos grandes entreprises à investir au Québec, mais aussi nos moyennes entreprises.

– Nous sommes prêts, dit Lévesque, nous avons les cadres et l'éducation, mais c'est notre dernière chance. Nous ne pouvons pas manquer notre coup. Si, d'ici quelques années, les Québécois ne réussissent pas à se définir comme peuple, nous allons être balayés. Il n'y aura plus de Français d'Amérique, c'est aussi simple que ça!

– Il faut que le Québec retrouve sa marge de manœuvre par rapport à la communauté anglophone. Ce sera le but de notre politique à votre égard. Nous essaierons de vous aider à vous faire les muscles.

Lévesque sourit, un peu sceptique. Ce n'est pas la première fois, pense-t-il, que la France propose cette gymnastique-là!

– Rentrons, dit le Premier ministre français qui vient d'apercevoir les signes désespérés des gens du protocole, nous allons prendre l'apéritif avant le dîner officiel... Et je voulais vous dire, le président Giscard va vous remettre la Légion d'honneur... Toutefois, il y a eu un oubli... Nous n'avons pas demandé la permission d'Ottawa; cela va sans doute encore faire hurler Son Excellence l'ambassadeur Pelletier.

– Depuis que je suis en France, dit Lévesque, Son Excellence a excellé dans le memérage...

– Le «memérage»?

– C'est très fréquent chez les fédéraux, dit Lévesque en souriant, laissez-moi vous expliquer...

Ce que Lévesque s'explique moins facilement, c'est la tête que Corinne a faite toute la soirée. Avec des yeux de tempête.

La voiture officielle, avec escorte de motards naturellement! les a déposés au Crillon, un des hôtels les plus chics du monde, place de la Concorde, une des plus belles du monde. Rien de trop contrariant!

Dans leur suite point trop atroce non plus, Lévesque retire la décoration de son veston.

– Quelle maudite mémère, Pelletier! s'exclame-t-il. Une conférence de presse pour se plaindre à propos d'un petit bout de ruban rouge.

Pas de commentaires. Pas un traître mot. Juste un visage nuageux.

– T'as bien l'air de mauvaise humeur, je ne t'ai vue parler à personne durant le dîner...

Les nuages crèvent.

– Là où j'étais placée, même si j'avais ouvert la bouche, je ne vous aurais pas dérangés. Un peu plus et je mangeais à la cuisine.

– Corinne, c'est des chinoiseries de protocole.

– Je vis avec toi, René, tout le monde le sait. Je ne vois pas pourquoi tu laisses faire ça!

– Officiellement, tu es secrétaire à l'agenda. C'est pas moi qui reçois, je ne fais pas les plans de table.

Plutôt que continuer à recevoir l'orage, Lévesque décide d'aller se mettre à couvert dans la salle de bain. Elle l'intercepte.

– René… je te préviens gentiment. C'est la dernière fois que je viens en voyage officiel en tant que maîtresse de monsieur le Premier ministre.

– Qu'est-ce que tu veux dire?

– Que je veux être traitée comme du monde, pas comme la dernière des secrétaires… S'il faut s'épouser pour en arriver là… eh bien!

– À mon humble avis, c'est un peu superficiel de s'épouser pour ça!

– Au moins, j'en ai, une raison… Tandis que toi, des fois, je me demande si t'arriverais à en trouver une seule!

«Bon! la vie de roman-savon qui recommence», se dit Lévesque.

– Corinne… écoute. Je n'ai plus une minute à moi et forcément à nous. Tu sais la vie que je mène. Depuis que je suis Premier ministre, que j'ai tout sur les épaules, mon temps ne m'appartient plus. C'est à peine si on peut se voir. C'est ça qui est changé.

– René… c'est toi qui as changé.

– Le voyage achève, dit-il. Y a pas eu gros comme ça qui a accroché, les Français ont été chaleureux avec nous comme jamais. Y a de vrais liens qui se sont noués, est-ce qu'on va gâcher ça avec des états d'âme?

Amadouée? Tut, tut! Il reste dans l'œil noir de Corinne une détermination d'en finir avec la vie de bouts de table et le poireautage en bordure des photos officielles.

Les échos de *La Marseillaise* résonnent encore et la fanfare officielle n'a pas encore couché ses cuivres dans leurs étuis, que le Premier ministre Raymond Barre est déjà en train d'accorder les flûtes de sa politique future envers le Québec. Il en cause avec Peyrefitte qui a choisi d'inclure les relations québécoises dans son bastringue.

– Je pense, dit le Premier ministre, que M. Lévesque a été surpris de ne pas être considéré comme un étranger, mais plutôt comme un ami.

– En effet, il m'a paru conquis, dit Peyrefitte. Quand avez-vous l'intention d'aller vous-même au Québec, Monsieur le Premier ministre?

– L'an prochain! Je suis très curieux de voir où il va aller avec son idée d'indépendance…

– Que voulez-vous dire?

– Mon cher Peyrefitte, dans toutes les conversations amicales que j'ai eues avec Lévesque, vous savez on ne passe pas trois jours ensemble sans se parler assez librement à la fin, eh bien! je n'ai pas senti du tout un homme décidé à aller jusqu'au bout.

Par exemple! Ça c'est un couac! Tout au long de la visite, il a plutôt été soumis aux prosopopées de Louise Beaudoin, la pasionaria du gouvernement péquiste.

– À mon avis, poursuit Raymond Barre, Lévesque cherche à faire reconnaître une grande autonomie pour le Québec, mais si Ottawa se comporte de façon convenable, son indépendantisme ne sera plus aussi virulent. Attention! il a des extrémistes autour de lui, il m'a parlé de son ministre Parizeau... mais lui, il ne donne pas du tout le sentiment de vouloir la mort du petit cheval.

Peyrefitte est stupéfait.

– Ce que vous dites là, Monsieur le Premier ministre, va terriblement influencer la politique de la France.

– Oui, bien sûr!

– On ne va pas mettre l'orteil à l'eau les premiers, dit Peyrefitte.

– Certainement pas, dit Raymond Barre. Il va falloir se tenir sur le fil du rasoir. C'est tout à fait inutile d'aller franchir la ligne de démarcation, peut-être pour rien, si les Québécois eux-mêmes nous laissent ensuite en l'air. Ne soyons pas plus audacieux que Lévesque.

Dans l'avion qui les ramène à Montréal, Claude Morin regarde nostalgiquement par le hublot de l'avion. Il souhaiterait presque qu'on éteigne les réacteurs tant il a envie de fumer une pipée…

Durant les premières heures du vol, Louise Beaudoin et lui, assis côte à côte, ont repassé les temps forts du voyage. Pour eux c'est un triomphe qui compense bien l'échec de New York.

Elle touche Morin au bras pour le ramener sur terre. Il flotte langoureusement dehors sur les nuages de fumée moelleuse sortie du fourneau de quelque pipe imaginaire et gigantesque.

– Claude, dit-elle, à voix basse... J'ai réfléchi à ce que vous m'avez avoué à notre premier voyage à Paris...

– Quoi donc? demande-t-il sur un ton assez badin.

– Vos histoires avec la Gendarmerie...

Morin regarde autour d'eux, s'approche plus près d'elle.

– Vous devriez en parler à Marc-André Bédard, suggère Louise.

– Pourquoi?

– Ce serait plus prudent, il pourrait vous conseiller...

– Louise, je suis un grand garçon, je sais ce que je fais!

– Claude, je ne pouvais plus garder ça sur ma conscience, je lui en ai parlé, moi.

– À Marc-André! dit Morin, déconcerté.

Louise Beaudoin acquiesce.

– Bien oui, mais Louise... Quand je vous parle, c'est confidentiel...

– Je n'ai pas fait ça pour vous trahir... je pense que j'ai plutôt voulu vous protéger...

Morin a déjà retrouvé son aplomb.

– Je comprends, Louise, je comprends... mais plus il va y avoir de monde dans le coup, plus ça va être difficile pour moi d'opérer efficacement.

Marc-André Bédard ne serait pas plus estomaqué d'apprendre que les sept plaies d'Égypte se sont abattues sur sa belle région du Saguenay.

Il suffoque, le ministre de la Justice.

– T'as pris combien d'argent?

– Cinq, six cents dollars par rencontre, réplique Morin. C'est pas une question d'argent, Marc-André, c'est une question de crédibilité! Si je veux leur soutirer des renseignements, il faut qu'ils me prennent au sérieux comme informateur.

– Mais oui, mais tu te rends compte! La RCMP est convaincue qu'elle a la patte sur un des ministres du gouvernement.

– Fais-moi confiance, Marc-André, c'est moi qui les ai dans ma poche, c'est moi qui cuisine...

– T'as parlé de ça à M. Lévesque?

– Y a une couple d'années. Tu le connais, il m'a répondu par une boutade.

– Mon avis, c'est que tu ferais mieux d'arrêter, Claude. Tu joues avec le feu.

– On perd une maudite belle façon de savoir ce qui se trame à Ottawa.

– Si t'as l'intention de continuer, dit Bédard après avoir longuement réfléchi, il va falloir qu'on en discute à fond avec le Premier ministre.

– Écoute! on va arrêter. Je sens que tu vas être plus tranquille...

– Ce serait la décision la plus sage, dit Bédard.

– Je ne peux pas fermer le robinet trop brutalement… je risque d'éveiller leurs soupçons. Il me faudrait encore deux ou trois rencontres.

– D'accord, concède Bédard, mais sors-toi de là au plus coupant.

Claude Morin acquiesce. Il se lève pour quitter le bureau de son collègue de la Justice quand celui-ci, de plus en plus perplexe, lui lance:

– Claude, arrête de prendre l'argent de la Gendarmerie!

21

Les Québécois veulent bien envoyer un Premier ministre dans la Vieille Capitale, mais de là à le loger! L'État n'a pas la moindre piaule pour son chef de gouvernement. Il loge où il peut. Robert Bourassa, au début de son mandat, s'était trouvé une chambre d'hôtel à 9 $ par jour: la misère! Puis après la Crise d'octobre, pour des raisons de sécurité, il avait étendu sa paillasse à l'arrière de son bureau, dans l'édifice même du Parlement.

À la prise du pouvoir, Lévesque est d'abord allé au Château Laurier, modeste hôtel de la Grande Allée, pour emménager ensuite à l'étage d'une ancienne et jolie maison de la rue d'Auteuil, à deux pas de son travail. Là, ironiquement, il est le locataire de Jacques Joli-Cœur, le chef du protocole de son propre gouvernement!

La reine d'Angleterre a beaucoup plus d'égards pour le guignol qui lui tient lieu de représentant officiel et qu'elle loge admirablement, aux frais de la princesse, dans la résidence du Bois de Coulonge.

Lévesque n'en demande pas tant. Sa vie de château, lui, c'est quand Francine Joli-Cœur, l'hospitalière reine du foyer d'en bas, l'invite pour le rôti de porc frais avec patates jaunes ou quelque autre mets cuisiné dont il est friand. Sinon, il se rend lui-même à l'épicerie Richard, juste à côté, acheter un *Kraft Dinner* qu'il se fricote en vitesse.

Et le matin, le petit déjeuner est vite réglé! C'est café sur café avalés au bureau même tandis qu'il parcourt les journaux et discute avec ses aides des choses courantes.

– J'ai eu M. Glayman, des Éditions Stock, lui dit ce matin Martine Tremblay. Il s'inquiète... il voudrait bien vous fixer un rendez-vous avec son journaliste.

– Qu'est-ce que c'est que cette histoire? demande Jean-Roch Boivin, toujours à l'affût de ce qui va réclamer du temps ou la présence du Premier ministre.

– J'ai dit oui... répond Lévesque. C'est un article de fond sur nos premières années de pouvoir. On va récapituler ce qu'on a fait: le financement des partis, la loi 101, l'assurance-automobile, le redressement de la dette olympique, les médicaments gratuits pour les gens âgés...

– Y a Garon qui est prêt avec son zonage agricole, dit Me Boivin.

– Ça commence à nous faire de quoi parler, dit fièrement Lévesque.

– Quand, le journaliste? insiste Martine Tremblay.

– Arrangez ça! Faites un trou dans l'horaire.

– Tandis qu'on est dans les bilans, dit Me Boivin, vous n'avez pas changé d'avis pour le remaniement ministériel?

– Absolument pas, dit Lévesque. O'Neill et Tremblay, c'est *out*!

– Quand est-ce que vous voulez les voir?

– Voyez-les, vous! dit Lévesque.

Le visage de Me Boivin s'est allongé trop vite pour que cela passe inaperçu.

– Bon, dit Lévesque, je vais les appeler...

– Monsieur Lévesque, enchaîne fermement Me Boivin, vous allez les rencontrer en personne.

Lévesque acquiesce... avec un rictus.

Martine Tremblay sort.

– Il faudrait bien aussi qu'on avance sur le maudit dossier des garderies, dit tout à coup Lévesque. Demandez donc à Lise Payette où elle en est avec ça!

– Justement, je l'ai vue hier. Il paraît que ça avance.

– Ça n'a pas de bon sens, poursuit Lévesque, il y a des enfants qui vont à l'école, la clef dans le cou, parce qu'il n'y a personne à la maison quand ils reviennent.

Boivin le regarde avec un certain étonnement. «Les garderies, c'est vraiment devenu une marotte. C'est la troisième fois qu'il m'en parle... Tiens! se dit-il, tandis qu'on est sur la question de la vie domestique.»

– Monsieur Lévesque, j'ai reçu un appel de Corinne, hier... Elle voulait savoir si vous vous êtes occupé de... votre divorce? demande Boivin en mâchonnant ses mots, comme chaque fois qu'un sujet l'embête.

– J'avais d'autres chats à fouetter, dit sèchement Lévesque.

– J'ai un collègue qui fait juste ça, des divorces... Il est raisonnable, je pourrais lui demander de s'en occuper...

– Ouais... faites donc ça. On va avoir la paix.

Une secrétaire entre pour prévenir le Premier ministre que le ministre des Affaires intergouvernementales est là.

Sa journée est déjà trop remplie pour que Lévesque se montre autrement qu'expéditif.

– Quand ça vous adonnera, dit-il à Morin, faites-moi donc deux ou trois projets de question pour le référendum.

– Vous avez choisi la date! s'écrie Morin avec enthousiasme.

– Non, mais ça approche! On l'a promis durant notre premier mandat et on ne finassera pas avec ça.

– Voulez-vous que je forme un comité?

– Un comité pour quoi? demande Lévesque.

– Pour la question!

– Surtout pas! Avec toutes nos grandes gueules, ça va se retrouver dans les journaux.

– Avez-vous pensé à un libellé?

– Si je vous le demande! réplique Lévesque avec impatience. Essayez de penser à une question assez explicative, mais claire!

Ce qui n'est pas clair, cette nuit, pour les rares touristes américains assez braves pour faire le tour de Québec en calèche malgré l'heure tardive et le froid de décembre, c'est pourquoi les fenêtres de l'Assemblée nationale brûlent encore de tous leurs feux.

Les cochers, ces drôles d'oiseaux, toujours à l'affût de nouvelles cocasseries à donner en pâture à leurs clients, s'en donnent à cœur joie.

Il faut une certaine dose d'humour pour expliquer à des étrangers qu'un jugement de la Cour suprême a invalidé toutes les lois adoptées en français seulement, depuis la Loi sur la langue du Dr Laurin... Qu'il faut recommencer à zéro. Un escadron de deux cent cinquante lois à remettre sur le parquet de la Chambre!

Dans les coulisses de l'Assemblée, tandis qu'on galvanise chaque loi d'une fine couche d'anglais, Lévesque s'occupe à des choses qui échappent à la compétence de la plus haute cour du pays. Assis sur sa banque de *blackjack*, chanceux comme un bossu, il fait prendre une dégelée à quelques collègues.

– Je peux embarquer? demande bravement Marc-André Bédard, qui sort de la Chambre.

– Où est-ce qu'ils en sont là-dedans? s'informe Lévesque en distribuant à Bédard des cartes si exécrables que celui-ci regrette déjà de s'être joint au groupe.

– Encore une cinquantaine de lois...

– Charron n'a pas besoin de nous autres en dedans? s'informe Lévesque qui n'a pas du tout envie de lâcher la proie pour l'ombre...

– Non, dit Bédard.

Lévesque vient de tourner deux valets... l'avenir ne peut pas être plus sombre pour ses adversaires.

Mais c'est Me Boivin qui arrive à la six-quatre-deux avec une nouvelle pour brouiller les cartes.

– Le gouvernement de Joe Clark vient d'être défait sur un vote de confiance, à Ottawa.

– Ça signifie que notre débat référendaire risque d'avoir lieu pendant des élections fédérales, dit Marc-André Bédard.

– En plein dedans! dit Boivin.

– On pourrait peut-être retarder le référendum, propose Jean Garon.

– Je dépose la question la semaine prochaine, dit Lévesque.

– La semaine prochaine! s'étonne Garon. Mais on l'a encore jamais vue.

– La veille, dit Lévesque, comme ça il n'y aura pas de coulage.

– Et si c'est Trudeau qui remporte la prochaine élection fédérale, s'inquiète Bédard.

– Christ! on se battra contre Trudeau, conclut Lévesque. C'est pas la fin du monde.

Débattre de la question référendaire au conseil des ministres, la veille même de sa présentation à l'Assemblée nationale? Il y a des scrupuleux qui considèrent l'échéance un peu juste...

– Y a quelqu'un qui l'a vue, la question? s'informe Parizeau en entrant dans la salle.

– Non, pas encore, réplique le Dr Laurin.

– Elle est écrite ou pas? demande Lise Payette à Claude Morin.

– Aucune idée, répond ce dernier évasivement.

– Je ne peux pas croire, s'écrie la ministre. Une belle bande d'amateurs...

– En train d'improviser l'avenir du Québec, enchaîne Jacques Parizeau.

Avec ses oreilles fines, Lévesque, qui vient de faire son apparition, ne rate pas les reparties caustiques de ses ministres Payette et Parizeau. La réunion s'ouvre sur un ton cassant.

– J'ai promis de déposer la question en Chambre demain, alors s'il vous plaît! pas trop d'états d'âme.

Après trois ans de pouvoir, la patience du Premier ministre a déjà commencé à s'émousser. Finies les interminables réunions où les ministres s'épanchaient comme des midinettes pour tout ou pour rien. Il a écouté, le temps de la nouveauté, et puis stop! Lui qui a autant de disposition pour les états d'âme qu'un chat pour l'eau!

– Il y a plusieurs façons, dit-il, de l'envisager, la question... On peut être extrêmement direct: souveraineté-association, oui ou non?

Objurgations immédiates. «Non, non, c'est trop brutal.» «Trop dangereux.» «On est morts!» Enfin, il est facile de constater qu'on n'a pas l'intention d'exciser le Québec du Canada sans anesthésie... et que la question référendaire devrait avoir son petit côté analgésique.

– C'est ce que je pense aussi, dit Lévesque pour répondre aux protestations de ses ministres. De nos jours, les gens sont prêts à entrer en religion, mais à condition de pouvoir défroquer.

Il en sait quelque chose lui qui vient, il y a quelques mois, d'entrer pour ainsi dire en religion avec Corinne Côté. Certains journaux ont proclamé méchamment en manchette: Lévesque épouse sa secrétaire! Mariage que le nouveau chef de l'Opposition, Claude Ryan, n'a d'ailleurs pas trouvé très catholique puisqu'il a été célébré le Jeudi saint. Ryan s'est lancé aussitôt dans une grande diatribe contre le manque de respect de Lévesque pour nos traditions religieuses, soulignant du coup qu'il avait choisi d'aller en lune de miel à Paris et de crécher à l'œil à la résidence de la Délégation générale du Québec.

Claude Morin demande la parole.

– De base, dit le ministre, je pense qu'il ne faut pas que la question référendaire paraisse menaçante.

– Allons donc! rétorque Parizeau, une question c'est pas la révolution!

– Justement, enchaîne Lise Payette, est-ce qu'on ne serait pas mieux avec une question dure? Si on gagne... il y aura un grand pas de fait vers l'indépendance; si on perd, il nous restera de la latitude pour un recul stratégique.

– Voyons! on va gagner, s'écrie Claude Charron. Le «oui» est déjà en avance dans les sondages, sans même que la question soit connue!

– À mon avis, reprend Lévesque, quel que soit le libellé, il faut que la question contienne la promesse d'un deuxième référendum.

– Absolument... dit Claude Morin, qui voit sans doute l'indépendance comme un grand escalier à monter sans s'essouffler, marche par marche.

Mais Parizeau, lui, en a déjà le souffle coupé.

les banquettes de l'Opposition, le peuple québécois n'a jamais eu l'occasion de se prononcer démocratiquement sur son avenir. C'est donc avec une fierté légitime que je soumets aujourd'hui à nos compatriotes le projet d'une question qui leur permettra de franchir une étape décisive. Une étape qui a la logique et la noblesse de toute accession à la maturité nationale. Comme nous l'avons promis, la question est simple, claire, précise, et on pourra y répondre par un oui ou un non.

Le Premier ministre lit avec application cette question qui a failli bouleverser l'unité de son cabinet.

«Le gouvernement du Québec a fait connaître sa proposition d'en arriver, avec le reste du Canada, à une nouvelle entente fondée sur le principe de l'égalité des peuples;

«cette entente permettrait au Québec d'acquérir le pouvoir exclusif de faire ses lois, de percevoir ses impôts et d'établir ses relations extérieures, ce qui est la souveraineté et, en même temps, de maintenir avec le Canada une association économique comportant l'utilisation de la même monnaie; tout changement de statut politique résultant de ces négociations sera soumis à la population par référendum;

«en conséquence, accordez-vous au gouvernement du Québec le mandat de négocier l'entente proposée entre le Québec et le Canada?»

En dépit de la solennité du moment, le libellé interminable de la question, dont on a tenu à ne faire qu'une seule phrase, finit par provoquer les railleries de l'Opposition. Claude Ryan, avec son air de rapace, relit en se délectant ce texte méandreux qui s'enroule sur lui-même et finit par se mordre la queue.

«Le mandat de négocier»! Attention! le Premier ministre du Canada ne l'entend pas de cette façon. Il n'a rien de plus urgent que d'appeler sous les drapeaux Jean Chrétien, son ministre de la Justice.

Ce matin, dans le bureau de Pierre Elliott Trudeau, on se croirait à une rencontre de maffiosi convenant d'un règlement de comptes.

– Jean, le feu est pris au Québec, je veux que vous alliez m'éteindre ça!

– Monsieur le Premier ministre, je vous remercie de votre confiance... mais à côté de vous, je suis un bien petit pompier. Le chef, c'est vous!

– Si ça chauffe trop, j'irai aussi! dit Trudeau, qui remet provisoirement les destinées de la Confédération canadienne aux soins de son homme de main favori.

Difficile de faire monter dans l'arène un boxeur qui a moins de style que ce Chrétien! Il parle comme s'il avait le protège-dents coincé dans la bouche, affectionne les corps à corps désordonnés, s'emmêle dans son jeu de pied. Mais il a du cœur au ventre... et du punch!

Justement pas le genre de coéquipier dont aurait rêvé Claude Ryan pour le combat qui s'annonce.

D'ailleurs, le chef de l'Opposition doit se demander à quoi servent ses interventions. Aussitôt Trudeau élu, il a pris la peine de le joindre au téléphone pour le supplier de ne pas confier les questions fédérales-provinciales à Jean Chrétien.

– C'est triste à dire, lui avait confié Ryan, mais M. Chrétien, je ne le respecte pas.

Pauvre Ryan, lui l'oracle du *Devoir*, forcé de faire équipe avec un batailleur de rue. Qu'importe! Pour sauver la Confédération, même ce mariage mal assorti n'est pas un sacrifice trop grand.

Claude Ryan pousse le renoncement jusqu'à inviter à sa table le «p'tit gars de Shawinigan», comme s'est baptisé lui-même le pugiliste. En l'apercevant par la fenêtre sortir d'une limousine, Ryan se précipite dehors pour l'accueillir.

– Monsieur Ryan, dit Chrétien en lui tendant la main, ça me fait plaisir... Écoutez, on aurait pu aller manger au restaurant, *anyway* c'était sur le bras du fédéral...

– Non, non, dit Ryan, ma femme Madeleine aime bien quand je mange à la maison.

Mais Chrétien est vite à l'aise partout; on ne trouve pas plus convivial que lui. Entre le potage et le plat principal, il a déjà étalé sur la table les sondages qu'il a apportés d'Ottawa.

– C'est dramatique, c'est le genre de rapports à couper l'appétit, dit-il, en s'adressant directement à Mme Ryan, question de l'entraîner dans la conversation, elle qui fait le service depuis le début du déjeuner. Cinquante pour cent de «oui» chez les francophones!

– Vous savez! les sondages, Monsieur Chrétien, j'y crois pas trop, dit sèchement Claude Ryan.

Chrétien est consterné par le dédain de son interlocuteur pour les techniques modernes. Comme si on montait encore dans le ring en se contentant de s'être entraîné au *punching-ball* et au saut à la corde. Même le p'tit gars de Shawinigan connaît l'importance des statistiques, de l'analyse vidéo des performances, enfin de tout l'arsenal du boxeur moderne.

– Écoutez, dit Chrétien, le «oui» est parti en grande, il va falloir se grouiller.

– On a nolisé un DC-9, dit Ryan, on va faire le tour de la province, rencontrer les gens, un par un...

Pendant que son hôte épilogue sur les bénéfices de cet apostolat, du type Père Blanc chez les indigènes, Chrétien sort discrètement de sa serviette des projets de macarons qui portent l'inscription: *La séparation, non merci.* Il lui en met un sous le nez.

– Comment est-ce que vous trouvez ça, comme slogan?

– On a déjà un slogan, tranche Ryan.

– Ah oui?

– «Mon non est québécois», dit Ryan.

– Nom?... n-o-m? épelle Chrétien, perplexe.

– Monsieur Chrétien! N-o-n comme dans votre séparation «non merci»!

– C'est pas clair, dit Chrétien, même moi je ne comprends pas du premier coup. Le mien, mon slogan, est direct en maudit!

– Un slogan, il faut que ce soit court, dit Ryan.

– On a pas mal la même longueur tous les deux, argumente Chrétien. Si on faisait un compromis pour «Non, merci»? Ça c'est *short and sweet.*

Ryan réfléchit quelques instants et acquiesce à la suggestion de son allié d'Ottawa.

– Et si on convenait d'un plan conjoint de campagne? suggère encore Chrétien.

C'est clair, l'enthousiasme un peu trop directif de Chrétien commence à échauffer les oreilles de Ryan.

– Monsieur Chrétien, dit-il sèchement, je pense qu'il faut le plus possible laisser les gens d'Ottawa en dehors du référendum.

– Monsieur Ryan, s'insurge aussitôt le p'tit gars de Shawinigan, c'est mon pays aussi... c'est le pays de M. Trudeau... on peut pas rester dans les estrades à regarder Lévesque le détruire.

– Je m'en charge de Lévesque, dit Ryan, avec l'œil sanguinaire de l'épervier qui a aperçu le rat dans la prairie.

Ce n'est pas le hasard, mais Claude Charron qui a contribué à propulser en avant les forces du «oui». Il en a parcouru, lui, du chemin dans l'estime du patron. Pensez donc! Sans l'intervention judicieuse des plus proches conseillers de Lévesque, le «frisé» aurait sans doute passé le reste de sa vie politique à expier son crime de lèse-majesté à l'égard du chef dont la mémoire, en ces circonstances, est une faculté qui n'oublie pas!

Graduellement, en le voyant à l'œuvre, Lévesque a commencé à développer envers Charron tellement d'atomes crochus qu'il ne s'est même pas formalisé en apprenant son inclination sexuelle. Au contraire, il lui confie des tâches de plus en plus lourdes. Comme, par exemple, d'organiser le débat sur la question référendaire à l'Assemblée nationale.

– Je compte sur vous!

Et Charron s'est décarcassé. Leurs discours sur la question référendaire, les députés ne les ont pas improvisés. Charron a fourni à chacun un sujet différent à traiter, il a exigé que les discours soient écrits, il les a relus et a même fait répéter chacun des orateurs dont il n'était pas assez certain de la prestation.

– C'est important de faire ressortir les avantages économiques de la souveraineté-association, a prévenu Lévesque.

– Monsieur Lévesque, ne vous inquiétez pas, l'a rassuré Charron. L'économique est en haut de ma liste. On va en parler du potentiel québécois qu'on gaspille avec le fédéralisme.

Avec le résultat qu'au départ de la campagne, le «oui» vogue déjà loin en avant, les voiles gonflées.

Chaque assemblée où Lévesque prend la parole marque un triomphe d'enthousiasme et de détermination. Comme dit Lévesque, «c'est avec sérénité et fierté que tout le Québec manifestera bientôt sa volonté historique d'assurer la plénitude de sa liberté et de sa sécurité collective».

Pour le Québec, il n'essaie pas de le dissimuler, souveraineté ne signifie pas la fin des problèmes. Mais, affirme-t-il sur toutes les tribunes, «nous ne regretterons jamais d'avoir pris le tournant, car nous avons assez de maturité et de confiance pour relever le défi de façon positive».

Lui qui n'arrête pas de se faire du sang d'encre sur la légitimité de l'orientation dans laquelle il entraîne tout un peuple, il y a une chose dont il ne doute pas un instant: c'est que les Québécois peuvent l'assumer, leur indépendance, qu'ils en ont les capacités. À lui seul, René Lévesque a confiance pour six millions de personnes. Et c'est ce que ressentent les foules quand, en ce début de campagne référendaire, cette dynamo d'homme, mal fringué, empestant la cigarette, vient leur insuffler son énergie et désarmorcer leurs peurs séculaires.

Il a fixé au 20 mai 1980 la fin de la servitude d'un peuple.

À cette date, un nouveau pays apparaîtra démocratiquement sur la carte du monde, il le croit dur comme fer!

Quatre heures du matin. Un coup de téléphone au motel de province où elle se trouve tire brutalement la troupe de Lévesque du rêve souverainiste avec lequel elle s'endort chaque soir depuis le début de sa tournée.

Martine Tremblay annonce que *Le Devoir* de ce matin publie un éditorial dévastateur de Lise Bissonnette à propos d'un discours de Lise Payette.

– Christ, ne peut s'empêcher de jurer Boivin, c'est peut-être pas la peine de réveiller tout le monde pour ça...

– Écoutez, Jean-Roch, il paraît que Mme Payette a traité Mme Ryan d'«Yvette»...

Me Boivin se demande s'il rêve. Il ne comprend pas un mot de ce que lui raconte Martine...

– Quoi? Et elle ne s'appelle pas Yvette? demande Boivin.

Le ton de Me Boivin est certainement trop bourru et il est encore bien trop tôt pour entrer dans toutes sortes d'explications sur des susceptibilités de langage...

– Je sais, conclut Martine Tremblay, que Claude Charron s'est mis en route pour aller vous rejoindre avec quelques exemplaires du journal. Il devrait être là d'ici une demi-heure, trois quarts d'heure.

Boivin s'assied sur le bord du lit. À travers sa tignasse grise, il se gratte le crâne à deux mains; ça ne le démange pas, c'est pour mettre de l'ordre dans ses idées! Il n'a qu'une notion vague de ce que Mme Payette a pu dire de pendable, mais il se demande comment des gens en politique peuvent si facilement oublier d'embrayer le cerveau avant de parler.

Dix minutes après l'arrivée de Charron, Me Boivin a une idée beaucoup plus juste de l'ampleur du désastre. La journaliste Renée Rowan était dans la salle du Plateau quand Lise Payette, parlant sans texte, a affublé Mme Ryan du terrible vocable d'«Yvette»! Et à Boivin toujours aussi perplexe sur le terme utilisé, Charron explique qu'une «Yvette» c'est une bobonne ou, en d'autres termes, une «Madame Bingo».

Dans la bouche de la dondon responsable de la condition féminine, c'est certainement un impair. Mais l'occasion est trop belle! L'éditorialiste Lise Bissonnette ne va pas s'empêcher de crêper le chignon à l'une de ses congénères.

«Avant de s'en prendre à Madeleine Ryan, écrit-elle, *Mme Payette aurait pu se renseigner un brin. Juste un peu. Elle aurait*

appris qu'au moment où elle-même illustrait avec éclat l'égalité de la femme au Québec en gardant les buts du Canadien pendant quelques minutes, en lançant des concours de beauté pour mâles, en interviewant tout ce qu'on lui servait sous la caméra pour soutirer des secrets intimes, Mme Ryan était par exemple membre du Conseil supérieur de l'Éducation.

«Et même si Mme Ryan, poursuit l'éditorialiste, *n'était pas la femme engagée que l'on connaît, même si elle avait simplement élevé ses cinq enfants comme des milliers et des milliers de femmes qui en ont plein les bras chez elles, le font au Québec, de quel droit Mme Payette pourrait-elle la mépriser ainsi? Il vaut mieux, pour les Yvette et les autres, continuer d'avoir peur de l'indépendance selon la définition de Mme Payette que d'avoir le genre de courage dont elle donne si froidement l'exemple.»*

Depuis que le Parti québécois est au pouvoir *Le Devoir* n'en a pas raté une! Du côté de la presse quotidienne, c'est l'ennemi numéro un, excepté la *Gazette* évidemment, la championne du préjugé.

– Qu'est-ce qu'on fait? demande Me Boivin, encore ahuri.

– Veux-tu qu'on réveille M. Lévesque? demande Charron.

– Il est bien, là, il dort... Essayons de voir comment on rattrape ça.

Des excuses publiques par Mme Payette. À l'Assemblée nationale. Voilà la première pince que l'on pose pour arrêter l'hémorragie.

«Yvette», elle n'a pas sorti cela de son imagination, Lise Payette. Aussi, quand elle se lève en Chambre, avec un air de circonstance, tout ce qu'il y a de plus contrit! elle a en main un petit livre qui serait sans importance si ce n'était un manuel scolaire encore en usage.

– J'ai, dit-elle, ce livre de lecture de deuxième année, dans lequel on peut lire: «Guy pratique les sports, son ambition est de devenir champion, Yvette sa petite sœur est joyeuse et gentille»...

Ryan, l'épervier, perché bien en vue au premier rang des banquettes de l'Opposition, a résolu de tirer le maximum d'effet de la situation. Ses paupières battent nerveusement, son nez crochu s'agite comme un bec, et le mot «Yvette» le fait glapir.

La ministre Payette poursuit sa lecture: «Hier, à l'heure du repas, Yvette a tranché le pain, apporté le sucrier, elle a aussi aidé à servir le poulet. Après, c'est avec plaisir qu'elle a essuyé la vaisselle.»

L'épervier glapit une autre fois, plus discrètement.

– Monsieur le Président, dit Lise Payette, comme on apprend ça dans les écoles, je me suis permis de souligner que les femmes du

Québec ont bien du mérite, ayant été élevées comme Yvette, de devenir autre chose que des Yvette. Et si j'ai pu blesser qui que ce soit par cette remarque, y compris l'épouse du chef de l'Opposition, je m'en excuse publiquement parce que telle n'était pas mon intention. Mon intention était d'aider les femmes du Québec à sortir de ces stéréotypes dont nous sommes affublées.

Excuses ou pas, s'il y en a un que cette histoire d'Yvette met en joie, c'est notre batailleur de rue.

– On le tient notre miracle! s'écrie Jean Chrétien.

Surtout qu'il vient de recevoir un coup de téléphone de Louise Robic, une organisatrice libérale. On a décidé d'organiser un grand ralliement en faveur du «non» au Forum de Montréal, toutes des femmes, toutes des Yvette!

– Le Forum! dit un des aides du ministre fédéral de la Justice. Ils pourraient en profiter pour remettre la grosse Payette dans les buts du Canadien!

Chrétien s'esclaffe.

– Ouais, dit-il, elle va se faire bombarder en pas pour rire, elle!

Pas question que Chrétien monte lui-même dans le ring au Forum, mais il ordonne de ne rien ménager pour aider l'organisation de ce ralliement. Il voit déjà ses adversaires au plancher.

– On a pris une maudite débarque dans les sondages, annonce Me Boivin à Lévesque qui prépare son martini de fin de journée.

– La gang du «non» va remplir le Forum, dit Claude Charron. Il paraît qu'ils attendent dix-huit mille Yvette! Tout le monde va parler... Madeleine Ryan évidemment! Jeanne Sauvé, Sheila Finestone, Solange Chaput-Rolland, Thérèse Casgrain... ils ont même sorti Michelle Tisseyre des boules à mites.

Lévesque hoche la tête. Il ne peut pas croire que ces vieilles toupies, ces bonnes à tout faire du fédéralisme vont jeter le désarroi dans la maison.

– Perdre quand les autres frappent un *home run*, dit Charron sur un ton lugubre, ça se prend, mais juste parce qu'on échappe une balle, c'est difficile à avaler.

– Claude, je connais moins le baseball que vous, dit Lévesque, mais si je me souviens bien, une partie c'est neuf manches? Il nous en reste au moins une. On va tout jeter dans la mêlée. Il faut même que Mme Payette continue, on ne peut pas donner l'impression de la désavouer. C'est une gaffe, j'en conviens, mais tout le monde en fait. Ils ne sont pas à l'abri, eux non plus. Refaites mon horaire avec Martine, multipliez mes apparitions, on va faire ce qu'il faut. Ce n'est pas une maladresse qui va changer le cours de l'histoire.

Voilà Charron tout requinqué.

– Je vais voir avec Martine Tremblay, dit Charron en quittant le bureau de Lévesque, vous êtes notre gros frappeur, ça se peut qu'on vous en mette pas mal sur les épaules...

La bouffée d'enthousiasme qui avait déchagriné l'atmosphère s'évanouit avec le «frisé» qui passe la porte.

Me Boivin comme Lévesque sont trop fins renards pour ne pas sentir qu'ils sont blessés et que la meute est à leurs trousses.

– Vous pensez qu'on va s'en sortir? demande Boivin.

Lévesque hoche longuement la tête.

– Non, dit-il, mais ce n'est pas à cause de la bévue de Mme Payette... Les fédéraux ont misé sur le fait que les Québécois auraient peur de relever la tête et de se tenir debout et ils ont eu raison. L'humiliation de perdre, on va la supporter, Jean-Roch. Ce qui est éminemment plus pénible, c'est de constater qu'on est encore paralysé par une frousse collective, une espèce de sentiment congénital d'infériorité.

Il se lève et tandis qu'il se prépare machinalement un deuxième martini, il ajoute tristement:

– Ceux qui restent soumis et à genoux empêchent les autres d'avancer, mais qu'est-ce que vous voulez! Ils sont Québécois eux aussi.

Pour s'assurer que Lise Payette remonte en scène, la troupe du «oui» ne néglige rien. Elle envoie même son ami Pierre Bourgault dans la loge afin de la consoler. L'ex-chef de l'ex-RIN réussit enfin à sécher les larmes de la ministre, et on lui versera des honoraires pour ses travaux de consolateur.

Il ne faudrait quand même pas, en cas de victoire, que les forces fédéralistes la doivent uniquement à une ménagère et à un batailleur de rue. C'est pourquoi il est impérieux que le Premier ministre Trudeau lui-même entre dans la mêlée.

– Monsieur le Premier ministre, comme lui fait remarquer plus ou moins habilement son homme de main, par chez nous à Shawinigan, la chasse à l'orignal on fait ça en équipe... Moi, j'ai «câllé», je vous l'ai sorti du bois, vous avez rien qu'à tirer.

C'est à Montréal que Trudeau tire le premier coup, à la Chambre de commerce, un ramassis de thuriféraires qui préfèrent balancer leurs encensoirs devant le catafalque de la Confédération plutôt que de voir son cadavre se métamorphoser.

– Dans mon enfance, s'écrie Trudeau avec les accents de sincérité qui conviennent, les Canadiens chantaient fièrement une chanson qui allait comme ceci: «On est Canadien ou bien on l'est pas!» Eh bien, c'est ça... Il y a ceux qui veulent rester Canadiens et renouveler le fédéralisme et il y a ceux qui veulent en sortir. Nous qui avons choisi l'option canadienne, nous trouvons que l'option indépendantiste, c'est une erreur. Nous trouvons par ailleurs que c'est une idée forte! Vous vous souvenez des Chaput, des Bourgault, des D'Allemagne, c'étaient de vrais adversaires.

L'assistance applaudit avec d'autant plus de cœur que tous ces valeureux combattants de l'indépendance ont disparu de l'échiquier politique.

– Où sont-ils maintenant, poursuit Trudeau, ces champions de la séparation? De séparatistes, ils sont devenus indépendantistes, d'indépendantistes, ils sont devenus souverainistes. Et craignant que l'option soit encore un peu trop limpide, ils sont passés à la souveraineté-association. Avouez que comme courage de ses opinions, comme noblesse de son idéal, on a déjà vu mieux.

Évidemment on rit, on applaudit. On frappe le rebord des tasses de café, on dirait des convives à un mariage italien demandant au marié d'embrasser sa dulcinée. Trudeau ne se fait pas prier. Dans ses bras, la fragile Confédération semble tout de suite plus vigoureuse.

Que le Québec en ait envie ou pas, il doit rester avec le Canada. Question d'honneur et de fidélité. Ce serait l'avis de Pierre Elliott Trudeau. Lévesque, lui, pour des raisons de dignité et d'affirmation nationale, prône la séparation de ce couple mal assorti.

Il le proclame devant des partisans fébriles dont le nombre et la ferveur semblent contredire la retraite du «non» évaluée par les sondeurs d'opinion.

– Au lendemain du référendum, dit Lévesque dans une salle pleine à craquer, si le résultat est positif, et nous avons de plus en plus de raisons de croire qu'il le sera, quelque chose de grand et de splendide se sera produit: un pas décisif, un pas immense pour tout un peuple dans la voie de son affirmation et de la confiance en soi. S'il y a, comme je le pense, au Canada anglais, un sens du *fair play*, comment voulez-vous qu'ils refusent de négocier? Mais cette fois, ils devront négocier d'égal à égal. C'est peut-être ce qui les agace, eux et M. Trudeau.

Chaque fois que Lévesque prononce le nom de Trudeau, c'est comme s'il jetait une vieille carcasse à une meute affamée. Le seul autre nom dont la foule se repaît avec encore plus de férocité, c'est celui de Chrétien.

S'il y en a un du côté du «non» qui a ressuscité tous les anciens épouvantails, c'est bien lui: «Voulez-vous savoir comment ça va nous coûter pour tanker sans le gaz de l'Alberta?»... «Ils vont nous faire perdre notre passeport canadien, perdre notre citoyenneté canadienne»... «Ils veulent que Pierre Trudeau soit le dernier Premier ministre canadien-français...»

– Entre nous... dit Lévesque à la foule sur son ton le plus populiste, vous ne trouvez pas que la campagne référendaire fait bien ressortir le côté «Elliott» de Trudeau?

C'est justement la boutade qu'il ne fallait pas lancer à quelqu'un qui a toujours souffert de bovarysme par rapport au Canada. Pour Trudeau, sa propre hybridité est, on dirait, le fin du fin et il n'a jamais cessé de l'extrapoler au reste du pays.

C'est au centre Paul-Sauvé, sanctuaire des hauts et des bas du Parti québécois, que Trudeau choisit de répondre à la pique de Lévesque.

– Eh bien! c'est ça le mépris, c'est de dire qu'il y a différentes sortes de Québécois, que ceux du «non» ont peut-être un petit peu de sang étranger, alors que ceux du «oui» ont du sang pur dans les veines. Bien sûr, mon nom est Pierre Elliott Trudeau. Elliott, c'était le nom de ma mère. Sa famille est venue ici il y a plus de deux cents ans...

Ce dernier grand ralliement de l'armée du *statu quo*, l'état-major de Lévesque le visionne sur bande vidéo, deux jours avant la date fatidique du référendum. On a beau crâner, lorsque Trudeau est monté dans l'arène à la place de Chrétien, la bataille a changé d'allure. Finis les corps à corps débridés, les moulinets incohérents; le style et la précision des coups ont repris leur place avec des résultats dévastateurs.

D'abord, une série de directs bien appliqués.

– M. Pierre-Marc Johnson, un des propres ministres de M. Lévesque, dit Trudeau, M. Robert Burns, un autre de ses ministres, Daniel Johnson, l'ancien Premier ministre du Québec, c'étaient des Québécois ou pas?

«C'est ma faute celle-là, pense Lévesque, je me la suis attirée.»

Maintenant Trudeau peut assener le coup de grâce.

– Mes amis, dit-il à la foule du centre Paul-Sauvé, il n'y a pas trois mois vous m'avez porté au pouvoir avec soixante-quinze députés du Québec. Le mandat de M. Lévesque, lui, achève! On dit que les Québécois veulent du changement, alors je prends ce soir l'engagement solennel à la suite d'un «non» de mettre immédiatement en marche le mécanisme de renouvellement de la Constitution. Nous mettons nos sièges en jeu que ce changement, nous l'aurons!

Lévesque arrête le magnétoscope. Il en a assez vu. Le voilà, presque en fin de combat, sur les genoux, bras ballants et à bout de souffle. Au mieux, il peut espérer que les quatre millions de juges qui s'apprêtent à rendre leur verdict n'auront pas trop remarqué les derniers moulinets de son adversaire.

– Y a quelque chose de pas sain dans l'air, fait remarquer Claude Charron, un des soigneurs. Y a de nos ministres qui commencent à dire qu'une défaite serait plus profitable à l'indépendance qu'une victoire.

– J'ai vu les derniers sondages, dit Me Boivin, on est bien parti pour ça!

– Si le «non» gagne, dit Charron, Ottawa va être obligé de prouver que la Confédération est récupérable.

– Je trouve qu'il faudrait lui fermer la gueule à Trudeau et riposter avec quelque chose de spectaculaire, réplique Michel Carpentier.

– Je ne peux pas faire de miracles, dit Lévesque, il ne reste que deux jours...

Au dedans de lui-même, Lévesque sait que ni l'indépendance ni lui ne passeront au travers de ce combat. Toute sa passion, tout son optimisme ne suffisent plus à lui faire relever les gants. Et pour faire quoi? Flanquer à l'adversaire quelques coups misérables alors que les juges savent déjà ce qu'ils inscriront sur leur bulletin de vote.

– Y en a dans l'organisation, dit Carpentier avec un certain embarras, qui pensent que vous pourriez annoncer que vous allez démissionner si le référendum ne passe pas...

Tous les regards se tournent vers Claude Charron, comme s'il était responsable de cette idée. Boivin bondit.

– C'est brillant en christ, ça!

– C'est certainement pas M. Lévesque qui nous nuit, dit Charron.

Tandis qu'on attend sa réaction, Lévesque cherche à deviner l'origine de ce crime de lèse-majesté. Il dévisage Charron qui ne bronche pas. Non, impossible! Depuis son étourderie du *Devoir*, il a montré trop de loyauté. «Il aura fallu quatre ans pour que le magouillage commence, pense-t-il.»

– Pour une fois, reprend Lévesque, je ne crois pas qu'une menace de démission changerait grand-chose. La décision de la souveraineté, on l'a remise aux Québécois. Elle leur appartient. On n'y peut plus rien!

22

Dans des circonstances heureuses, personne ne remarquerait la tristesse de ces salles sous les gradins du centre Paul-Sauvé. Mais en ce soir du 20 mai 1980, René Lévesque a l'impression d'être enterré vivant dans des catacombes humides où lui parvient la rumeur étouffée d'acclamations qui sonnent plutôt comme le glas de ses espérances.

C'est qu'au-dessus de lui, des milliers de partisans font durer l'agonie en s'efforçant de s'enthousiasmer pour des résultats qui confirment pourtant la mort de la souveraineté. Il y a eu un sursaut d'espoir lorsque la région du Saguenay-Lac-Saint-Jean a donné une faible majorité à l'indépendance, mais c'était le dernier. Plus jamais de quoi se réjouir par la suite.

Me Jean-Roch Boivin s'approche de Lévesque. Assis droit sur une chaise, les yeux clos, il fume mécaniquement. Son teint est verdâtre, les poches sous ses yeux ont encore gonflé, elles sont devenues violacées. Les rides de son visage se sont accentuées comme le grenu de sa peau. On dirait une peau de chagrin.

Quarante pour cent de la nation a voté en faveur de la souveraineté. C'est à leur intention que Lévesque doit prononcer l'oraison funèbre de leurs espoirs. Me Boivin juge que ce moment déchirant peut attendre un peu. Les artistes qui ont milité pour le «oui» sont là... Ils pourraient se produire et lui donner le temps de trouver des mots de réconfort à la mesure de l'amertume qui rougit tant d'yeux dans cette foule désenchantée.

Pauline Julien se met à chercher d'abord Félix Leclerc.

– Il y a cinq minutes, il était là, dit-elle, où est-ce qu'il est passé?

Gilles Vigneault! Yvon Deschamps! Claude Gauthier! Mais où sont-ils tous?

– Tout le monde est parti, vient annoncer Pauline Julien, déconcertée. Vous comprenez, personne n'aime ça être associé à une défaite.

– Vous n'allez pas nous laisser tomber vous aussi? lui demande Michel Carpentier.

– Jamais de la vie! réplique-t-elle.

Plus mince qu'un clou dans sa robe noire, tout sourire malgré les circonstances, Pauline Julien gagne la scène comme la dernière espérance d'une idée naufragée.

– Mes amis, dit-elle en contenant son émotion, je vous le dis: une fois n'est pas coutume. La deuxième fois, ce sera oui!

L'atmosphère calamiteuse de la soirée se dissipe déjà un peu.

– Ce qu'il nous faut maintenant, poursuit Pauline, c'est une chanson pour guérir!

Et elle entonne *La danse à Saint-Dilon*, la gigue entraînante de Gilles Vigneault.

Même les centaines de personnes qui pleurent à chaudes larmes dans l'assistance s'en trouvent subitement revivifiées. Comme si la survivance de ces rythmes ancestraux garantissait la continuation de la lutte pour la souveraineté. Ce 20 mai n'est qu'une autre étape d'un cheminement commencé au lendemain de la conquête.

Dans les catacombes, Lise Payette, vêtue de noire elle aussi, a rejoint Lévesque. Il n'y a pas un seul autre membre du cabinet autour du chef. Comme l'a dit Pauline Julien: personne n'a envie d'être assimilé à une catastrophe.

– Je suis la seule, dit Lise Payette... Préférez-vous que je n'aille pas sur scène?

– Vous êtes là, venez! répond Lévesque.

Aussitôt que Lévesque s'avance sur la scène, la foule explose. Et tandis qu'il gesticule pour endiguer l'ovation qui n'en finit plus, les larmes lui viennent aux yeux.

«Le plus triste, pense-t-il, c'est que le peuple avait l'occasion de s'offrir une vraie révolution... pacifique et il est passé à côté. Il a eu peur. Pourtant, l'indépendance, quelle occasion unique de dynamisme et de renouveau cela aurait été! L'expérience des autres peuples nous le démontre. Est-ce qu'il ne faut pas être affreusement diminués pour penser que ce ne serait pas notre cas à nous aussi?»

Lorsque enfin la clameur s'apaise, c'est du plus meurtri de tous qu'arrivent les mots d'encouragement.

– Si je vous comprends bien, dit Lévesque avec émotion, ce que vous êtes en train de me dire, c'est: à la prochaine! En attendant, avec autant de sérénité qu'on peut, il faut avaler la défaite. Ce qui se passe ce soir, ça fait mal profondément, plus profondément que n'importe quelle défaite électorale.

Il pense à Trudeau, à Chrétien, des Québécois eux aussi. Mais qui ont, tout au long de la campagne, entretenu délibérément la peur à coups de mensonges, de menaces et de chantage. Il aurait envie de crier publiquement sa révolte. «Quel mépris ils ont ceux-là pour les Québécois! se dit-il. Que sommes-nous à leurs yeux? Des impuissants incapables de trouver en nous-mêmes le moteur d'une grande décision.»

– C'est net, dit-il à la foule, le peuple québécois vient de laisser une autre chance aux fédéralistes et il appartiendra à M. Trudeau de donner un contenu à toutes les promesses qu'il a multipliées pendant la campagne.

Parmi les millions de Québécois qui ont l'œil rivé sur leur téléviseur pour regarder ce discours de défaite, combien y en a-t-il, en ce moment précis, qui regrettent déjà de s'être laissés effaroucher par les épouvantails fédéraux? Et combien d'autres qui se mordent les pouces d'avoir préféré leur tranquillité à une existence hardie, intrépide? Pourtant, ces poltrons, ils sont bien forcés de partager le camp des irréductibles du fédéralisme. Et ils sont servis! Dans une salle à moitié vide, le vainqueur officiel du référendum, le pisse-froid de Ryan, étale publiquement ses tripes de charognard. Les noms de toutes les localités où il a réussi à avaler la vermine du «oui» y passent. C'est une plaie, la souveraineté, dont il croit avoir débarrassé le Québec.

Au centre Paul-Sauvé, les milliers de partisans qui pleurent en agitant doucement des fleurdelysés entendent, eux, un message d'espoir lointain.

– Je demeure convaincu, leur dit Lévesque, que nous avons un rendez-vous avec l'histoire, un rendez-vous que le Québec tiendra, et qu'on y sera ensemble vous et moi pour y assister. Ce soir, je ne peux pas vous dire quand, ni comment, mais j'y crois.

Par le hublot de l'avion qui le ramène à Québec, Lévesque aperçoit au loin les plaines d'Abraham et, plus loin dans le brouillard, la pointe de l'île d'Orléans. Il lui semble voir la flotte anglaise et le spectre de Wolfe scrutant de sa lorgnette les falaises de Québec. Le général qu'il aperçoit ressemble étrangement à Pierre Elliott Trudeau. C'est le même regard froid et lucide, la même résolution... la même rouerie!

Lévesque grimace. Il pense à sa forteresse du «oui» qui semblait imprenable au début de la campagne référendaire... et qui a été si facilement investie.

– Monsieur Lévesque, on atterrit, lui signale le pilote. Si vous voulez éteindre votre cigarette.

Il revient sur terre où tous les journaux proclament à grand renfort de manchettes la défaite cinglante des forces souverainistes. René Lévesque, qui était apparu un moment comme un chef d'État d'envergure nationale, rentre à son bunker de Québec avec la stature d'un petit Premier ministre de province. Exactement rapetissé au goût de Trudeau.

– Monsieur Lévesque, j'ai parlé à Claude Charron, dit Me Boivin. On s'est demandé si ce n'était pas une bonne chose de convoquer le cabinet... Je suppose qu'il faudrait se retrousser les manches...

– Pourquoi le cabinet? demande Lévesque qui, ce matin, enfile café sur café.

– Je ne sais pas... j'ai pensé que vous souhaiteriez peut-être faire un post-mortem, voir comment...

Lévesque ne le laisse même pas poursuivre.

– Gaspiller de l'énergie, dit-il, perdre du temps à parler de la fourberie de Trudeau ou des sottises de Chrétien! Non! On l'a perdu, le référendum, passons donc le temps qu'il nous reste à gouverner du mieux qu'on peut. Inquiétez-vous pas pour les autopsies, tous nos petits journalistes vont s'en charger.

– Je ne veux pas insister, dit Me Boivin, mais j'ai quand même l'impression qu'il y a un certain nombre de ministres qui aimeraient en parler un peu...

– À leur guise, réplique sèchement Lévesque. Qu'ils en parlent tant qu'ils veulent, mais je ne m'assiérai pas avec eux pour disséquer des cadavres.

«Les autopsies, se dit Boivin, ça doit entrer dans la même catégorie que les états d'âme, alors inutile d'insister. Lévesque se définit par l'action, pas l'introspection!»

– Jean-Roch, passons aux choses urgentes. Il y a un certain nombre de dossiers que je veux nettoyer avant que tout le monde parte en vacances.

À Ottawa, Jean Chrétien entre dans le bureau du Premier ministre Trudeau. Même sur son trente et un, Chrétien a l'air d'un boxeur sorti de l'arène. On l'imagine toujours en peignoir, bandelettes aux mains, les gants de huit onces en bandoulière et le visage tuméfié.

L'adversaire est knock-out. Il ne saurait être plus fier.

– J'espère que vous êtes satisfait de votre p'tit gars de Shawinigan? demande-t-il à Trudeau.

– Je suis très content, répond celui-ci avec le ton hautain de celui qui tient à rester loin des turpitudes du combat.

– C'est une belle victoire, dit Chrétien. Mais, moi, savez-vous ce que je trouve triste?

– Non!...

– Je suis sûr que Claude Morin se voyait déjà ambassadeur de sa république de bananes... grosse Cadillac blanche, fleur de lys sur le *hood!* Ah! ah!

Sa plaisanterie ne fait rire que lui.

– Maintenant, dit Trudeau, on va passer à ce qui m'intéresse le plus: le rapatriement de la Constitution. On va arrêter de vivre avec une Constitution qu'on ne peut pas amender sans l'accord de la Grande-Bretagne. Vous allez faire le tour des provinces et essayer de voir s'il y a moyen de trouver une formule qui convient à tout le monde.

Chrétien siffle et s'écrie en anglais:

– *Mission impossible!*

– La donne a changé, dit Trudeau. Lévesque ne peut plus continuer à se prendre pour le chef d'une nation.

– On a fait des promesses pendant le référendum, dit Chrétien. Qu'est-ce qu'on offre au Québec?

– Rien, lance Trudeau sèchement. C'est une province comme les autres.

– Lévesque ne se laissera pas passer ça entre les dents. Monsieur Trudeau, c'est pas un deux de pique!

– Ce qui reste de Lévesque va être balayé aux prochaines élections provinciales, dit Trudeau. Après, on discutera avec Ryan. Il est tatillon comme un jésuite, mais fédéraliste.

– Vous savez, Monsieur le Premier ministre, je ne suis pas un gros expert dans les affaires constitutionnelles...

– C'est pas d'un renard dont j'ai besoin, Jean, c'est d'un chien de garde.

– Comptez sur moi, dit Chrétien. On se fera pas voler la maison.

Il lui vient à l'idée de gronder un peu pour montrer comment il peut avoir l'air menaçant, mais l'atmosphère plutôt guindée du bureau du Premier ministre l'incite à se retenir...

23

Voilà maintenant un an que Pierre Elliott Trudeau a envoyé son Chrétien, avec bâton de pèlerin et gants de boxe, à la recherche d'un consensus sur la Constitution. Aïe!

Justement, le cabinet du Premier ministre Lévesque est réuni pour débattre cette fameuse question.

– Bon Dieu! dit Jacques Parizeau à Claude Morin, ça fait un an qu'on discutaille avec Trudeau et ses sbires pour trouver un terrain d'entente, il va falloir sérieusement mettre le pied par terre.

Morin n'a que le temps d'esquisser un sourire énigmatique. C'est Claude Charron qui reprend la parole.

– Le pied, on va le mettre sur quoi? demande-t-il. Depuis le référendum, on est dans le mou en pas pour rire.

L'astuce de Claude Morin, c'est qu'il laisse tout le monde tourner cent fois la botte de foin à la recherche de l'aiguille et qu'il s'arrange toujours pour la produire au moment où l'on désespère.

– Monsieur Lévesque, dit-il, j'en ai, moi, du roc pour asseoir notre résistance contre Trudeau. Contrairement à ce que pense mon collègue, M. Parizeau, il y a eu plus que de la discutaille.

Que va-t-il encore sortir de son sac, cet Houdini?

– J'ai réussi, dit-il d'un air fanfaron, à convaincre sept provinces de donner leur accord à un document qui contient, en matière constitutionnelle, leurs demandes minimum et les nôtres. Si on fait corps avec elles, on se retrouve huit provinces contre Ottawa...

Il exhibe devant ses collègues médusés un document tout ce qu'il y a de plus officiel.

– Là-dedans, explique Morin, les signataires s'engagent à ne pas accepter de nouvelles propositions du fédéral sans en discuter d'abord avec les autres partenaires. Tout le monde est solidaire. C'est un *deal* tricoté serré.

La stupéfaction ne fut pas plus grande lorsque Houdini, relevant un défi du *Daily Mirror*, se dégagea en quelques secondes de menottes qu'on avait mis cinq ans à perfectionner. Mais comme toujours, il reste des sceptiques...

– Monsieur Morin, dit Parizeau, ce n'est pas la première fois qu'on pense avoir des alliés au Canada anglais... il doit y avoir un guet-apens quelque part!

Le magicien a prévu aussi cette crise de scepticisme. Il a pour tout le monde des copies du fameux document qu'il distribue séance tenante.

– Tout ce qu'on veut préserver dans la Constitution, dit-il, est inscrit là. Regardez vous-mêmes. Le fédéral peut continuer de s'entêter, il n'a plus que deux alliés, l'Ontario et le Nouveau-Brunswick.

– Je veux un engagement solennel, insiste Lévesque, écrit et signé par les sept Premiers ministres, autrement je ne marche pas. C'est fini le temps des vœux pieux.

– Mais je l'ai, l'engagement de tout le monde! s'écrie Morin.

– Engagement verbal! dit Claude Charron.

– Puisque je vous affirme, rétorque Morin, qu'ils sont prêts à signer. Ils veulent même en faire une cérémonie officielle. Avec tambours et trompettes.

Tous les yeux se tournent vers le Premier ministre Lévesque qui parcourt l'entente des yeux.

– Si c'est le miracle que vous dites, conclut Lévesque, on va signer nous autres aussi!

– Le miracle, ajoute Morin, c'est que même les Anglais en ont ras le bol de l'arrogance de M. Trudeau.

Après la réunion du cabinet, Morin est bien trop fier de son coup pour ne pas relancer le Premier ministre dans son bureau. Ce dernier se détend en sirotant son deuxième martini, tandis qu'il repasse les dossiers courants avec Jean-Roch Boivin.

– Boiriez-vous quelque chose? demande Lévesque à Morin.

– Je ne sais pas trop...

– Vous auriez intérêt, dit Lévesque...

«Il y a des détails qui accrochent, pense Morin. La discussion risque de se prolonger, aussi bien me verser un whisky.»

– Avez-vous lu l'entente de la bande des huit? demande Morin.

– Pour tout de suite, ça va rester une bande de sept! répond Lévesque.

Morin sursaute! Encore un pépin qui s'avalera mieux avec un *Cutty Sark.*

– Comment ça, une bande de sept!

– Parce que je ne signerai pas un document qui réduit le pouvoir des provinces de se retirer d'un programme fédéral, et, de plus, sans compensation financière quand elles y arrivent.

– C'est tout? demande Morin.

– C'est assez! réplique Lévesque.

«Ah non!» gémit intérieurement Morin qui se retrouve menottes aux mains.

– Ça va être difficile d'en gagner plus, dit-il. Avec l'échec du référendum, on n'est pas exactement dans une situation de force.

– À moins qu'on aille en élections, suggère Me Boivin qui garde les idées aussi claires que sa vodka.

– Vous avez décidé d'annoncer des élections? demande Morin en s'adressant à Lévesque.

– C'est peut-être pas une mauvaise idée, dit ce dernier, on a déjà passablement étiré notre mandat... J'avais toujours affirmé qu'on ne dépasserait pas nos quatre ans. On approche de cinq!

Morin voit tout à coup son document disparaître à jamais dans l'abîme insondable d'une élection. Sa fameuse bande des huit serait-elle mort-née?

Avant même que le Premier ministre annonce au caucus qu'il a décidé d'en appeler au peuple, la ministre Payette lui demande un rendez-vous. Elle avait imaginé un bon dîner dans un restaurant agréable. Même après cinq ans de loyaux services, cela n'a pas été possible.

Lévesque entre dans le bar vieillot et discret où ils ont finalement convenu de se rencontrer. Lise Payette l'attend depuis un moment déjà.

– Écoutez, dit Lévesque en s'asseyant, je ne pouvais vraiment pas me permettre d'accepter votre invitation à dîner... vous voyez c'est à peine si j'ai pu me libérer pour prendre un verre.

– Je ne vous garderai pas longtemps... mais quand même! le temps de vous dire merci et de vous souhaiter bonne chance.

Le garçon s'amène, Lévesque commande un martini double (juste au cas où cette brève rencontre dégénérerait en déballage d'états d'âme).

– Pourquoi me dire merci? demande Lévesque.

– Je sais que vous allez convoquer des élections prochainement, je tiens à vous remercier pour tout, moi je n'ai pas l'intention de me présenter de nouveau.

– Vous n'avez pas confiance? dit-il. Vous savez un deuxième mandat, ce n'est pas si invraisemblable.

– Je sais, dit-elle, je sais. Mes intuitions féminines vous ont souvent agacé depuis que je suis au cabinet, mais si vous m'en permettez encore une... Je suis convaincue que vous avez de grandes chances d'être réélus.

Lévesque esquisse un sourire, puis le silence s'allonge. Démesurément. Il n'a aucunement l'intention de la retenir, il ne l'a jamais fait avec personne. Bon, il y en a dans le parti qui ne lui ont pas encore pardonné la bourde des «Yvette», mais il s'en moque. La défaite du référendum, elle n'en est pas responsable à elle seule!

Elle est trop fine mouche, cette femme, pour ne pas voir que Lévesque se morfond.

– Tiens, dit-elle en riant pour rompre le silence, dans votre prochain cabinet, vous pourriez même considérer faire un peu plus de place à des femmes.

Toujours qu'un petit sourire fugitif en guise de réponse. «Dieu! que cet homme affectionne le non-dit, là, ce que l'on appelle le non-dit!»

– Vous savez, reprend Lise Payette, je ne me sauve pas d'un bateau qui coule... Je me sauve de la politique. J'ai envie de reprendre ma liberté, de reprendre le droit de parole, le vrai!

– Je vous envie, dit-il.

Tout à coup, elle a l'impression d'apercevoir sur le visage de Lévesque une espèce de désespoir silencieux. Comme s'il s'enlisait lentement dans des sables mouvants, sans se débattre et sans crier au secours. Victime d'un destin incontournable.

En vidant son martini, debout, prêt à partir, il murmure...

– Vous savez, j'ai l'impression d'être entré en politique plus facilement que j'arriverai à en sortir.

Elle le regarde s'éloigner avec un serrement de cœur. Cet homme, en apparence si entouré, est déjà enfoncé jusqu'au cou dans sa fatalité. L'univers entier lui tendrait la main qu'il ne la verrait pas, emmuré comme il est.

Elle arrête la voiture, vérifie l'adresse notée dans son carnet de téléphone, un petit livre tout écorné. C'est bien le 91bis de la rue d'Auteuil. La porte qui conduit au logement de Lévesque, à l'étage, donne pile sur la rue, même pas de portique d'entrée. Dans sa candeur, Julie avait imaginé bien autrement la résidence d'un Premier ministre du Québec. «Ça n'est pas plus imposant que mon duplex sur le boulevard Saint-Joseph à Montréal.»

On klaxonne derrière, avec insistance. Sa voiture bloque la rue étroite qui longe les remparts du vieux Québec. Toujours poussée dans le dos par ce casse-pieds à qui elle aurait envie de montrer le doigt, elle parcourt plusieurs centaines de mètres avant de réussir à se garer. Puis elle revient à pied jusqu'au 91, marchant dans la rue, tellement le trottoir est glissant. Le jour, la neige fond au soleil de mars... mais aussitôt que le soir arrive, c'est une patinoire.

«Je ne l'ai pas vu depuis des mois, se dit Julie, prions le bon Dieu que je ne me casse pas une jambe!» Dans son manteau de breitschwanz trois quarts et ses cuissardes noires, la jeune femme paraît plus mince qu'auparavant. Elle a laissé allonger ses cheveux qu'elle a relevés en un chignon serré, retenu par une boucle de ruban noir et luisant.

Elle prend une longue respiration avant de sonner à la porte; son cœur bat trop fort.

Dès qu'elle apparaît, Lévesque la serre dans ses bras avec une ardeur si empressée qu'elle s'en étonne elle-même.

– Il était temps qu'on se revoie, mon amour, dit-elle en riant.

Avec une fébrilité presque juvénile et sans prendre le temps de l'aider à retirer son manteau, il la conduit au salon: une petite table est dressée joliment, ornée d'un bouquet de fleurs et de chandeliers. L'éclairage a été soigneusement tamisé.

– Tu es fou, dit-elle, alors que les larmes lui viennent aux yeux.

C'est alors seulement qu'il pense à lui retirer son manteau. Elle enlève elle-même ses longues bottes et enfile des souliers de cuir verni. Avec sa robe moulante en fin lainage imprimé, ses jambes bien galbées, son maquillage juste ce qu'il faut, c'est un bijou de femme.

– Veux-tu boire quelque chose? demande Lévesque.

– Pas trop, dit-elle avec une moue aguichante, je ne pourrai pas bien goûter tout ce qu'il y a.

– J'ouvre quand même du champagne?

– Si tu en prends aussi... après tout, tu m'as dit que ce serait romantique!

Elle le suit jusqu'à la cuisine, lui fait des papouilles dans le cou, le temps de faire sauter le bouchon du Crystal Roederer...

– À ta victoire, dit-elle en trinquant.

C'est vrai, les élections du 13 avril. Il n'y pensait déjà plus!

– Les Québécois vont peut-être m'envoyer à la retraite...

– Je ne pense pas!

Il va chercher deux assiettes où sont disposées de belles tranches de saumon fumé à l'érable accompagnées d'oignons finement émincés et d'un quart de citron découpé en fleur.

Elle fouille dans son sac à main, en sort un minuscule paquet soigneusement enveloppé dans du papier argent avec un chou de bolduc bleu.

– Pour toi!

– Je ne veux pas de cadeau...

– C'est pas un vrai cadeau...

De la petite boîte, il retire la patte d'un petit animal, sertie dans un embout de métal doré et ciselé. Il sourit.

– Une patte de lièvre! C'est un porte-bonheur, dit-elle. Je l'ai pris moi-même au collet, par chez nous. Pour porter chance, les lièvres d'Abitibi, c'est les meilleurs, tu vas voir!

– Je n'y crois pas trop... dit-il.

– Je m'y attendais! Tu vas gagner ton élection et tu ne voudras jamais croire que c'est à cause de mon lièvre...

Avec cette passion qui les dévore tous les deux, le plat principal, cuisiné par un des meilleurs restaurants de Québec, pourra toujours attendre. Heureusement, le canard à l'orange ne souffrira pas trop et si l'accompagnement de riz sauvage devient pâteux, tant pis!

La gamme de caresses qu'invente cette femme! Les merveilles de voluptés qu'elle sème avec sa bouche! Ses façons si délicieuses de donner et de recevoir, de demander ou de dire ce qui excite! Les mots amoureux dont elle enveloppe chaque geste! La rafale de ses extases, le moelleux de ses assouvissements. Lévesque n'a jamais rien vu de pareil.

Étendu par terre à côté d'elle, mouillé comme s'il sortait de la douche, il passe son bras sous la nuque de Julie, l'attire de nouveau vers lui. Il veut humer son visage, sentir contre lui son corps qui s'ajuste si bien au sien.

Elle meurt d'envie de savoir comment il se sent avec elle, s'il l'aime... au moins un peu. Mais non! dans un interminable baiser, elle garde ses lèvres écrasées contre la poitrine de Lévesque, tant qu'elle n'a pas la certitude que de telles questions ne lui sortiront pas inopinément de la bouche.

– As-tu faim? murmure-t-il. Veux-tu manger un peu?

– Mangeons! dit-elle.

«Oui, vite à table avant de devenir sentimentale», pense-t-elle.

– Tu as encore changé d'adresse, fait remarquer Lévesque en apportant les canards à table.

– Mais là, je suis casée, je suis propriétaire. Et j'ai changé de métier aussi.

Il n'ose pas demander ce qu'elle fait. D'abord, parce qu'il ne l'a jamais trop su... ensuite parce qu'il n'est pas certain de vouloir le savoir.

– Tu peux me demander ce que je fais! dit-elle en riant.

– Alors?

– Je suis gérante du plus grand bar de la rue Saint-Denis... Je vois même régulièrement de tes ministres!

– Pas depuis que j'ai déclenché des élections, tout de même!

– Si tu crois que je vais cancaner sur mes clients...

– Ce soir, tu ne travaillais pas?

– Je me suis fait remplacer.

Ils mangent en silence pendant un bon moment et, tout à coup, elle craint de l'embêter.

– Quand tu voudras que je m'en aille, dis-le-moi!

Il s'étonne lui-même d'avoir encore envie qu'elle reste là. Il a d'ailleurs beaucoup hésité avant de l'inviter chez lui. En fait, il n'a pas vraiment réfléchi. C'est tellement plus simple d'aller chez quelqu'un. On peut partir quand on veut.

Et c'est diablement contraire à ses habitudes d'éterniser ainsi un rendez-vous amoureux.

– Je n'ai pas du tout envie que tu partes, dit-il. Il lui met la main sur la joue, contourne ses lèvres doucement avec son doigt. Elle ferme les yeux.

– Merci pour la belle invitation, mon amour, murmure Julie en continuant ensuite d'égrener silencieusement dans sa tête des mots d'amour qu'elle sera toujours seule à entendre. Un Premier ministre peut sans doute avoir le béguin pour elle... mais il ne faut pas rêver!

Malgré ses airs détachés, Lévesque peut être aussi curieux qu'une fouine. Et ce matin, avec ce qu'il entend en arrivant au bureau, il y a de quoi être aux aguets. Il s'arrête, stupéfait par la conversation animée que tient Me Boivin au téléphone.

– Cinq mille... Rosaire! Tu me feras pas croire que t'as pas un petit cinq mille liquide qui traîne quelque part... C'est sûr que c'est un *gamble*... je peux pas te jurer dur comme fer que tu le perdras pas. Non, Rosaire, cinq mille, pas deux! T'es mon dernier client. Avec ça, j'ai ce qu'il me faut... Correct! J'envoie quelqu'un chercher l'argent.

Me Boivin raccroche, satisfait.

– C'est pour les œuvres du cardinal? demande Lévesque.

L'homme rougit comme un enfant pris en flagrant délit, la cuiller dans les confitures.

– C'est une gageure, dit-il.

– Une nouvelle habitude?

– Non... Écoutez, Monsieur Lévesque... Après l'assemblée d'Alma, samedi passé, y a une gang de journalistes qui ont commencé à m'asticoter avec l'élection. J'avais peut-être pris un coup de trop, je leur ai dit que j'étais prêt à gager cent mille dollars qu'on allait gagner. Le maudit Francœur est allé publier ça dans *Dimanche Matin!* Lundi, Jean-Noël Lavoie m'appelle, il avait cent mille à mettre sur la table.

– Cent mille, murmure Lévesque, estomaqué.

– Monsieur Lévesque, je ne pouvais plus reculer.

Il ne possède rien, Boivin. Il reçoit son salaire de directeur de cabinet, c'est tout. Pas de quoi mener grand train. Lévesque est très inquiet.

– Avez-vous misé votre argent personnel?

– Bah... un petit peu, finit-il par admettre.

– Combien?

– Je m'étais gardé un dix-sept mille pour agrandir la maison... le reste, j'ai trouvé ça chez nos partisans, à coups de cinq et de dix mille.

– Je n'ai pas envie de vous faire la morale, Jean-Roch... Surtout, comme vous le savez, je suis joueur moi-même. Mais j'ai toujours considéré qu'il y avait certaines limites que je ne dépasserais jamais... Vous avez une femme... cinq enfants.

– C'est pas une habitude, Monsieur Lévesque... Vous savez, ça ne m'empêchera pas de dormir... J'y crois à votre victoire...

Lévesque ne perd pas son air de reproche pour autant. En allant vers son bureau, il enfonce machinalement la main dans la poche de son veston, tombe sur la petite patte de lièvre... «Toi, fais ta job!» pense-t-il en serrant dans sa main le porte-bonheur de Julie.

Jean-Roch Boivin est loin d'être seul à accorder sa confiance à Lévesque. Le 13 avril 1981, la moitié des électeurs qui se rendent aux urnes choisissent de renouveler le mandat de leur Premier ministre. Ils élisent quatre-vingts députés du Parti québécois contre quarante-deux seulement pour les libéraux de Claude Ryan.

Lévesque arrive triomphant au centre Paul-Sauvé où il est aussitôt assailli par les journalistes. Non seulement il a l'énergie d'un chat de gouttière, ce Lévesque, mais il en a aussi les sept vies. Il y a onze mois, justement à ce centre Paul-Sauvé, on n'aurait pas donné cher de sa peau... il semblait plus probable qu'avec l'échec du référendum, il allait rester sur le carreau.

Croyez-vous! Plus matois que jamais, la cigarette pincée au coin des lèvres, il affronte les journalistes, satisfait comme le chat qui entreprend sa deuxième vie...

– Je pense même que tous nos ministres ont été réélus, dit-il.

– Non, réplique un journaliste, vous avez perdu Mme Ouellette, la seule femme qui restait au cabinet.

– Ne vous inquiétez pas. Parmi nos quatre-vingts députés, il y a plusieurs femmes qui ont l'étoffe de ministre. En tout cas, contrairement à ce que certains d'entre vous avaient pensé en 1976, nous ne sommes pas un accident de parcours!

– Quelles seront vos priorités? lance un autre journaliste.

– Une seule! Continuer de défendre les intérêts fondamentaux du Québec.

Il s'éloigne pour remercier les milliers de partisans qui l'attendent dans l'aréna et se retrouve nez à nez avec Me Jean-Roch Boivin, rayonnant.

– Vous allez pouvoir agrandir votre maison, s'écrie Lévesque.

– Je suis encore plus joueur que vous, Monsieur Lévesque. Ça fait une semaine que les travaux sont commencés...

Leurs regards se croisent un instant. S'il y avait moyen de capter cet éclair et de l'analyser, on découvrirait une extraordinaire confiance, une grande amitié et une profonde admiration entre ces deux-là.

24

Une victoire, ça requinque! Dès le lendemain, Lévesque arrive à Ottawa tout ragaillardi pour discuter de Constitution en compagnie de son spécialiste de la chose, Claude Morin. Loraine Lagacé est avec eux. Officiellement, cette femme plutôt agréable à regarder est directrice du Bureau du Québec à Ottawa. Mais pour ceux qui sont dans le coup, c'est une espèce de Mata-Hari dont les activités d'espionnage en territoire fédéral ennemi sont aussi nébuleuses que celles de sa célèbre collègue.

Lévesque n'a pas sitôt mis le pied dans le hall du Château Laurier que la meute de journalistes grogne pour sa pitance. On veut savoir si le Premier ministre va enfin signer la fameuse entente de la bande des huit.

– Écoutez, leur dit-il, on va commencer par voir si cette bande tient toujours... Comme vous le savez... nous on a eu une petite diversion.

– Vous sentez-vous en meilleure posture avec cette victoire inattendue? lance un journaliste.

– Inattendue... seulement pour ceux qu'on dérange!

La bonne humeur de Lévesque ne s'est pas évanouie, mais sa patience, oui! Il coupe court et disparaît dans l'ascenseur. Il commence à les avoir dans le nez ces journalistes qui ne cessent de le piquer pour tout et pour rien. Quand il pratiquait leur métier, il ne se souvient pas d'avoir usé de tant de désinvolture ou même d'une telle arrogance. Ces nouvelles attitudes de la presse lui échauffent les oreilles.

Une fumée âcre aux relents de rhum et d'érable remplit le petit salon du Château Laurier. C'est que Claude Morin n'a pas dérougi. Il a vidé pipe sur pipe depuis que Lévesque les a abandonnés, lui et Loraine Lagacé, pour aller rencontrer seul les autres Premiers ministres de la bande des huit.

C'est lui, Morin, qui a coutume de tirer le Québec sur les voies sinueuses de la Constitution! Voilà qu'il se sent abandonné comme une locomotive sur une voie de garage.

– Arrêtez, dit Loraine Lagacé, je ne vois même plus ce que je mange. Vous êtes en train de me donner mal au cœur.

C'est vrai! On distingue à peine le grand plateau de sandwiches sur la table. Les canapés de saumon fumé, passe encore! Mais les bouchées à la reine, les œufs à la russe, les olives à la grecque, tout est à la fumée maintenant.

– Ça fait trois heures que ça discute, dit Morin nerveusement. J'espère que M. Lévesque n'est pas en train de se faire embarquer.

– Voyons donc, c'est pas un enfant d'école!

– C'est pas difficile de le mêler, lui, dans la Constitution, dit-il.

On entend du bruit et des éclats de voix dans le corridor. Morin bondit vers la porte, l'ouvre... Heureusement, l'appel d'air fait sortir la fumée et on aperçoit Lévesque qui entre avec son paquet de dossiers.

Morin s'empresse de refermer la porte pour ne rien laisser échapper des secrets dont il risque de les entretenir.

– Puis? demande-t-il avec appréhension.

– La bande des huit tient toujours! dit Lévesque. On va signer l'entente.

Le cœur de Morin recommence à battre. On dirait une mère à qui on rapporte son enfant, égaré en forêt depuis trois jours.

– Qu'est-ce qui a été si long? demande-t-il.

– Écoutez, j'ai tout fait pour conserver le droit de veto du Québec. Mais rien à faire! J'ai donc fini par le laisser tomber en échange d'une formule d'*opting out* acceptable.

– Je vous l'avais dit, Monsieur Lévesque, que c'était la seule façon.

– Pour le moment, on l'a, le droit de veto, mais la formule constitutionnelle ne nous convient pas. Je prétends qu'il vaut mieux échanger ce droit contre une entente constitutionnelle acceptable.

– Absolument! L'important, Monsieur Lévesque, c'est notre alliance. Tant que la bande des huit se tient, Trudeau est coincé. Donc, on signe!

– On signe, dit Lévesque.

Sept provinces anglophones qui font un pacte à la vie à la mort avec le Québec, attention! on n'y appose pas sa signature en bleus de travail. Lévesque arrive tout pimpant, suivi de Claude Morin et de

Loraine Lagacé, dans la suite où l'attendent les sept autres membres de la fronde. Question de jeter un dernier coup d'œil au document transcrit au propre avant de le parapher devant caméramen et photographes.

C'est Allan Blakeney, de la Saskatchewan, qui lui met l'enfant dans les bras. Lévesque a tout de suite un mouvement de révulsion. Les noms des huit Premiers ministres dissidents sont bel et bien imprimés sur la page couverture, et dans l'ordre prévu, avec le pointillé qu'il faut pour signer. Mais, horreur! tout cela est surmonté de l'unifolié canadien. Un bébé avec une horrible tache de vin en plein front!

– *Guys, I'm not signing underneath this*... s'écrie Lévesque[38].

Tétanisés! Voilà de quoi ont l'air les sept collègues anglophones en entendant cela. Une misérable feuille d'érable va-t-elle enrayer le cours de l'histoire?

– *René*, dit Blakeney sur un ton plaintif, *this cover was sent last week to your Ottawa office for your approval*[39].

Ho ho! Envoyé chez Mata-Hari donc...

Consultation immédiate à voix basse entre Claude Morin et Loraine Lagacé. Morin revient chuchoter à l'oreille de Lévesque que Mme Lagacé a bien fait parvenir la couverture à Québec... mais qu'on a dû l'égarer dans le brouhaha des élections.

Voilà qui est ennuyeux!

Bill Bennett vient draper son bras fraternel sur les épaules de Lévesque.

– *Come on, René, don't let that one leaf hide the forest... this is good for all of us*[40]*!*

Il en trotte des choses dans la tête des sept anglophones pendant que Lévesque les fait languir encore un peu. La plupart ne comprennent pas ses hésitations... après tout, s'il y a une province où l'érable est roi, c'est bien le Québec!

Lévesque prend le document et, taquin, en assène un coup sur le crâne de Bill Bennett. Après, il consent à signer.

– Tu es un grande Canadienne... lui baragouine alors Peter Lougheed dans un français si atroce que Lévesque se dit qu'ils sont peut-être sous la même feuille, mais certainement pas du même bois.

La Presse, qui ne risque pas d'être souverainiste tant que Paul Desmarais financera sa destinée, se délecte d'avoir en première page la photo de René Lévesque apposant sa signature sous le drapeau canadien. La manchette crie bien fort: *Huit contre Ottawa!* Ce qui est rassurant pour M. Desmarais c'est que Lévesque fasse partie du groupe des huit. C'est la preuve que le mortier continue de tenir ensemble la «mosaïque canadienne».

Mais c'est le genre de manchette qui stimule l'«hormone d'urgence» chez notre batailleur Jean Chrétien, toujours prêt à remettre ses gants de boxe. Sa montée d'adrénaline, il ne peut s'empêcher de la partager avec Trudeau, son patron.

– Belle gang de traîtres, dit Chrétien en voyant la photo des séditieux. C'est rendu que les provinces vont décider de prendre dans la Constitution juste ce qui fait leur affaire. C'est pas un *self-service*, la Constitution!

– Jean, on ne marchera pas dans le fédéralisme à la carte. Il ne peut y avoir dix visions différentes du Canada.

– Moi, s'il y a une vision pour laquelle je suis prêt à me battre, c'est la vôtre, Monsieur Trudeau. Et on va leur faire avaler de force, s'il le faut!

– Je vais convoquer une conférence des Premiers ministres, dit Trudeau.

– *Last call!*

– Absolument! poursuit Trudeau. Ou bien on trouve un compromis, ou bien je rapatrie la Constitution tout seul, sans l'accord des provinces.

– J'ai appris une nouvelle expression, dit fièrement Chrétien, je ne sais pas si vous la connaissez... «semer la zizanie»...

Oui, oui... Trudeau acquiesce, il connaît.

– Je trouve que ça s'applique bien, dit Chrétien. On pourrait essayer d'en semer un peu dans cette gang-là!

Me Jean-Roch Boivin est toujours ébahi de voir comment, aux mains de Lévesque, un homard est vite tortillé. Il n'y a rien qu'il préfère à ces crustacés dont le parfum le ramène instantanément sur les rivages de sa Gaspésie natale. Il est tellement absorbé par son crustacé que Boivin, qui l'a invité à dîner à L'Aquarium, ne se risque pas tout de suite à entrer dans le vif du sujet.

– Où est-ce que vous voulez en venir au juste? demande Lévesque, agacé de voir son vis-à-vis tourner autour du pot.

– Bien... j'sais pas... Je regardais ça, je suis avec vous depuis le début. Vingt ans! Ça commence à vous faire tout un bail.

– À vous aussi! réplique Lévesque.

Boivin marmonne une réponse inintelligible.

– Vous voulez partir? demande abruptement Lévesque.

Grognements... hésitations... raclements de gorge... toute la gamme des onomatopées passe entre ces deux as du mutisme.

– J'avais... finit par murmurer Me Boivin, un peu promis à ma femme que si l'on était réélu, j'en profiterais peut-être pour retourner à la pratique du droit... J'aurais un peu plus de temps pour elle... pour les enfants.

– C'est elle qui souhaite que vous partiez?

– Pas directement... on en a parlé comme ça. C'est sûr que chef de cabinet d'un Premier ministre, on peut dire que c'est accaparant... Il ne reste pas beaucoup de temps pour autre chose.

– C'est sûr, dit Lévesque... Je regarde ce que j'ai de loisirs... Vous ne devez pas en avoir beaucoup plus. Tout vous passe par les mains, vous en savez plus long que moi sur tout...

Il s'interrompt pour essayer d'extraire un dernier morceau de chair coincé dans la pince de son homard, puis il dit sur un ton moitié persifleur:

– Évidemment, si vous avez promis à votre femme...

– Je n'ai rien promis à ma femme, rétorque aussitôt Boivin. Mais j'ai pensé qu'au deuxième mandat, vous auriez peut-être moins besoin de moi... qu'on pourrait...

– C'est vrai, enchaîne Lévesque. La mécanique tourne bien, mais c'est terriblement important que les rouages essentiels restent en place. Vous ne trouvez pas? Vous êtes un de ces rouages! Je ne peux pas vous forcer à rester, mais j'ai besoin de vous.

Lévesque dévisage Boivin. Il attend une réponse... Sa femme, ses enfants, c'est déjà loin... Boivin acquiesce d'un imperceptible mouvement de tête. Il va rester. Classé! Sujet suivant!

– À la conférence d'Ottawa, à part Morin évidemment, reprend Lévesque, j'ai pensé à emmener Claude Charron. Il a un bon jugement...

– Marc-André Bédard?

– Oui, lui aussi, dit Lévesque. Il ne baragouine pas un mot d'anglais, mais les ministres de la Justice des autres provinces sont là. Ce serait difficile de le laisser derrière.

Nouveau silence pendant lequel on fait signe à la serveuse d'apporter une autre bouteille de vin.

– Corinne m'a appelé, dit Me Boivin... elle veut savoir si je ne pourrais pas lui trouver quelque chose. Peut-être dans...

Lévesque, subitement très impatient, l'interrompt aussitôt.

– Monsieur Boivin, dit-il, faites-moi plaisir. Arrêtez de vous laisser empoisonner par Corinne et la bande de pleureuses autour d'elle. Vous n'êtes pas à leur service!

En effet, Corinne est maintenant entourée de deux ou trois copines ayant des fonctions au parti ou dans le bureau du Premier ministre. Ces dernières forment avec elle le groupe des «pleureuses». Ces anges tutélaires veillent à ce que, par exemple dans les dîners officiels, Corinne ne soit pas malencontreusement assise à côté d'un anglophone puisqu'elle ne parle pas l'anglais. Ou elles s'arrangent pour qu'elle puisse se procurer la toilette appropriée à telle réception... Enfin! elles comblent le vide laissé par un Premier ministre plus préoccupé des affaires de l'État que des bagatelles de la vie de couple!

Côté jérémiades, Lévesque ne manque pas d'occasions, lui non plus. La bande des huit est à Ottawa pour la confrontation finale avec Trudeau, lequel a convoqué une conférence fédérale-provinciale sur la Constitution. On a l'impression que ça va chauffer.

Tôt ce matin, dans un petit salon attenant à la salle à manger du Château-Laurier, les contestataires en sont déjà aux œufs et au bacon. Ils se reconstituent. Lévesque, lui, se contente de toasts et de café, tandis que ses alliés anglophones, qui dînent en général vers les dix-huit heures, claquent du bec, le matin venu.

L'important, c'est de s'assurer de l'homogénéité du groupe.

Lévesque met les points sur les «i». Aucune province n'acceptera ou ne fera de nouvelles propositions sans les avoir soumises au préalable à l'approbation du groupe.

– *In other words, double-crossing is out!* dit Lévesque[41].

Violer notre parole! proteste tout le monde en chœur! Plutôt mourir!

Non! pour le plus grand malheur de Trudeau, chacun des huit membres de la fronde jure sur ce qu'il a de plus cher qu'il restera solidaire des autres.

Lévesque ne s'est jamais senti si bien parmi ses collègues des provinces anglaises.

Lorsque s'ouvrent les grandes portes de la salle où se déroule la conférence, les journalistes sont unanimes: c'est ici que se jouera le destin de la Constitution canadienne. Pour Trudeau et les dix Premiers ministres des provinces, c'est la dernière cène. Il n'y a que trois plats au menu, tous assez indigestes: le rapatriement de la Constitution, la formule d'amendement et, enfin, une charte des droits individuels, la toquade de Trudeau.

Ce qu'il y a sur la table est déjà assez coriace, pas question de garder les journalistes dans la salle. S'il fallait qu'un ou l'autre des participants se fasse sérieusement assaisonner!

La ratatouille que présentent les huit dissidents à Trudeau lui fait tout de suite lever le cœur.

– Il est bien évident, s'écrie le Premier ministre du Canada, que nous ne pouvons pas accepter cette proposition. Votre redoutable bande des huit a trouvé une façon, disons plutôt originale, de régler la question du consensus, en prétendant que celui-ci est impossible à obtenir. Même si quatre-vingt-quinze pour cent des Canadiens se mettaient d'accord sur un point, une province pourrait continuer de prétendre que cela ne représente toujours pas la volonté nationale et se retirer du jeu.

– Monsieur Trudeau, demande Lévesque, quand avez-vous obtenu de la population le mandat de transformer aussi radicalement la Constitution?

– En même temps qu'on vous a refusé, Monsieur Lévesque, celui de vous séparer!

Et vlan! Trudeau continue de frapper.

– Vous avez peut-être du mal à avaler les résultats de votre propre référendum, poursuit ce dernier, mais pour moi, c'était assez clair! Les Québécois souhaitaient qu'on s'attaque rapidement aux problèmes de la Constitution. C'est ce que je fais!

– Les Québécois, rétorque Lévesque, sont maintenant forcés de se rendre compte que les changements que vous aviez promis ne sont qu'un mirage.

– Ils ont quand même préféré «mon» mirage à celui de l'indépendance.

Cette façon qu'a Trudeau d'admettre froidement que ses promesses n'étaient qu'un mirage irrite tellement Lévesque qu'il a subitement envie de régler à poings nus et sur-le-champ cette maudite question constitutionnelle. Elle empoisonne tout le monde depuis si longtemps.

La même idée passe par la tête de Jean Chrétien, assis à droite de Trudeau...

Cette première journée mouvementée a énervé certains membres de la bande des huit. Allan Blakeney ne mâche pas ses mots.

– *That son of a bitch*, dit-il en parlant de Lévesque, *is going to piss off Trudeau to a point where no compromise will be possible*[42].

Bill Bennett n'est pas encore prêt à qualifier lui-même Lévesque d'«enfant de chienne» mais il est d'avis qu'on ne trouvera jamais de compromis acceptable si le Premier ministre du Québec ne met pas un peu d'eau dans son vin.

– *Easier said than done*, dit Peter Lougheed[43].

Tandis que ces trois dissidents boivent leur whisky et cassent du sucre sur le dos de leur allié Lévesque, Jean Chrétien de son côté tient Roy Romanow au bout du fil et sème la zizanie...

– *Roy, listen to me for a minute... Forget Lévesque! Why don't you work on Claude Morin, he's a much more flexible man! You know, like my grandmother used to say:* il faut que ça pète ou que ça casse, ou que ça dise pourquoi... *Understand*[44]*?*

À l'autre bout du fil, le procureur général de la Saskatchewan demeure perplexe... Qu'est-ce que la grand-mère de Chrétien peut avoir à faire avec la Constitution?

Tout cela se passe à Ottawa, en territoire fédéral. La délégation du Québec, elle, s'est repliée sur Hull pour la nuit et bivouaque confortablement à l'hôtel Chaudière.

Ce qui n'empêche pas Lévesque de s'impatienter. Il fait le pied de grue dans la suite d'hôtel avec les Charron, Bédard, Lagacé et compagnie. Tout le monde attend Morin qui aurait été accaparé par Roy Romanow.

– Voyons, qu'est-ce qu'il fait, Morin, s'impatiente Lévesque. J'ai pas envie de passer la veillée ici à attendre.

– Voulez-vous que j'appelle à la chambre de Romanow? suggère Claude Charron.

– Faites donc ça! Moi, je vais descendre me chercher des cigarettes.

– Je vais y aller pour vous, dit gentiment Loraine Lagacé.

– Ça va me faire du bien de m'aérer un peu, dit Lévesque en sortant.

En fait, c'est l'air de la caissière de la tabagie de l'hôtel qui l'attire... Il l'a remarquée, ce matin. Bien tournée, rousse aux yeux verts... En voilà une belle constitution!

Les yeux accrochés par-dessus le magazine qu'il fait mine de feuilleter, Lévesque ne perd pas un geste de la caissière occupée avec un client. Aussitôt celui-ci parti, il s'approche...

– Ah! Monsieur Lévesque... bonsoir, lui dit-elle d'une voix charmante, flattée de parler au Premier ministre.

– Un Belvédère, demande Lévesque.

Il ouvre tout de suite le paquet qu'elle lui tend et en tire une cigarette.

– À mon humble avis, dit-il, on abuse de vous... Vous étiez là ce matin quand je suis passé et vous y êtes toujours...

– Si je finissais plus tôt, je n'aurais pas eu l'honneur de vous servir, réplique-t-elle avec un sourire engageant.

L'idée lui traverse le ciboulot de griffonner son numéro de chambre sur un bout de papier et de le lui laisser. Mais cette fois, Lévesque n'ose pas...

– À un de ces jours, dit-il, tout sourire, en quittant le comptoir.

«Non, mais quels yeux pétillants celui-là», se dit la caissière en le voyant disparaître au fond du hall.

Claude Morin est enfin revenu au bercail. Et sans exclure un seul iota, il informe la délégation, Lévesque en tête, des pourparlers qu'il vient d'avoir avec Romanow et ses autres collègues de la bande.

– Maintenant, explique-t-il, on ne parle plus d'une charte des droits comme la souhaiterait Trudeau, ce serait plutôt une sorte de mini-charte, comme celle qu'on était prêt à accepter, l'an dernier. Ce projet-là, je l'ai quelque part... si vous voulez vous rafraîchir la mémoire, Monsieur Lévesque!

Morin a dû juger qu'il était temps d'interpeller nommément le Premier ministre. En effet, son attention, depuis un moment, semble se dissiper. Il se tortille dans son fauteuil et achève déjà son paquet de Belvédère.

– Je m'en souviens très bien, dit-il, en voyant Morin fouiller dans sa valise de documents. Abrégeons un peu... moi, la Constitution, je commence à en avoir jusque-là!

– On ne pourra plus aller manger, tout va être fermé, s'inquiète à juste titre Marc-André Bédard.

Mais même si Morin est en train d'en faire une indigestion, la Constitution, il continue d'en manger.

– C'est sûr que si on accepte de se rallier là-dessus, poursuit-il, il y a une concession. Mais ça n'est pas vraiment une concession...

– Christ! dit Lévesque, on recule ou pas?

– Non, on ne recule pas...

Et Morin va déballer un autre paquet d'arguments lorsque Lévesque l'arrête net.

– Bon, arrêtons de taponner! s'exclame-t-il. Présentons ça à Trudeau demain matin, on verra bien!

La mini-charte, Trudeau la prend comme un gnon sur le coin de la gueule. Il riposte aussitôt.

– La nouvelle proposition que nous avons reçue des provinces dissidentes est totalement inacceptable. Jamais nous n'accepterons une charte des droits étriquée.

Lévesque n'est pas étonné. Quand il a vu ses collègues, la tête enfarinée, arriver au petit déjeuner avec cette proposition... il n'a pu s'empêcher de les trouver naïfs, et de le leur dire.

Trudeau, lui, n'a plus de temps à perdre:

– Je suggère d'ajourner afin que les représentants des huit provinces récalcitrantes puissent avoir le temps de réfléchir un peu. Je me rends compte qu'on ne va nulle part avec cette conférence et je n'ai pas l'intention de traîner plus longtemps. Ottawa a le pouvoir d'agir seul, s'il le veut, et ce pouvoir nous n'hésiterons pas à l'utiliser.

Ça, on peut dire! Aussitôt que Trudeau montre les dents, bande des huit ou pas, ça détale! Planqués au Château-Laurier, tremblant encore de peur, les collègues de Lévesque cherchent à lui faire lâcher un peu de lest.

– *For Chrissake*, s'écrie Blakeney, *you got to move, René!*

– *Where?* demande Lévesque. *I've reached my limits. I'm not backing up any further.*

– *The conference will fail*, dit Blakeney, désespéré.

– *What did you expect?* dit Lévesque[45].

Ce qui les enrage plus que tout, les sept froussards, c'est l'apparente insouciance de Lévesque devant l'échec possible de la conférence.

Peter Lougheed, de l'Alberta, signale que Trudeau n'a pas fait l'ombre d'une concession depuis le début.

– *When he sees we're sticking to our guns*, dit Lévesque, *he just might budge.*

– *René is right*, dit Lougheed, *it's his bloody move*[46].

Blakeney devient plus nerveux que les géomys de sa Saskatchewan. Vite un compromis, plutôt que l'échec.

– *Compromise is not a one-way street*, dit Lévesque, en demandant à Blakeney ce qu'il propose pour briser l'impasse[47].

Il hausse les épaules, il ne sait plus quoi suggérer.

Bon! faute de solution magique, Lévesque propose la solidarité.

Tant que les huit se tiendront, Trudeau pourra toujours faire le flambard.

À voir le va-et-vient entre Ottawa et Hull, on ne dirait jamais que le Québec et le Canada vivent politiquement à couteaux tirés. Et l'on peut imaginer que le pont qui réunit les deux villes éclipserait vite la notoriété du Pont des Soupirs, en cas de séparation. Non mais! les gémissements qu'on entendrait si les milliers de Hullois étaient empêchés d'aller travailler à Ottawa et si, en contrepartie, les assoiffés de la capitale ne pouvaient plus, aux petites heures, venir se rincer le gosier à Hull!

C'est sûrement dans le but de prévenir une telle catastrophe que le chef de l'hôtel Chaudière a invité la délégation québécoise à un dîner gastronomique. Ventre plein, a-t-il dû penser, il y a plus de chances que les Québécois entendent les propositions fédérales.

Mais si Lévesque fait autant de cas de Trudeau qu'il en fait actuellement du sommelier qui lui présente son vin à goûter, adieu Constitution! La bouteille de Romanée Saint-Vivant 1971 qu'il propose ramènerait pourtant à la vie un gourmet en phase terminale. Lévesque, lui, poursuit sa conversation comme si de rien n'était.

– Une chance que la conférence finit demain parce que je sens que Blakeney nous aurait chié dans les mains...

Le sommelier toussote...

Pris de pitié, Claude Charron interrompt Lévesque pour lui signaler qu'il doit goûter le vin.

Loin de s'extasier, Lévesque se contente d'un signe de tête et allume une cigarette. Vosne-Romanée et fumée de Belvédère...

– O.K., ça va! dit-il, puis il reprend le fil de ses propos.

Dépité, le sommelier contourne Marc-André Bédard pour servir d'abord Claude Charron qui semble mieux disposé à l'égard de sa bouteille.

– À mon humble avis, poursuit Lévesque, on a tous été manipulés par Trudeau. Eh! bien, il voulait une entente constitutionnelle, il ne l'aura pas!

Bédard approuve.

– Y a personne qui vous a appelé? demande Lévesque à Claude Morin. Pas de marchandage de dernière minute?... Avec les Anglais, on ne sait jamais!

– Non, dit Morin. Et puis ils savent qu'on est là s'ils veulent discuter de quelque chose. J'ai fait le tour, tout le monde a mon numéro de chambre.

Quand il voit le sommelier quitter enfin la table, Lévesque demande:

– Comment ça se fait qu'on est pris dans ces maudites simagrées-là, ce soir?

– Monsieur Lévesque, répond Charron, stupéfait. Je vous en ai parlé avant-hier, la direction de l'hôtel a insisté pour nous offrir un repas gastronomique. Vous avez même dit: O.K.

– Je devais avoir la tête ailleurs, dit Lévesque, en haussant les épaules.

Ce qu'il faut voir maintenant, ce sont les magnifiques faisans qu'apporte le chef sur un plateau d'argent. Sous leurs collerettes de plumes, les oiseaux répandent dans la salle à manger un appétissant fumet de fines herbes et d'odeurs de sous-bois.

– Même si la bande des huit tient jusqu'à la fin, dit Lévesque, les historiens ne pourront jamais parler d'un mariage d'amour. J'en connais là-dedans qui ont sauté dans le lit en se fermant les yeux.

Désespérant d'attirer son attention, le chef pose le coin de son plateau sur la table, près du Premier ministre... Ce dernier renifle un peu les faisans...

– Oui... murmure-t-il au chef. Si ça se mange, c'est très beau!

– Monsieur le Premier ministre, ce sont des faisans «Constitution». La sauce est relevée de onze herbes différentes... C'est un symbole!

– J'espère que vous avez été plus habile que notre Premier ministre, rétorque Lévesque, dans un effort évident pour être gentil.

Un garçon roule une desserte et le chef commence gravement à découper ses oiseaux.

– Faites pas trop de cérémonies, s'impatiente Lévesque. Qu'on ne se couche pas trop tard!

Ironiquement, c'est ce faisan «Constitution» qui réussit à arracher Lévesque à son obsession. Avec sa sauce parfaitement relevée, l'accompagnement de salsifis glacés et de blinis aux pommes de terre, le plat permet d'aiguiller les conversations sur des voies plus plaisantes que les entourloupettes constitutionnelles de Trudeau.

Et sans doute induit en erreur par le laconisme de Lévesque pour son Romanée Saint-Vivant, le sommelier doit, en plein milieu du repas, courir à la cave pour une troisième bouteille qu'il n'a pas le temps d'oxygéner convenablement...

Lorsque, après les madeleines et le sorbet aux fruits de la passion, Lévesque entend tinter les bouteilles de liqueur sur le chariot du sommelier, il opte pour un repli immédiat vers sa chambre.

– Il est assez tard, dit-il, en se levant de table, je monte!

Les trois autres convives rassurent le sommelier déjà chagriné: ils n'ont pas l'intention de suivre le mouvement.

– Monsieur Lévesque, dit Claude Morin, n'oubliez pas votre petit déjeuner avec vos collègues, demain matin.

– Ça tient toujours? Lyon est reparti au Manitoba...

– Oui, oui, dit Morin. Ils ont pris la peine de reconfirmer. C'est huit heures, comme d'habitude.

De l'autre côté de l'Outaouais, ça turbine! Le clan anglais de la bande des huit a résolu de ne pas laisser à Trudeau le plaisir de rapatrier seul la Constitution canadienne. Dans une suite qui empeste le scotch et les restes nauséeux des repas du Château-Laurier, on est en train de ficeler un joli paquet-cadeau au Premier ministre du Canada.

– *I think we've got a neat little package*, dit Blakeney tout fier. *And above all, one we can fly past Trudeau*[48].

Bill Bennett, le Premier ministre de la Colombie-Britannique, demeure toujours inquiet des réactions de Trudeau. Il se rassure auprès de Romanow que leur proposition est acceptable.

– *It was almost drafted by Chrétien himself*, dit Romanow, *and if someone's aware of Trudeau's bottom line...*

– *Yeah... but we modified a few points*, dit Bennett.

– *Iotas, Bill, iotas...* s'insurge Blakeney[49].

Mais Bennett continue de faire le benêt. Il veut qu'on joigne carrément Chrétien par téléphone pour s'assurer que Trudeau va apprécier leur cadeau.

– *It's five-thirty a.m.*, dit Romanow.

– *Hell!* reprend Bennett. *He's probably got the phone under his pillow. He's anxious too...*

– *I couldn't think of a better wake-up call, conclut Bennett*[50].

Tandis que Romanow se rend dans la pièce d'à côté pour téléphoner, Bennett et Blakeney ont tout à coup une pensée pour Lévesque... Mais c'est vite réfléchi! «Après tout, se disent-ils, nos provinces tiennent tête au fédéral depuis deux ans et la mule à Lévesque n'a pas fait une seule concession.»

– *We're trying to negotiate*, dit Blakeney, *not impose the will of one province to the nation. If Lévesque doesn't understand that... Screw him!*

C'est vrai! Qu'il aille se faire voir!

– *When he finds himself completely isolated,* dit Bennett, *he might jump aboard, that'd be the smart thing to do*[51].

À la première sonnerie, Chrétien a répondu au téléphone. «C'est vrai, il doit l'avoir sous l'oreiller», pense Romanow qui s'empresse de lui faire part de leur offre.

Chrétien saute de joie. Ses exclamations réveillent toute la maisonnée. Mais qu'importe! Le référendum, et maintenant la bataille constitutionnelle: deux victoires par knock-out! Le poids léger de Shawinigan va commencer à peser lourd dans la balance fédérale.

Le clan anglais de la bande des huit a dévoré le porridge, les œufs brouillés, les saucisses et les patates *hash-brown*, et Lévesque n'est toujours pas là. Jamais il n'a été à l'heure, se disent ses collègues horripilés. Mais, ce matin, il dépasse la mesure: trente minutes de retard! La perfidie qu'ils préparent les rend sans doute encore plus grognons.

– *Goddam,* dit Bennett en s'étouffant presque sur son Earl Grey, *not once did he show up on time!*

– *Are you sure Lévesque knew about this breakfast,* redemande Blakeney pour la troisième fois.

– *Hell!* dit Bennett. *I confirmed again with Claude Morin, last night*[52].

Juste au moment où la pression de ses collègues anglais va monter d'un cran, Lévesque apparaît! La serveuse se précipite vers lui. Elle a hâte d'en finir avec cette table de Premiers ministres, autour de laquelle, pour des raisons de discrétion, on a dû ménager une zone tampon... Ce *no man's land* l'oblige à des détours et complique son service.

– Des toasts et du café, demande Lévesque.

Le visage de la serveuse se glace: elle n'a pas pigé un traître mot.

– *Toasts and coffee,* répète Lévesque.

En s'attablant, le Premier ministre du Québec aperçoit un document de deux pages qui se confond presque avec sa serviette de table.

– *We have a new proposal, René...* annonce Bennett.

Déjà suspicieux, Lévesque prend le document du bout des doigts.

– *We practically spent the night on this baby,* dit Blakeney d'un ton mielleux[53].

La serveuse apporte le petit déjeuner de Lévesque qui commence la lecture de la proposition.

Le Premier ministre Lougheed de l'Alberta décide prudemment de se lever de table.

– *If you'll excuse me... See you all later*[54].

Bennett, voyant le visage de Lévesque s'allonger, est sur le point de se barrer lui aussi. Mais il n'en a pas le temps...

– *Has anybody agreed to this piece of shit?* éclate Lévesque en lançant le document dans l'assiette de Blakeney[55].

Ce dernier le ramasse, efface la tache de jaune d'œuf à l'endos de la dernière page et fait remarquer d'un air hautain:

– *René, this... piece of shit already has the agreement of nine provinces*[56].

Blakeney lui montre la dernière page. Elle est déjà paraphée par les Premiers ministres de neuf provinces. Tout le monde est là, sauf Lévesque. Adieu! bande des huit.

– Le coq a chanté trois fois, murmure Lévesque.

– *Pardon me?* dit Blakeney.

– *I said.. the cock crowed... nine times!*

– *René, don't take it so...* reprend Blakeney en se faisant conciliant. *All of us wish you get on board! Think about it. The conference doesn't reconvene for another twenty minutes*[57].

Blakeney, Bennett et les autres qui sont restés à table se retirent... Il faut dire que l'air de Lévesque n'incite pas à la conversation. Il est ahuri.

Il reprend la copie qu'ils lui ont laissée, la lit de nouveau. C'est totalement inacceptable... Et il n'a plus rien dans son jeu. Il s'est défaussé de tous ses atouts, se fiant à ses partenaires.

Il s'est fait emmener en bateau, ce qu'on appelle en bateau!

Inquiet de ne pas voir Lévesque, Claude Charron pénètre dans la salle à manger du Château-Laurier.

– Monsieur Lévesque, la conférence commence...

– Quant à moi, elle est finie! On n'a plus rien à faire ici...

Pour toute explication, Lévesque met le document sous le nez de Charron et se dirige vers la sortie. Mais il est aussitôt intercepté par la serveuse qui lui présente l'addition... de tout le monde.

Charron a déjà compris. Il règle la note... et sort, se retenant de prendre affectueusement Lévesque par le bras, comme il en aurait envie.

Tandis que les neuf provinces, par la bouche de leurs représentants, donnent leur consentement officiel à la nouvelle proposition, Pierre Elliott Trudeau glisse à l'oreille de Chrétien:

– Quand je pense que Lévesque prétendait que tu n'étais pas assez instruit pour t'occuper de la Constitution.

– Et vous, trop instruit! enchaîne Chrétien.

L'espace d'un moment, il imagine Trudeau comme un père dont il pourrait hériter. Il en a la chair de poule.

– Messieurs les Premiers ministres, dit Trudeau, tout épanoui, à ses neuf vassaux. Évidemment je regrette que le Québec n'ait pas jugé bon de se joindre à vous pour parapher ce nouvel accord constitutionnel. Mais quand même, je crois que les Canadiens ont toutes les raisons aujourd'hui de se réjouir: leur pays met fin à son statut de colonie juridique de la Grande-Bretagne qui existait depuis 1867. Dorénavant, il aura sa propre Constitution, une formule d'amendement et une Charte des droits qui s'appliquera à tous également.

Jamais personne n'a vu René Lévesque avec cette tête de pauvre misérable. Ses cheveux, son teint, son costume, ses pensées, tout est gris lorsqu'il affronte les journalistes.

– Aujourd'hui, leur dit-il d'une voix monocorde, le Québec se retrouve tout seul, isolé, et il appartiendra au peuple québécois de tirer les conclusions. Tout au long de cette conférence, M. Trudeau et son thuriféraire Jean Chrétien ont eu à la bouche les mots «peuple québécois» et ont fait semblant de reconnaître cette dualité fondamentale que constitue le Canada. Paroles en bouche! On vient de finir en adoptant une solution qui l'ignore, cette dualité. Les instruments qui manquent aux Québécois pour s'épanouir selon leur caractère particulier n'empêchent personne de dormir, c'est pourquoi *in the Canadian Way* on s'est fait dire: «Que le diable vous emporte!»

– Étiez-vous au courant des tractations de la nuit dernière? demande un journaliste.

– Absolument pas! C'est ce matin seulement qu'on m'a mis sous le nez ce prétendu texte historique ficelé pendant la nuit et où il y a des fils qui pendent de partout. Ça, c'est le *Canadian Way!* Quand ça fait mieux l'affaire, on laisse le Québec dans son coin. La prochaine fois que je vais m'allier à d'autres collègues, c'est pas demain la veille!

Dans le petit avion du gouvernement qui les ramène vers Québec, ils ont tous des gueules à caler des roues de corbillard: Charron,

Morin, Bédard. Lévesque, lui, s'est isolé dans le compartiment d'en avant. L'hôtesse s'approche pour lui offrir quelque chose à boire, mais il a les yeux fermés et paraît dormir. Elle baisse le store du hublot et va servir les autres.

– Un maudit grand scotch, demande Charron.

– Même chose, dit Marc-André Bédard.

– Pour moi, du gin! dit Morin.

– Aïe! on va en avoir fait faire, du chemin au Québec, nous autres, dit Charron. On promettait l'indépendance, puis on n'est même pas assez futés pour garder le petit droit de veto qu'on avait...

– Pas si fort, chuchote Bédard. Il fait signe que Lévesque n'est ni loin ni sourd! On s'est encore fait fourrer par les Anglais, je ne vois pas ce qu'il y a de neuf là!

– On peut dire, soupire Charron, que c'est une nuit où les couteaux étaient longs et volaient bas!

Charron se tourne vers Morin.

– La bande des huit, c'était ta stratégie, ça?

– Un instant! dit Morin, déjà sur ses grands chevaux, quand on négocie, on n'a pas le choix, il faut faire un peu confiance aux autres.

– Et ne pas être trop naïf, enchaîne Charron.

Morin le fusille du regard.

– En tout cas, poursuit Charron, dorénavant on n'est pas une province comme les autres, et c'est vrai! On ne fait même plus partie de la Constitution. Bravo pour la stratégie!

– En l'espace de vingt ans, Claude Charron, j'ai été l'homme de confiance de cinq Premiers ministres. On continuera la discussion le jour où tu pourras en dire autant!

– Christ! les gars, dit Bédard, c'est pas le moment de commencer à se battre entre nous autres.

L'aérogare de l'Ancienne-Lorette n'est pas assez grande pour contenir tous les journalistes qui veulent un morceau de Lévesque, dès qu'il y mettra le pied.

Prévenu par la tour de contrôle, le pilote demande à Marc-André Bédard de transmettre cette information au Premier ministre.

– Je ne veux voir personne, réplique celui-ci.

– Ça va être difficile, répond Bédard.

– Arrangez-vous!

La solution astucieuse, c'est le pilote lui-même qui la trouve! Après avoir touché la piste, au lieu de revenir vers l'aérogare, il gare son avion sur une piste d'évitement où un hélicoptère vient cueillir Lévesque.

Ce 5 novembre 1981, il n'est pas seize heures et les ombres du crépuscule s'étendent déjà sur la ville de Québec. Du haut des airs, le demi-jour violacé et les floques de brume qui traînent çà et là donnent à Lévesque l'impression que Québec a rétréci. Quelques pâtés de maisons de pierre, l'étendue jaunâtre des Plaines d'Abraham et la silhouette familière du Château Frontenac, c'est tout ce qu'il aperçoit de la ville alors que son hélicoptère se pose doucement sur le toit du bunker.

L'instant d'après, il est enfermé seul dans son bureau. Il ne veut voir personne, parler à personne.

Il se cale dans un grand fauteuil, allume une cigarette. Il cherche à repasser les événements des derniers jours, n'y arrive pas. Dans sa tête, l'écran reste noir.

Et quand des images viennent, ce ne sont que des bêtises... Comment dans un reportage en URSS pour le réseau anglais, il avait dû recommencer l'enregistrement parce qu'en parlant de décombres, il prononçait distraitement *«rubles»* au lieu de *«rubbles»*... Comment tard un soir, dans les rues de Québec, il avait entrouvert la porte de sa limousine en marche, sorti le pied et menacé de sauter, seulement pour affoler Louise Beaudoin... Comment en vacances au bord de la mer, il s'était cassé trois dents en ouvrant des bouteilles de bière avec sa bouche.

Il se lève, ouvre l'armoire qui sert de bar, reste longtemps en contemplation devant les bouteilles. Comme s'il allait choisir autre chose que du gin... Il s'en verse une portion gigantesque, ajoute des glaçons, un dé de vermouth, et brasse directement dans le verre avec l'index.

Il a commencé à pleuvoir. Une pluie froide, battue par le vent, et qui gèle presque, en dégoulinant le long des vitres scellées.

«Un temps parfait pour mourir», se dit-il. Il ferme les yeux et se laisse couler doucement dans les entrailles de la terre avec la pluie et les dernières ardeurs de l'automne. Tout en lui se fige. Il peut enfin se reposer. Même ses angoisses terribles desserrent leur étau.

Après un long moment, c'est sa voix, sa propre voix qui le tire de la parfaite langueur dans laquelle il s'était assoupi... «Quand j'étais petit, entend-il dans sa tête, j'avais mon héros personnel, il s'appelait Pierre LeMoyne d'Iberville... D'Iberville!» Toutes les images du livre de son enfance arrivent à la rescousse. Voilà qu'avec lui, il chasse les

Anglais de la Nouvelle-France, descend le Mississippi, construit Maurepas et déloge les garnisons anglaises des Antilles.

L'air marin, le vent du large, viennent enfin à bout de tout ce qu'il y a de saumâtre dans l'atmosphère.

Il sort brusquement de son lourd fauteuil, avale d'un trait ce qui lui reste de martini et commence à faire les cent pas dans son bureau. Comme s'il était sur le pont d'un navire, essayant d'imaginer des moyens pour surprendre l'ennemi...

25

Les rafales qui arrivent par-dessus le fleuve et balaient les Plaines d'Abraham avant de s'engouffrer à toute vitesse sur la place Montcalm font battre comme des ailes les lourdes portes de verre de l'hôtel Concorde. Tandis que le portier s'escrime à trouver une façon de les caler, un taxi dépose Loraine Lagacé et Claude Morin devant l'entrée.

– Attendez-moi pas, dit Morin en payant le chauffeur. Je vais rentrer à pied.

Ce dernier, qui a reconnu le ministre des Affaires intergouvernementales, rit dans sa barbe. «Il va certainement aller se réchauffer un peu en dedans celui-là, se dit-il. Pas la peine de raconter des histoires.»

Sitôt le taxi disparu, le couple entre à l'hôtel.

– *One for the road?* demande Loraine Lagacé.

– À cette heure-là, dit Morin, je ne réponds pas forcément de mes manières...

– Claude, je suis en âge de me défendre... si j'en ai envie!

– Monte la première, lui dit Morin... À Québec, le monde a la langue longue.

– Est-ce que je peux? dit Morin en montrant sa pipe...

Loraine Lagacé hésite un instant. La chambre est grande, mais les fenêtres n'ouvrent pas. D'un autre côté, elle a vraiment envie qu'il se sente à l'aise...

– Vas-y... je respirerai dehors, demain! Prendrais-tu un cognac? j'en ai du bon.

Il acquiesce en tirant de sa pipe quelques grosses volutes qui lui arrachent un ronron de satisfaction.

Elle vient s'asseoir près de lui avec les ballons de fine.

– On peut dire que tu as changé d'attitude avec moi, Claude.

– C'est vrai... j'ai été agacé quand on t'a nommée à Ottawa.

– Au lieu de faire la tête, dit-elle, tu aurais dû me faire confiance.

Il prend une gorgée de cognac, et avec la langue le fait clapoter contre ses joues...

– Tu sais, je n'étais pas trop en faveur de payer le salaire de quelqu'un pour recueillir de l'information à Ottawa. Un vieux renard comme moi, tu penses bien que c'est pas les contacts qui me manquent, là ou ailleurs. La diplomatie, je nage là-dedans depuis vingt ans.

– Ça va pour toi, dit-elle, mais les ministres des Affaires inter ne seront pas toujours aussi bien informés que toi.

– Tu me pardonnes...

– Oui, parce que tu as bien changé...

Des brindilles soulevées par le vent jusque dans la grande vitre de la chambre le font sursauter.

– C'est le vent! dit-elle.

– On aurait juré qu'on frappait à la porte.

– Je n'attends plus personne! Elle éclate de rire.

– Au fond, ce qui est important, reprend Morin, c'est qu'il y en a qui sont rassurés d'avoir quelqu'un à Ottawa. Tant mieux pour toi, c'est un job qui peut ouvrir des portes...

– Dis-moi, demande-t-elle à brûle-pourpoint, est-ce que tu connais un certain Jean-Louis Gagnon?

– Gagnon, le journaliste?

– Non, Claude! L'autre Jean-Louis Gagnon...

– Moi, je connais le journaliste...

– Et tu ne te souviens pas de ton ancien contrôleur?

Il hésite un peu, rallume sa pipe qui n'était pas éteinte...

– De quoi parles-tu, au juste? demande-t-il nerveusement.

– Tu ne sais pas ce que c'est, un contrôleur à la Gendarmerie royale?

Il hausse les épaules, détourne le regard.

– Un contrôleur, dit-elle, c'est celui à qui se rapportent les informateurs.

– Et pourquoi est-ce que tu voudrais que je connaisse ton Gagnon?

– Parce que c'est à lui que tu remettais de l'information.

Son sang se glace. D'où tient-elle cette histoire? Il choisit de faire dévier la conversation.

– Il était bon, le cognac...

– Tu en veux d'autre?

– Un doigt!

Elle lui en verse de quoi faire passer une grosse pilule.

– Ton Jean-Louis Gagnon, c'est mon voisin au Jardin du Château, à Ottawa. C'est lui qui te payait pour tes services.

– Loraine... Loraine... dit Morin, laisse-moi t'expliquer.

Il se lève, va la trouver...

– Tu es une fille intelligente, tu vas comprendre... Tu veux que je te dise, j'ai l'impression que tu sautes un peu vite aux conclusions.

Le jour se lève lorsque Claude Morin, le col de son manteau relevé jusqu'aux oreilles, sort du Concorde et marche vers la Grande Allée dans l'espoir d'y trouver rapidement un taxi.

De sa fenêtre de chambre du neuvième étage, Loraine Lagacé le regarde au moment où il tourne le coin et va disparaître. Elle se précipite vers la commode près de l'endroit où il était assis, ouvre le tiroir et pousse le bouton d'arrêt d'un magnétophone.

– Madame Lagacé!

Celle que l'on vient d'appeler et qui attend depuis un bon moment dans l'antichambre du bureau du Premier ministre, à Montréal, bondit. Elle écrase sa cigarette et emboîte le pas à la secrétaire qui l'escorte jusqu'à Lévesque.

Les salutations sont brèves, pas plus chaleureuses qu'il ne faut. Lévesque est ennuyé, son ton cassant l'annonce tout de suite.

– Il paraît, dit-il, que vous avez insisté pour que M. Boivin n'assiste pas au rendez-vous.

– C'est confidentiel, Monsieur le Premier ministre... et très délicat.

– Justement, quand c'est comme vous dites, je préfère qu'il soit là. Moi ça m'arrive d'oublier.

– Je vous demande pardon, mais à cause des circonstances... je me disais...

– Oui, qu'est-ce qu'il y a? demande Lévesque, de plus en plus irascible.

– Je veux vous parler de M. Claude Morin...

– Oui, qu'est-ce qu'il a encore fait Morin?

On lui avait déjà dit que Lévesque pouvait avoir des sautes d'humeur, mais là, il est tranchant comme une lame. Pas tout à fait l'ambiance souhaitée pour les grandes révélations.

– Monsieur Lévesque... Claude Morin était... il l'est peut-être encore... sur le *payroll* de la Gendarmerie royale.

– Claude Morin! Notre Claude Morin?

– Oui, Monsieur Lévesque.

Des ragots, il en a couru, depuis que le Parti québécois existe, mais de cette énormité, jamais!

Elle voit bien que Lévesque ne croit pas un mot de ce qu'elle raconte. Il commence même à s'énerver, montrant le peu de patience qu'il a pour les balivernes.

– Monsieur Lévesque, poursuit-elle gravement, je ne fais pas de farces... Claude Morin, notre ministre des Affaires intergouvernementales, celui de qui je relève à Ottawa, est... ou bien a été informateur en bonne et due forme pour la Gendarmerie royale. Et il a été payé par eux.

– C'est grave de porter des accusations comme ça, Madame Lagacé... Est-ce que M. Morin vous a fait quelque chose personnellement? Est-ce que vous lui en voulez pour quelque chose?

– Monsieur Lévesque, vous me connaissez. Je suis assez responsable pour ne pas venir vous déranger avec des cancans. Je sais que M. Morin est informateur pour la GRC.

Lévesque a avalé son déjeuner en cinq sec, ce midi, et il a l'impression tout à coup qu'il lui remonte dans la gorge. Des sueurs froides perlent sur son front.

– Est-ce que vous avez... des preuves de cela? demande-t-il sans conviction comme s'il n'y tenait pas vraiment.

Loraine Lagacé ouvre son sac et en sort une cassette.

– Ce que je vous raconte, je le tiens d'un type de la Gendarmerie et de Claude Morin lui-même. Il est venu à ma chambre, au Concorde... Tout est là-dessus, dit-elle en déposant la cassette sur le bureau de Lévesque.

Il s'empare de la cassette, la fait tourner plusieurs fois dans sa main sans la quitter des yeux, comme hypnotisé. Mais on dirait qu'il ne la voit pas. Son visage est devenu exsangue, ses yeux globuleux...

– Monsieur Lévesque, murmure-t-elle, effrayée, Monsieur Lévesque...

Pâle comme la mort, Loraine Lagacé sort du bureau de René Lévesque pour alerter la secrétaire au moment où Me Boivin arrive de son déjeuner.

– Monsieur Boivin, venez vite, M. Lévesque a eu un malaise.

Boivin se rue dans le bureau du Premier ministre.

– Qu'est-ce qui est arrivé? demande la secrétaire.

– Je ne sais pas, dit Loraine Lagacé. Il est devenu tout blanc, il a couru à la salle de bain... j'ai entendu qu'il vomissait...

– Il a mangé des fruits de mer, j'espère qu'il ne s'est pas empoisonné, dit la secrétaire.

Me Boivin revient lui demander de trouver de l'eau gazeuse, du *ginger ale*, n'importe quoi d'effervescent.

– Est-ce qu'il va mieux? demande Loraine Lagacé.

– Oui, oui, ça va aller... c'est une indigestion. M. Lévesque m'a prévenu qu'il voudrait peut-être vous revoir.

– Je pensais retourner à Ottawa...

– Restez donc ici, ce soir...

Elle acquiesce.

«À quoi est-ce que t'as pensé, Claude... agent secret...», dit la voix de Loraine Lagacé.

Enfermés à double tour dans le bureau, aussi ahuris l'un que l'autre, Lévesque et Me Boivin écoutent la cassette compromettante.

«Rentre-toi bien une chose dans la tête... Loraine. Qui est-ce qui parle à la RCMP? C'est pas un enfant d'école, c'est moi. Et je peux te dire une chose, j'en ai appris pas mal plus qu'ils en ont su de moi... Je sais ce que je fais, baptême!»

«Bien oui, Claude... mais....»

«Le fait que je sois là, ça protégeait aussi les autres, c'était une bonne façon de savoir ce qui se tramait contre le PQ.»

Loraine Lagacé est furieuse:

«Je me suis fait suivre par trois polices montées à Cuba, le savais-tu? Quand ils ont brisé la serrure de mon bureau à Ottawa, l'as-tu su?... Réponds!... L'as-tu su?»

«C'est pas ces affaires-là qui m'intéressaient, c'est les affaires internationales.»

«Ah... t'étais juste payé pour les grosses affaires...»

«Dédommagé, Loraine, dédommagé, c'est pas pareil. J'ai jamais été payé en tant que tel...»

«T'acceptais de l'argent, tu l'as dit tout à l'heure.»

«Ça me prenait du temps, ça... Y en a eu des rencontres, des voyages, j'étais pas pour payer ça de ma poche...»

«Combien est-ce qu'ils te donnaient pour tes petites dépenses? Deux mille piastres de la *shot*!»

«Es-tu folle!... Ils me donnaient sept, huit cents piastres...»

«Chaque fois?»

«Bien oui... j'avais des dépenses chaque fois...»

Le coup de poing qu'assène Lévesque sur sa table fait bondir le magnétophone et sursauter Me Boivin, prostré dans son fauteuil. Surpris, il redresse la tête, mais l'enregistrement continue à se dérouler.

«T'es rien qu'un hostie d'espion!» s'écrie Loraine Lagacé.

«Un instant.... Loraine, avant de se crier des noms par la tête...»

Écumant et hors de lui, Lévesque se met subitement à marteler le magnétophone à coups de poing. Entre les coups, on entend encore des bouts d'enregistrement: des jurons, des injures. Puis il y a des grésillements, et plus rien!

Abasourdi, Me Boivin le contemple sans bouger. Il est aussi bouleversé que lui.

Enfin, après un long moment de silence tendu, Lévesque lance les débris de l'appareil par terre et là, subitement apaisé, il laisse tomber sa tête sur le dossier de son fauteuil.

Claude Morin, il le déroule dans sa mémoire, de A à Z. Tout repasse: chaque rencontre, chaque discussion. Avec les mots, les comportements, les gestes, les regards. Quel enchevêtrement! Même les démonstrations de loyauté deviennent suspectes. Et les attitudes crâneuses donc!

René Lévesque ne comprend pas.

Le largage de Claude Morin est expéditif. Le Premier ministre procède avec la froideur et la précision d'un chirurgien qui pratique une excision. Après tout, l'homme qu'il a devant lui, dans son bureau de Québec, est soit un agent double, soit un naïf qui se croit malin. Et il a plus envie de tirer un trait sur leur collaboration que de résoudre cette énigme troublante.

– Publiquement, lui dit Lévesque, vous avez une excellente raison de démissionner: vous avez été abandonné et trahi par vos sept collègues provinciaux et vous n'auriez plus envie de les revoir dans l'exercice de vos fonctions. Avec la presse et avec tout le monde, nous allons nous en tenir à cette explication-là. C'est la plus simple.

– Monsieur Lévesque, je n'ai jamais trahi de secret, je peux vous le jurer sur la tête de...

– Ne mettez la vie de personne en danger! conclut sèchement le Premier ministre.

Morin a été pendant cinq ans un de ses ministres les plus diligents, pourtant en le voyant quitter son bureau, tête basse, épaules voûtées, Lévesque continue de s'interroger: est-ce qu'il renvoie une brebis galeuse ou un pauvre intrigant?

Mais ce qui le préoccupe maintenant, c'est que cette stupide affaire pourrait s'ébruiter.

– À votre avis, demande-t-il à son chef de cabinet, est-ce qu'il y en a autour de nous qui sont au courant de cette histoire?

– En général, dit Me Boivin, nos gens sont loyaux, s'ils avaient été au courant, ils nous en auraient parlé...

– Loraine Lagacé doit avoir un double de sa cassette, moi j'en aurais fait un en tout cas. Essayez donc, dit Lévesque, de mettre la main dessus. Si cette connerie-là sort dans le public, c'est tout le gouvernement qui en prend un coup...

– C'est évident! On ne pourra jamais empêcher Loraine de s'ouvrir la trappe...

– L'auriez-vous cru, sans la cassette, vous?

– Jamais!

– Moi non plus. J'aurais dit: c'est une illuminée!

– Avez-vous pensé à quelqu'un d'autre pour les Affaires inter?

– L'autre Morin peut-être...

– Jacques-Yvan... c'est une bonne idée, dit Me Boivin.

– J'ai fait vérifier, dit Lévesque, pince-sans-rire. Il n'est pas sur le *payroll* de la Gendarmerie.

26

Un homme de parti. Personne n'a jamais prétendu que Lévesque en était un, pas plus du temps du Parti libéral qu'aujourd'hui. Il ne cache même pas son espèce de mépris à l'égard de sa propre création, le Parti québécois, un animal curieux dont la queue cherche souvent à faire bouger la tête.

Comme cela lui arrive souvent, il a eu une flambée d'enthousiasme au début, mais la logorrhée des débats l'a vite écœuré. Par exemple, aujourd'hui, alors que le parti est réuni pour son huitième congrès national, Lévesque est confortablement assis dans un petit salon où les délibérations sont retransmises en circuit fermé. Pour être tranquille, il a même demandé à Me Boivin de baisser le volume au minimum. Devant les micros, les congressistes gesticulent donc comme des marionnettes silencieuses.

– Vous n'avez pas envie de descendre dans la salle? demande Michel Carpentier.

– Deux jours de ça, dit Lévesque, c'est le sommet du ridicule.

– C'est toujours le même parti... réplique Carpentier, en riant.

– De plus en plus anarchique, dit Lévesque. Il y a autant de résolutions que de délégués.

Comme la conversation va bifurquer sur quelque sujet plus plaisant, une image les fait bondir tous les trois.

– Qu'est-ce qu'il fait là, lui? s'écrie Me Boivin.

Lévesque monte le volume, alors qu'un grand jeune homme barbu s'adresse aux congressistes.

«Mon nom est Jacques Rose...»

Il ne peut pas continuer, la salle se lève et l'ovationne comme un héros.

– Christ... gronde Lévesque, les assassins de Laporte!

Après avoir salué plusieurs fois, Jacques Rose reprend la parole.

«Je suis fier d'être ici à un congrès aussi historique... et j'aimerais vous faire part d'une résolution adoptée en commission et qui demande au gouvernement du Québec de faire toutes les pressions nécessaires pour obtenir la libération immédiate et sans condition de tous les ex-membres du FLQ encore dans les prisons fédérales.»

De nouveau, la salle applaudit à tout rompre.

«Moi-même, poursuit Rose, je suis en liberté surveillée. Il est à peu près temps, si on parle d'indépendance nationale, de libérer ces gars-là qui ont pris de vrais risques pour l'indépendance du Québec.»

En entendant la nouvelle ovation de la foule, Lévesque devient pourpre de colère.

– On est en train de perdre le contrôle de ce parti-là, s'insurge-t-il. Des gars qui ont déshonoré la cause en assassinant Laporte et qui nous ont tous plus ou moins éclaboussés...

Un autre délégué s'approche du micro.

«N'ayons pas peur des frères Rose, dit-il, ne les renions pas. Si on est ici aujourd'hui, c'est grâce à eux et c'est merci qu'il faut leur dire.»

Lévesque n'en croit pas ses oreilles. Un discours de clôture, ils vont en avoir un! Heureusement, il n'avait rien préparé de plus que d'habitude, des notes seulement, puisqu'il ne sait jamais dans quelle espèce de galopade désordonnée va s'engager cet animal de parti. Le gouvernement est l'instrument de tous les citoyens, pas l'instrument du parti. C'est clair depuis le début dans sa tête!

– Le parti, dit-il à Carpentier qui craint de voir Lévesque aller trop loin, c'est l'inspiration, le guide du gouvernement, il peut même nous engueuler au besoin, mais il ne nous mènera jamais par le bout du nez.

Carpentier se souvient trop bien du congrès où un groupe de femmes, menées par Louise Thiboutot, avait facilement réussi à faire adopter une résolution en faveur de l'avortement sur demande. Opposé à l'avortement, Lévesque avait expliqué aux participants que l'avortement était de juridiction... fédérale, et que de toute façon il ne se sentait pas lié par leur résolution. Un point c'est tout!

Le huitième congrès national ne risque pas de se terminer sur une note plus harmonieuse. Déjà, les applaudissements se figent lorsque les mille délégués voient leur chef monter sur la tribune avec une mine de papier mâché et les poings fermés. Ce n'est pas un discours, c'est une dégelée.

– Le flot de résolutions, dit-il, cette paperasse qui s'enfle sans cesse d'un congrès à l'autre, nous amène non seulement à l'absurdité mais, ce qui est autrement plus grave, à une fausse démocratie, facilement maniable par des agents provocateurs. Par exemple, vous avez voté pour une résolution par laquelle un prochain gouvernement, avec une simple majorité, pourrait décider de devenir un État souverain. Dans une telle perspective, je préfère que vous le sachiez, j'aurais de graves hésitations à voter pour mon propre parti.

Holà!

La salle se divise immédiatement en deux, une moitié qui applaudit, l'autre qui conspue.

– Et puis, continue Lévesque, il n'y a pas une heure, après l'intervention particulièrement choquante d'un ex-membre du FLQ, j'ai pensé à démissionner spontanément de la présidence du parti et j'y pense encore.

Même si la moitié de la salle considère cette histoire de démission comme un coup bas, il porte.

– Après quinze ans d'investissement en énergie et en espérances dévorantes, dit Lévesque en terminant, j'ai aussi réfléchi qu'il ne faut pas prendre de décision définitive, dictée uniquement par l'émotion. Donc, sans la moindre intention de suspense, on me permettra quelques jours de réflexion.

Sur le lutrin, il reprend ses notes, les enfouit dans sa poche de veston et sort de la salle, sans un regard vers l'assistance. On n'applaudit pas, on ne proteste pas. Le temps est suspendu.

Le soir même, Lévesque casse la croûte avec Michel Carpentier et Jean-Roch Boivin. En dépit de la compagnie plus agréable, Lévesque est loin de s'être amadoué.

– C'est les Québécois qui m'ont élu Premier ministre, dit-il, et ce n'est pas une centaine de tordus du Parti québécois qui vont me dicter ma conduite.

– Juste avant de laisser la salle, dit Carpentier, y a quelqu'un de l'exécutif qui est venu me proposer un référendum...

Lévesque s'étouffe... «référendum», la bouchée ne passe pas!

– Attention! reprend Carpentier, un référendum seulement parmi les membres du parti. C'est pas trop bête, vous savez... Trois petites questions dont le résultat serait plutôt incontournable.... On pourrait arriver à quelque chose comme «oui, on aime M. Lévesque et on lui donne le pouvoir de jeter au panier toutes les résolutions du congrès trop encombrantes».

– Avec ou sans référendum, c'est ce que j'ai l'intention de faire, dit Lévesque.

– Ouais... reprend Me Boivin, mais avec l'histoire de Michel, ça resterait plus démocratique...

– Parfaitement démocratique! insiste Carpentier en riant.

– Je suggère qu'on appelle ça un «renérendum», dit Lévesque qui a retrouvé sa bonne humeur.

Claude Charron pousse distraitement sur le bouton de bakélite pour enfoncer le ressort dans sa cafetière Melior. Il est huit heures, mais février n'envoie encore que de la grisaille par la fenêtre de sa cuisine qui donne sur le Saint-Laurent gelé.

Des pas dans l'escalier extérieur le font sursauter. Sa première pensée, c'est d'éteindre la lumière. Trop tard! les pas arrivent, quelqu'un est sur le palier.

Il s'arrête de bouger, dépose silencieusement sur la table la tasse de café qu'il s'était versée.

On frappe.

Il choisit de ne pas répondre.

On frappe de nouveau.

Évidemment! Non seulement il y a de la lumière, mais la radio FM joue l'enregistrement d'une suite de Bach pour violoncelle seul par Pierre Fournier.

Charron va ouvrir. C'est un huissier.

Ce qu'il craignait et ce qui l'empêche de dormir depuis trois semaines!

– Monsieur Charron? demande timidement l'huissier qui l'a bien sûr reconnu, dès que l'autre a entrouvert la porte.

Charron acquiesce.

– J'ai un ordre de cour pour vous!

Charron le fait entrer...

– C'est de bonne heure, je le sais, dit l'huissier, mais je voulais être discret... Avec une personnalité comme vous...

Charron déplie machinalement le *subpœna*. Il doit comparaître en cour, le 24: c'est dans deux jours. Il est accusé d'un vol à l'étalage pour un montant n'excédant pas deux cents dollars.

– Il faudrait, dit l'huissier, vous présenter un peu avant l'heure inscrite parce qu'ils veulent prendre vos empreintes digitales. Remarquez! vous êtes quelqu'un de connu, ça se peut qu'ils laissent tomber ça...

– Non, dit Charron tristement. J'ai l'impression qu'ils ne vont rien laisser tomber, rien!

– Avec votre position, fait remarquer l'huissier en remettant son chapeau pour sortir, ça devrait pouvoir s'arranger assez facilement. Bâtard! un petit vol à l'étalage, qui est-ce qui n'a pas fait ça?

Avec ce bout de papier, toute sa vie politique s'écroule, Charron le sait. C'est sans doute pourquoi, longtemps après le départ de l'huissier, il est toujours là, debout dans la cuisine, cette bombe à retardement dans les mains.

Il y a trois semaines, il est allé au magasin Eaton du centre-ville de Montréal avec son copain Jean-Luc Gauthier. Ils ont traînouillé dans la boutique «Timothy E», essayé des vestons. Puis Claude en a glissé un subrepticement sous son manteau. Gauthier allait faire de même lorsque Charron a remarqué qu'une vendeuse les observait. Il a prévenu son copain qui a remis la marchandise, mais lui s'est enfui à toutes jambes, une surveillante du magasin à ses trousses. Finalement, c'est un agent de sécurité qui l'a rattrapé en le plaquant sur la chaussée, après une course ridicule le long de la rue Cathcart.

Au magasin, après l'interrogatoire et les identifications d'usage, on l'a assuré que l'affaire en resterait là, qu'aucune accusation ne serait portée contre lui.

Pourtant, voilà l'ordre d'exécution! Dans deux jours, Claude Charron, le ministre et leader parlementaire à l'Assemblée nationale, tombera au champ du déshonneur.

C'est à Louis Bernard, secrétaire général du gouvernement, que Charron confie la tâche de prévenir le Premier ministre de ce qui lui pend au bout du nez. Heureusement pour le secrétaire général qui est à Montréal, il découvre que Lévesque, lui, est à Québec... Jugeant que la nouvelle s'annonce mal au téléphone, il se fait un plaisir de refiler la corvée au chef de cabinet.

Me Jean-Roch Boivin fait donc irruption à L'Aquarium où Lévesque et Corinne dînent ensemble, dans un de leurs rares tête-à-tête depuis quelque temps.

– Pour une fois qu'on était ensemble tranquilles, dit Corinne en le voyant arriver.

– Excusez-moi, dit Boivin en s'asseyant du bout des fesses pour bien indiquer qu'il n'a pas l'intention de se joindre à eux, je ne sais pas quelle mouche a piqué notre monde... Je viens d'avoir un téléphone,

Claude Charron a piqué un veston chez Eaton, il passe en cour après-demain. Il voulait vous prévenir, ça va être dans tous les journaux.

Lévesque repousse son assiette, regarde Boivin. Il sait qu'il ne blague pas. De même que Loraine Lagacé ne blaguait pas! Mais il se demande quelle est cette guigne qui s'acharne sur eux.

– Qu'est-ce que tu vas faire? demande Corinne.

– Ce que j'ai à faire! réplique-t-il sèchement.

Il y a quinze ans, quand Lévesque a claqué la porte du Parti libéral, le «frisé» l'attendait sur le palier pour offrir ses services. Et presque tout de suite, quelque chose s'est cimenté entre eux deux qui tenait à la simplicité et à l'intelligence de Charron, mais surtout à sa nature vibrante. Une passion communicative que Lévesque admirait tout en s'en méfiant... lui si barricadé en lui-même.

En une nuit, cet homme – leader parlementaire – s'est évanoui et Lévesque trouve devant lui un petit garnement, la mine déconfite, les yeux rougis d'avoir pleuré.

– Vous m'excuserez, dit Lévesque avec une émotion qu'on lui voit rarement, mais toute la nuit j'ai pensé: quel con! quel gaspillage de talent!... Vous prendriez peut-être un café?

Charron accepte et c'est Lévesque lui-même qui va à la cafetière.

– Vous me suivez depuis seize ans, poursuit-il. Je dis: «suivez» en toute amitié parce qu'il vous est arrivé d'essayer carrément de prendre vos distances... Vous étiez assez coq, vous vous en souvenez? Puis, j'ai appris à apprécier votre flair politique, surtout depuis que vous êtes leader à l'Assemblée.

– Monsieur Lévesque... ça fait un bout de temps que je jonglais avec l'idée de partir. Je n'ai pas de vrai métier, je ne sais rien faire, juste des discours et de la politique. J'aurais aimé vous en parler, je n'y arrivais pas. Maintenant, on dirait que le destin a pris la décision à ma place.

– J'ai souvent redouté qu'il arrive un scandale à votre sujet, mais c'était à cause de… de…

– De mon homosexualité, dit Charron quand il voit Lévesque hésiter et trébucher sur les mots.

– Oui, de votre orientation!... Des gens avec qui vous vous tenez. Mais une histoire comme celle-là, je ne l'aurais jamais prévue... Vous comprenez, je suis quasiment obligé de vous demander votre démission... je ne peux pas...

Sa lettre de démission, Charron l'a en poche. Il la met sur le bureau de Lévesque qui n'en prend même pas connaissance.

– Monsieur Lévesque, ce n'est peut-être pas le meilleur temps pour vous le dire, mais je... je pense que je vous aime autant qu'on peut aimer son père...

Lévesque rougit jusqu'aux oreilles. Les relations père-fils, il n'y connaît pas grand-chose. Son père est mort quand il était jeune... et lui n'est guère plus présent pour ses propres enfants!

– C'est vrai, dit-il, que je vous ai quasiment vu grandir. D'ailleurs, j'ai imaginé un moment que vous auriez pu me succéder... On doit toujours penser cela de ses fils.

– Vous succéder! Mon Dieu, j'y ai rêvé à ça! Mais à cause de... mon orientation comme vous dites, je ne suis pas bête, je savais bien que c'était impossible.

– D'autres ont réussi quand même, en politique, parce qu'ils le cachaient. Tandis que vous... on ne peut pas dire que...

– Que voulez-vous, répond Charron, tout ému, les rêves impossibles... Des fois! la seule façon de les oublier, c'est de leur tordre le cou ... Je me suis rendu avec vous plus loin que j'aurais jamais espéré... Je suis monté haut sur un échafaudage fragile... Ça s'est écroulé... Je savais que ça viendrait et ça me terrorisait... Mais comment auriez-vous voulu qu'on se parle de ça, Monsieur Lévesque? C'est loin des problèmes politiques...

Plus l'émotion gagne Charron, plus Lévesque devient nerveux. Il rallume une cigarette, tripote longtemps le paquet avant de le refermer, griffonne des notes illisibles sur un bloc devant lui...

– Est-ce que je peux m'en aller? finit par demander Claude Charron, sur le point d'éclater en sanglots.

– Oui... oui... allez-vous-en!

Charron se lève, évite de regarder Lévesque à qui il fait un signe de tête en guise de salut et se dépêche de sortir.

– Claude... murmure Lévesque.

Charron se retourne et l'aperçoit, la main tendue.

Ils n'ont jamais échangé poignée de main plus chaleureuse.

– Recommencez à rêver... à autre chose, à n'importe quoi, dit Lévesque, c'est la seule façon de vous en remettre!

Sans doute pour donner l'illusion que pas un recoin de la province n'échappe à la sollicitude du gouvernement, le cabinet choisit de temps à autre de se réunir ailleurs que dans sa taupinière de Québec. Avec tous ces ministres qui débarquent chez eux, les habitants peuvent imaginer (temporairement) que leur région a pris la première place dans l'ordre des priorités gouvernementales.

C'est ce qui se passe aujourd'hui dans les Laurentides, alors que le conseil des ministres se fait déposer au *Alpine Inn* de Sainte-Marguerite. Agréable coïncidence, c'est l'hiver et les conditions de ski sont idéales. Bien meilleures que les conditions économiques! Le Québec pique schuss dans la récession!

Pour le parti, il y a quand même une bonne nouvelle: les résultats du «renérendum» sont compilés et surprise! ils sont favorables à Lévesque. Quatre-vingt-quinze pour cent des membres qui ont voté ont opté pour une révision des décisions votées au dernier congrès. On s'en voudrait de ne pas partager une telle victoire avec la presse!

– Ces résultats, dit Lévesque aux journalistes convoqués à Sainte-Marguerite, constituent une preuve de vivacité extraordinaire. C'est ça, le vrai visage du parti, un visage que nos adversaires politiques ne pourront plus déformer à volonté.

– Mais Monsieur Lévesque, demande tout de suite un reporter, avez-vous toujours l'intention de démissionner?

– Cela m'enlève même le goût d'y penser! dit Lévesque en prenant une attitude effacée.

– Qu'adviendra-t-il des dissidents et des agitateurs que vous avez accusés de manipuler le congrès? demande un autre. Allez-vous les expulser?

– Je pense que la base militante s'est exprimée à travers un processus éminemment démocratique, tranche Lévesque. Les dissidents n'ont qu'à se rallier.

27

Ce sont plutôt les travailleurs qui se rallient! L'hiver suivant, ils sont trente mille qui font joyeusement flamber l'effigie du Premier ministre et le drapeau du Québec, devant le Parlement. Tous des employés des services publics et parapublics.

Un grand sec aux yeux de charbon et à la tignasse noire aplatie sur la tête comme un béret basque, un avocat de Chicoutimi, négocie depuis un an au nom du gouvernement. Lévesque en a ras le bol, il a convoqué Me Lucien Bouchard que Me Boivin va cueillir à la porte du bunker. Le négociateur croule sous les dossiers, il en a dans les bras, sa serviette est à demi éventrée.

– Tu vas voir, lui dit Me Boivin, M. Lévesque... ça file pas trop de ce temps-là... Il boit pas mal.

Une indiscrétion de la part de Boivin? Non, une confidence, tout bonnement. Bouchard et lui sont plus que des connaissances... ils viennent tous deux du Lac. Presque des siamois!

– C'est un grand bonhomme, dit Me Bouchard, il va se ressaisir.

Sitôt dans le bureau du Premier ministre, le négociateur se déleste de sa paperasse.

– Monsieur Bouchard, dit Lévesque en lui serrant la main, vous ne pensez pas que je vais passer à travers ça, aujourd'hui...

– Vous n'avez pas à vous mettre le nez là-dedans, dit l'avocat en riant, c'est moi que vous payez pour négocier.

Inquiet de voir Lévesque se préparer un autre martini, Me Boivin entre promptement dans le vif du sujet.

– Lucien a fait le tour de la situation, dit-il. Il pense qu'on aurait intérêt à faire un petit bout de chemin...

– Jamais! explose Lévesque.

Miracle! la bouteille de gin résiste à la façon dont Lévesque la dépose. Si on peut appeler «déposer» ce coup de massue sur la table!

– Ça fait un an qu'on fait face à une gang de fanatiques. En pleine crise économique, on va rien céder de plus. Des fonctionnaires! C'est pas croyable! Blindés de conventions, pratiquement à l'abri de tout...

Me Bouchard jette un regard discret du côté de Me Boivin. Des concessions aujourd'hui, bonne chance!

– Les mêmes rapaces qui nous ont fourrés aux dernières négociations, poursuit le Premier ministre.

– Monsieur Lévesque, dit Me Bouchard... souvenez-vous, on était à la veille du référendum, on m'avait un peu donné l'impression qu'il fallait régler, ça pressait!

Loin de l'apaiser, cette explication le fait sortir de ses gonds.

– Justement, christ! Des gens qui ont essayé de marchander un vote historique!

– C'est toujours à la Centrale des enseignants que ça bloque, explique Me Bouchard.

– Y a pas quelqu'un là-dedans qui a un peu plus d'allure? demande Me Boivin.

– Bien oui, il y a Francine Lalonde à la CSN, une vice-présidente, répond Me Bouchard. Elle est plus modérée, mais elle n'est pas à la table des négociations.

– Évidemment! dit Lévesque.

– J'ai eu un appel d'Yvon Charbonneau, ajoute Me Bouchard.

À seulement entendre ce nom, Lévesque en a déjà la nausée.

– Oui... mais si on posait un geste, même symbolique, dit Me Bouchard, de son ton le plus conciliant, on aurait l'air d'avoir le rameau d'olivier dans le bec. En tout cas, j'ai promis à Charbonneau de le rappeler en sortant d'ici...

– Appeler Charbonneau, s'écrie Lévesque, c'est une bonne idée. Faites donc ça tout de suite.

Et le Premier ministre, obligeant, passe son propre téléphone à l'avocat.

– Voulez-vous lui parler vous-même? demande Me Bouchard.

– Non, non, dit Lévesque, vous allez lui faire un message...

Les numéros de téléphone des grosses têtes des syndicats, il les sait tous par cœur, Bouchard, depuis le temps qu'il essaie de régler le conflit.

– Monsieur Charbonneau, s'il vous plaît... C'est de la part de Lucien Bouchard... Je peux attendre.

Me Bouchard couvre le combiné avec la main et demande à Lévesque.

– Qu'est-ce que je lui dis?

– Dites à Charbonneau de ma part... qu'il mange de la marde!

Lévesque contemple un moment le visage stupéfait de son négociateur. Puis il éclate de rire, fier de sa gaminerie.

Il faut voir la neige qui est tombée sur Québec!

Même la rue d'Auteuil, que la ville déblaie rapidement parce que le Premier ministre y habite, est à peine praticable.

– Laissez-moi ici au coin, dit Lévesque à son chauffeur, vous ne passerez pas là!

– Je vais au moins essayer, dit Leclerc.

– Jamais de la vie! C'est à deux pas, je ne suis pas infirme.

De toute manière, la voiture n'avance plus. Elle est enlisée dans le coton blanc par-dessus les essieux.

– Inquiétez-vous pas pour moi, dit l'agent Leclerc, j'arriverai bien à me sortir de là...

Lévesque s'en va par bonds comme un chat. Juste au moment d'ouvrir la porte, il entend murmurer son nom. Il regarde autour de lui, étonné. À trois mètres, blottie contre le mur de la maison voisine pour se protéger du vent, Julie!

– Qu'est-ce que tu fais là, en pleine nuit?

– T'es pas fâché, j'espère?

Il hoche la tête, sourit.

– Monte, t'as l'air d'un glaçon!

– Écoute... je ne veux pas... je voulais seulement te dire...

– Tu me diras ça en haut!

Il la prend par la main, l'entraîne chez lui!

Elle se laisse tomber sur une chaise dans le hall d'entrée. Il l'aide à retirer ses bottes. Elle a les pieds gelés, il les lui frictionne gentiment.

– T'es là depuis combien de temps...

– Peut-être une heure!

– T'es folle!

– Oui... J'ai vu les manifestations contre toi à la télé et j'avais envie de te dire... je ne sais pas... que je pensais à toi. Tu sais, je suis dans une drôle de situation... Je ne veux pas t'appeler, je ne veux pas t'écrire pour ne pas t'embêter, mais c'est difficile... Jamais être capable de dire à quelqu'un qu'on ne l'oublie pas.

Elle va se blottir contre lui et murmure...

– C'est enfantin de venir t'attendre comme ça... mais j'ai eu envie de te toucher, de te sentir, même pour une petite minute.

Le vacarme de la souffleuse qui s'amène à six heures du matin pour déblayer la rue d'Auteuil réveille Julie. Elle ne peut pas bouger: Lévesque s'est endormi sur son bras droit qui est maintenant complètement engourdi. Elle tire doucement, avec tout son corps, pour se dégager sans le réveiller. Puis elle cherche à tâtons ses vêtements éparpillés par terre.

Elle est prête à partir. Il n'a pas bronché. Elle s'assied sur le rebord du lit. Les larmes lui viennent aux yeux. Elle ne le verra plus, peut-être plus jamais! Ces derniers temps, à cause de sa fille à qui son père manquait terriblement, elle s'est vaguement rabibochée avec lui, un immigrant grec plutôt prospère. Celui-ci retourne à Athènes et il a supplié Julie de l'y accompagner avec sa fille...

C'est cela qu'elle voulait annoncer à René en venant le retrouver à Québec, mais elle n'a pas osé. Comment savoir? Si elle décidait de ne pas partir, il se sentirait peut-être une obligation à son égard. Elle n'en a pas envie, même si elle souffre de l'anarchie paisible de leur liaison. Liaison! Ils se voient une fois l'an... et les sentiments, s'ils en éprouvent l'un pour l'autre, ils se sont bien gardés jusqu'ici de les déclarer.

«Je suis entrée dans sa vie, se dit-elle, comme une feuille que le vent pousse sur le pas de la porte. Je vais en sortir de la même façon.»

Elle se mord les lèvres pour ne pas éclater en sanglots. S'il pouvait seulement se réveiller avant qu'elle sorte, l'empêcher de partir, lui dire qu'il l'aime. Elle quitte la chambre sur la pointe des pieds, descend l'escalier, va tourner le bouton de la porte. Elle attend un moment, les yeux fermés... avec une dernière espérance.

Non! la mort dans l'âme, elle descend jusqu'au garage du Château Frontenac où elle a garé sa voiture. Les vrombissements de la colonne motorisée qui se déchaîne contre la neige couvrent les hurlements de détresse que Julie ne peut plus contenir. Qu'est-ce qu'elle fera là-bas, à Athènes, sans son cœur?

C'est sans doute leur train-train rasoir qui pousse les ronds-de-cuir du gouvernement à s'emballer chaque fois qu'ils sortent dans la rue. Et même à avoir une certaine imagination. Une semaine après avoir brûlé Lévesque en effigie, ils ont le diable au corps devant l'hôtel Concorde où se réunit le Conseil national du Parti québécois. Un groupe d'entre eux, formant un convoi funèbre, transporte un cercueil jusqu'à la porte de cet hôtel de Québec. Et si le gouvernement ne comprend pas que c'est la démocratie qui repose dans le cercueil, les fonctionnaires vont le lui faire comprendre, à leur façon.

La limousine de Lévesque, une des premières à arriver au Concorde, est accueillie par les ruades et les coups de poing des centaines de manifestants. Le Premier ministre descend de voiture, les poings fermés, prêt à frapper s'il le faut. Il entre dans l'hôtel en serrant les dents.

En apercevant la horde, le chauffeur du ministre de l'Éducation, le Dr Laurin, décide de pousser la voiture dans la foule jusqu'au stationnement de l'hôtel.

– C'est pas la peine, lui dit le docteur, je vois plein de gens que je connais là-dedans, des enseignants qui dépendent de mon ministère... ça va bien aller.

Déduction naïve!

Le ministre goûte au répertoire de coups de ses enseignants! On crache dessus, on le frappe avec les pieds, on lui balance des torgnoles, sous l'œil complaisant des policiers dont les notions de «gardiens de l'ordre» peuvent varier avec les circonstances.

– Je pense que M. Lévesque ne se rend pas compte qu'il ne contrôle plus la situation. Il n'arrivera pas à régler le conflit à coups de décrets et de lois spéciales, dit Me Bouchard.

C'est l'observation qu'il fait à Me Boivin en se rendant dans le salon où Lévesque les attend avec ses ministres Parizeau et Johnson.

– L'opinion publique est en train de se tourner contre les syndicats, dit Me Boivin, il compte là-dessus.

– C'est tout un *gamble*.

– Oui, mais M. Lévesque, c'est ça! fait remarquer Boivin.

Dans le salon de l'hôtel, Parizeau se montre plutôt optimiste.

– J'ai fait le tour de tous ceux qui sont arrivés pour le conseil national, dit-il à Lévesque, on peut y aller avec les lois, on nous appuie à deux contre un!

– Il faudrait trouver une façon civilisée de remplacer le droit de grève dans le secteur public, argumente Pierre-Marc Johnson...

– Est-ce qu'ils sont civilisés, eux? rétorque Lévesque, d'un ton assez vindicatif.

Depuis 1977, Johnson a toujours été au cabinet, avec des portefeuilles divers. Ce qui n'a pas changé, c'est l'attitude un peu... retenue du Premier ministre à son égard. Il y a quelque chose qu'il a du mal à blairer chez ce Johnson trop instruit et trop poli, à l'image de sa barbiche toujours plus soignée que les arbustes d'un jardin de Lenôtre. De plus, Lévesque n'ignore pas que des rumeurs ont commencé à circuler le désignant comme un successeur possible. Rien pour arranger les choses!

Juste au moment où Me Bouchard s'assied avec l'état-major afin de trouver un moyen de mettre fin au conflit, Martine Tremblay fait irruption dans la pièce.

– Le Dr Laurin a été blessé par les grévistes, annonce-t-elle.

– Gravement? demande Lévesque qui bondit de son fauteuil.

– Pas trop... Des coups aux jambes, à la tête!

– Monsieur Bouchard, dit Lévesque, vous allez donner trois jours aux syndicats pour régler. Trois jours, rien de plus! Après, c'est l'Assemblée nationale. Ça prendra ce qu'il faut de décrets et de lois spéciales, mais c'est la fin de l'anarchie. J'en ai jusque-là du syndicalisme dévoyé!

Il y a tellement longtemps que Lévesque n'a pas mis les pieds rue Woodbury, que Louise L'Heureux a le sentiment de recevoir un étranger, même si son ex-mari est déjà en manches de chemise dans la cuisine, en train de boire un café.

– Prendrais-tu des fèves au lard avec ton café? lui demande-t-elle gaîment. C'est encore chaud, elles ont cuit toute la nuit.

Il répond par un petit grognement.

Elle le regarde et le trouve vieilli, ses cheveux sont gris blanc, la peau de son visage commence à se boursoufler. Il a pris du poids.

– T'as l'air fatigué... fais-tu attention à toi au moins, mon petit bonhomme?

– Je fais ce que je peux.

– Je sais, je sais...

Elle lui sert une assiette et s'assied près de lui, mais se relève aussitôt. Elle va se chercher des fèves elle aussi... moins par appétit que pour se donner une contenance.

– Au moins, dit-elle, laisse-moi te dire merci de nous avoir débarrassés de toutes les grèves.

– Ma réputation d'homme de gauche en a pris un coup!

– Tu es bien trop intelligent pour être très à gauche, dit-elle en riant.

Sa visite a l'effet de la pluie sur des champs desséchés. Leur ancienne connivence est tout de suite revigorée.

– Je peux te rassurer... j'ai encore perdu des amis, dit-il en s'animant.

– René! Des amis, t'en as jamais eu!

Elle le voit réagir, de la même façon que jadis quand elle le taquinait.

– Pour avoir des amis, poursuit-elle, je ne parle pas des opportunistes... mais des vrais, des sincères, il faut en vouloir! C'est pas que tu n'en mérites pas, René, c'est que t'en as jamais voulu...

– Toi au moins, dit-il, je te croyais une amie...

– Moi? Je suis la mère de tes enfants... Une sorte d'amie imposée dont justement tu as disposé...

C'est dit sans acrimonie, comme si les blessures entre eux s'étaient cicatrisées.

– Des vrais amis, vois-tu, risqueraient de vouloir un petit morceau de René Lévesque. Et ça, tu le sais bien, ça te rend malade! Tu as bien trop peur à ta souveraineté!

Il lui présente son assiette vide.

– S'il te plaît, juste des fèves! On va laisser tomber l'analyse.

28

À Montréal, Lévesque a maintenant son appartement dans un immeuble ancien, rue Saint-Paul, face à la place Royale et derrière l'historique église Notre-Dame.

– Bonjour Monsieur Lévesque, dit l'agent Leclerc en se précipitant pour lui ouvrir la portière de l'auto. Ça commence à sentir le printemps, ce matin.

Ce n'est pas facile d'être le chauffeur de ce Premier ministre. Il est toujours prêt à descendre de voiture avant qu'on ait le temps d'aller ouvrir. Ou, comme ce matin, on jurerait que c'est à dessein qu'il sort de chez lui en tapinois pour se glisser directement dans la limousine.

– Vous n'avez pas les journaux?

C'est la première chose que réclame Lévesque en pénétrant dans la voiture. Cette fois, Leclerc fait mine de n'avoir pas entendu.

– Les journaux!

– Je pense que ça ne vous mettra pas de bonne humeur, dit le chauffeur en lui passant *La Presse*.

En effet! En jetant les yeux sur la manchette, Lévesque s'écrie:

– Les hostie de journalistes!

En faisant alllusion au saccage du chantier de la Baie James par les ouvriers, une vieille histoire, le journal accuse Lévesque d'avoir carrément trompé l'Assemblée nationale en se servant de Me Jean-Roch Boivin pour faire avaler de force un règlement entre les parties.

– Les enfants de chienne! murmure-t-il.

Il n'arrêtera pas de gronder jusqu'à Québec. Il est tellement furieux qu'il en oublie de faire sa halte coutumière au Château-Madrid, en bordure de la route transcanadienne, près de Drummondville. Depuis le temps qu'il effectue le trajet entre Québec et Montréal, il s'est pris d'affection pour ce bar-restaurant, une construction de bois qui voudrait passer pour un château médiéval avec ses tourelles factices et son simulacre de pont-levis. Une oasis kitsch sur la route la plus ennuyeuse au monde.

Depuis qu'il est au pouvoir, le cheval de bataille de Lévesque, c'est l'intégrité. Il en est tout caparaçonné! Enfin une faille! se disent les journalistes qui, trop heureux de rapporter dans le menu détail la déchéance du paladin de la droiture, ont envahi l'entrée du bunker.

– Monsieur le Premier ministre, demande un journaliste, est-ce vrai que vous avez forcé la Société de la Baie James à accepter un pauvre deux cent mille dollars quand elle réclamait des dommages de trente et un millions de dollars aux syndicats?

– La manchette de ce matin est fausse et malicieuse, répond Lévesque. Dans cette histoire qui date de quatre ans, je n'ai rien à modifier de ce que j'avais déclaré devant l'Assemblée nationale. Je le répète, ce n'est pas dans mon bureau que le règlement a eu lieu!

– Pardon, Monsieur Lévesque, mais n'auriez-vous pas procédé par personne interposée en faisant imposer le règlement hors cour par votre chef de cabinet, Me Jean-Roch Boivin?

Cette grande gigue de la télévision qui l'interroge, Lévesque a les yeux sur elle depuis quelque temps, mais pas en ce moment précis, pas avec cette question venimeuse.

– Imposer une entente par le biais de Me Boivin! Absolument pas! dit Lévesque courroucé. J'étais éminemment favorable à un règlement, j'ai toujours été clair là-dessus... mais ça n'était certainement pas à moi de dire comment et pour combien régler, ni à mon chef de cabinet d'ailleurs. Il ne s'en est pas mêlé!

– Est-ce que ce n'était pas pour vous une façon de remettre la politesse à Louis Laberge et à sa fédération qui vous avaient appuyé publiquement durant la campagne électorale de 1976? demande un autre journaliste.

La question a dû toucher la mauvaise corde, car Lévesque grince tout de suite.

– Quand j'étais journaliste, dit-il, j'aurais eu honte de poser des questions aussi tendancieuses.

Puis, cherchant à clouer le bec à tout le monde en même temps, il se drape dans sa dignité de Premier ministre offensé.

– Vous verrez, dit-il, si vous avez l'intention d'ouvrir les yeux évidemment, que nous serons tout à fait transparents dans cette affaire. Je suis même prêt à convoquer une commission d'enquête!

– Monsieur Boivin va-t-il témoigner? demande la grande blonde du début.

– Certainement, lui réplique Lévesque, dont le regard séducteur reprend déjà son pouvoir... on n'a rien à cacher!

Mais dans les coulisses, deux vieux routiers de la politique commencent à s'interroger sur la sagesse de certaines décisions intempestives de leur chef.

Le Dr Laurin et Jacques Parizeau sortent abasourdis de l'Assemblée nationale. Il y aura une commission d'enquête sur le règlement de la Baie James et Me Boivin sera appelé à témoigner!

– C'est incroyable, dit Parizeau, nous sommes au pouvoir, majoritaires, et on propose nous-mêmes de créer la commission d'enquête. Je ne comprends plus M. Lévesque.

– Le pire, c'est qu'il envoie carrément M. Boivin au bûcher, dit le Dr Laurin.

– Et comment donc! s'exclame Parizeau. Le chef de cabinet d'un Premier ministre, c'est l'homme de l'ombre... le dépositaire de tous les secrets.

Jean-Roch Boivin n'en demandait pas tant! Il a toujours été satisfait d'être couché comme un molosse en travers de la porte du Premier ministre ou de servir de filtre à tous les poisons qu'on envoie de ce côté.

Et puisque Lévesque y tient, il témoignera. Quitte à montrer publiquement que le molosse n'a plus la mâchoire aussi puissante... ou que le filtre s'est un peu encrassé après sept ans d'utilisation.

– Je n'ai jamais négocié, déclare-t-il péremptoirement, devant la commission d'enquête, ni même discuté des termes d'un règlement entre la Société de la Baie James et la Fédération des Travailleurs du Québec. Ils ont réglé comme ils ont voulu.

– N'oubliez pas que vous êtes sous serment, fait remarquer un député. Vous affirmez que vous n'étiez au courant de rien?

– Voyons donc, reprend le chef de cabinet, c'est sûr que j'étais au courant de l'affaire. Dans l'exercice normal de mes fonctions, les avocats des syndicats m'avaient même fait des représentations. Ils voulaient régler.

– Les avocats des syndicats... vos amis! insinue le député.

– C'est pas une question d'amitié, j'étais moi-même favorable à l'idée de régler à l'amiable et j'en ai fait part au Premier ministre. C'est aussi simple que ça.

– Deux cent mille dollars au lieu de trente et un millions, c'est plus qu'amical, ajoute un député.

– Vous ne vous souvenez pas, Monsieur Boivin, demande un autre député, que le Premier ministre aurait lui-même dit aux deux parties quelque chose comme: «Vous réglez, christ! ou nous le ferons nous-mêmes.»

– Non! Non, aucun souvenir de ça, répond Me Boivin. Quant à M. Lévesque, ça devait se régler, il m'a demandé de le faire savoir aux intéressés, point final! C'était aussi ma recommandation et je referais la même, aujourd'hui.

Du côté des députés de l'Opposition, on murmure un peu: il n'a même pas le repentir!

– Peut-être que j'ai un mauvais jugement, conclut Me Boivin. Mais ça, c'est une autre affaire!

Cette grande gigue de la télévision, elle continue de trotter dans la tête de Lévesque, en dépit des questions impertinentes de l'autre jour. Ce matin, en entrant, il a demandé à sa secrétaire de la joindre par téléphone. La journaliste n'était pas là.

– Avez-vous laissé un message? demande Lévesque.

– Est-ce qu'il fallait?

– Oui, c'est assez urgent. Rappelez et demandez qu'elle me téléphone aussitôt qu'elle entrera au bureau.

Lorsque la journaliste se manifeste enfin, vers le milieu de l'après-midi, Lévesque coupe court à un appel important pour lui parler.

– Bonjour... Comment allez-vous? Je me demandais si nous ne pourrions pas manger ensemble un de ces soirs...

Au bout du fil, la journaliste se sent embarrassée d'avoir questionné le Premier ministre plutôt durement à propos de la Baie James.

– Écoutez, bien sûr... dit-elle. Qu'est-ce qui me vaut le plaisir?

– Bien... c'est un peu particulier... j'aimerais vous parler, seul à seul, le plus tôt possible.

C'est trop d'honneur! La journaliste blonde que la télévision a rendu passablement populaire dans la Vieille Capitale se voit déjà candidate péquiste. Il y a des élections complémentaires qui s'en viennent et, si c'est le Premier ministre qui le lui demande en personne, elle acceptera tout de suite de faire comme lui le saut de la télé en politique.

– Quand vous voudrez, Monsieur Lévesque!

– Mercredi soir? propose-t-il... Ça vous va aussi? Tant mieux! Je ne sais pas encore où nous irons manger, mais venez donc me trouver chez moi, rue d'Auteuil... Disons dix-neuf heures...

Lévesque a quitté son bureau plus tôt et se prépare au rendez-vous avec une fièvre juvénile. Il se douche, se rase, prend un soin infini à lisser chacune de ses rares mèches de cheveux... et, question de rester en appétit, se prépare un deuxième martini. Double ration de gin et une apparence de vermouth!

La grande blonde n'arrive pas non plus en bleus de travail! Elle est tout ce qu'il y a de plus séduisant, ses cheveux clairs parfaitement mis en valeur par son manteau sombre, ses yeux émeraude réchampis de mascara mauve. En raison de tous les commérages qui courent sur le Premier ministre, beaucoup de jeunes filles moins averties qu'une journaliste ne monteraient pas chez lui autrement qu'en armure. Elle est bien brave...

– Donnez-moi votre manteau, dit galamment Lévesque, en accueillant la jeune femme.

– On ne va pas manger?

– Vous crevez de faim? demande Lévesque.

Elle fait signe que non et s'assied sur le canapé.

– On peut prendre l'apéritif... Voulez-vous un martini? C'est ce que je bois.

– Peut-être du vin rouge, si vous en avez...

– Ça arrive, dit-il d'une voix enjouée.

Il débouche un Bordeaux à tâtons, les yeux rivés sur la journaliste qu'il imagine déjà allongée comme l'Odalisque d'Ingres.

La blonde tire un peu sur sa jupe en croisant ses jambes... Elle commence à avoir des doutes sur sa présence ici. Candidate, oui! mais pas politique...

Lévesque revient avec le verre de vin et un martini rafraîchi. Il s'assied tout près d'elle pour trinquer.

– C'est pas désagréable, dit-il, brisant le silence qui s'étire, de se rencontrer dans un contexte un peu moins professionnel.

– Oui... oui... c'est vrai.

Elle prend une gorgée de son vin, cherche un sujet de conversation. Il ne lui vient que cette banalité:

– Madame Lévesque n'est pas là?

Lévesque ne juge pas que cette question naïve mérite une réponse. Il poursuit dans le droit fil de son invitation.

– Si les journalistes avaient tous votre allure... et vos jambes, on endurerait diablement mieux leur présence... On pourrait même leur pardonner leurs écrits...

– Pourquoi vouliez-vous me voir, Monsieur Lévesque?

– Vous ne devinez pas? demande-t-il en la dévisageant.

Tandis qu'elle réfléchit à cette colle... Lévesque lui retrousse habilement la jupe. Elle bondit.

– Monsieur Lévesque! s'écrie-t-elle avec indignation.

Il lui emboîte le pas et la saisit par la taille pour l'embrasser...

– Vous n'êtes quand même pas une enfant d'école!

Elle le repousse et essaie de repérer le placard où il a accroché son manteau.

Il la prend par le bras.

– Qu'est-ce qui vous prend, pour l'amour du ciel! dit-elle en se dégageant de nouveau.

Elle ouvre le placard, décroche son manteau et court vers l'escalier. Ses gants tombent par terre, elle se penche pour les ramasser, se ravise. Elle décide de les laisser là et dévale l'escalier à toute vitesse.

– C'est ça, crie Lévesque, allez-vous-en, espèce de cocombre! Maudite sainte nitouche...

Il voit les gants par terre, il les lance dans l'escalier.

Elle n'en ramasse qu'un dans sa hâte.

Lévesque reste sur le palier, le temps de retrouver son calme, puis il descend lentement, s'empare du gant et le lance dans la rue.

De retour dans son appartement, il tire son portefeuille de sa poche, cherche le bout de papier sur lequel il a noté le numéro de téléphone de Julie à Montréal, le compose. Une téléphoniste répond qu'il n'y a plus de service au numéro qu'il a composé.

– Comment ça, pas de service? crie Lévesque dans le téléphone. Vous n'avez pas un autre numéro?

– Non, Monsieur, répond la téléphoniste avec sa voix artificielle d'automate.

Il raccroche. Le cœur lui manque. Ce numéro de téléphone qui ne répond plus, c'est tout, absolument tout ce qui le reliait à Julie. Il se rend compte qu'il ne connaît pas son nom de famille. Elle lui a parlé d'un duplex sur le boulevard Saint-Joseph dont il n'a jamais pris la peine de lui demander l'adresse.

Une sensation sinistre l'étreint. Il lui semble que peu à peu toute vie cesse autour de lui. Il reste seul, avec un sentiment aigu de néant, bouée solitaire et inutile sur une mer désertée. Il ne balise la voie de personne, son propre trajet lui paraît subitement futile.

Il est en suspens, dans le vide qu'il a lui-même créé.

Normalement, une rencontre de l'importance de celle qui réunit René Lévesque et Me Boivin n'aurait pas lieu dans ce coin du bar de l'hôtel Clarendon... Mais les tâtonnements, les hésitations, les bougonnements qui servent de conversation entre ces deux hommes assurent mieux que tout la confidentialité de leurs propos.

D'ailleurs, inutile d'entrer dans de grandes explications, Lévesque a tout de suite compris le sens du rendez-vous de son chef de cabinet. C'est vaguement au Clarendon que s'est scellée leur association, c'est là qu'elle se défera. Pour autant que l'un et l'autre attachent de l'importance à cette sorte de symbolique!

– Pourquoi est-ce que vous voulez partir? demande Lévesque.

Me Boivin balance la tête de droite à gauche... passe la main dans ses cheveux qui sont devenus argentés... allume une autre cigarette.

– C'est pas l'enquête de la Baie James toujours? reprend Lévesque.

Me Boivin grognonne un peu.

– Y en a coulé de l'eau sous les ponts depuis cette affaire-là, continue-t-il... et puis on n'a rien trouvé à vous reprocher...

– Non... rien! grommelle Me Boivin.

– C'est votre femme?

Non. Boivin a un hochement de tête presque emphatique.

Le craquement d'un glaçon dans le verre de Lévesque survient comme une intrusion quasi intolérable dans ce tête-à-tête raboteux. Me Boivin attend que meure le bruit cristallin de la glace avant de reprendre la parole.

– C'est bête que ça finisse ainsi, dit-il... mais... je pense que j'ai fait mon temps...

Il s'interrompt pour épier Lévesque, espérant trouver sur son visage un signe quelconque d'approbation. Un plissement aux commissures de la bouche, un clignement d'yeux... Non, rien.

– J'ai fait des petites erreurs de jugement aussi... poursuit-il.

– Heu... fait Lévesque. C'est vrai que ça fait beaucoup de coups à parer... Vous n'êtes pas le surhomme!

– Non, grogne Boivin. Et puis là... bien... avec cette histoire de commission parlementaire, on peut dire qu'il y a des trous dans la cuirasse... Ce n'est plus possible de vous protéger aussi bien que je le faisais avant...

Trois phrases d'affilée! Me Boivin est à court de souffle. Il prend une bonne gorgée de whisky, requinque sa cigarette...

– Je considère, ajoute-t-il enfin, que je n'ai plus d'affaire dans votre cabinet.

– Je suppose, Jean-Roch, que je ne peux pas vous faire changer d'idée...

– Faisons-nous pas d'illusions, Monsieur Lévesque, je suis devenu un handicap pour vous... Maintenant que je suis vulnérable, ils vont frapper sur moi et finir par vous atteindre...

Lévesque examine les doigts de sa main gauche comme s'il ne les avait jamais vus. Il paraît tout étonné de voir à quel point l'index et le majeur sont cramés par la cigarette et comment leur couleur foncée accentue la plissure de la peau sur les phalanges. Puis, son regard se tourne de nouveau vers Me Boivin, qui dit:

– Profitez donc de mon départ pour renouveler un peu le monde autour de vous...

Pour la première fois depuis le début de l'entretien, Lévesque a le sentiment qu'il ne parviendra pas à retenir son chef de cabinet. Mais il est ainsi fait qu'il ne le regrette déjà pas. Dans sa tête, il voit tout de suite la minuscule Martine Tremblay prendre la place de ce bourru qui l'a peut-être surprotégé. Et puis Me Boivin a raison, belle occasion pour du sang neuf!

– Y en a du pain sur la planche, dit Me Boivin, avec l'air de vouloir se rassurer sur l'ordre des priorités après son départ. Il faut se refaire une place dans le fédéralisme. Pierre Elliott Trudeau s'en va. C'est évident que sans lui les libéraux ne gagneront pas la prochaine élection... Avec un autre gouvernement, ça risque d'être plus facile de négocier.

Lévesque acquiesce. S'il y en a un qui voit Trudeau quitter la politique avec soulagement, c'est lui! Trudeau représente personnellement tout ce qu'il déteste. Mais plus grave encore, c'est à cause de lui que ses ambitions d'indépendance ne se sont pas réalisées. Pour Lévesque, le chef fédéral est un enfant gâté, un fils de famille qui est entré en politique par dilettantisme, comme on escalade une montagne. Il a sacrifié les Québécois pour le plaisir de se retrouver au sommet et d'imposer à tous l'atmosphère raréfiée de son fédéralisme rigide.

– Pourquoi est-ce que vous ne mettez pas Pierre-Marc Johnson sur le dossier constitutionnel? suggère Me Boivin.

– Christ! enchaîne Lévesque... quelqu'un qui se prend déjà pour le dauphin!

Cette réaction viscérale d'un chef qui n'a pas du tout l'impression d'avoir fait son temps arrache un sourire à Me Boivin.

– Vous avez du bon monde dans le cabinet, Monsieur Lévesque, vous ne pouvez pas les empêcher d'avoir un peu d'ambition... Je dirais que Johnson, c'est le plus discret.

– Vous? demande Lévesque empressé de changer de sujet, où est-ce que vous voulez aller?... Je peux vous faire nommer quelque part si vous le souhaitez.

– On a assez bien réussi à ne pas faire de patronage, dit Me Boivin, continuons donc comme on est parti. Je suis avocat, je peux très bien me débrouiller. En tout cas, personne ne pourra dire que vous ou moi on s'est rempli les poches avec la politique.

Lévesque sourit. Il est encore loin des objectifs qu'il s'était fixés en prenant le pouvoir. Mais le mal héréditaire du patronage, il en est venu à bout.

– Bien... je pense que nous voilà arrivés, dit Me Boivin en vidant son verre. Vous m'avez fait confiance un bon bout de temps... Je vous en remercie.

– Ce serait plutôt à moi de vous dire merci...

– Écoutez, j'ai fait mon travail! Des années bien remplies, on peut dire!

Me Boivin est soulagé. Il n'a plus cette chape énorme sur les épaules. Il a eu peur que Lévesque insiste pour qu'il reste. La séparation n'en aurait été que plus difficile, car sa décision était prise. D'abord, il ne voit plus clairement où le Premier ministre s'en va. Il ne comprend pas qu'après la défaite du référendum, le parti ait continué comme si de rien n'était: jamais de remise en question, jamais d'analyse de la défaite, jamais de véritable réorientation. Espérances ou épanchements, motus là aussi. Comme si tout le monde devait obligatoirement souffrir du même scotome affectif que le chef.

Et, de plus en plus, Lévesque boit. Il frôle parfois l'incohérence. Il devient ombrageux, imprévisible. À cause des coups qu'il a reçus, quelque chose s'est brisé en lui. Un détraquement qu'il cache aux autres comme à lui-même.

Tant que Me Boivin l'a admiré presque aveuglément, il est resté, maintenant il ne peut plus.

On ne croirait jamais que la porte se referme sur vingt-deux ans de collaboration. Lévesque serre la main de son alter ego avec le même détachement que s'il allait le retrouver demain au bureau.

Mais l'ex-chef de cabinet est tracassé... il se rassied sur le bout de son fauteuil.

– Monsieur Lévesque, dit-il d'une voix à peine audible. Ce n'est pas mes affaires, mais il y a une amie de la journaliste qui m'a appelé, vous savez qui je veux dire... la grande blonde de la télévision.

Lévesque se cambre. Il sait très bien de qui on parle.

– J'ai l'impression que ça devrait en rester là, que ça ne s'ébruitera pas trop. Mais... pour l'amour du bon Dieu, faites un peu attention!

29

– Je sais exactement où c'est à l'île d'Orléans, dit Claude Charron au chauffeur de taxi, mais je n'ai pas l'adresse. Je vous indiquerai l'endroit quand on y sera...

– Ça va bien, Monsieur Charron? demande le chauffeur à l'ancien ministre qu'il a reconnu aussitôt qu'il est monté dans son taxi, à la gare des autobus.

– Moi, l'été ça va toujours numéro un!

Il y a un bon moment que Charron n'a pas mis les pieds à Québec. Il ne s'est même pas déplacé pour la venue des grands voiliers qui ont pendant quelques jours de cet été de 1984 transformé le fleuve en véritable féerie.

– Monsieur, dit le chauffeur de taxi, on les aurait eus à nous, tous ces bateaux-là, en 1760, les Anglais seraient repartis *right back* en Angleterre. Nous autres, on serait tranquilles.

C'est justement pour discuter des Anglais qui sont encore autour que Robert Mackay, un vieux de la vieille du bureau de Lévesque, a invité Charron à sa maison de l'île d'Orléans.

– Les vieux chums! s'écrie Charron en tombant dans les bras de son hôte. Aïe, je peux te dire que j'étais rendu loin de la politique, moi!

Depuis sa démission, il y a presque deux ans, c'est vrai! Charron s'est éloigné de son passé à toute vapeur. Il a fait le point sur sa vie dans un livre et maintenant sa carrière politique lui semble à des années-lumière.

– Pas trop loin j'espère, dit Mackay, pour nous donner un petit coup de main?

– Dis-moi donc, Robert, qui est-ce qui a suggéré que je fasse partie de ce comité? C'est M. Lévesque?

Mackay hésite à répondre.

– Tu peux bien me le dire!

– Claude, c'est évident que c'est lui!

– Comment il va, le vieux? Il prend un coup fort, il paraît.

– Il patine, il patine, dit Mackay... il veut reprendre un peu le contrôle, trouver une nouvelle formule, c'est pour ça qu'on est là!

– Est-ce qu'il va nous laisser discuter en paix?

– Absolument! Il ne se mêlera de rien. Tout ce qu'il veut, c'est qu'on invente une nouvelle stratégie politique et qu'on lui en fasse part... Bon, comme c'est notre première rencontre, il va venir manger avec nous autres ce soir. On fait cuire du homard.

Charron blêmit.

– Je ne suis pas sûr, dit-il, d'être prêt à revoir M. Lévesque.

– Tu t'éclipseras avant!

Ce n'est pas une absence de deux ans de la politique qui va empêcher Charron de frétiller aussitôt qu'on le rejette dans ces eaux-là. Il est direct, il a du flair, il est pragmatique et lorsqu'un membre du comité suggère que le Parti québécois devrait rester neutre à l'élection fédérale qu'on annonce pour bientôt, il bondit.

– Rester neutres aux prochaines élections, s'écrie-t-il, vous êtes malades en christ! John Turner, c'est pas mieux que Trudeau, puis c'est encore la même gang qui nous a fourrés à l'os: le référendum, la Constitution...

– Tu penses qu'il faut appuyer les bleus? dit Mackay.

– Pour moi, ça ne peut pas être plus clair. Je mettrais toute la machine du Parti québécois derrière Mulroney. Il a promis, s'il est élu, d'intégrer le Québec dans l'honneur et l'enthousiasme. On va forcer son bluff.

– Qu'est-ce qu'on fait avec le parti? s'inquiète Michel Carpentier.

Le pauvre! Depuis 1976, c'est lui qui fait le pont entre le parti et le Premier ministre. Il s'est souvent trouvé, à cause de ce dernier, sur une passerelle sans rambarde et plutôt instable.

– Est-ce qu'on négocie avec Ottawa? reprend Carpentier. Ou bien est-ce qu'on fait de la souveraineté l'enjeu de notre prochaine élection?

– Vous dansez le tango depuis deux ans, rétorque Charron ironiquement. Une journée, on négocie, le lendemain on se sépare. C'est le temps de se brancher. Mulroney m'a l'air d'un cheval gagnant, mettons-y notre deux piastres sur le nez!

– Ça va japper vrai chez les orthodoxes, dit Mackay.

– M. Lévesque est assez habile pour faire avaler le virage, réplique Charron.

– C'est plutôt du dérapage, dit Carpentier, c'est un maudit risque!

– Moi, je trouve au contraire que c'est un beau risque, reprend Charron.

Col de chemise ouvert, cigarette au bec, tenant son veston sur l'épaule, Lévesque entre subitement dans le jardin. En l'apercevant, Charron a un pincement de cœur. Il croyait avoir rompu les liens, mais toute sa vie politique revient avec Lévesque. Sans parler des sentiments, si abruptement ravivés.

Il voudrait se cacher.

Mais Lévesque accourt vers lui, avant même de saluer les autres. Il lui serre la main, lui entoure les épaules.

– Ça me fait plaisir de vous voir, vous! dit-il avec chaleur. Il paraît que vous êtes allé en Asie... Vous allez m'en parler... J'ai bien envie de retourner faire un tour là-bas...

Puis, il salue les autres membres de son comité.

– Continuez de discuter... j'ai apporté mon maillot, je vais aller faire une plonge.

Et il disparaît du côté de la piscine.

– Jette un homard de plus dans l'eau, dit Charron rayonnant à Mackay, je reste à dîner.

– J'ai eu de la chance, dit Robert Mackay, c'était le dernier arrivage de homards des Îles, la saison est terminée!

Du homard des Îles-de-la-Madeleine, le meilleur au monde, avec du Chablis premier cru. Lévesque serait tout à fait aux anges, s'il n'y avait pas aussi sur la table le sujet du parti.

– Damné parti! dit-il agacé, en réfléchissant à l'argumentation qu'il devra servir aux membres.

Charron prend la parole:

– Si vous n'arrivez pas à leur mettre dans le ciboulot qu'un vote pour le Parti québécois n'est pas forcément un vote pour l'indépendance, adieu le pouvoir!

– De toute façon, tant qu'on reste à l'intérieur du régime fédéral, réplique Lévesque, on n'a pas le droit, à mon humble avis, de constamment se livrer à du sabotage.

Charron le regarde avec étonnement. A-t-il bien entendu? À quel moment le rêve souverainiste est-il devenu du «sabotage» dans l'esprit du Premier ministre? Toutes les luttes constitutionnelles du Québec subitement raccourcies dans ce seul mot, il n'ose pas le croire.

– Monsieur Lévesque, faudrait peut-être pas exprimer ça aussi crûment.

– On verra, on verra... dit Lévesque qui doit considérer sa journée de travail terminée, vu l'abandon avec lequel il se lance dans le Chablis.

– Je vous remercie de me faire confiance sur le comité, reprend Charron... En avez-vous parlé à quelques ministres?

– De quoi?

– Je ne sais pas... que vous formiez un comité de stratégie...

– Christ! si on faisait passer les ministres au détecteur de métal avant les réunions du cabinet, je pense qu'on trouverait pas mal de poignards!

Il baisse la voix et glisse à l'oreille de Charron:

– Y en a même à qui je n'ose plus tourner le dos et je vous jure que ce n'est pas à cause de leur orientation...

Lévesque s'esclaffe! Son heure de récréation est arrivée, c'est sûr!

À l'Île d'Orléans, on s'était rangé du côté de Claude Charron quand il avait suggéré que le Parti québécois favorise l'élection de Brian Mulroney au scrutin de septembre 1984. Avec sa ganache, ce Mulroney avait le profil parfait du poulain gagnant. Deux cent onze sièges, presque la moitié de toutes les voix. L'animal n'a pas déçu!

Le gouvernement du Parti québécois est enfin débarrassé de Trudeau et de l'héritage libéral.

Fort de ce changement crucial sur l'échiquier politique et s'inspirant du rapport de son comité de l'Île d'Orléans, Lévesque décide de jouer son va-tout et rédige son nouveau credo politique.

Il convoque Charron au bureau de Montréal et lui montre le texte.

Même si le crâne du «frisé» s'est passablement dégarni avec l'âge et les avanies, il lui reste assez de cheveux pour qu'ils se dressent sur sa tête, quand il lit...

«Si le fédéralisme devait aller moins mal, est-ce que cela risquerait d'envoyer la souveraineté aux calendes grecques? C'est risqué, mais c'est un très beau risque que nous n'avons pas le loisir de refuser...»

– C'est raide en christ! s'exclame Charron.

– Vous trouvez?

«Où est le vieil instinct du chef? se demande le «frisé». À moins, se dit-il, que je sois trop déconnecté pour bien évaluer ces phrases, c'est un quasi-mariage qu'on propose là.»

– Cela veut dire, Monsieur Lévesque, que vous êtes prêt à mettre la souveraineté sur la glace...

– Au congélateur!

– Pour moi, dit Charron, on est mieux de se préparer à composer des épitaphes, j'en connais qui vont faire des crises d'apoplexie... Ça tombe bien, on est en novembre.

– Non… j'ai analysé ça avec Martine Tremblay, on risque d'en perdre deux ou trois: un gros, deux petits!

– C'est sûr que vous perdez le gros Parizeau!

– Ma prise de position correspond assez bien à l'esprit de votre comité, vous ne trouvez pas?

– L'esprit oui... le ton n'est pas trop conciliant.

– On va devant l'électorat l'an prochain, les Québécois ne seront pas conciliants non plus.

Il appelle Martine Tremblay tandis que Charron cherche une façon d'adoucir cette potion amère pour ceux qui boivent le petit-lait de l'indépendance.

– Faites livrer la lettre par messager à tous les ministres, demande Lévesque à son chef de cabinet. Je veux qu'ils l'aient ce soir.

– Telle quelle? s'informe Martine en lorgnant du côté de Charron.

– Oui, telle quelle! répond Lévesque.

Il est presque minuit. Le Dr Laurin vient de se mettre au lit lorsque la sonnerie de la porte retentit. Il entrouvre la draperie; la voiture d'une compagnie de messagerie attend devant la porte.

Il descend ouvrir et on lui remet la lettre du Premier ministre.

L'épître, il la relit deux fois avant de se convaincre qu'elle provient de Lévesque. «Cela lui ressemble si peu, se dit Laurin, de prendre une telle décision sans en parler.» Le courant passe de plus en plus mal entre le Premier ministre et les membres du cabinet, c'est vrai! Mais de là à envoyer cette charge funeste!

Comme l'avait prévu Charron, le «gros» ministre a réagi instantanément. La lettre n'a pas encore rejoint tous les ministres que Jacques Parizeau est déjà en train de rédiger sa lettre de démission. Il a l'habitude. Ce n'est pas la première qu'il rédige depuis qu'il est ministre de Lévesque! Cette fois cependant, il l'a écrite à l'encre et Jean Royer, son directeur des communications, est avec lui pour la relire.

– Ça finit très sec, lui fait-il d'ailleurs remarquer. Vous travaillez avec M. Lévesque depuis quinze ans, ça ne vous tentait pas de... Enfin! je ne sais pas...

– Les sentiments, dit Parizeau, je les garde pour la musique et pour ma femme, Alice. Vous devriez le savoir, depuis le temps que vous êtes avec moi.

– Oh... et un petit détail, Monsieur Parizeau... vous avez écrit «question de fond», fond avec un «s».

– Vous avez raison. Ce doit être une déformation de ministre des Finances!

Lévesque n'est pas du tout étonné quand il apprend que Jacques Parizeau sollicite un rendez-vous immédiat. On croirait même qu'il est soulagé. D'abord, pour amener Parizeau au cabinet, il a fallu lui donner les Finances et le Revenu... Et quand il lui a retiré le Revenu, en 1979, les grincements de dents ont été tels qu'il a dû rempiler le ministère des Institutions financières et des Coopératives sur les Finances, après l'élection de 1981.

Parizeau, la diva, n'accepte pas facilement de chanter dans les chœurs.

Le ministre des Finances a déposé sa lettre sur le bureau de Lévesque, mais comme ce dernier ne se précipite pas pour l'ouvrir, il décide d'aborder le sujet de vive voix.

– Nous avons eu des désaccords depuis que nous sommes ensemble, mais jamais sur l'objectif final.

Parizeau bombe la poitrine, glisse les pouces dans l'échancrure des bras de son gilet et dit avec gravité:

– Cette fois, Monsieur le Premier ministre, vous remettez l'objectif en cause, et je ne peux pas me ranger comme un bon soldat.

Lévesque le dévisage sans broncher.

– Ça fait vingt-cinq ans, poursuit Parizeau, que nous fréquentons tous les deux le régime fédéral, vous le connaissez aussi bien que moi. Je ne comprends pas que vous succombiez à la tentation de la dernière chance. C'est stérile et humiliant pour le Québec. Monsieur Lévesque, il ne faut pas chercher un accommodement avec Ottawa, il faut les mettre au pied du mur.

– C'est votre opinion, dit Lévesque, plutôt sèchement. Il allume une cigarette, tripote des dossiers sur sa table. Il considère que l'entretien est terminé.

Parizeau se lève.

– Je l'explique dans ma lettre, dit-il, le Livre blanc sur la fiscalité est prêt... Pour ce qui est de la réorganisation des institutions financières...

– Ne vous inquiétez pas, dit Lévesque en lui tendant la main, tout ça c'est de l'intendance, nous allons y voir.

«Lui, je n'aurais jamais pu le limoger, pense Lévesque en voyant Parizeau quitter son bureau. Il y était à vie. Avec le trou qu'il me fait au cabinet, j'ai de quoi faire appel à du sang neuf.»

Le téléphone sonne. C'est Martine Tremblay qui annonce le Dr Laurin.

– Passez-le-moi!

– Monsieur Lévesque, proteste Martine, il est là! Il veut vous voir, aussitôt que possible.

– C'est bon, mais j'ai faim... Envoyez donc chercher des sandwiches, quelque chose. Demandez au docteur s'il veut manger!

«Un gros... deux petits!» Les prévisions commencent déjà à se désarticuler car Laurin, c'est un gros bonnet. Et qui arrive triste comme un bonnet de nuit.

– J'étais entré en politique pour faire l'indépendance, explique-t-il, c'était ma seule motivation. Et maintenant vous la rayez d'un trait de plume.

Le docteur est franchement sombre, désenchanté, son épaisse chevelure noire ajoutant au morne de son visage.

– Docteur, dit Lévesque, quand on n'a pas ce que l'on aime, il faut aimer ce que l'on a.

– Monsieur Lévesque, ça ne vous ressemble pas, la résignation... Si je comprenais seulement ce qui s'est passé. Juste avant les vacances, c'est vous-même qui m'avez demandé de travailler à un manifeste sur la souveraineté.

Lévesque a un moment d'embarras. Cette histoire de manifeste, il l'avait oubliée.

– L'option est en veilleuse, docteur... Dans deux ans, trois ans, on verra! Le vent risque de tourner.

Le Dr Laurin est consterné. Il se lève de son fauteuil, tend la main.

– Je m'en vais, dit-il. Ça vaut mieux, sinon je risquerais de vous faire part de mes sentiments et je sais que vous avez déjà assez de contrariétés.

Lévesque garde longtemps la main de Laurin dans la sienne, mais tout ce qu'il souhaiterait lui dire reste coincé dans sa gorge.

– Je voudrais que vous sachiez, reprend le Dr Laurin, combien profondément vous avez marqué l'évolution de notre vie collective. C'est le souvenir que je veux garder de vous, Monsieur Lévesque, pas celui d'un homme qui ne semble plus croire à son destin.

Comment croire à son destin quand il est si différent de celui auquel on avait rêvé? Lévesque ne file plus allègrement vers l'indépendance, il se cramponne à un gouvernement dont l'âme a coulé à pic et s'efforce tant bien que mal de conserver des attitudes de capitaine. C'est difficile avec cette manœuvre politique désespérée qui a toutes les apparences d'un sauve-qui-peut.

Le Premier ministre claque la porte de son bureau après avoir prévenu son personnel qu'il ferme boutique pour la journée. Il ne veut plus voir personne. Il va prendre un gin... chercher des moyens de rafistoler l'embarcation.

C'est un radoub majeur! Quand il fait l'inventaire des avaries, il lui manque cinq ministres et sept députés.

30

Comme s'il n'avait pas déjà assez de mal à faire face chaque matin à la journée qui commence, Lévesque doit avaler, en même temps que son indispensable café, la dose de venin que lui servent quotidiennement les journaux. Avec les défections en série des derniers jours, la presse s'en donne à cœur joie. Des commentateurs politiques se demandent si Lévesque a de quoi durer jusqu'à la prochaine élection, un an! D'autres lui suggèrent de donner sa place, ce qui ne manque pas d'attiser l'ardeur de quelques ministres qui ne demanderaient pas mieux que de la prendre.

Curieusement, c'est de l'un de ces journaux empoisonnés que va lui venir l'inspiration. Ce matin-là, en dépliant *Le Devoir*, un titre et la photo d'une femme attirent son attention. Dans une longue entrevue, Francine Lalonde épilogue sur les nouvelles attitudes plus conciliantes que devrait adopter le milieu syndical avec les entreprises. Cette opinion modérée ne saurait tomber en terrain plus fertile. Lévesque voit encore avec horreur le drapeau du Québec brûler devant l'Assemblée nationale, durant la pénible confrontation de l'année dernière avec les employés de l'État. Les déclarations sensées de cette noiraude au visage énergique l'inspirent... sa photo aussi!

– Appelez-moi donc Francine Lalonde, demande-t-il à Martine Tremblay. J'aimerais la rencontrer au plus coupant.

– Quelle Francine Lalonde? s'informe Martine.

– Celle-là, dit-il, en lui montrant la photo du journal.

Le lendemain, la photo du journal est en personne devant lui, à son bureau de l'édifice d'Hydro-Québec.

– J'ai lu votre entrevue, lui dit le Premier ministre, je suis heureux de constater que les gens des syndicats ne sont pas tous des jusqu'au-boutistes. Je serais plutôt d'accord avec vos points de vue.

– Pas la Confédération des syndicats nationaux, réplique Francine Lalonde. Ils m'ont mise à la porte.

– Tant mieux! J'aurais quelque chose à vous offrir.

Lévesque l'observe avec insistance. Elle semble avoir du cran, des idées définies et de la vivacité à revendre. Il est plutôt content de sa trouvaille.

– Je me demandais, poursuit-il, si vous n'accepteriez pas un ministère...

Elle tombe des nues!

– Monsieur Lévesque, s'écrie-t-elle, je ne suis même pas membre du Parti québécois!

– Vous avez bien de la chance!

– Est-ce que vous plaisantez? dit-elle, subitement inquiète à l'idée qu'il pourrait se moquer d'elle.

– Absolument pas! Je pensais... ministre à la Condition féminine.

– Mais mon expérience, c'est le syndicalisme, Monsieur Lévesque. Je n'ai jamais vraiment travaillé avec des groupes de femmes...

– Vous avez quand même l'air d'en être une, dit-il avec un sourire ironique, les yeux fixés sur le pantalon qu'elle porte.

Elle pique un fard. Il poursuit:

– Écoutez, j'ai besoin de sang neuf... vous êtes au courant que j'ai perdu certains membres de mon équipe.

Pour la première fois peut-être depuis le début de cette rencontre inattendue, Francine Lalonde a le sentiment que le Premier ministre est sérieux, qu'il ne se laisse pas aller à quelque fantaisie extravagante.

– Pensez-y, dit-il en se levant pour mettre fin à l'entretien. Je vous donne trois jours pour réfléchir, pas plus! Les fêtes de Noël approchent, il faut régler ça vite!

Comme s'ils le faisaient exprès pour troubler sa réflexion, les journaux n'arrêtent pas, durant ces quelques jours, de rapporter des incidents curieux sur le comportement du Premier ministre. Francine Lalonde peut lire, par exemple, qu'en pleine Assemblée nationale, Lévesque a jeté sa cigarette dans le verre d'eau d'un collègue et qu'une autre fois, il a écrasé son mégot sur le parquet. Un autre journaliste prétend qu'il a tout simplement commencé à fêter la Noël avant le temps... Ailleurs, on explique que le Premier ministre souffre d'un mal de dos atroce et que son ministre de la Justice, Pierre Marc Johnson, qui est aussi médecin, lui a prescrit des médicaments qui pourraient provoquer ces drôles d'effets.

Au bout du délai de trois jours, Francine Lalonde hésite à rappeler à Québec. Elle songe que ces comportements déconcertants ont peut-être poussé Lévesque à lui faire cette proposition excentrique.

Lorsqu'elle se résigne enfin à composer le numéro du Premier ministre, à Québec, elle est tout de suite rassurée. Il est là au bout du fil, dès qu'elle a donné son nom à la secrétaire.

– Monsieur Lévesque! Comment allez-vous?

– Content de vous entendre!

– Je veux dire... Comment va votre santé?

– Ne me dites pas, réplique-t-il d'une voix enjouée, que vous croyez aux ragots des journalistes! Je suis pétant de santé.

– Tant mieux, tant mieux! Écoutez, j'ai pensé à votre proposition... Elle m'intéresse!

– Ah! ça c'est une bonne nouvelle, s'exclame Lévesque. Montez donc à Québec...

– Quand ça?

– Tout de suite, cet après-midi!

– Vous ne trouvez pas que c'est un peu juste, avec les fêtes qui arrivent?

– Au contraire, avant Noël c'est tranquille. Tout le monde est occupé à fêter. Venez donc!

L'enthousiasme de Lévesque sonne si vrai, il paraît si heureux de sa décision que Francine Lalonde saute dans le premier autobus en partance pour Québec. Presque naïvement, le long du trajet, elle réfléchit aux conditions qu'elle posera. Car elle n'a pas encore dit un oui formel. Ministre! elle s'amuse du beau pied de nez aux bornés de la CSN qui l'ont mise à la porte après des années de service.

Tout endimanchée, mais l'humeur revêche, Corinne Lévesque surgit dans l'antichambre du bureau du Premier ministre.

– Qu'est-ce qu'il fait? On est déjà en retard!

– M. Lévesque vient de commencer une réunion, explique la secrétaire.

Corinne déboutonne son manteau, s'assied pour feuilleter un journal, puis se relève aussitôt. Elle trépigne.

– Dis-lui que je l'attends en bas!

«Il n'y a pas que M. Lévesque qui a besoin de vacances», se dit la secrétaire en la voyant partir en tapant du pied et faisant un long nez.

Pour le moment, le Premier ministre n'a qu'une chose en tête: le sang neuf! Et il l'a devant lui, sous les traits d'une petite bonne femme dynamique, aux cheveux frisottés, à la bouche charmante. Une candidate qu'il juge apte à entrer au cabinet, mais très mignonne aussi, à voir comment il met tous ses yeux à l'écouter.

– Je l'ai prise, ma décision, annonce-t-elle... Sauf qu'il y a un petit «mais»...

– Dites-moi ce qui vous tracasse...

– Avec toutes les rumeurs qui courent...

Lévesque réagit tout de suite. Elle craint de l'avoir blessé, d'autant plus qu'elle éprouve déjà beaucoup de sympathie pour lui. À la télévision ou sur les estrades, il lui avait toujours paru frêle. Elle est surprise de l'impression de force qui se dégage encore de lui, malgré tous les coups durs qu'il vient d'affronter.

– Non, ce n'est pas ça... reprend-elle, je parle des autres rumeurs... Je ne sais pas si j'ai envie d'entrer au cabinet si, dans un mois ou deux, c'est quelqu'un d'autre...

– Si Pierre Marc Johnson est Premier ministre? précise Lévesque.

– Oui, justement, dit-elle.

– Francine!... Vous permettez que je vous appelle Francine?

Elle acquiesce.

– Je peux vous les nommer les trois ou quatre ministres qui vont chaque soir à L'Aquarium pisser dans l'oreille des journalistes... Si c'est ça les appuis de Johnson, ne vous inquiétez pas. Non... c'est un moment difficile, je le sais. Il va y avoir des élections quelque part l'an prochain, prenez ma parole, je vais être là. Vous aussi, je l'espère!

– Je suis très flattée de votre confiance.

Est-ce le rapiéçage de cabinet auquel l'ont forcé toutes les démissions? Ou la fatigue? Lévesque, tout à coup, devient abrupt.

– Vous n'avez pas de robe, vous? demande-t-il, en faisant la moue.

– Excusez-moi, je suis presque toujours en pantalon.

Voyant son embarras, il se radoucit aussitôt.

– C'est pas un reproche, dit-il. Mais si vous êtes ministre à la Condition féminine, il va bien falloir qu'on vous voie les jambes un peu...

– Vous avez raison. Je vais revoir ma garde-robe, dit-elle en souriant.

– Moi, je parle à Martine Tremblay. On va s'arranger pour vous faire assermenter aussitôt après les Fêtes. Quand je serai revenu du sud, car ma femme me traîne à la Barbade!

Il se lève, va au frigo, sort une bouteille de champagne.

– On va quand même célébrer un peu.

Le baromètre de Corinne est loin d'être au beau fixe quand elle voit enfin apparaître son mari, escorté par cette femme qu'elle ne connaît pas, fringuée comme ce n'est pas permis, en pantalon et canadienne.

– On a une réception, vous ne voulez pas venir avec nous? demande Lévesque.

– Non, non, répond Francine Lalonde, je prends le prochain autobus pour Montréal.

– Alors, je vous dépose...

– Merci, je vais me trouver un taxi...

– Arrivez! arrivez!

Il l'entraîne dans la limousine avec lui.

Assis entre les deux femmes, sur la banquette arrière, Lévesque fait les présentations...

– Ma femme Corinne... Francine Lalonde, mon nouveau ministre à la Condition féminine!

Prétendre que la «condition» entre ces deux femmes s'est trouvée améliorée par cette présentation intempestive de la ministre titulaire serait une exagération.

D'autant plus que Lévesque, après avoir demandé au chauffeur de déposer Madame à la gare des autobus, recommence à insister pour qu'elle les accompagne à la réception où il est attendu avec Corinne.

– Vous pourriez coucher à Québec, rentrer demain...

– Vous êtes vraiment trop gentil, dit Francine Lalonde, je préfère repartir maintenant.

Corinne respire mieux. «Au moins, cette femme a de l'éducation!»

Le froid en ce début de janvier est particulièrement mordant. Et malgré les tonnes de calcium que déversent les épandeuses, les rues d'Outremont sont comme des patinoires. Aussitôt fondue, la glace regèle ou se transforme en un gâchis poisseux encore plus casse-gueule. Pendant les trois prochains mois, pas un Québécois ne voudra croire que Jacques Cartier n'a pas commis une monstrueuse erreur de navigation en débarquant si au nord.

Grimpée sur un escabeau, Francine Lalonde décroche l'étoile qui décorait le faîte du sapin de Noël. Elle décrète que la carrière de l'arbre est terminée. Son plus beau cadeau des fêtes, elle l'a reçu du Premier ministre, avant les vacances, et elle se meurt que l'annonce de sa nomination devienne officielle. Encore ce matin, seuls ses proches savent que c'est un ministre qui range les décorations de Noël.

Quand la sonnerie du téléphone retentit, elle est tellement enchevêtrée dans les fils de lumières qu'elle commence par choisir de ne pas répondre... Puis, pure intuition féminine, elle décide d'y aller... juste au cas.

C'est René Lévesque!

– C'est une belle surprise, dit-elle, réjouie de l'entendre.

– Je voulais vous souhaiter une bonne et heureuse année.

– Vous pareillement, Monsieur Lévesque... Vous êtes chanceux d'être à la Barbade, vous! Si vous saviez le froid qu'on a ici...

– Je suis revenu, dit Lévesque... Je descends de l'avion...

– Vous êtes en avance!

– J'en avais assez... et puis j'avais envie de vous voir. Voulez-vous qu'on dîne ensemble.

– Oui... si vous voulez... Quand?

– Ce soir!

– Ce soir! Ça pourrait aller, je n'ai rien au programme...

– Est-ce que vous avez eu des jupes pour étrennes? demande Lévesque en riant.

– Écoutez, j'avais demandé un costume de ministre... Eh bien! vous ne le croirez pas, le père Noël a laissé un habit d'homme!

– Très drôle! dit-il. Bon! laissez-moi arriver. Je vous rappelle plus tard pour vous dire où on se rencontre.

Elle raccroche, encore étonnée par ce coup de téléphone, mais rassurée qu'il n'ait pas changé d'idée. En effet, plusieurs fois, elle s'est demandé si Lévesque ne s'était pas laissé aller à une fantaisie qu'il oublierait aussitôt en vacances.

Non, ce que Lévesque paraît plutôt avoir oublié à la Barbade c'est qu'on est en hiver à Montréal. Quand l'agent Leclerc, son chauffeur, arrive pour le cueillir à l'aire des arrivées à Dorval, il tombe à la renverse: le patron est là en saharienne et pantalons de toile, pieds nus dans des sandales, et répandant autour de lui une forte odeur de bistouille des Caraïbes!

Il s'est bien douté, l'agent Leclerc, que quelque chose ne tournait pas rond quand Lévesque lui-même l'a joint au téléphone pour annoncer qu'il rentrait, une semaine avant la date prévue.

– Attendez-moi, dit le chauffeur, je vais aller chercher les bagages.

– Je n'en ai pas, dit Lévesque.

Leclerc suffoque.

– Il fait vingt sous zéro dehors, dit-il. Laissez-moi aller regarder dans l'auto, y a peut-être une paire de *shoe-claques*, quelque chose.

– Vous n'êtes pas loin, allons-y, dit Lévesque, en sortant résolument dans le froid sibérien, sous l'œil ébahi des autres voyageurs.

«Bonne affaire qu'il ait avalé un peu d'antigel», se dit le chauffeur, alors qu'ils marchent vers la limousine à moitié enveloppée dans le nuage de vapeur du pot d'échappement.

– Vous ne dites à personne que je suis rentré, le prévient Lévesque en s'asseyant dans l'auto. Pour une fois que je peux être tranquille quelques jours.

– Vous êtes-vous reposé là-bas, au moins?

– Non! Pas avec la bande de fatigants que j'avais sur le dos... Dites-moi, est-ce que les magasins sont ouverts aujourd'hui?

– Oui, Monsieur.

– Amenez-moi donc sur Laurier!

L'agent Leclerc ne comprend plus rien. Depuis qu'il connaît Lévesque, celui-ci a toujours fait ses emplettes au triple galop. Et maintenant, est-ce croyable, il s'éternise dans un magasin de lingerie pour dames! Tandis que lui est en train de se liquéfier dans la voiture dont il laisse le chauffage marcher à bloc à cause de la tenue estivale de son passager!

Le passager, il faut voir l'émoi qu'il provoque dans le magasin où deux vendeuses essaient de le conseiller sur l'achat de dessous pour une femme qu'il essaie de décrire tant bien que mal. Par chance, le gabarit de l'une des deux vendeuses paraît correspondre au sien et Lévesque lui demande d'essayer un déshabillé de dentelle. Il le prend, puis il hésite entre des sous-vêtements de couleur noire ou bourgogne.

– Elle a les cheveux de quelle couleur? demande la vendeuse qui sert de modèle.

– Voyons, dit l'autre qui semble être la propriétaire, tu le sais bien, Mme Lévesque a les cheveux noirs!

– Les yeux aussi, enchaîne Lévesque, trop heureux de les garder sur cette piste.

– Avec le noir, vous ne pouvez pas vous tromper, dit la propriétaire.

– J'aime bien le bourgogne, dit-il, c'est plus vivant, il me semble.

– Vous avez raison, mais c'est moins pratique peut-être...

– Écoutez, tranche Lévesque, je vais prendre les deux!

– Je vous fais un paquet-cadeau? demande la propriétaire.

Lévesque fait signe que oui.

– Regardez comme c'est joli cet emballage, on dirait du velours... Je vous mets un beau gros chou!

Lévesque remercie d'un sourire impatient, allume une cigarette et tournicote à travers les étalages, ses sandales laissant échapper à chaque pas un clappement ridicule.

Intriguée depuis le début par son accoutrement insolite, la propriétaire ne se tient plus de curiosité.

– Est-ce que vous partez dans le sud, Monsieur Lévesque?

– Non, j'en arrive!

– C'est tout un écart de température! s'exclame-t-elle.

Subitement excédé de la voir tripoter le paquet, Lévesque le lui arrache presque des mains et, avant qu'elle ait terminé toutes les frisettes de bolduc, il sort en laissant la porte ouverte.

Quand il fait demi-tour pour la refermer, la propriétaire y est déjà. Il gesticule une excuse.

«Le pauvre homme, il y a quelque chose de pas normal», se dit-elle, en le voyant patauger, presque pieds nus dans la neige, pour regagner sa voiture.

En arrivant à l'appartement de Lévesque, place Royale, Francine Lalonde reçoit aussitôt le paquet-cadeau dont le chou est plutôt ébouriffé. Elle aussi est ébouriffée quand elle découvre ce qu'il contient.

Lévesque sourit gentiment. Elle rougit.

Tandis qu'il débouche du champagne, elle lui raconte qu'elle a profité de ses vacances pour lire la biographie que Provencher a écrite sur lui...

– Vous savez que moi aussi, je suis née un 24 août.

– J'espère, dit-il avec une moue rieuse, que vous n'avez pas tous les défauts des Vierges!

– Non pas tous!

– J'ai pensé qu'on pourrait manger ici... Je n'ai pas envie qu'on me voie trop en ville...

Il l'entraîne vers la salle à manger où il a dressé la table et allumé des bougies. Elle s'émeut du soin qu'il a pris à disposer joliment sur la table le caviar dans un bol de glace pilée, des homards mayonnaise, plusieurs sortes de pâtés et des gâteaux.

– C'est magnifique! dit-elle.

– Je te fais une tartine de caviar?

Elle acquiesce.

Le téléphone sonne. Lévesque sursaute, mais continue de préparer des tartines.

– Personne ne sait que je suis là, à part le chauffeur!

Il lève son verre pour trinquer.

– À mon nouveau ministre! Tu sais, j'ai beaucoup pensé à toi pendant que j'étais là-bas...

Mais le téléphone est tenace. Il sonne obstinément.

– Ils ne vont pas lâcher, dit-elle.

Il se lève de table pour prendre l'appel dans la pièce voisine.

Elle regarde autour d'elle. L'endroit est curieux. Comme si rien n'était terminé, ni la décoration, ni l'ameublement. D'ailleurs, l'immeuble lui-même, un édifice ancien du Vieux-Montréal, est en pleine restauration et à peine occupé. Elle a eu l'impression d'arriver sur un chantier.

Lévesque revient dans la pièce, visiblement agacé.

– C'est un ami... Corinne a appelé à Montréal pour dire que j'étais là. Tu parles qu'on a déjà commencé à cancaner!

– Vous vous êtes brouillé avec Mme Lévesque?

– J'avais envie d'être tranquille... Tu peux me tutoyer.

– Je ne pourrais pas... Pas si tôt!

Quel homme étrange. Derrière sa simplicité désarmante commence l'enfilade des cloisons secrètes, étanches, impénétrables. Tout chez lui est verrouillé à double tour. C'est à travers les propos légers et les gaudrioles qu'il faut imaginer les blessures dont il souffre, deviner sa lassitude, descendre à tâtons dans les profondeurs de son désespoir.

Elle aurait envie de le prendre dans ses bras, de le bercer comme un enfant. Mais comment? Le sol se dérobe sous lui et il continue de vouloir avancer en s'accrochant à tout ce qu'il trouve et par tous les moyens.

– Ils réclament du sang neuf au gouvernement, dit-il de son ton coriace, ils vont en avoir! Je vais te faire siéger au Conseil du Trésor, au comité des priorités...

– Attention, je ne suis qu'une débutante...

– T'en fais pas! Si tu crois que j'ai rien que des lumières dans le cabinet! Tu risques plutôt de faire honte à quelques-uns...

Il se lève de table, titube un peu et va se caler sur un divan...

– Si on joue bien nos cartes, reprend-il après un moment, tu pourras songer à me remplacer, un de ces jours... Une Première ministre, quelle belle jambette à tous ceux qui se bousculent au guichet!

Elle va s'asseoir près de lui, l'empêche de se verser un cognac. Il a déjà du mal à garder les yeux ouverts, il croule de fatigue. L'instant d'après, elle sent sa tête tomber sur son épaule. Il s'est endormi. Elle attend un long moment puis s'extirpe du divan et l'y allonge avec précaution pour ne pas le réveiller.

Elle resterait bien pour veiller sur lui, mais elle n'ose pas. Si Corinne survenait à l'improviste! Elle prend une couverture dans la chambre à coucher, enveloppe soigneusement Lévesque et sort sur la pointe des pieds.

Dehors, il neige, la température s'est adoucie. Elle a le cœur léger. À eux deux, ils vont y arriver. Ils vont remonter le parti. Finie la dégringolade. Il peut lui faire confiance aveuglément, elle ne le trahira jamais. Elle a trop de sentiment pour lui.

Non seulement on n'attendait pas Lévesque ce matin à son bureau de l'édifice d'Hydro-Québec, mais celui qui se présente n'est pas celui qu'on connaît! Il est déjà entre deux vins, il tempête, il gueule, donne des ordres qui n'ont ni queue ni tête. C'est la catastrophe.

Presque incohérent, il demande en hurlant qu'on lui trouve Monique Michaud de toute urgence. C'est son mari, Yves, qu'on finit par joindre.

– Comment ça, baptême! crie Lévesque au téléphone. Tu peux pas trouver ta femme? Trouve-moi Monique, je veux me faire couper les cheveux. Pas cet après-midi... Tout de suite. Je suis encore à mon bureau pour une heure, trouve-la, j'ai les cheveux longs!

Il claque le combiné si fort que le téléphone tombe par terre.

Martine Tremblay entre timidement, demande s'il n'aimerait pas manger quelque chose.

– J'ai pas faim, jappe Lévesque. Avez-vous réussi à parler à Louis Bernard?

– Oui, Monsieur Lévesque... mais il ne croit pas que ce sera possible de faire assermenter Mme Lalonde aujourd'hui.

– Voulez-vous dire à Louis Bernard d'arrêter de zigonner! ordonne Lévesque en donnant sur son bureau un coup de poing dont s'effraie Martine Tremblay qui ne l'a jamais vu aussi survolté.

– C'est le lieutenant-gouverneur qui ne serait pas libre, explique-t-elle du bout des lèvres.

– Je vais l'appeler, le lieutenant-gouverneur.

Martine Tremblay réussit à lui reprendre le téléphone des mains en lui promettant de faire le nécessaire auprès de Louis Bernard pour que la cérémonie ait lieu au plus coupant.

Lévesque se rassérène, lui demande un café qu'il s'empresse de corser avec du cognac.

– Notre Premier ministre est dans les brumes de l'éthylisme! s'écrie Yves Michaud qui vient d'entrer dans l'antichambre du bureau de Lévesque.

Martine Tremblay l'accueille comme un sauveur.

– Je ne sais plus quoi faire, dit-elle.

– Corinne m'a appelé. Ils n'ont jamais été capables de le retenir à la Barbade. Elle pense qu'il faudrait le rentrer à l'hôpital.

– Il me fait peur quand il est comme ça!

– Je devrais être capable de le raisonner.

Autant essayer de contenir un lion enragé.

– C'est Monique que je veux voir, rugit Lévesque, en apercevant le joufflu de Michaud.

Le sourire doucereux de celui-ci s'efface brusquement lorsqu'il voit son ami lui balancer dans les jambes le plateau et le pot à eau qu'il a sur son bureau.

– Va me chercher Monique!

Michaud retraite sagement du côté de Martine Tremblay.

– Faut pas lui couper les cheveux, dit-il, faut l'endormir! Je sais ce que c'est, j'avais mon père qui partait en brosse comme ça... Il travaillait six mois, buvait un mois.

Lévesque apparaît tout à coup dans l'embrasure de la porte, la main tendue vers Michaud, le visage miraculeusement serein.

– Yves! J'oubliais: bonne année...

Le voyant enfin dans de bonnes dispositions, Michaud l'invite à prendre une bouchée.

– Ça va te faire du bien...

– Je n'ai pas le temps, on part pour Québec.

C'est la première nouvelle qu'en a Martine.

– Les petites filles, dit le Premier ministre, préparez-vous, on lève le camp. Prévenez M. Leclerc.

La limousine n'est pas encore sur le pont Jacques-Cartier que le lion s'est assoupi sur la banquette arrière. Martine Tremblay respire à l'aise pour la première fois depuis le début de la journée.

«Quel cirque! S'il peut dormir jusqu'à Québec et oublier cette histoire d'assermentation», se dit-elle.

Misère!

Par un étrange instinct, Lévesque ouvre malencontreusement l'œil, à quelques kilomètres du Château Madrid, sa halte de prédilection.

– On n'a pas passé Drummondville? demande-t-il, inquiet, au chauffeur qui hoche la tête. Vous arrêterez au Château Madrid!

Leclerc jette un regard anxieux du côté de Martine Tremblay, aussi contrariée que lui.

– Monsieur Lévesque, dit-elle, vous ne craignez pas que ça nous retarde trop?

– J'arrête au Château Madrid, grogne le lion avec un air de bourrique.

Lévesque a déjà avalé un martini. Aussi, quand il se lève de table, son équipage lui emboîte le pas.

– Je ne pars pas!

Il va s'accouder au bar, en extase devant une jeune serveuse à qui il n'a cessé de faire de l'œil depuis qu'il est là.

Il lui demande un autre martini.

– Tu me le fais double avec une larme de vermouth. Pas plus!

Martine Tremblay lui lance des signaux désespérés, mais la jeune fille va-t-elle contrarier un Premier ministre dont elle est flattée des attentions?

– La prochaine fois que tu viendras à Québec, dit Lévesque à la serveuse, je veux absolument que tu m'appelles.

De peine et de misère, il griffonne son numéro de téléphone sur un bout de papier et le pousse sur le comptoir devant elle. L'agent Leclerc s'approche doucement et lui dit:

– Monsieur Lévesque, j'aimerais mieux repartir... Ils annoncent du verglas.

– J'ai pas encore bu mon martini!

– On va l'emporter dans l'auto.

Tandis que Martine Tremblay règle, le chauffeur prend son patron par le bras et l'entraîne résolument vers la porte, laissant le verre derrière.

– Vous l'avez, mon martini? murmure machinalement Lévesque.

– Je l'ai, je l'ai... réplique-t-il, les larmes aux yeux.

«Il a changé, lui, depuis un an», pense Leclerc qui le voit tous les jours. Plus jamais de blagues, plus de taquineries. Il ne comprend pas trop ce qui arrive au patron, mais il constate que les journalistes frappent dessus à bras raccourcis. Ils n'ont jamais une bonne parole, comme si la route de l'indépendance leur apparaissait maintenant trop ardue et comme s'il fallait abattre le guide pour se donner bonne conscience de ne pas continuer...

«Moi aussi, se dit-il, je serais toujours soûl à sa place.»

Il aide Lévesque à monter dans l'auto et reprend la route en priant le bon Dieu qu'il oublie son damné martini.

L'avant-midi orageux à Montréal ainsi que la paix relative du voyage jusqu'à Québec n'étaient qu'un prélude au véritable cyclone qui se déchaîne lorsque Lévesque met les pieds dans son bureau du bunker. Quand on lui confirme que l'assermentation de Francine Lalonde ne pourra avoir lieu avant quelques jours, c'est la crise! Il veut se rendre lui-même à Bois de Coulonge et prendre le lieutenant-gouverneur à partie. Il se débat contre ceux qui veulent l'en empêcher, les insulte.

Désespérant d'en venir à bout, la minuscule Martine Tremblay appelle Pierre Marc Johnson à la rescousse. Lorsque ce dernier sort du bureau du Premier ministre, la mine sombre, l'air préoccupé, il demande qu'on appelle immédiatement une ambulance.

– Qu'est-ce qu'il a? demande Martine Tremblay, affolée.

– Ne vous inquiétez pas, ça va aller, mais il faut le sortir d'ici. Essayez donc de joindre le Dr Langelier, à l'hôpital de l'Enfant-Jésus.

Quelques heures plus tard, l'agent Leclerc fait les cent pas devant la porte de la chambre d'hôpital où on a transporté Lévesque, après avoir vaincu sa résistance de peine et de misère. Lui qui préférerait crever plutôt que de se retrouver entre les mains des médecins, le voilà avec trois représentants de la profession à son chevet, dont Pierre Marc Johnson qu'il n'arrête pas d'imaginer comme Brutus, le poignard à la main. Rien pour le calmer!

En sortant de la chambre avec ses collègues, Johnson demande au chauffeur de continuer de veiller et de ne laisser entrer personne.

– Je vais, ajoute-t-il, appeler la Sûreté pour qu'ils envoient quelqu'un vous relever.

– Monsieur Johnson, je préfère passer la nuit. Je ne suis pas fatigué et l'avantage, c'est que le patron me connaît.

– Très bien, dit Johnson. De toute façon, il a reçu des calmants. Ça devrait bien aller maintenant.

Leclerc entrouvre la porte. La chambre est plongée dans la pénombre; tout est calme. Il se rend au poste de garde, emprunte une chaise, des journaux, et revient s'installer pour faire le guet.

Un vacarme inouï le fait bondir. Il se précipite dans la chambre. Lévesque est debout près de la fenêtre où une vitre intérieure a été fracassée, sans doute avec la chaise qui est renversée par terre. En le voyant surgir, Lévesque grimpe sur l'allège de la fenêtre mais le chauffeur l'attrape par les jambes et le ramène par terre. Puis, le tenant solidement à bras-le-corps, il le traîne jusqu'au lit où il réussit à le clouer tandis qu'il sonne pour demander de l'aide.

À Montréal, rue Woodbury, un coup de sonnette fait bondir Louise Lévesque. Elle aperçoit Yves Michaud par la fenêtre. Les pires pressentiments l'assaillent aussitôt.

– René est mort! dit-elle en ouvrant.

– Non, non, Louise, calme-toi...

– À cette heure-là, tu ne peux pas venir m'annoncer une bonne nouvelle.

Les forces lui manquent, elle se laisse tomber sur la chaise dans le hall.

– Si tu veux mon avis, dit Michaud, il est plutôt ivre mort. Il est à l'hôpital à Québec.

– C'est pas son cœur toujours?

– Non... Il est dans un état extrême d'agitation. Je l'ai vu à son bureau de Montréal avant midi. Il était en train de se noyer dans le gin.

Elle hoche la tête tristement.

– Il doit être bien malheureux pour boire comme ça!

– C'est triste à dire, reprend Michaud, mais c'est un homme usé... Il faudrait le convaincre d'arrêter de s'accrocher. Qu'il passe donc la main avec dignité.

– Mon Dieu oui, soupire-t-elle. Ça va faire vingt-cinq ans! La moitié de sa vie, il s'est accroché à un idéal irréalisable. Pauvre petit bonhomme!

– Essaie de prévenir les enfants. Qu'ils aillent le voir...

– Oui... J'aurais envie d'y aller aussi!

Mais son élan se casse net.

– L'autre est là?

– Oui... dit Michaud. Elle est revenue de la Barbade.

– Que je suis bête, dit-elle en étouffant de gros sanglots. J'ai le cœur brisé comme si je venais juste d'apprendre que la place est prise... Pourtant ça fait des années!

N'y pouvant plus, elle éclate en larmes. Il la serre amicalement contre lui.

– Pardonne-moi, Yves... Mais ça fait encore mal.

Ils se sont connus trop jeunes, Lévesque et elle, il y a eu trop de connivence pour qu'une longue séparation suffise à briser les nœuds secrets entre eux.

– Veux-tu un verre de vin? un café? quelque chose à manger? demande-t-elle à Michaud... Ce ton maternel qui lui revient la surprend. C'était toujours ce qu'elle demandait à René lorsqu'il rentrait tard... elle ne savait jamais trop d'où!

– Merci, dit Michaud... je vais y aller.

Dans sa nouvelle chambre, assommé par des sédatifs, Lévesque n'a pas bronché depuis plusieurs heures. Dans le corridor, l'agent Leclerc le veille toujours, jetant un coup d'œil de temps à autre par la porte entrebâillée.

Au petit matin, il l'entend bouger, accourt à son chevet.

– Je vois mes cigarettes nulle part, murmure Lévesque.

Leclerc va les chercher dans le tiroir de la commode, en allume une et la lui met à la bouche.

– Est-ce que je peux vous parler? demande le chauffeur d'une voix timide.

Lévesque esquisse un sourire.

– Ça fait huit ans que je suis avec vous, Monsieur Lévesque... que je vous conduis partout où vous me demandez d'aller. J'ai jamais rien dit, mais j'ai toujours gardé les yeux ouverts...

Lévesque réagit... Il est vrai que mille petits secrets se sont accumulés entre eux, durant ces années.

– Inquiétez-vous pas, poursuit Leclerc, je ne dirai jamais rien... mais je devrais! Les gens se rendraient compte comment vous vous êtes usé pour eux autres. Ils verraient les coups que vous avez reçus de tout le monde. Je sais que la politique c'est plus important que le hockey, mais si vous le prenez pas en mauvaise part, je vous comparerais au Rocket Richard... Pour moi, Maurice c'est le plus grand héros du Québec... Eh bien! vous êtes aussi grand que lui.

– Il a eu des meilleures saisons que moi, dit Lévesque, avec un petit sourire.

– Monsieur Lévesque! Vous en avez scoré vous aussi pour le Québec! Mais ça, évidemment, le monde l'oublie. C'est quand vous serez plus là qu'ils vont commencer à brailler dans les estrades parce qu'il se passe plus rien sur la glace.

– Êtes-vous en train de suggérer que j'accroche mes patins?

– J'ai pas dit ça, Monsieur Lévesque, jamais de la vie! Non, ce que je pense, c'est que si on avait eu plus de courage tout le monde, on vous aurait moins laissé tout seul sur la glace à vous démener. Bâtard! c'est grâce à vous si le Québec est rendu dans les grandes ligues, vous avez rien à vous reprocher. Vous avez pas à vous faire tant de mauvais sang. Vous êtes rendu au coton. Faites attention, on a rien qu'une vie, tout le monde... Vous comme les autres!

On frappe des coups discrets à la porte. Leclerc va répondre, revient auprès de Lévesque.

– C'est de la visite, dit-il. Vos enfants!

– J'ai pas trop l'air de quelqu'un qui pourra pas finir la partie? demande Lévesque.

Leclerc hoche la tête.

Lorsque la nouvelle s'ébruite que René Lévesque est à l'hôpital de l'Enfant-Jésus, les journalistes accourent de partout, comme des chacals affamés. Jouant au plus malin, Martine Tremblay convoque une conférence de presse officielle où on ne leur épargnera aucun détail sur l'état de santé du Premier ministre. De cette manière, au lieu de grappiller, les chacals auront toute la carcasse d'un coup.

Ne risque-t-on pas de faire des annonces tonitruantes? Pourquoi pas une tumeur terminale au cerveau, étant donné les extravagances de Lévesque depuis quelque temps? Tous mordent à l'appât, les gratte-papier comme les cueilleurs d'images.

Aussitôt qu'ils voient apparaître cette croquignolette de Tremblay, nantie d'un air de circonstance plus gros qu'elle et suivie de deux médecins, les journalistes salivent déjà.

– Pour ceux qui ne me connaissent pas encore, je suis Martine Tremblay, chef de cabinet de M. Lévesque. J'ai à mes côtés les docteurs Bouchard et Langelier. Le Dr Langelier a un mot à vous dire, ensuite lui et son collègue répondront à vos questions, brèves si possible, vous savez comment les médecins sont occupés...

Les caméras et les magnétophones démarrent, les bics sont au garde-à-vous sur le papier...

– L'état de santé de notre illustre malade s'est beaucoup amélioré...

On entendrait presque un soupir général de déception... Il y a si longtemps que les journalistes ont décrété que Lévesque doit partir... mort ou vif!

– Pour ne rien vous cacher, poursuit le Dr Langelier, je viens de signer le congé de M. Lévesque et j'ai bien peur qu'il aura profité de votre présence ici pour s'esquiver par une porte de service, à l'autre bout de l'hôpital.

Stupéfaction chez les durs de la presse, on leur a bourré le mou!

– M. Lévesque n'a pas de tumeur au cerveau? demande l'un d'eux sur un ton chagrin.

– M. Lévesque ne souffre d'aucune maladie grave, répond le Dr Bouchard. C'est seulement du surmenage.

– Il arrive de vacances, objecte un journaliste.

– Et je lui ai recommandé d'y retourner, dit le Dr Langelier. Aussitôt que M. Lévesque se sera reposé, tout va rentrer dans l'ordre.

– Il fume comme une cheminée, fait remarquer un autre, ses poumons ont-ils été examinés?

– Oui, répond le Dr Langelier, aucune lésion! Des poumons d'enfant!

Au secours! Il ne faudrait pas nous prendre pour de parfaits zozos, semble-t-on dire du côté des journalistes.

– Madame Tremblay, demande quelqu'un visiblement en mal de manchette, est-ce que M. Lévesque a parlé de démissionner?

– Il m'a demandé d'arranger l'assermentation de la nouvelle ministre, Mme Lalonde, aussitôt qu'il reviendra de vacances... Je suppose que cela répond à votre question!

31

Ce n'est pas le certificat de santé de fer décerné à Lévesque ni ses poumons de chérubin qui vont empêcher certains de ses ministres de rêver à la succession. D'autant que le chef n'obtient même plus la faveur populaire. Bourassa est sorti de ses cendres pour reprendre la direction du Parti libéral et les Québécois semblent prêts à remettre leur destinée dans les pattes de ce phénix. À moins que...

– Pierre Marc, dit Clément Richard, tu vas briser le secret et dire carrément au caucus de demain que tu es intéressé à la succession de M. Lévesque!

Les aspirations de Johnson sont grosses comme le bras et il n'y a que lui et ses partisans pour les croire imperceptibles! Ce soir, l'aspirant dîne avec des alliés, dans le coin le plus sombre du plus obscur restaurant de Québec, question de ne pas alimenter les rumeurs...

– Je ne peux pas annoncer ma candidature avant que M. Lévesque démissionne, rétorque Johnson.

– Pas «annoncer», Pierre Marc, seulement dire que tu es intéressé!

– Ne rêvons pas, réplique le ministre Fréchette, si on ne donne pas une petite poussée à M. Lévesque, il ne partira jamais de lui-même.

Des armes pour mettre le chef dehors, ils ont commencé à s'en forger.

Par exemple, des bruits ont couru à Québec sur cette histoire de la journaliste de la télévision que Lévesque a «invitée» chez lui. De fil en aiguille, le triste incident est devenu une véritable «agression»... la journaliste a été «projetée» brutalement dans l'escalier. Pour en avoir le cœur net, le ministre de la Justice, qui connaît la blonde journaliste, est allé lui-même aux nouvelles. Il l'a jointe par téléphone...

– Non, il n'y a pas eu de violence, Pierre Marc, je n'ai pas dégringolé l'escalier, lui a-t-elle expliqué. Mais je peux te dire que je l'ai descendu vite et que j'ai perdu mes gants. J'ai décidé de prendre le premier autobus pour Montréal et d'aller retrouver mon mari. Pendant le trajet, je pensais... j'espère que Corinne ne trouvera pas mes gants... Mon mari, je ne te dis pas, ça l'a complètement bouleversé. Il connaît assez bien M. Lévesque; il l'aimait, l'idolâtrait presque. Il est tombé de haut.

Notées, les incartades du chef; notées aussi, les insolences envers ses propres ministres. Cela pourrait servir.

– C'est ridicule, il ne fait plus confiance à personne, se plaint Clément Richard.

Le pauvre ministre des Affaires culturelles sait de quoi il parle, lui qui potassait depuis deux ans un projet de salle pour l'Orchestre symphonique, dans l'ouest de Montréal. Sans lui en glisser un mot, le Premier ministre a fait transporter un voyage de terre, à l'angle des rues Berri et Demontigny, donné un coup de pelle dedans et proclamé que la salle serait érigée là!

Et Pauline Marois donc! Elle discutait d'importants dossiers avec le gouvernement fédéral. Lorsque arrive le moment d'une conférence fédérale-provinciale, Lévesque lui arrache les dossiers des mains et les remet à son nouveau ministre, Francine Lalonde.

– Quand je pense qu'il a traîné Francine Lalonde à la conférence des Premiers ministres, à Regina, s'indigne Clément Richard. Ministre à la Condition féminine, je voudrais bien savoir ce qu'elle faisait là?

À voir son comportement avec Francine Lalonde, il semble tout à fait clair que leur chef est tombé en quenouille.

– Moi, je pense que M. Lévesque a compris, avance Johnson, et qu'il a convoqué le caucus de demain pour annoncer son départ...

Ils ne veulent pas y croire, mais sait-on jamais! En tout cas, cette lueur d'espoir leur redonne un peu d'appétit.

Surprise! Le lendemain, Lévesque se présente, un magnétophone à la main, dans la salle où il a réuni ministres et députés. Pourquoi a-t-il apporté cet appareil qu'il pose sur la table et met en route? Un laïus pour la postérité?

– Comme vous le savez, dit-il, il y a des vacances dans quatre comtés et nous irons en élections partielles. Même si elle n'était pas obligée de le faire, Mme Lalonde a choisi de se présenter, ce qui devrait faire taire certaines mauvaises langues. Il y en a un peu beaucoup, même ici, des gens qui n'arrêtent pas de dégoiser sous le couvert de l'anonymat, des spécialistes du *off the record!*

Les inconditionnels bombent le torse et opinent du bonnet. Les Bédard, Garon et Dean ont déclaré franchement qu'ils préfèrent perdre avec Lévesque que gagner avec quelqu'un d'autre. Les séditieux ne sourcillent même pas. Ils se gardent à carreau.

– Ça me donne le goût de vomir! reprend Lévesque. Si vous avez tellement envie de parler de mon *leadership*, ma porte est ouverte, je vous attends! C'est tout ce que j'avais à vous dire.

Il se lève, reprend son magnétophone et, avant de sortir, leur rappelle que son savon est enregistré...

– Juste au cas où il se trouverait parmi vous des enfants de chienne, comme d'habitude, pour prétendre que j'ai dit autre chose que ce que j'ai dit.

Il est vrai que pendant quelques jours, Lévesque garde sa porte ouverte pour ceux qui aimeraient répondre à son invitation. On ne se bouscule pas. Trois «petits» députés seulement se présentent, en général avec de l'encens et de la myrrhe. Leurs griefs? des clopinettes! Le manque de courage des autres le fait bisquer encore plus.

Le rapport des sondages commandés dans le comté de Bertrand lui permet de retrouver sa bonne humeur. Ce n'est pas dans la poche, mais sa protégée, Francine Lalonde, a toutes les chances de l'emporter. Il se précipite dans le bureau de Martine Tremblay, rapport de sondages à la main.

– J'ai nettement l'impression que Mme Lalonde va nous obtenir notre première victoire dans une partielle... Elle se présente dans Bertrand.

– Dans Bertrand? s'étonne Martine. Vous savez que M. Bourassa a aussi choisi ce comté-là!

Il pâlit!

– Vous en êtes sûre?

– C'est ce que j'ai entendu...

Lorsque sa secrétaire annonce à Robert Bourassa que le Premier ministre est au bout du fil, il tombe des nues. Lévesque n'a pas cessé de faire des gorges chaudes à son sujet, depuis son retour en politique. Et que dire de sa stupéfaction quand il entend un Lévesque plein de sollicitude lui conseiller de ne pas briguer les suffrages dans Bertrand!

– Pourquoi?

– J'ai les sondages devant moi, Robert! Des quatre comtés où il y aura des élections, c'est le seul où le Parti québécois est favori.

– Je ne sais pas quels chiffres vous avez! Nous, les pronostics sont favorables.

– Écoutez, insiste Lévesque, agacé, vous avez esquivé toutes les partielles depuis deux ans. Maintenant que vous plongez, choisissez au moins un comté sûr!

– De toute manière, René... il y a toujours un risque dans une élection, vous le savez sûrement aussi bien que moi.

Lévesque raccroche, furieux.

Comme si cette coïncidence fâcheuse ne suffisait pas, les organisateurs du Parti québécois font savoir au chef qu'il ne devrait même pas se montrer dans les comtés où il y a des élections. Sa cote est trop basse.

C'est le bouquet!

Personne ne va l'empêcher d'aller dans Bertrand donner un coup de main à Francine Lalonde qui, elle, n'a pas ces réticences. Ils font du porte-à-porte ensemble, visitent des usines, annoncent une flopée de projets pour le comté, bref! on n'y va pas avec le dos de la cuiller. Et partout où il l'accompagne, le Premier ministre parle de la candidate comme d'une «trouvaille». Le visage rayonnant, les yeux rivés sur elle, il a l'air de confier aux électeurs: voyez la créature exceptionnelle que je vous ai dégotée.

Hélas! La créature exceptionnelle ne passera pas pour autant. Les trois autres péquistes non plus. Les candidats prennent toute une dégelée, même si Francine Lalonde s'en tire un peu mieux que les autres. En renaissant de ses cendres, Bourassa vient de réduire à néant l'espoir de renouveau de Lévesque.

Dans un superbe appartement aménagé dans les combles d'un vieil immeuble de Québec, Francine Lalonde plie bagages. Elle a remis sa démission, comme il se doit.

– Je suis désolée, dit-elle tristement à Lévesque.

Il est défait lui aussi, désenchanté. L'aventure est déjà terminée.

– T'auras mieux fait en cinq mois que beaucoup d'autres ministres en cinq ans!

Quelque chose en lui se brise net de la voir s'en aller.

– Moi aussi, dit-il brusquement, je vais partir!

– Vous? Mais pourquoi?

– C'est le temps! Il y a un moment que le temps est passé pour moi de récolter... Je me sens comme un vieil arbre, tout seul dans la plaine, juste avant l'hiver... Quand il commence sérieusement à être trop tard, trop tard pour tout.

Tout à coup, cet homme qui s'est endormi un jour sur son épaule, cet homme qu'elle a tenu par la main, qu'elle a voulu consoler, redevient un Premier ministre qu'elle n'ose plus appeler René.

– Monsieur Lévesque, je crois encore en vous. J'ai confiance en vous et je ne suis pas la seule...

– Si je pensais une minute que je peux encore faire avancer le Québec, dit-il. Mais non! J'ai le sentiment qu'il a perdu son goût de liberté, son envie de se tenir debout.

Elle veut protester.

– Dans l'avenir immédiat en tout cas! Il me semble pourtant, reprend-il avec gravité, que l'espèce de terre promise, on l'a trop bien entrevue tous ensemble. Je ne peux pas croire qu'on aurait perdu à jamais le goût de terminer le voyage... Je ne serai peut-être pas là à l'arrivée, mais au moins j'aurai la consolation d'avoir fait faire un bout de chemin.

Francine va à la fenêtre pour qu'il ne voie pas qu'elle se mord les lèvres au sang. Elle essaie désespérément de ne pas éclater en larmes. Elle sait qu'il ne le supporterait pas. Lui, le champion du quant-à-soi. Il s'en irait à la course. Et elle désire le garder près d'elle plus longtemps.

32

Trois heures et demie du matin. En dépit d'un cachet et de tout ce qu'il a bu, Lévesque n'arrive pas à fermer l'œil. Depuis deux ans que les journalistes le mettent plus bas que terre, eh bien! il leur a joué un bon tour. Il a attendu un peu avant minuit pour faire transmettre par l'agence Telbec la nouvelle de sa démission. Les nouvelles télévisées sont terminées et dans bon nombre de journaux, l'heure de tombée est passée.

«Ça doit cancaner à l'Aquarium», se dit-il avec un sourire malicieux.

Avec ce qui se brasse dans sa tête en ce moment, il sent qu'il n'arrivera jamais à dormir. Il se relève, avale un autre cachet. Les lueurs de l'aube ont déjà commencé à éclairer le jardin, derrière la maison.

Le téléphone sonne. Lévesque ouvre les yeux, regarde l'heure au réveil. Huit heures passées. Il met encore un bon moment à se rendre compte qu'il s'agit de son propre téléphone. Il sort péniblement du lit, répond. C'est Francine Joli-Cœur, sa propriétaire au rez-de-chaussée.

— Monsieur Lévesque!... Des journalistes et des cameramen, vous en avez une flopée devant votre porte. Si vous voulez être tranquille, descendez dans le jardin par l'escalier de derrière. Je vous ferai du café.

Quand elle le voit apparaître quelques instants plus tard, elle vient de poser une cafetière pleine, près de la balançoire. Justement, du café, il en faudra pour le ramener dans ce monde! Elle ne l'a jamais vu si abîmé; ses yeux sont enflés, ses mèches de cheveux rebiquent, sa voix de mêlé-casse est encore plus triste que d'habitude. Il s'installe dans la balançoire.

Francine lui verse du café dans une de ces tasses sur lesquelles sont gravés des messages saugrenus. La tasse qu'elle lui présente porte l'inscription: «Je suis infidèle!»

Il esquisse un sourire, boit son café par lampées, sans dire un mot.

— Voulez-vous manger quelque chose? murmure-t-elle.

Il fait signe que non. Il la regarde lui servir un autre café

«C'est la seule personne au monde, se dit-il, avec qui j'ai envie d'être, ce matin.»

Francine Joli-Cœur le prendrait dans ses bras, le bercerait comme un enfant, qu'il se laisserait sans doute faire. Elle est dodue, elle a un beau décolleté et, surtout, elle a toujours été aux petits soins avec lui depuis qu'il habite là-haut.

— Je vais vous laisser, Monsieur Lévesque, il faut que j'aille travailler. Si vous avez besoin de quoi que ce soit, demandez à la gouvernante.

Elle s'éloigne, puis revient vers lui.

— Monsieur Lévesque, dit-elle doucement et tout hésitante, tandis que vous le pouviez, vous auriez dû proclamer l'indépendance!

Il hoche la tête.

— On ne force pas la main d'un peuple. En tout cas, moi, je n'aurais jamais pu.

Une cloche qui tinte dix heures fait subitement sortir Lévesque de l'engourdissement dans lequel l'a plongé le mouvement presque imperceptible de la balançoire. C'est une journée de juin magnifique. Le vert des arbres est tendre, partout les fleurs sont en boutons... «Et me voilà déjà rendu en automne», pense-t-il avec un serrement de cœur.

À un moment donné, il faudra bien qu'il affronte la meute qui l'attend dehors.

Rasé de frais et portant une chemise d'été dont il a rabattu le col par-dessus son veston, il descend l'escalier, prêt à offrir aux journalistes son air le plus détaché... Il s'arrête net en apercevant par terre une lettre que vient de laisser le facteur. Il la décachète et en sort une carte, ornée d'une bordure de myosotis, sur laquelle on a écrit simplement: «*Si jamais...*» C'est signé de la lettre «*J*» et accompagné d'un numéro de téléphone dont il ne reconnaît pas l'indicatif. Il regarde l'enveloppe: le timbre est de Grèce, le tampon, d'Athènes.

L'idée de savoir enfin où la joindre le réconforte complètement.

Il sort et fait face aux journalistes avec précisément cet air serein qu'il souhaitait.

Quatre mois plus tard, Lévesque s'est si bien dissimulé à une des tables au fond du Café de Flore que Julie fait le tour de l'établissement sans le voir. «Il a changé d'idée», pense-t-elle. Elle est prise d'une nausée soudaine. Tous les mensonges qu'elle a inventés pour convaincre son mari de la laisser partir à Paris deux jours! Elle regarde de nouveau sur la terrasse. Il n'est pas là.

Elle sort respirer, boulevard Saint-Germain. Cette fichue carte, bordée de *Forget-me-not*, comme elle regrette maintenant de l'avoir envoyée. Mais tout de suite elle sent un souffle dans son cou. Elle se retourne et tombe dans ses bras.

Ils restent une éternité, enlacés, puis elle l'entraîne par la rue Saint-Benoît jusqu'à l'hôtel d'Angleterre. Ils se tiennent par la taille en marchant, comme deux amoureux, mais ne se disent rien. Qu'est-ce qu'ils pourraient se dire, eux dont l'envoûtement tient au fait qu'ils ne se sont jamais rien dit?

De toute manière, il lui a déjà raconté au téléphone qu'il effectue une tournée d'une dizaine de pays en compagnie de Corinne et qu'ensuite il écrira des Mémoires qu'on lui a commandés. Ils auraient pu se voir en Grèce puisqu'il s'y arrêtera, mais il craignait de ne pouvoir s'esquiver aussi facilement qu'à Paris…

Dans l'avion qui la ramène à Athènes, le surlendemain, Julie en est encore bouleversée. Lévesque lui a fait jurer de le prévenir d'avance lorsqu'elle viendra en visite au Québec. Elle a d'abord eu du mal à le prendre au sérieux. Leurs rendez-vous ont toujours été si imprévisibles et furtifs!

Assise chez elle, rue Woodbury, Louise Lévesque regarde à la télévision les images de la foule qui se presse aux séances de signature du livre de Mémoires que René vient de publier.

— Plutôt des souvenirs, dit modestement Lévesque à la journaliste qui lui pose quelques questions.

Lévesque grimace un peu, ajoute avec une moue rieuse:

— Je n'ai peut-être pas fini d'écrire, vous savez!

Louise Lévesque sourit tristement. «René, pense-t-elle, personne ne le connaît.» Le contour même des images qu'elle se fait de lui commence à s'estomper un peu. Comme si le passé se figeait lentement.

— Vas-tu être heureux ici? demande gaîment Corinne, en faisant visiter à Lévesque l'appartement qu'ils occuperont bientôt au sixième étage des Verrières, un immeuble dont on achève la construction, à l'île des Sœurs. En attendant, ils habitent à côté, à L'Archipel.

— Tu sais, dit-il, ce n'est pas tellement où je suis, c'est ce que je fais qui m'importe.

— Regarde, dit-elle en l'entraînant sur la terrasse, le soleil se lève là, au-dessus du fleuve.

Il reste un long moment à contempler le Saint-Laurent et, comme si son esprit avait suivi le fil de l'eau, il se retrouve en Gaspésie, au pays de son enfance heureuse. «Toute ma vie, pense-t-il, j'aurai donc nagé à contre-courant pour me retrouver ici, perché dans une espèce de pigeonnier, loin de l'action et de toutes mes raisons d'être...»

Par la fenêtre, Julie scrute l'horizon en direction de l'île des Sœurs. Elle a demandé une chambre du côté du fleuve, au dernier étage du Château Champlain, pour s'offrir l'illusion d'être près de lui. «Grosse cruche, se dit-elle, t'as déjà oublié qu'au Québec, un 1er novembre, il fait noir comme chez le loup, dès six heures.»

Qu'importe! Elle le voit déjà demain. Et ensuite, il lui a promis de trouver le moyen de passer toute une nuit avec elle, du côté de Morin Heights dans les Laurentides.

Le voyage, l'émotion de se trouver là... elle tombe de fatigue. Elle défait ses bagages rapidement et se couche après avoir appelé pour faire monter le petit déjeuner à sa chambre, tôt le lendemain.

Sa décision est prise. Son chalet, près de LaSarre, elle va profiter du voyage pour le faire terminer. Elle pourra ainsi revenir passer ses étés au Québec, avec sa fille... ce qui lui donnera l'occasion de le voir, lui, au moins une fois l'an. Elle s'endort sur ce rêve.

On frappe à la porte, plutôt brutalement. Julie s'éveille en sursaut. Il fait clair. Ce n'est que le petit déjeuner, mais on dirait qu'on veut enfoncer. Elle saute du lit, cherche en vitesse de quoi se couvrir pour répondre à la porte. «Merde! pense-t-elle, ils n'ont pas encore appris qu'ils pourraient ouvrir et déposer le plateau discrètement comme dans un pays civilisé.»

Elle ouvre les rideaux. Le temps est gris. Mais ce matin, on voit jusqu'à l'île.

Elle commence à boire le jus d'orange et, machinalement, elle déplie *La Presse* qu'on lui a apportée avec le plateau. La manchette lui déchire les entrailles. Trois mots en caractères gras, un crève-cœur:

LÉVESQUE EST MORT

Quand elle retrouve la force de lire, elle voit à travers ses larmes que Lévesque se trouvait chez lui avec sa femme, hier soir, lorsqu'il a été frappé par un infarctus. On l'a transporté d'urgence à l'Hôpital général, on a tout tenté pour le réanimer, mais il était déjà trop tard.

Trois jours plus tard, elle est perdue dans la foule, rue Notre-Dame, avec des milliers d'autres personnes venues assister au départ de la dépouille mortelle de René Lévesque pour la Vieille Capitale.

Lorsqu'elle aperçoit le cercueil de bronze que l'on porte à travers une haie d'honneur, elle serre sur son cœur la petite icône de la Vierge qu'elle lui avait rapportée d'Athènes. Elle est allée, hier, faire la queue au Palais de Justice où il était exposé, dans l'espoir de pouvoir la glisser subrepticement dans le cercueil. Mais comment aurait-elle pu s'approcher assez? Elle, une anonyme.

Tandis qu'on glisse lentement la dépouille mortelle dans le corbillard, la foule se met à crier des «merci» et à applaudir, puis elle entonne spontanément la chanson de Vigneault: «Mon cher René, c'est à ton tour de te laisser parler d'amour».

La peine atroce qui serrait le cœur de Julie s'évanouit peu à peu. Une bouffée extraordinaire d'amour et de gratitude prend la place. Grâce à son curieux amour, cet homme qui la quitte à jamais a inconsciemment fait quelqu'un d'elle, la petite rien-du-tout.

Le cortège s'ébranle et la clameur émouvante des adieux grandit encore… Mais elle n'entend que la voix de René avec les mots qui l'avaient fait fondre en larmes, le soir de la défaite du référendum:

Je demeure convaincu que nous avons un rendez-vous avec l'histoire, un rendez-vous que le Québec tiendra, et qu'on y sera ensemble vous et moi pour y assister. Je ne peux pas vous dire quand ni comment, mais j'y crois!

Notes

1. – Messieurs, vous n'avez pas de temps à perdre, moi non plus. Je n'irai pas par quatre chemins.

2. – Votre société paye un loyer pour l'eau de la rivière Saint-Maurice.

3. – Absolument!... La Shawinigan paye...

4. – Le montant exact m'importe peu. Et il est sans importance aussi pour la province. Votre loyer n'a pas changé depuis cinquante ans. Je suis sûr cependant que vos clients ne reçoivent pas les mêmes factures qu'il y a cinquante ans.

5 – Bien sûr que non, Monsieur le ministre. Nos coûts de production augmentent sans cesse, tandis que l'eau, elle, vient de là-haut...

6. – Et Dieu est assez bon pour nous l'envoyer gratuitement.

7. – Dieu soit loué! Et que le diable emporte le ministre! Mais nous avons fini de donner notre eau. Le loyer de chacune des compagnies sera révisé de manière à refléter la réalité.

8. – Pour nous, la réalité est très simple. Toute augmentation sera refilée directement aux consommateurs.

9. – Jamais de la vie! Vous faites assez de profits, vous allez tout absorber. Jusqu'au dernier centime.

10. – C'est nous qui prenons les décisions, Monsieur le ministre. Ce sont nos compagnies.

11. – Pas encore pour bien longtemps.

12. – Monsieur le ministre, brandir les vieilles menaces d'expropriation... je vous aurais cru plus intelligent. Laissez-moi vous donner un conseil... Avant d'étatiser les compagnies d'électricité, pensez-y à deux fois. Assurez-vous au moins d'avoir les gens pour les faire fonctionner.

13. – Enfant de chienne, on les fera marcher aussi bien que vous!

14. – Oui, je ne doute pas que vous y arriverez très bien.

15. – Les journaux lui consacrent plus d'espace qu'à nous tous ensemble.

16. – Est-ce qu'on est en Union soviétique?

17. – Permettez... permettez-moi de vous interrompre, Monsieur Fuller. En tant que Premier ministre de cette province, je peux vous assurer que nous n'avons pas l'intention d'étatiser les compagnies. C'est clair?

18. – Vous avez parfaitement raison, il n'y a rien à cet effet. Donc, cessez de vous tracasser... Nous ne nationaliserons pas les compagnies d'électricité, vous avez ma parole!

19. – Jean, fais-le taire avec ses conneries...

20. – Le monde merveilleux du socialisme, c'est de la foutaise... et faisons-nous pas d'illusions, c'est de socialisme qu'il parle.

21. – On n'a pas les moyens!

22. – Zbig, tu sais bien que la politique canadienne a toujours de ces petits remous.

23. – Savez-vous que Lévesque, pourtant un ancien ministre du Québec, a condamné le Canada pour s'être rangé de notre côté par rapport à la guerre du Viêt-nam? Savez-vous aussi que Pierre Bourgault, le chef séparatiste, a proposé qu'un Québec souverain bloque la Voie maritime du Saint-Laurent en y coulant des navires?

24. – Je ne vois pas comment on peut même penser que de telles menaces peuvent faire partie de la politique courante d'un pays.

25. – Nous devrions demander au FBI de recruter des informateurs fiables au Québec.

26. – C'est une intrusion dans les affaires canadiennes, c'est très délicat.

27. – Vous nous avez demandé de vous trouver un bon informateur au Québec...
– Oui, Monsieur Corvo.

28. – Eh bien! Monsieur, nous avons votre homme! C'est un des sous-ministres du cabinet de M. Johnson.

29. – On a appelé la Gendarmerie royale, à Ottawa. Ils vont remettre le bonhomme en service, rien de plus simple!

30. – J'ai eu peur seulement deux fois dans ma vie. En octobre 1973 pendant la guerre du Yom Kippour et maintenant alors que j'entrevois la destruction de mon pays et la ruine de la communauté juive.

31. «Si, Dieu nous en garde! le PQ forme le prochain gouvernement, ce sera l'enfer. Le jour où le PQ sera au pouvoir, mes amis, c'en est fait. Nous aurons à Québec des bâtards qui n'ont qu'une idée en tête: notre perte.»

32. – Le Québec français est né en même temps que les premières colonies américaines. Son histoire est étroitement liée à celle des treize États qui ont décidé de former les États-Unis d'Amérique, après cent cinquante ans de domination impériale.

33. – En fait, les similitudes sont telles que le Québec avait été invité à se joindre à l'Union américaine, il y a deux siècles. Car, au même titre que vous, nous croyons posséder tous les attributs d'une nation: notre territoire est clairement défini, nous avons une histoire propre, une langue et une culture particulières, et la volonté de vivre collectivement ensemble et de préserver une identité nationale.

34. – Aujourd'hui, presque deux cents ans après son voisin du sud, le Québec est en train de réfléchir à la manière d'accéder à son indépendance.

35. – Cela ne veut pas dire que nous fermons la porte aux investissements étrangers. Loin de là. Notre gouvernement et le Parti québécois lui-même sont fins prêts à accueillir à bras ouverts les entreprises étrangères, pourvu qu'elles respectent notre langue et notre culture.

36. «J'ai peur! Ce bonhomme veut vraiment se séparer du reste du Canada et, bon Dieu, si on lui en donne la chance, il va y arriver.»

37. «Je tombe des nues! Penser qu'un Canadien peut aller aux États-Unis et parler de cette façon. Je crois qu'on a vu le véritable René Lévesque, ce soir, un fanatique en smoking, un animal sauvage en train de bouffer les légumes du potager.»

38. – Les gars, je ne signe pas là-dessous...

39. – René, on a envoyé la couverture à votre bureau d'Ottawa, la semaine dernière, pour que vous l'approuviez.

40. – Allons! René, on ne va pas laisser une petite feuille nous empêcher de faire ce pas de géant.

41. – En d'autres mots: pas de tricheries!

42. – L'enfant de chienne, il va tellement faire enrager Trudeau qu'il n'y aura plus de compromis possible.

43. – Plus facile à dire qu'à faire!

44. – Roy, écoute-moi!... Oublie Lévesque. Attaque-toi à Morin, il est bien plus flexible. Moi, ma grand-mère avait l'habitude de dire: il faut que ça pète ou que ça casse, ou que ça dise pourquoi... Tu me comprends?

45. – Bout de christ, René, il faut que tu plies.
– Plier plus que ça, je m'écrase!
– La conférence va échouer.
– Mais à quoi vous attendiez-vous?

46. – Quand il se rendra compte qu'on ne bouge pas, il va peut-être reculer, lui.
– René a raison, c'est à lui de jouer.

47. – Un compromis, ça se fait à deux.

48. – Je pense que c'est une bonne proposition. Et surtout, c'en est une que Trudeau peut accepter.

49. – À toutes fins pratiques, c'est Chrétien qui l'a rédigée, et s'il y a quelqu'un qui connaît les volontés de Trudeau...
– Ouais... mais on a modifié certaines choses.
– Des poussières, Bill, des poussières.

50. – Il est cinq heures et demie du matin.
– Merde! Je suis sûr que son téléphone est sous l'oreiller.
– C'est la plus belle sonnerie de réveille-matin qu'il entendra jamais.

51. – On essaie de négocier, pas d'imposer nos quatre volontés à tout le pays. Si Lévesque ne pige pas ça, qu'il aille se faire foutre.
– Quand il va se retrouver complètement isolé, il va suivre. Ce serait ça, le geste intelligent à poser.

52. – Bon Dieu, il n'est pas arrivé à l'heure une seule fois.
– Es-tu certain que Lévesque était au courant de notre rendez-vous?
– Merde, j'ai reconfirmé avec Morin, encore hier soir.

53. – C'est notre nouveau bébé, René.
– On l'a mis au monde, cette nuit.

54. – Si vous voulez bien m'excuser... À tout de suite!

55. – Est-ce qu'il y en a qui sont d'accord avec cette merde?

56. – René, cette merde a l'assentiment de neuf provinces.

57. – Pardon?
– J'ai dit: le coq a chanté neuf fois!
– René, ne le prends pas mal... Tout ce qu'on souhaite, c'est que tu te rallies. Penses-y! Il reste vingt minutes avant le début de la rencontre.

Remerciements

Je tiens à remercier sincèrement les personnes dont les témoignages ont principalement aidé à esquisser ce portrait de René Lévesque.

(par ordre alphabétique)

François Aquin
Raymond Barre
Louise Beaudoin
Marc-André Bédard
Jean-Roch Boivin
Lucien Bouchard
Robert Bourassa
Pierre Bourgault
Claude Charron
Jean-Pierre Fournier
Jean Garon
Gérald Godin
Pierre Marc Johnson
Francine Joli-Cœur
Jacques Joli-Cœur
Pauline Julien
Francine Lalonde
Camille Laurin
Corinne Lévesque
Wendy Mesley
Yves Michaud
Claude Morin
Jacques Parizeau
Gérard Pelletier
Alain Peyrefitte
Michel Rocard
Philippe Rossillon
Martine Tremblay
Pierre-André Wiltzer

… et d'autres qui ont demandé de rester anonymes.

Mes remerciements aussi à Sylvie de Grandpré, adjointe à la recherche.

Ouvrages parus aux Éditions de l'Homme

Affaires et vie pratique

* **1001 prénoms, leur origine, leur signification,** Jeanne Grisé-Allard
* **Acheter et vendre sa maison ou son condominium,** Lucille Brisebois
* **Acheter une franchise,** Pierre Levasseur
* **Les assemblées délibérantes,** Francine Girard
* **La bourse,** Mark C. Brown
* **Le chasse-insectes dans la maison,** Odile Michaud
* **Le chasse-insectes pour jardins,** Odile Michaud
Le chasse-taches, Jack Cassimatis
* **Choix de carrières — Après le collégial professionnel,** Guy Milot
* **Choix de carrières — Après le secondaire V,** Guy Milot
* **Choix de carrières — Après l'université,** Guy Milot
* **Comment cultiver un jardin potager,** Jean-Claude Trait
Comment rédiger son curriculum vitæ, Julie Brazeau
* **Comprendre le marketing,** Pierre Levasseur
* **La couture de A à Z,** Rita Simard
Des pierres à faire rêver, Lucie Larose
* **Des souhaits à la carte,** Clément Fontaine
* **Devenir exportateur,** Pierre Levasseur
* **L'entretien de votre maison,** Consumer Reports Books
L'étiquette des affaires, Elena Jankovic
* **Faire son testament soi-même,** Me Gérald Poirier et Martine Nadeau Lescault
Les finances, Laurie H. Hutzler
Gérer ses ressources humaines, Pierre Levasseur
La graphologie, Claude Santoy
* **Le guide complet du jardinage,** Charles L. Wilson
* **Le guide de l'auto 93,** D. Duquet, M. Lachapelle et J. Duval
* **Le guide des bars de Montréal 93,** Lili Gulliver
* **Le guide des bons restaurants de Montréal et d'ailleurs 93,** Josée Blanchette
* **Le guide des plantes d'intérieur,** Coen Gelein
* **Guide du jardinage et de l'aménagement paysager au Québec,** Benoit Prieur
* **Le guide du vin 93,** Michel Phaneuf
* **Le guide floral du Québec,** Florian Bernard
Guide pratique des vins de France, Jacques Orhon
J'aime les azalées, Josée Deschênes
* **J'aime les bulbes d'été,** Sylvie Regimbal
J'aime les cactées, Claude Lamarche
* **J'aime les conifères,** Jacques Lafrenière
* **J'aime les petits fruits rouges,** Victor Berti
J'aime les rosiers, René Pronovost
J'aime les tomates, Victor Berti
J'aime les violettes africaines, Robert Davidson
J'apprends l'anglais..., Gino Silicani et Jeanne Grisé-Allard
Le jardin d'herbes, John Prenis
* **Lancer son entreprise,** Pierre Levasseur
Le leadership, James J. Cribbin
* **La loi et vos droits,** Me Paul-Émile Marchand
Le meeting, Gary Holland
Mieux comprendre sa vie de travail, Claude Poirier et Nicole Gravel
* **Mon automobile,** Gouvernement du Québec et Collège Marie-Victorin

Notre mariage — Étiquette et planification, Marguerite du Coffre
Nouveaux profils de carrière, Claire Landry
L'orthographe en un clin d'œil, Jacques Laurin
* **Ouvrir et gérer un commerce de détail,** C. D. Roberge et A. Charbonneau
Le patron, Cheryl Reimold
* **Piscines, barbecues et patios,** Collectif
* **La prévention du crime,** Collectif
* **Prévoir les belles années de la retraite,** Michael Gordon
Les relations publiques, Richard Doin et Daniel Lamarre
* **Les secrets d'une succession sans chicane,** Justin Dugal
La taxidermie moderne, Jean Labrie
* **Les techniques de jardinage,** Paul Pouliot
Techniques de vente par téléphone, James D. Porterfield
* **Tests d'aptitude pour mieux choisir sa carrière,** Linda et Barry Gale
* **Tout ce que vous devez savoir sur le condominium,** Robert Dubois
Une carrière sur mesure, Denise Lemyre-Desautels
L'univers de l'astronomie, Robert Tocquet
La vente, Tom Hopkins

Cuisine et nutrition

* **À table avec sœur Angèle,** Sœur Angèle
Les aliments qui guérissent, Jean Carper
Le barbecue, Patrice Dard
* **Bien manger sans se serrer la ceinture,** Marie Breton
Bonne table et bon cœur, Anne Lindsay
Cocktails de fruits non alcoolisés, Lorraine Whiteside
Combler ses besoins en calcium, Denyse Hunter
* **Comme chez grand-maman Biondi,** J. Biondi et C. Lanzillotta
Comment nourrir son enfant, Louise Lambert-Lagacé
Le compte-calories, Micheline Brault-Dubuc et Liliane Caron-Lahaie
Le compte-cholestérol, M. Brault-Dubuc et L. Caron-Lahaie
La congélation de A à Z, Joan Hood
Les conserves, Sœur Berthe
* **Crème glacée et sorbets,** Yves Lebuis et Gilbert Pauzé
La cuisine au wok, Charmaine Solomon
Cuisine aux micro-ondes 1 et 2 portions, Marie-Paul Marchand
* **La cuisine chinoise traditionnelle,** Jean Chen
* **La cuisine joyeuse de sœur Angèle,** Sœur Angèle
Cuisiner avec le four à convection, Jehane Benoit
* **Cuisine santé pour les aînés,** Denyse Hunter
Le défi alimentaire de la femme, Louise Lambert-Lagacé
* **La diète rotation,** Dr Martin Katahn
Du moût ou du raisin? Faites vous-même votre vin, Claudio Bartolozzi
Faire son pain soi-même, Janice Murray Gill
* **Faire son vin soi-même,** André Beaucage
La fine cuisine aux micro-ondes, Patrice Dard
* **Le livre du café,** Julien Letellier
* **Menus et recettes du défi alimentaire de la femme,** Louise Lambert-Lagacé
Menus pour recevoir, Julien Letellier
Micro-ondes plus, Marie-Paul Marchand
* **Modifiez vos recettes traditionnelles,** Denyse Hunter
Les muffins, Angela Clubb
* **La nouvelle boîte à lunch,** Louise Desaulniers et Louise Lambert-Lagacé
La nouvelle cuisine micro-ondes, Marie-Paul Marchand et Nicole Grenier
La nouvelle cuisine micro-ondes II, Marie-Paul Marchand et Nicole Grenier
* **Papa, j'ai faim!,** Solange Micar

*__Les pâtes,__ Julien Letellier
*__La pâtisserie,__ Maurice-Marie Bellot
La sage bouffe de 2 à 6 ans, Louise Lambert-Lagacé
Les tisanes qui font merveille, Dr Leonhard Hochenegg et Anita Höhne
Une cuisine sage, Louise Lambert-Lagacé
*__Votre régime contre l'acné,__ Alan Moyle
*__Votre régime contre la colite,__ Joan Lay
*__Votre régime contre la cystite,__ Ralph McCutcheon
*__Votre régime contre l'arthrite,__ Helen MacFarlane
*__Votre régime contre la sclérose en plaque,__ Rita Greer
*__Votre régime contre l'asthme et le rhume des foins,__ R. Newman Turner
*__Votre régime contre le diabète,__ Martin Budd
*__Votre régime contre le psoriasis,__ Harry Clements
*__Votre régime pour contrôler le cholestérol,__ R. Newman Turner
*__Weight Watchers — La cuisine légère,__ Weight Watchers
*__Les yogourts glacés,__ Mable et Gar Hoffman

Psychologie, vie affective, vie professionnelle, sexualité

*__30 jours pour un plus grand épanouissement sexuel,__ Alan Schneider et Deidre Laiken
20 minutes de répit, Ernest Lawrence Rossi et David Nimmons
*__Adieu Québec,__ André Bureau
À dix kilos du bonheur, Danielle Bourque
Aider mon patron à m'aider, Eugène Houde
À la découverte de mon corps — Guide pour les adolescentes, Lynda Madaras
À la découverte de mon corps — Guide pour les adolescents, Lynda Madaras
L'amour comme solution, Susan Jeffers
L'amour, de l'exigence à la préférence, Lucien Auger
Les années clés de mon enfant, Frank et Theresa Caplan
*__Apprendre à lire et à écrire au primaire,__ René Bélanger
Apprivoiser l'ennemi intérieur, Dr George R. Bach et Laura Torbet
L'approche émotivo-rationnelle, Albert Ellis et Robert A. Harper
L'art de l'allaitement maternel, Ligue internationale La Leche
L'art de parler en public, Ed Woblmuth
L'art d'être parents, Dr Benjamin Spock
L'autodéveloppement, Jean Garneau et Michelle Larivey
Avoir un enfant après 35 ans, Isabelle Robert
Balance en amour, Linda Goodman
Bientôt maman, Janet Whalley, Penny Simkin et Ann Keppler
*__Le bonheur au travail,__ Alan Carson et Robert Dunlop
Le bonheur possible, Robert Blondin
Ces hommes qui méprisent les femmes... et les femmes qui les aiment, Dr Susan Forward et Joan Torres
Ces hommes qui ne peuvent être fidèles, Carol Botwin
Ces visages qui en disent long, Jeanne-Élise Alazard
Changer ensemble — Les étapes du couple, Susan M. Campbell
Chère solitude, Jeffrey Kottler
Le cœur en écharpe, Stephen Gullo et Connie Church
Comment aider mon enfant à ne pas décrocher, Lucien Auger
Comment communiquer avec votre adolescent, E. Weinhaus et K. Friedman
Comment déborder d'énergie, Jean-Paul Simard
Comment garder son homme, Alexandra Penney
*__Comment parler en public,__ S. Barrat et C. H. Godefroy
*__La communication... c'est tout!,__ Henri Bergeron
Le complexe de Casanova, Peter Trachtenberg
Comprendre et interpréter vos rêves, Michel Devivier et Corinne Léonard
Découvrez votre quotient intellectuel, Victor Serebriakoff

Découvrir un sens à sa vie avec la logothérapie, Viktor E. Frankl
Le défi de vieillir, Hubert de Ravinel
* **De ma tête à mon cœur,** Micheline Lacasse
La deuxième année de mon enfant, Frank et Theresa Caplan
* **Dieu ne joue pas aux dés,** Henri Laborit
Les douze premiers mois de mon enfant, Frank Caplan
Les écarts de conduite, Dr John Pearce
En attendant notre enfant, Yvette Pratte Marchessault
Les enfants de l'autre, Erna Paris
* **L'enfant unique — Enfant équilibré, parents heureux,** Ellen Peck
L'esprit du grenier, Henri Laborit
Êtes-vous faits l'un pour l'autre?, Ellen Lederman
* **L'étonnant nouveau-né,** Marshall H. Klaus et Phyllis H. Klaus
Être soi-même, Dorothy Corkille Briggs
Évoluer avec ses enfants, Pierre-Paul Gagné
Exercices aquatiques pour les futures mamans, Joanne Dussault et Claudia Demers
La femme indispensable, Ellen Sue Stern
Finies les phobies!, Dr Manuel D. Zane et Harry Milt
La flexibilité — Savoir changer, c'est réussir, P. Donovan et J. Wonder
La force intérieure, J. Ensign Addington
Gémeaux en amour, Linda Goodman
Le grand manuel des arts divinatoires, Sasha Fenton
* **Le grand manuel des cristaux,** Ursula Markham
Les grands virages — Comment tirer parti de tous les imprévus de la vie, R. H. Lauer et J. C. Lauer
La graphologie au service de votre vie intime et professionnelle, Claude Santoy
Guérir des autres, Albert Glaude
Le guide du succès, Tom Hopkins
L'histoire merveilleuse de la naissance, Jocelyne Robert
L'horoscope chinois 1993, Neil Somerville
L'infidélité, Wendy Leigh
L'intuition, Philip Goldberg
J'aime, Yves Saint-Arnaud
J'ai quelque chose à vous dire..., B. Fairchild et N. Hayward
J'ai rendez-vous avec moi, Micheline Lacasse
Le journal intime intensif, Ira Progoff
Le langage du corps, Julius Fast
Le mal des mots, Denise Thériault
Ma sexualité de 0 à 6 ans, Jocelyne Robert
Ma sexualité de 6 à 9 ans, Jocelyne Robert
Ma sexualité de 9 à 12 ans, Jocelyne Robert
La méditation transcendantale, Jack Forem
Le mensonge amoureux, Robert Blondin
Mon enfant naîtra-t-il en bonne santé?, Jonathan Scher et Carol Dix
Nous, on en parle, Marcelle Lamarche et Pol Danheux
Parle-moi... j'ai des choses à te dire, Jacques Salomé
Parlez-leur d'amour, Jocelyne Robert
Parlez pour qu'on vous écoute, Michèle Brien
Pas de panique!, Dr R. Reid Wilson
Penser heureux — La conquête du bonheur, image par image, Lucien Auger
Père manquant, fils manqué, Guy Corneau
Les peurs infantiles, Dr John Pearce
* **Les plaisirs du stress,** Dr Peter G. Hanson
Pourquoi l'autre et pas moi? — Le droit à la jalousie, Dr Louise Auger
Préparez votre enfant à l'école dès l'âge de 2 ans, Louise Doyon
Prévenir et surmonter la déprime, Lucien Auger
Le principe de Peter, L. J. Peter et R. Hull
Psychologie de l'enfant de 0 à 10 ans, Françoise Cholette-Pérusse
* **La puberté,** Angela Hines
La puissance de la vie positive, Norman Vincent Peale

La puissance de l'intention, Richard J. Leider
La question qui sauvera mon mariage, Harry P. Dunne
S'affirmer et communiquer, Jean-Marie Boisvert et Madeleine Beaudry
S'aider soi-même davantage, Lucien Auger
Se comprendre soi-même par des tests, Collaboration
Se connaître soi-même, Gérard Artaud
Secrets d'alcôve, Iris et Steven Finz
Les secrets de la flexibilité, Priscilla Donovan et Jacquelyn Wonder
Se guérir de la sottise, Lucien Auger
S'entraider, Jacques Limoges
La sexualité du jeune adolescent, Dr Lionel Gendron
Si je m'écoutais je m'entendrais, Jacques Salomé et Sylvie Galland
Si seulement je pouvais changer!, Patrick Lynes
Les soins de la première année de bébé, Paula Kelly
Stress et succès, Peter G. Hanson
* **Superlady du sexe,** Susan C. Bakos
Survivre au divorce, Dr Allan J. Adler et Christine Archambault
Le syndrome de la fatigue chronique, Edmund Blair Bolles
Le syndrome de la corde au cou, Sonya Rhodes et Marlin S. Potash
La tendresse, Nobert Wölfl
Tout se joue avant la maternelle, Masaru Ibuka
Transformer ses faiblesses en forces, Dr Harold Bloomfield
Travailler devant un écran, Dr Helen Feeley
* **Un monde insolite,** Frank Edwards
* **Un second souffle,** Diane Hébert
Verseau en amour, Linda Goodman
* **La vie antérieure,** Henri Laborit
Vivre avec un cardiaque, Rhoda F. Levin
Vouloir c'est pouvoir, Raymond Hull

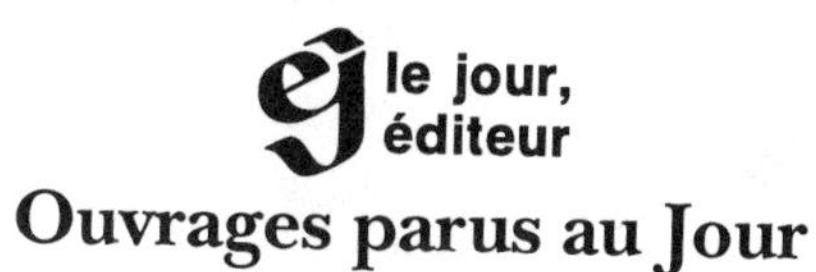

Ouvrages parus au Jour

Affaires, loisirs, vie pratique

L'affrontement, Henri Lamoureux
Les bains flottants, Michael Hutchison
Le cœur de la baleine bleue, Jacques Poulin
Conte pour buveurs attardés, Michel Tremblay
* **La France à la québécoise,** André Bergeron et Émile Roberge
* **Le guide du répondeur bien branché,** Robert Blondin et Lucie Dumoulin
J'avais oublié que l'amour fût si beau, Évette Doré-Joyal
Jean-Paul ou les hasards de la vie, Marcel Bellier
Oslovik fait la bombe, Oslovik

Ésotérisme, santé, spiritualité

L'astrologie pratique, Wofgang Reinicke
Couper du bois, porter de l'eau — Comment donner une dimension spirituelle à la vie de tous les jours, Collectif
De l'autre côté du miroir, Johanne Hamel
Les enfants asthmatiques, Dr Guy Falardeau

Le grand livre de la cartomancie, Gerhard von Lentner
Grand livre des horoscopes chinois, Theodora Lau
Grossesses à risque et infertilité — Les solutions possibles, Diana Raab
Les hormones dans la vie des femmes, Dr Lois Javanovic et Genell J. Subak-Sharpe
Les maladies mentales, John M. Cleghorn et Betty Lou Lee
Pour en finir avec l'hystérectomie, Dr Vicki Hufnagel et Susan K. Golant
Pouvoir analyser ses rêves, Robert Bosnak
Le pouvoir de l'auto-hypnose, Stanley Fisher
Traité d'astrologie, Huguette Hirsig

Essais et documents

* **1759 La bataille du Canada,** Laurier L. LaPierre
17 tableaux d'enfant, Pierre Vadeboncoeur
* **L'accord,** Georges Mathews
L'administration et le développement coopératif, Marcel Laflamme et André Roy
À la recherche d'un monde oublié, N. Laurin, D. Juteau et L. Duchesne
* **Les années Trudeau — La recherche d'une société juste,** T. S. Axworthy et P. E. Trudeau
* **Le Canada aux enchères,** Linda McQuaid
Carmen Quintana te parle de liberté, André Jacob
Le Dragon d'eau, R. F. Holland
* **Elle sera poète, elle aussi!** Liliane Blanc
En première ligne, Jocelyn Coulon
* **Femmes de parole,** Yolande Cohen
* **Femmes et politique,** Yolande Cohen, Andrée Yanacopoulo et Nicole Brossard
* **Les femmes sont-elles allées trop loin?,** Francine Burnonville
Le français, langue du Québec, Camille Laurin
* **Goodbye... et bonne chance!,** David J. Bercuson et Barry Cooper
* **Hans Selye ou la cathédrale du stress,** Andrée Yanacopoulo
Hiérarchie ethnique dans la grande entreprise, Jean-Marie Rainville
L'histoire des femmes au Québec, Le collectif Clio
Jacques Cartier - L'odyssée intime, Georges Cartier
La maison de mon père, Sylvia Fraser
Les mythes à travers les âges, Joseph Campbell

Psychologie, vie affective, vie professionnelle, sexualité

L'accompagnement au soir de la vie, Andrée Gauvin et Roger Régnier
Adieu, Dr Howard M. Halpern
Adieu la rancune, James L. Creighton
L'agressivité créatrice, Dr George R. Bach et Dr Herb Goldberg
Aimer, c'est choisir d'être heureux, Barry Neil Kaufman
Aimer son prochain comme soi-même, Joseph Murphy
L'amour lucide, Gay Hendricks et Kathlyn Hendricks
L'amour obession, Dr Susan Foward
Apprendre à vivre et à aimer, Léo Buscaglia
Arrête! tu m'exaspères — Protéger son territoire, Dr George Bach et Ronald Deutsch
L'art d'engager la conversation et de se faire des amis, Don Gabor
L'art de vivre heureux, Josef Kirschner
Au centre de soi, Dr Eugene T. Gendlin
Augmentez la puissance de votre cerveau, A. Winter et R. Winter
L'autosabotage, Michel Kuc
Bien vivre ensemble, Dr William Nagler et Anne Androff
Le bonheur, c'est un choix, Barry Neil Kaufman
Le burnout, Collectif

La célébration sexuelle, Ma Premo et M. Geet Éthier
Ces hommes qui ne communiquent pas, Steven Naifeh et Gregory White Smith
C'est pas la faute des mère!, Paula J. Caplan
Ces vérités vont changer votre vie, Joseph Murphy
Comment aimer vivre seul, Lynn Shanan
Comment apprendre l'autodiscipline aux enfants, Thomas Gordon
Comment décrocher, Barbara Mackoff
Comment faire l'amour à la même personne pour le reste de votre vie, Dagmar O'Connor
Comment faire l'amour à une femme, Michael Morgenstern
Comment faire l'amour à un homme, Alexandra Penney
Comment faire l'amour ensemble, Alexandra Penney
Communication efficace, Linda Adams
Contacts en or avec votre clientèle, Carol Sapin Gold
Créez votre vie, Jean-François Decker
Dire oui à l'amour, Léo Buscaglia
Dominez les émotions qui vous détruisent, Dr Robert Langs
La dynamique mentale, Christian H. Godefroy
Les enfants hyperactifs et lunatiques, Dr Guy Falardeau
L'éveil de votre puissance intérieure, Anthony Robins
Exit final — Pour une mort dans la dignité, Derek Humphry
Faites la paix avec votre belle-famille, P. Bilofsky et F. Sacharow
La famille moderne et son avenir, Lyn Richards
La fille de son père, Linda Schierse Leonard
La Gestalt, Erving et Miriam Polster
Le grand voyage, Tom Harpur
L'héritage spirituel d'une enfance difficile, Josef Kirschner
L'homme sans masque, Herb Goldberg
L'influence de la couleur, Betty Wood
Jouer le tout pour le tout, Carl Frederick
Maîtriser son destin, Josef Kirschner
* **Les manipulateurs,** E. L. Shostrom et D. Montgomery
Le miracle de votre esprit, Dr Joseph Murphy
Née pour se taire, Dana Crowley Jack
Négocier — entre vaincre et convaincre, Dr Tessa Albert Warschaw
Nos crimes imaginaires, Lewis Engel et Tom Ferguson
Nouvelles relations entre hommes et femmes, Herb Goldberg
Option vérité, Will Schutz
L'oracle de votre subconscient, Dr Joseph Murphy
Parent au pouvoir, John Rosemond
Parlez pour qu'on vous écoute, Michèle Brien
Paroles de jeunes, Barry Neil Kaufman
* **La personnalité,** Léo Buscaglia
Le pouvoir de la motivation intérieure, Shad Helmstetter
Le pouvoir de votre cerveau, Barbara B. Brown
La puissance de la pensée positive, Norman Vincent Peale
La puissance de votre subconscient, Dr Joseph Murphy
* **La rage au cœur,** Martine Langelier
Réfléchissez et devenez riche, Napoleon Hill
Retrouver l'enfant en soi, John Bradshaw
S'affirmer — Savoir prendre sa place, R. E. Alberti et M. L. Emmons
S'affranchir de la honte, John Bradshaw
La sagesse du cœur, Karen A. Signell
S'aimer ou le défi des relations humaines, Léo Buscaglia
Savoir quand quitter, Jack Barranger
Secrets de famille, Harriet Webster
Les secrets de la communication, Richard Bandler et John Grinder
Seuls ensemble, Dan Kiley
Le succès par la pensée constructive, Napoleon Hill
La survie du couple, John Wright

Tous les hommes le font, Michel Dorais
Triomphez de vous-même et des autres, Dr Joseph Murphy
***Trop peu de sexe… trop peu d'amour,** Jonathan Kramer et Diane Dunaway
Un homme au dessert, Sonya Friedman
Uniques au monde!, Jeanette Biondi
Vivre à deux aujourd'hui, Collectif sous la direction de Roger Tessier
Vivre avec les imperfections de l'autre, Dr Louis H. Janda
Vivre avec passion, David Gershon et Gail Straub
Volez de vos propres ailes, Howard M. Halpern
Votre corps vous parle, écoutez-le, Henry G. Tietze
Votre talon d'Achille, Dr Harold Bloomfiel

---

* Pour l'Amérique du Nord seulement. (930916)

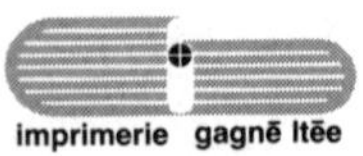